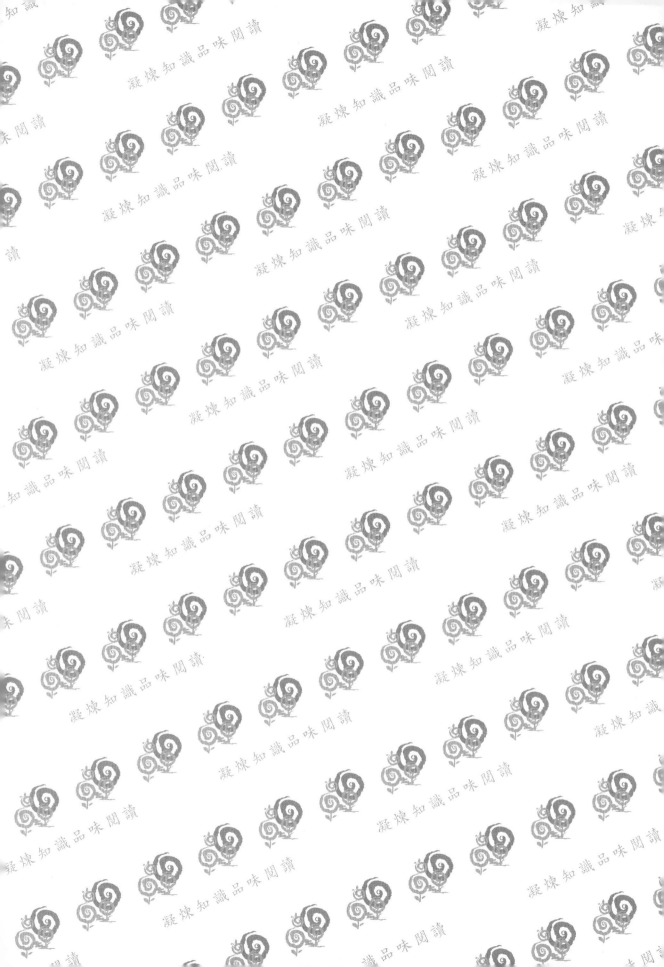

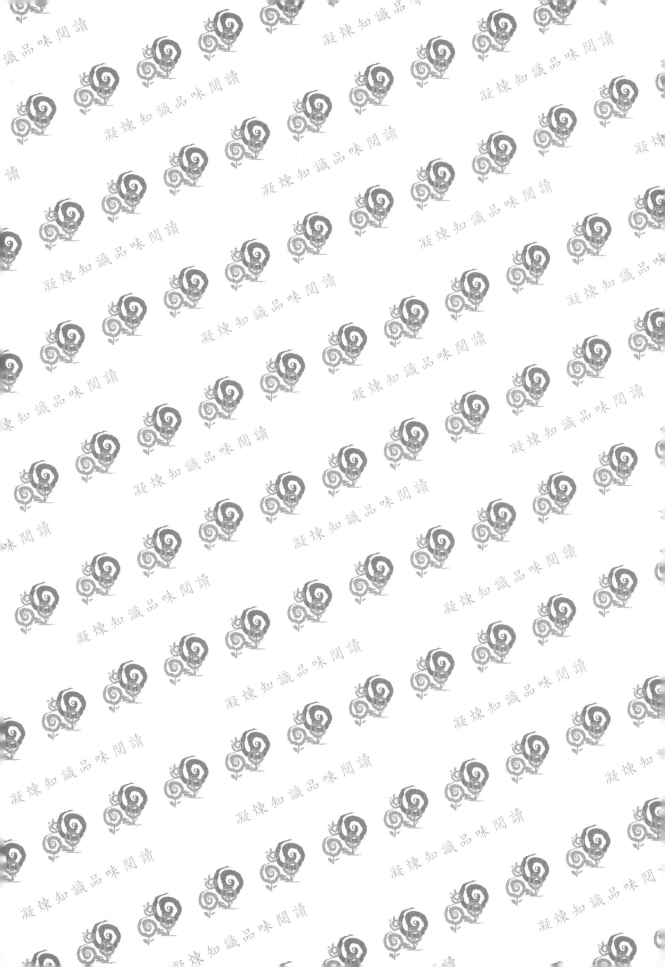

# 基礎統計與R語言

陳基國　著

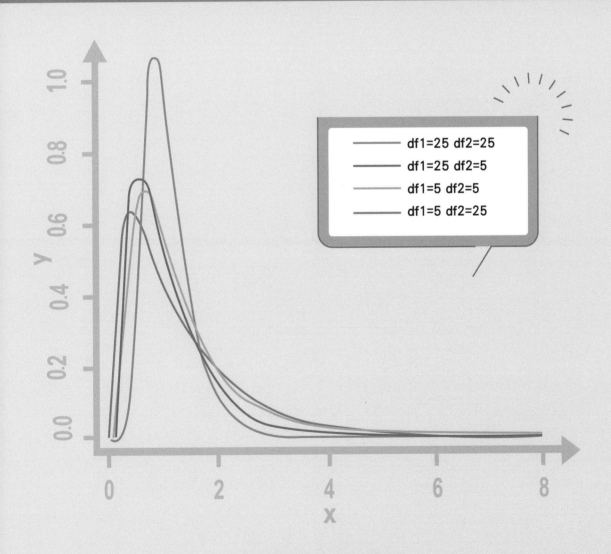

五南圖書出版公司 印行

# 序

　　根據作者在大學院校多年教授統計學的經驗，認識到對大多數學生而言，尤其是商管學院的學生，都覺得統計學是門艱澀且枯燥的課程。幾經各種嘗試，發現若學生在學習的過程中能藉實際操作統計方法，應用在各種不同的領域裡，就會增加學習統計學的興趣；同時發現在 R 語言的系統中，不但包含著許許多多的統計程式套件，可以解決各種不同的統計模式，也包含著各色各樣的實例，並應用統計方法解決這些問題。因此近年來，作者在教學過程中使用 R 語言，並引進這些例子，讓學生以 R 中的程式套件，實際操作，解決這些問題，的確有效的提高學生學習的效果，因此有了將這些經驗著作成書的念頭。本書內容的安排，即是希望學生能藉著邊做邊學的過程中學好統計學與 R 語言。

　　本書共十五章，書中所有的圖與表都是以 R 語言做成的。R 語言可計算出任何的機率值，以 R 作為教學工具，計算機率就不再需查統計表，故本書不將各種統計表包含在附錄中。本書內容之第一章介紹一些簡單且在使用 R 語言時必要的指令，目的不在教導學生全面學會 R 語言，而是為以後認識各章中 R 語言做準備。有了第一章的內容，學生就可知道在以後的各章出現的 R 指令的作用，這樣就可邊學統計學的內容，也可一邊應用 R 語言的指令解決統計問題。書中的例子，除有傳統的計算外，幾乎都有以 R 語言解一遍，且將以 R 解出的結果都放在一個方塊內，紅色文字或符號即是 R 指令，計算出的結果則是以黑字呈現。書中許多例子與習題採自 R 系統中常被討論的問題，學生在學習完本書所有的內容後，對 R 語言也就會有一定的認識。

　　書中第二、三章是傳統的敘述統計內容，以 R 程式套件做各種統計圖與表，相當於是讓學生學習探索統計（exploratory data analysis, EDA）。第四章到第七章是傳統的機率（probability）與分配（distribution）內容。為讓學生認識 R 語言強大的模擬（simulation）功能，本書將常態近似（normal approximation）與自助抽樣法（bootstrap method）獨立成第八章。第九章與第十章介紹估計（estimation）與檢定（testing）。第十一章是變異數分析（analysis of variance）。第十二章介紹簡單線性迴歸（simple linear regression），因 R 語言的使用，本章包含了許多殘差分析的內容。第十三章介紹多元線性迴歸（multiple linear regression），也特別依賴 R 語言的計算能力。第十四章與第十五章則是屬於無母數統計學的適合度檢定（goodness of fit test）與無母數統計（nonparametric statistics）。

作者藉此機會要感謝啟蒙老師陳山火與在淡江管理科學研究所博士班教導統計理論的張紘炬兩位教授，他們耐心的教導，讓作者對統計學產生濃厚的興趣；更要感謝黃文濤教授，在黃教授潛移默化的諄諄教誨中，帶領作者探究統計思維的內涵與精神。此外，作者也感謝國立臺灣海洋大學的鄭森雄校長與吳榮貴主任，提供作者一個研究暨教學的良好環境，作者得以在海大安身立命繼續成長。作者感謝內人蕭海濤小姐，她操持一個溫暖的家庭，讓我得以無後顧之憂的順利完成此書的寫作。本書編輯過程承蒙國立臺灣海洋大學校友服務中心吳瑩瑩主任、五南圖書出版公司駱宗南協理的推薦及商管財經編輯室主編侯家嵐悉心協助，方得付梓，特此謝過。本書雖也經過許多次的修正與除錯，然相信仍有許多可以改進的地方，作者會十分感謝發現並告知的讀者。

臺灣基隆

陳基國

2024 年 7 月

# 目錄

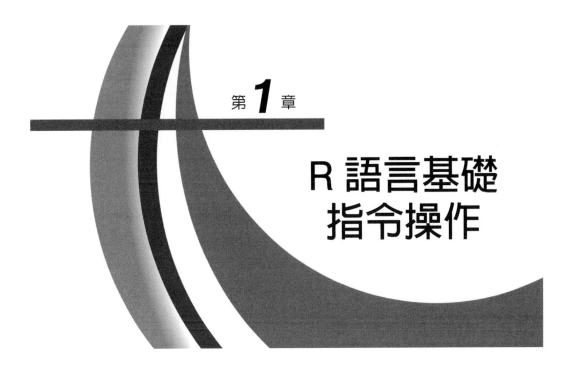

第 **1** 章

# R 語言基礎 指令操作

本章介紹如何以 R 語言處理資料，包括：

1. 簡介 R。
2. 如何將資料匯入。
3. 以 R 做資料運算。
4. 以 R 做平面圖。

## 1.1　簡介

「R」是一款專為統計而創的免費自由軟體，由奧克蘭（Auckland）大學統計系的兩位研究員 Robert Gentleman 與 Ross Ihaka，及其他志願人員，於 1995 至 1997 年所開發，雖然原始對象為專業的統計工作者，但過去的十多年來，世界各地皆有愛好者採用，共同回饋、開發出更多好用的功能，至今仍蓬勃發展中。由於 R 是免費軟體並且提供所有原始碼，所以各大專院校的統計課程也都紛紛捨棄 SAS、SPSS、Matlab 等商業套裝軟體而改用 R。

### R 的優點

1. 大數據（Big Data）是當下最流行名詞，過去的統計分析是用歷史資料分析或預測明天的可能，現在的大數據分析是企圖用「母體」的資料分析或預測「接下來」會發生的可能事件，所以 R 語言是學習一個「親民」的大數據軟體。

2. R 是一套免費的（Free）軟體，不會有版本的問題，也不會有經費預算的問題。

3. R 每年修正兩次，程式套件功能以及模組越來越強大，可解各種各樣新的統計模式。

4. R 中之程式套件中包含許多世界各地實際的研究個案與資料，可讓統計學習者體認到統計在各方面的應用。

5. R 也可以進行統計分析與資料採礦（Data Mining）。

## 安裝 R 之步驟

步驟一：讀者可在網路上鍵入 R 的官方網站 www.r-project.org，隨即出現的即是 R 的首頁。

步驟二：點選 CRAN（Comprehensive R Archive Network 的簡稱），則會出現 CRAN Mirrors 的網頁。

步驟三：在 CRAN Mirrors 網頁的左手邊各地區的欄位中，選擇距離讀者最近的所在地的 CRAN Mirrors。如在臺灣，可選 Taiwan 下的 http://ftp.yzu.edu.tw/CRAN/ 或 http://cran.csie.ntu.edu.tw/。點選後則會出現 Comprehensive R Archive Network 的畫面。

步驟四：點選 The Comprehensive R Archive Network 畫面的第一個分格 Download and Install R 中的 Download R for Windows 選項。

步驟五：點選在 R for Windows 中 Subdirectories 下 base 後的 install R for the first time，此時會出現 R-4.4.1 for Windows (32/64 bit) 畫面。（因軟體版本持續更新，畫面出現的版本標示可能與本書不同，屬正常）

步驟六：點選在 R-4.4.1 for Windows (32/64 bit) 下的 Download R 4.4.1 for Windows (62 megabytes, 32/64 bit) 選項，此時在螢幕左下方會出現 R-4.4.1-win.exe 的訊息。待下載完成後即可點選執行。執行完成後，您的桌面螢幕上就會有個 R 平台符號，點選該符號 R 主控台視窗即會出現，視窗字幕最後出現的紅色 > 即是 R 的提示符號，所有的指令都得鍵在此符號之後提交 R 軟體執行各種指令。

　　在視窗上安裝好 R 軟體，用滑鼠在 R 圖標上點兩下，打開 R 視窗會出現以下畫面：

R version 4.2.1 (2022-06-23 ucrt) -- "Funny-Looking Kid"
Copyright (C) 2022 The R Foundation for Statistical Computing
Platform: x86_64-w64-mingw32/x64 (64-bit)

R 是自由軟體，不提供任何擔保。
在某些條件下歡迎您將其散布。
用 'license()' 或 'licence()' 來獲得散布的詳細條件。

R 是個協作計劃，有許多人爲其做出了貢獻。
用 'contributors()' 來看詳細的情況以及用 'citation()' 會告訴您如何在出版品中，正確地參照 R 或 R 套件。

用 'demo()' 來看一些示範程式，用 'help()' 來檢視線上輔助檔案，或用 'help.start()'
透過 HTML 瀏覽器來看輔助檔案。
用 'q()' 離開 R。

[ 原來儲存的工作空間已還原 ]

>

在指令提示符號 > 右手邊就可以鍵入工作指令。

## 1.2　把 R 當作計算器

　　R 基本介面是一個互動式指令視窗，當一個 R 程式需要使用者輸入指令時，它會顯示指令提示符號（prompt symbol），指令提示符號通常是一個 >（大於符號）。當使用者輸入完整的運算式，則運算式指令輸入後的結果，R 會馬上顯示在指令下方。學習 R 最好的方法，就是動手使用 R，初學者要了解 R，可先進行一些簡單實例的演練，將 R 當作計算器使用是 R 最簡單的應用，加、減、乘、除的符號分別爲 +、－、* 與 /，次方以 ^ 表示之。若在同一列上要打上兩個或兩個以上的指令，就須以分號（;）隔開。打上指令後，按下執行鍵，結果會出現在以 [1] 開頭的下一列中。# 號後，用來說明或解釋指令，如下：

```
> 2 + 2
[1] 4                            # 輸出資料第一個為 [1] 表示第一個資料
> 2-2; 2*2; 2/2     # 以 ; 分開不同指令
[1] 0
[1] 4
[1] 1
> 2 ^ 2          # 2 的 2 次方
[1] 4
> (1-2) * 3
[1] - 3
> 1-2 * 3
[1] - 5
> 2/3 + 1; (1+4*3)/2
[1] 1.666667
[1] 6.5
```

## 1.3 幾個常用函數

各有其名，如下所示。# 號後，用來說明或解釋指令。

```
> sqrt(2)          # the square root
[1] 1.414
> pi               # pi 內建值
constant
[1] 3.141593
> sin(pi)          # the sine function
[1] 1.225e-16      # 1.225e-16 = 0
> exp(1)           # this is exp(x) = e^x
[1] 2.718
> log(10)          # the log base e
```

```
[1] 2.303
> exp(2.303)
[1] 10.00415
```

　　當指令不符合 R 的語法時，會出現警告或錯誤（warnings and errors）的字樣。若在一列中，指令無法完成，則可在下列的加號 + 後繼續。

```
> squareroot(2)
錯誤發生在 squareroot(2) 沒有這個函式 "squareroot"
> > sqrt 2
錯誤：未預期的 '>' in ">"
> sqrt 2
錯誤：未預期的數值常數 in " sqrt 2"
> sqrt( - 2)
錯誤：未預期的輸入 in "sqrt( - "
> sqrt(2
+ )
[1] 1.41421
等號 "=" 或 "<-" 在 R 語言裡 = 與 <- 同義，可以 = 或 <- 指派變數值，如
> x<-2
> x=2*x+1
> x
[1] 5
> x=2
> x=2*x+1
> x
[1] 5
> e^2                    # e 不是內建值，故沒定義
錯誤：找不到物件 'e'
> e=exp(1)               # 指派 e 值
> e^2
[1] 7.38905
```

變數命名：變數可任意命名，但開頭不可用 +、−、*、/ 或是數字符號，若以點 . 開頭，後面不能接數字。大小寫是有區別的。

```
> .x=3
> x=.x+2
> x
[1] 5
> X=5
> X+.x
[1] 8
> sqrt(-17)
[1] NaN
警告訊息：
於 sqrt(-17)：產生了 NaNs
> sqrt(-17+0i)                    #有虛數 i 在內就可計算
[1] 0+4.123106i
```

## 1.4  以 c() 輸入資料（using c() to enter data）

R 是物件導向為主的程式語言（Object-Oriented Programming Language），在 R 系統中，儲存的資料或可執行的函數，都稱為物件（object）。R 物件包含儲存資料的向量（vector）、矩陣（matrix）、陣列（array）、列表（lists）、資料框架（data frames）或執行特定運算功能的函數（function）等。輸入樣本資料時，可以向量 c() 輸入並儲存資料，如下：

```
> x=c(167, 174, 164, 183, 169, 177)
> y=c(143, 167, 174, 157, 174, 164)
> x+y
[1] 310 341 338 340 343 341
> 2*x
[1] 334 348 328 366 338 354
```

```
> x*y
[1] 23881 29058 28536 28731 29406 29028
> c(x,y)
[1] 167 174 164 183 169 177 143 167 174 157 174 164
> str(x)                    # str(): 顯示資料結構
 num [1:6] 167 174 164 183 169 177    # 有六個數字
```

　　資料若非數字，則以雙引號 " " 或單引號 ' ' 包含之，也可以對 c() 內的個別變數命名，如下：

```
> Simpsons = c("Homer",'Marge',"Bart","Lisa","Maggie")
> names(Simpsons) = c("dad","mom","son","daughter1","daughter2")
> Simpsons
     dad       mom       son   daughter1   daughter2
 "Homer"   "Marge"   "Bart"     "Lisa"      "Maggie"
```

　　一旦資料以變數輸入後，就可以函數運算之。

```
> x=c(167, 174, 164, 183, 169, 177)
> sum(x); mean(x)  # sum(x)= 求 x 向量中元素之和；mean(x)= 求 x 向量中
元素之平均數
[1] 1034
[1] 172.3333
> length(x)  # length(x)= 求 x 向量中元素之個數
[1] 6
> sum(x)/length(x)
[1] 172.3333
> sort(x)                        # 由小到大排序
[1] 164 167 169 174 177 183
> sort(x,decreasing=F)           # 由小到大排序
[1] 164 167 169 174 177 183
```

```
> sort(x,decreasing=T)              # 由大到小排序
[1] 183 177 174 169 167 164
> min(x); max(x)                    # 最小值；最大值
[1] 164
[1] 183
> range(x)                          # 範圍
[1] 164 183
> diff(x)                           # 後項減前項
[1]  7 -10 19 -14  8
> cumsum(x)                         # 累計
[1] 167 341 505 688 857 1034
> x-mean(x)                         # 各項減平均數
[1] -5.333333 1.666667 -8.333333 10.666667 -3.333333 4.666667
```

數列或矩陣與其運算，如下：

```
> x <- array(1:20, dim=c(4,5))     # 以數字 1 到 20 建構一個 4 乘 5(4 列
5 行 ) 的矩陣 x
> x
   [,1] [,2] [,3] [,4] [,5]
[1,]   1    5    9   13   17
[2,]   2    6   10   14   18
[3,]   3    7   11   15   19
[4,]   4    8   12   16   20
> y <- array(c(1:3,3:1), dim=c(3,2))   # 以 1,2,3 為第一行 3,2,1 為第
二行做一 3 乘 2 的矩陣 y
> y  # 列出矩陣 y
   [,1] [,2]
[1,]   1    3
[2,]   2    2
[3,]   3    1
> x[y]  # 取出矩陣 x 中第一列第三行、第二列第二行、第三列第一行的三個
```

數字

```
[1] 9 6 3
> x[y] <- 0    # 將矩陣 x 中第一列第三行、第二列第二行、第三列第一行的三
個數字設為 0
> x
   [,1] [,2] [,3] [,4] [,5]
[1,]  1   5   0  13  17
[2,]  2   0  10  14  18
[3,]  0   7  11  15  19
[4,]  4   8  12  16  20
> z=t(x)    # 將矩陣 x 轉置
> z
   [,1] [,2] [,3] [,4]
[1,]  1   2   0   4
[2,]  5   0   7   8
[3,]  0  10  11  12
[4,] 13  14  15  16
[5,] 17  18  19  20
> x=matrix(c(1,-4,16,
+      1,-2,4,
+      1, 0, 0,
+      1, 2, 4,
+      1, 4,16),nrow=5,byrow=T)          # 矩陣也可這樣設定
> x
   [,1] [,2] [,3]
[1,]  1  -4  16
[2,]  1  -2   4
[3,]  1   0   0
[4,]  1   2   4
[5,]  1   4  16
> x=matrix(c(1, -4, 16, 1, -2, 4, 1, 0, 0, 1, 2, 4, 1, 4, 16),
nrow=5,byrow=T) # 矩陣也可這樣設定，byrow=T 表示以列為主依序派下去
```

```
> x
     [,1] [,2] [,3]
[1,]   1  -4  16
[2,]   1  -2   4
[3,]   1   0   0
[4,]   1   2   4
[5,]   1   4  16
> x=matrix(c(1, -4, 16, 1, -2, 4, 1, 0, 0, 1, 2, 4, 1, 4, 16),nrow=5)
```
# 沒 byrow=T，表示以行為主依序派下去
```
> x
     [,1] [,2] [,3]
[1,]   1   4   2
[2,]  -4   1   4
[3,]  16   0   1
[4,]   1   0   4
[5,]  -2   1  16
> t(x)
     [,1] [,2] [,3] [,4] [,5]
[1,]   1  -4  16   1  -2
[2,]   4   1   0   0   1
[3,]   2   4   1   4  16
> x%*%t(x)            # %*% 矩陣乘法
     [,1] [,2] [,3]  [,4] [,5]
[1,]  21   8  18    9  34
[2,]   8  33 -60   12  73
[3,]  18 -60 257   20 -16
[4,]   9  12  20   17  62
[5,]  34  73 -16   62 261
> a1 <- c(3, 2, 5)
> a2 <- c(2, 3, 2)
> a3 <- c(5, 2, 4)
> A <- rbind(a1, a2, a3)    # 也可以此方法建構矩陣，rbind 表示以列的方
```

式組合

```
> A
   [,1] [,2] [,3]
a1  3   2   5
a2  2   3   2
a3  5   2   4
> solve(A)    # 求逆矩陣
          a1         a2         a3
[1,] -0.29629630 -0.07407407  0.4074074
[2,] -0.07407407  0.48148148 -0.1481481
[3,]  0.40740741 -0.14814815 -0.1851852
> det(A)    # 求行列式
[1] -27
> x <- array(1:20, dim=c(2,2,5))     #陣列是指有數個矩陣組成的數列,
```

dim=c(2,2,5)= 此陣列是由 1 到 20 的數字構成 5 個 2×2 的矩陣

```
> x
, , 1

   [,1] [,2]
[1,]  1   3
[2,]  2   4

, , 2

   [,1] [,2]
[1,]  5   7
[2,]  6   8

, , 3

   [,1] [,2]
[1,]  9  11
```

```
   [2,]  10  12

, , 4

        [,1] [,2]
   [1,]  13   15
   [2,]  14   16

, , 5

        [,1] [,2]
   [1,]  17   19
   [2,]  18   20
```

## 1.5 資料結構（**creating structured data**）

簡單序列的產生，如下：

```
> 1:10
 [1]  1 2 3 4 5 6 7 8 9 10
> rev(1:10)
 [1] 10 9 8 7 6 5 4 3 2 1
> 10:1
 [1] 10 9 8 7 6 5 4 3 2 1
> x=c(1:10)
> x
 [1]  1 2 3 4 5 6 7 8 9 10
```

算術序列（arithmetic sequences），如下：

```
> a = 1; h = 4; n = 5       # 給序列參數
> a + h*(0:(n-1))        # 創造序列 1+0*4, 1+1*4, 1+2*4, 1+3*4, 1+4*4
[1] 1 5 9 13 17
> seq(1,9,by=2)       # 1 3 5 7 9
[1] 1 3 5 7 9
> seq(1,10,by=2)       # 只到 10
[1] 1 3 5 7 9
> seq(1,9,length=5)       # 5 個數字
[1] 1 3 5 7 9
> rep(1,10)       # rep=repeat 重複 10 次
 [1] 1 1 1 1 1 1 1 1 1 1
> rep(1:3,3)       # 1 到 3 重複 3 次
[1] 1 2 3 1 2 3 1 2 3
> rep(c("long","short"), c(1,2))       # long 重複一次，short 重複
兩次
[1] "long" "short" "short"
 > c("x","y")[rep(c(1,2,2,1), times=4)]       # "x" "y" "y" "x" 重複
四次
 [1] "x" "y" "y" "x" "x" "y" "y" "x" "x" "y" "y" "x" "x" "y" "y" "x"
```

找尋資料（accessing data by using indices），如下：

```
> x=c(1:10)       # 給定一組資料 1 到 10
> length(x)       # 資料個數
[1] 10
> x[2]    # 找第 2 個資料，注意：( ) 是表示函數內的變數；[ ] 是指資料個體
[1] 2
> x[9]       # 找第 9 個資料
[1] 9
> x[2:5]       # 找第 2 到 5 個資料
[1] 2 3 4 5
```

```
> x[c(3,5,10)]      #找第 3、第 5、第 10 個資料
[1]  3  5 10
```

去掉資料，如下：

```
> x=c(1:10)
> x[-1]       #去掉第 1 個資料
[1]  2  3  4  5  6  7  8  9 10
> x[-(1:4)]       #去掉第 1 到第 4 個資料
[1]  5  6  7  8  9 10
> x[-c(2,4,6)]       #去掉第 2、第 4、第 6 個資料
[1]  1  3  5  7  8  9 10
```

指派資料到向量中（assigning values to data vector），如下：

```
> x[1]=12       #將 x 中的第 1 個資料改為 12
> x
 [1] 12  2  3  4  5  6  7  8  9 10
> x[11:14]=c(12, 14, 16,18)       #將向量 x 中加入 12、14、16、18 成
為第 11 到第 14 個數
> x
 [1] 12  2  3  4  5  6  7  8  9 10 12 14 16 18
```

邏輯值（logical values），如下：

```
> x>6       #判斷向量 x 中的值是否大於 6
 [1]  TRUE FALSE FALSE FALSE FALSE FALSE  TRUE  TRUE  TRUE  TRUE  TRUE
TRUE
[13]  TRUE  TRUE
> x > 1 & x < 5       判斷向量 x 中的值是否大於 1 且小於 5
 [1] FALSE  TRUE  TRUE  TRUE FALSE FALSE FALSE FALSE FALSE FALSE FALSE
FALSE
```

[13] FALSE FALSE

```
> x > 1 | x < 5        # 判斷向量 x 中的值是否大於 1 或小於 5
 [1] TRUE TRUE TRUE TRUE TRUE TRUE TRUE TRUE TRUE TRUE TRUE TRUE TRUE
TRUE
> x[x>6]        # 向量 x 中大於 6 的值
[1] 12  7  8  9 10 12 14 16 18
> which(x>6)        # 向量 x 中那些位置的值大於 6
[1]  1  7  8  9 10 11 12 13 14
> sum(x>6)        # 向量 x 中有幾個大於 6 的值
[1] 9
```

## 1.6 作平面圖

　　R 有很強大的作圖功能，這裡介紹本書最常會使用到的做平面圖函數（指令）：Plot 在平面上繪點，如下：

```
> plot(c(1, 2, 3, 4, 5), c(3, 7, 8, 9, 12), sub=" 圖 1.1 平面上繪多點 ")
# 在平面上畫出五個點，如圖 1.1
或
> x=c(1, 2, 3, 4, 5)
> y=c(3, 7, 8, 9, 12)
> plot(x,y, sub=" 圖 1.2 平面上繪多點 ")        # 繪散布圖，如圖 1.2，與
圖 1.1 繪圖方法不相同，但圖是一樣的
或
> plot(1:10, sub=" 圖 1.3 平面上繪數列 ")        # 如圖 1.3
或
> plot(1:10, type="l", sub=" 圖 1.4 繪圖將數列連線 ")    # {type="l"}=
畫線，如圖 1.4
或
> plot(1:10, main="My Graph", xlab="x",
+ ylab="y",
```

```
+ sub=" 圖 1.5 圖示與座標 ")        # 如圖 1.5
```

或

```
> plot(1:10, col="red", cex=2, sub=" 圖 1.6 顏色與字體大小 ")        #
```
col= 顏色；cex= 字體大小，如圖 1.6

或

```
> plot(x,y, pch=25, sub=" 圖 1.7 點的形狀 ")        # {pch=25}= 三角形，
```
如圖 1.7

pch 由 0 到 25, 分別表示下列不同的圖點：

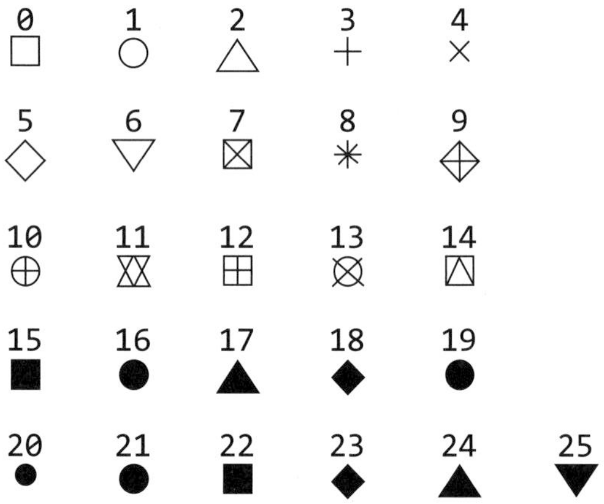

| 0 | 1 | 2 | 3 | 4 |
|---|---|---|---|---|
| □ | ○ | △ | + | × |
| 5 | 6 | 7 | 8 | 9 |
| ◇ | ▽ | ⊠ | ＊ | ⬙ |
| 10 | 11 | 12 | 13 | 14 |
| ⊕ | ⧖ | ⊞ | ⊠ | ◹ |
| 15 | 16 | 17 | 18 | 19 |
| ■ | ● | ▲ | ◆ | ● |
| 20 | 21 | 22 | 23 | 24 | 25 |
| ● | ● | ■ | ◆ | ▲ | ▼ |

或

```
> x1 <- c(5,7,8,7,2,2,9,4,11,12,9,6)
> y1 <- c(99,86,87,88,111,103,87,94,78,77,85,86)
> x2 <- c(2,2,8,1,15,8,12,9,7,3,11,4,7,14,12)
> y2 <- c(100,105,84,105,90,99,90,95,94,100,79,112,91,80,85)
> plot(x1, y1, main="Observation of Cars", xlab="Car age",
ylab="Car speed", col="red",
+ sub=" 圖 1.8 兩組資料散布圖 ")        # 第一組資料散布圖
> points(x2, y2, col="blue")   # 將第二組資料散布圖加到前圖，如圖 1.8
```

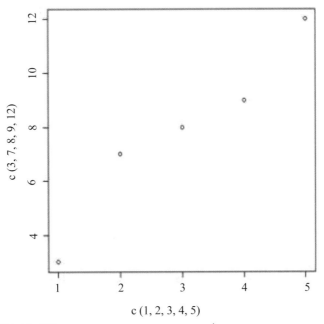

▲ 圖 1.1　平面上繪多點

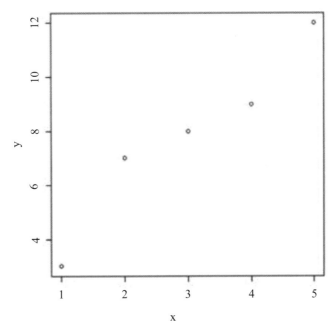

▲ 圖 1.2　平面上繪多點

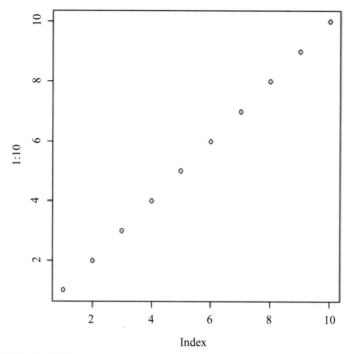

︿ 圖 **1.3** 平面上繪數列

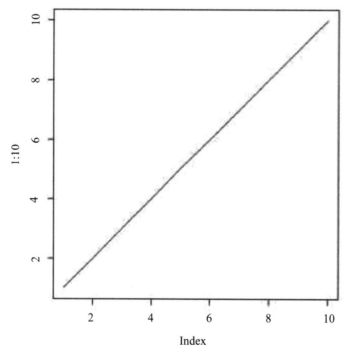

︿ 圖 **1.4** 繪圖將數列連線

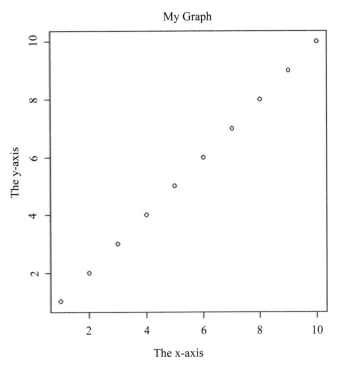

▲ 圖 1.5　圖示與座標

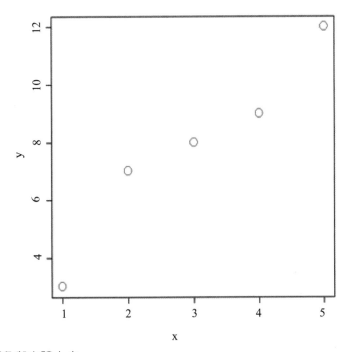

▲ 圖 1.6　顏色與字體大小

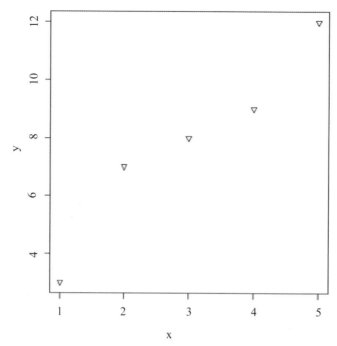

∧ 圖 1.7　點的形狀

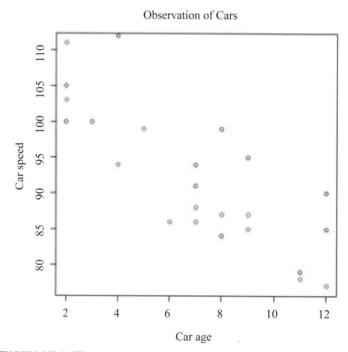

∧ 圖 1.8　兩組資料散布圖

## 1.7　由其他資源取得資料（reading in other sources of data）

　　有許多方法讓 R 可以從各種外部資源中取得資料，與本書有關的是如何取得已經內建在 R 中許多程式套件（package）中的資料集。程式套件是許多學者針對特定分析，寫成專用的 R 函式，R 的程式套件數目一直在快速增加，個別程式套件內則有不同的函式。在 R 中，由一些標準（基本）套裝程式構成 base R，包含 R 可以進行的一些標準統計和繪圖所需的基本函數，在任何 R 的安裝版本中，都會被自動安裝與載入。

　　系統中有許多問題與相關的資料，當我們知道所需的資料集是在哪個程式套件時，就可下載此程式套件，然後將此程式套件以 library() 裝置在工作平台裡；如 survey 資料集在 MASS 的套裝程式中，則以 install.packages() 下載 MASS。如下：

```
> install.packages("MASS")      # 下載 MASS
> library(MASS)                  # 裝置在工作平台裡
> data(survey)                   # 下載 survey 資料集
> head(survey)                   # 觀看前 6 筆資料
  Sex Wr.Hnd NW.Hnd W.Hnd    Fold Pulse    Clap Exer Smoke Height
1 Female  18.5  18.0 Right   R on L    92    Left Some Never 173.00
2   Male  19.5  20.5  Left   R on L   104    Left None Regul 177.80
3   Male  18.0  13.3 Right   L on R    87 Neither None Occas     NA
4   Male  18.8  18.9 Right   R on L    NA Neither None Never 160.00
5   Male  20.0  20.0 Right Neither     35   Right Some Never 165.00
6 Female  18.0  17.7 Right   L on R    64   Right Some Never 172.72
      M.I    Age
1  Metric 18.250
2 Imperial 17.583
3    <NA> 16.917
4  Metric 20.333
5  Metric 23.667
6 Imperial 21.000
```

　　本書中的許多例子與習題都是採自常被各種統計書籍或是教學影片中引用的問題，其中以 Verzani, J.（2005）所著 *Using R for introductory statistics* 一書最值得參考，也是本書著作過程中主要的參考對象。另一種可能是讀者可以將自己所收集的資料匯入 R 系統裡。若有筆資料要用 R 語言中的套裝軟體運算時，可先將此筆資料以純文字檔之 csv 形式儲存在電腦裡，要用時即可將其讀出。例如：作者的雲端硬碟中，有筆以 csv 形式儲存的資料首頁 -Google 雲端硬碟，欲讀出該筆資料，先將此筆資料存在桌面，並命名為 a，在 R 中鍵入 a=read.csv("C:/Users/kkchen1953/Desktop/A/a.csv", header=T)，即可讀出並運算之。如計算變數 income 的平均數。

```
> a=read.csv("C:/Users/kkchen1953/Desktop/A/income.csv",
header=T)
> head(a, 3)                          # 讀前三筆資料
  id sex  sat income
1 1  0  sat  125
2 2  1 unsat  156
3 3  1  sat  236
> attach(a)  # 將檔案 a 納入搜尋路徑
> mean(income)  # 計算變數 income 的平均數
[1] 194.9333
> detach(a)  # 將檔案 a 由搜尋路徑中剔除
```

## 1.8 習題

1. 用 R 求下列式子的值：

(1) $2 + 3(5 + 3) - 3$

(2) $3 + 4*5$

(3) $6^3 + 2^{3-1}$

(4) $\sqrt[3]{(5+11)(3+4)}$

(5) $\left(\dfrac{4+6}{3+8}\right)^{1/4}$

(6) $e^{-2}$

(7) $\log_2 5$

2. 將下列資料存在變數 x 中，並顯示資料的個數：

$$2 \quad 4 \quad 6 \quad 8 \quad 10$$

3. 下列為某商店前 6 個月紀錄的累計銷貨收入：

$$357451 \quad 456362 \quad 576433 \quad 657894 \quad 823454 \quad 974532$$

請將其存在變數「累計銷貨收入」內，以函數 diff() 算出前 5 個月的銷貨收入並以函數 mean() 計算其平均數。同時找出前 5 個月銷貨收入的最大值與最小值。

4. 以函數寫出下列序列：

(1) "a", "a", "a", "a", "a".

(2) 2, 4, 6, ..., 100.

(3) 1, 1, 1, 2, 2, 2, 3, 3, 3.

(4) 1, 1, 1, 2, 2, 3.

(5) 1, 2, 3, 4, 5, 6, 7, 8, 9.

5. 令 $X = \begin{bmatrix} 4 & 7 & 12 \\ 5 & 13 & 8 \\ 3 & 5 & 11 \end{bmatrix}$，求：

(1) t(X)

(2) X%*%t(X)

(3) det(X)

(4) $X^{-1}$

6. 在套裝程式 UsingR 中有一資料集 mandms，包含 M&M's 各種巧克力包裝中顏色的比例，請問：

(1) 哪種巧克力包裝中顏色有缺？

(2) 哪幾種巧克力包裝中顏色的分配相同？

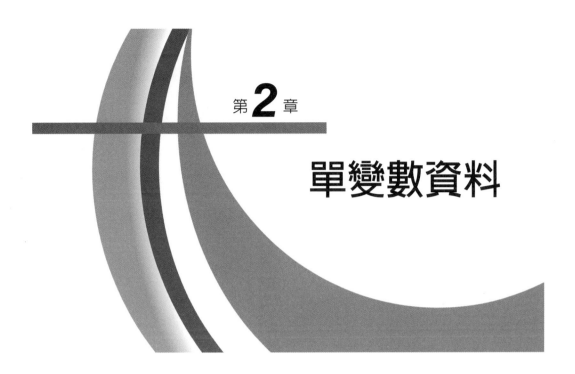

第 **2** 章

# 單變數資料

　　資料依屬性不同可分為質性（qualitative）資料與量化（quantitative）資料；依變數多寡的不同可分為單變數（univariate）資料與多變數（multivariate）資料。檢視（viewing）、彙整（summarizing）和作圖（graphical summaries）的方法與資料的屬性和變數的多寡有關。本章內容包括：

1. 資料類別。
2. 質性資料之處理。
3. 量化資料之處理。

## 2.1　質性資料（qualitative data）

　　質性（qualitative）資料可分為類別尺度（nominal or categorical scale）與順序尺度（ordinal scale）兩類。類別尺度是根據變數之元素特性給予名字或代號，如：性別（男性、女性）、婚姻狀況（未婚、已婚、喪偶、離婚）、宗教信仰（佛教、道教、基督教、其他）等。統計上通常以數字來代表類別尺度資料，如：針對婚姻狀況而言，可用數字 1 代表未婚、2 代表已婚、3 代表喪偶、4 代表離婚，這裡的數字 1、2、3、4 只是一種辨別之用。類別尺度資料不適用加、減、乘、除等符號運算，即使類別資料為數字，做算術運算是沒有意義的。

若資料的排序是有意義的，則可採用順序尺度。如：某餐廳在請顧客依照餐廳所提供的主餐的品質、冰品的口感、服務的態度等提供意見，顧客分別根據問卷中不同的變數（主餐的品質、冰品的口感、服務的態度等）給予優、可、劣三種等級。因每一變數都需回答優、可、劣三種之一，所以此資料有順序尺度的特性。該餐廳收集到每位顧客所提供的資料（意見）後，可根據「主餐的品質」按優、可、劣給予排序，可以用數字來代表，如：餐廳問卷中，順序尺度也可用數字 1 代表優、2 代表可、3 代表劣。順序尺度只能排序，也不適用加、減、乘、除等符號運算，做算術運算也是沒有意義的。

## 2.1.1 次數分配表（frequency table）

由於質性資料的類別不多，整理質性資料通常以表或圖表示之。例如：某次人口普查，7 位調查人員的性別為男、男、女、男、女、女、女，可以整理如下之次數分配表：

| 性別 | 男 | 女 |
|------|-----|-----|
| 人數 | 3 | 4 |

```
> x=c("男","男","女","男","女","女","女")
> table(x)
x
女 男
4  3
```

### 例 2.1

在桌面檔案 A 中，有一問卷的結果存於 income.csv 中，請做該檔案中變數 sex 的表格。

☞ 解

以 R 語言做表如下，由表中得知有 16 位女性 (=0)、14 位男性 (=1)。

```
> a=read.csv("C:/Users/kkchen1953/Desktop/A/income.csv",
header=T) # 讀檔案
> attach(a)           # 納入 R 的搜尋路徑，這樣我們就可以直接使用 a 裡面
的所有變數
> table(sex)
sex
 0  1
16 14
```

### 2.1.2 條形圖（barplot）

條形圖是顯示質性資料最常用的方法，在橫座標中取相同寬度，點出各類別的位置，縱座標則可以是每類別的次數或是比例。

### 例 2.2

請做 income.csv 中變數 sex 之條形圖（barplot）。

☞ 解

次數條形圖，請參考圖 2.1；比例條形圖，如圖 2.2。

```
> barplot(table(sex),ylab=" 次數 ", xlab=" 性別
+ 圖 2.1 性別條形圖 ")
> barplot(table(sex)/length(sex),
+ ylab=" 比例 ", xlab=" 性別
+ 圖 2.2 性別比例條形圖 ")
```

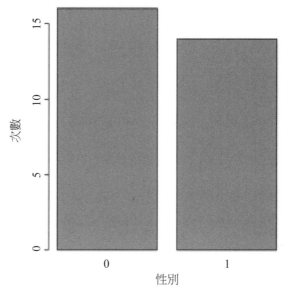

圖 2.1 性別條形圖

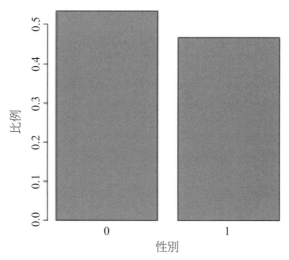

圖 2.2 性別比例條形圖

　　做條形圖比較資料的多寡時，應注意比較的基準，否則可能會被誤導。如下例有 3 位銷售員：李四、張三與趙五，上個月的銷貨額分別為 45、44 與 46 萬元。若以 0 當銷售額的基準做條形圖，如圖 2.3，此圖顯示 3 人的銷售額相差無幾；若以 42 萬作為銷售額的基準做條形圖，如圖 2.4，此圖則顯示 3 人的銷售額相差甚多。

例 2.3

　　3 位銷售員：李四、張三與趙五，上個月的銷貨額分別為 45、44 與 46 萬元，請做 3 人銷售額的條形圖。

☞ 解

　　以 0 萬元當銷售額的基準做條形圖，如圖 2.3。

```
> sales = c(45,44,46)
> names(sales) = c(" 李四 "," 張三 "," 趙五 ")
> barplot(sales, main=" 銷售額 ( 基準 =0)",
+ ylab=" 萬元 ", xlab=" 圖 2.3 銷售額比較圖 ")  # {main=" 銷售額 ( 基準
=0)"}= 標出圖名，請參考圖 2.3
```

**以 42 萬作為銷售額的基準做條形圖，如圖 2.4**

```
> barplot(sales, main=" 銷售額 ( 基準 =42)", ylab=" 萬元 ",
+ ylim=c(42,46), xpd=FALSE, xlab=" 圖 2.3 銷 售 額 比 較 圖 ") #
{ylim=c(42,46)}= 縱座標範圍，{xpd=FALSE}= 圖形已被限制在範圍內
```

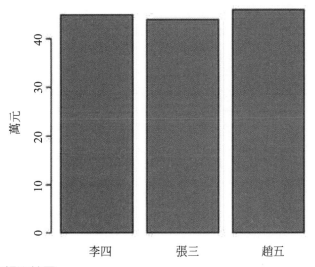

銷售額（基準 = 0）

⋏ **圖 2.3**　銷售額比較圖

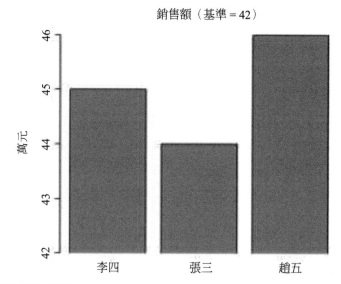

銷售額（基準 = 42）

△ **圖 2.4** 銷售額比較圖

例 2.4

做桌面 income 檔案中變數 sat 的條形圖。

☞ 解

請參考圖 2.5。

```
> a=read.csv("C:/Users/kkchen1953/Desktop/A/income.
csv",header=T)
> attach(a)
> barplot(table(sat),main=" 滿意程度條形圖 ",
+ xlab=" 很不滿意      不滿意      普通      滿意      很滿意
+ 圖 2.5 滿意程度條形圖 ")
```

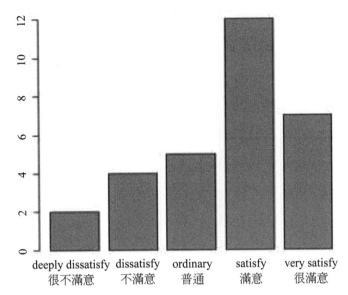

▲ **圖 2.5**　滿意程度條形圖

### 2.1.3 圓形圖（pie charts）

類別變數通常也用圓形圖（pie charts）表示之，將各類別比例乘 360 作為分割圓心角的依據，如下例中李四、張三與趙五的銷售額分別為 45、44 與 46 萬元，占總銷售額的比例分別為 0.333、0.326 與 0.341，故作圓形圖時 3 人銷售額占圓心角度分別為 119.88(=360×0.333)、117.36(=360×0.326) 與 122.76(=360×0.341)。

### 例 2.5

3 位銷售員：李四、張三與趙五，上個月的銷貨額分別為 45、44 與 46 萬元，請做 3 人銷售額的圓形圖。

☞ 解

請參考圖 2.6。

```
> sales = c(45,44,46)
> names(sales) = c(" 李四 "," 張三 "," 趙五 ")
> pie(sales, main=" 銷售額 ",xlab=" 圖 2.6 圓形圖 ")
```

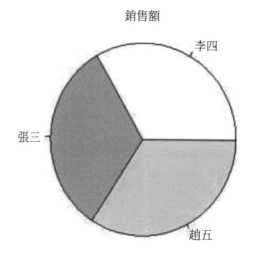

銷售額

## 2.2　量化資料（**numeric data**）

量化資料包含區間尺度（interval scale）與比率尺度（ratio scale）。區間尺度，例如：氣溫、智商等，這些量測沒有絕對的 0，如氣溫為攝氏 0 度，並不表示為有溫度，是人訂某一溫度為攝氏 0 度而已。這類資料不能做乘與除運算，但可做加與減的運算。比率尺度，如：所得、身高、汽車數量等，可做任何的四則運算。

量化資料不論是區間尺度（interval scale）與比率尺度（ratio scale），都可將其視為數字資料，除了可以圖形或表格描述這些資料的分配（distribution），即在實數線上的分布狀況，也可求資料的中心位置，如：平均數、中位數，或求其分散程度，如：標準差等。

### 2.2.1　莖葉圖（stem-and-leaf display）

莖葉圖（stem-and-leaf display）又稱「枝葉圖」，是一種呈現資料在實數上分布狀況的方法。莖葉圖將資料中的數按位數進行比較，將數的大小基本不變或變化不大的位數作為一個主幹（莖），將變化大的位數作為分支（葉），列在主幹的後面，這樣就可以清楚地看到每個主幹後面的幾個數，每個數具體是多少。

例 2.6

請做某班統計學期中考成績的莖葉圖。

55 45 76 65 92 45 56 67 75 72 84 82 69 57 73 50

☞ 解

以 R 作圖如下：

```
> x=c(55, 45, 76, 65, 92, 45, 56, 67, 75, 72, 84, 82, 69, 57,
73, 50)
> length(x)
[1] 16
> stem(x)
```

The decimal point is 1 digit(s) to the right of the |    # 在 | 的右邊
有一位數

```
4 | 55                      # 在 | 的右邊有兩個 5 表示有兩位學生得 45 分
5 | 0567
6 | 579
7 | 2356
8 | 24
9 | 2
```

也可下載 aplpack 程式，以函數 stem.leaf 處理之，如

```
> library(aplpack)
> stem.leaf(x)
1 | 2: represents 12              # 1 | 2  表 12
leaf unit: 1
        n: 16                     # 有 16 個數
  2   4. | 55
  3   5* | 0                      # 表示此莖之下包含 50, 51, 52, 53, 54 五個葉
  6   5. | 567                    # 表示此莖之下包含 55, 56, 57, 58, 59 五個葉
      6* |
 (3)  6. | 579                    # (3) 表示中位組，此組有 3 個資料
```

```
 7   7* | 23              #7 表示由最下一組累計到此組，資料個數為 7 個
 5   7. | 56
 3   8* | 24
     8. |
 1   9* | 2
```

若不想將十位數分成兩部分則可加一參數 m=1，如

```
> stem.leaf(x, m=1)
1 | 2: represents 12
 leaf unit: 1
        n: 16
  2   4 | 55
  6   5 | 0567
 (3)   6 | 579
  7   7 | 2356
  3   8 | 24
  1   9 | 2
```

---

**例 2.7**

在檔案 annualincome1.csv 中，有一筆 30 個所得資料 income10，請以此資料做莖葉圖。

☞ 解

---

```
> income=read.csv("C:/Users/kkchen1953/Desktop/A/
+ annualincome1.csv", header=T)
> attach(income)
> stem(income10)

 The decimal point is 1 digit(s) to the right of the |

12 | 57
14 | 6469
16 | 4545668
```

```
18 | 3446
20 | 350117
22 | 2256
24 | 66
26 |
28 |
30 |
32 | 2                                  # 此為離群值
```

## 例 2.8

下列是 20 家中小企業總經理的年薪，單位為萬元，請做此資料之莖葉圖。

234　564　473　678　235　439　478　589　638　472

348　482　280　357　460　400　550　580　650　360

☞ 解

```
> x=c(234, 564, 473, 678, 235, 439, 478, 589, 638, 472,
+ 348, 482, 280, 357, 460, 400, 550, 580, 650, 360)
> sort(x)                           # 將資料由小到大排
 [1] 234 235 280 348 357 360 400 439 460 472 473 478 482 550 564 580
589 638
[19] 650 678
> stem(x)

 The decimal point is 2 digit(s) to the right of the |     #  |  右邊是
四捨五入後的 2 位數

 2 | 348                            # 23 指的是 225 至 234
 3 | 566
 4 | 0467788
 5 | 5689
 6 | 458
```

## 2.2.2 直方圖（histogram）

直方圖是最常用來呈現量化資料分配的方法。製作步驟為：

1. 先在橫座標選一個可以涵蓋所有資料的區間。
2. 將此區間分為不互相包含的若干等分，每一等分稱之為一組，有組下界與組上界，組數的選擇得視樣本數的多寡，樣本數越多組數應越多，但也以不超過 20 組為原則。
3. 將資料分到其所在位置的組裡。
4. 以縱座標表示每組的次數或機率。

注意直方圖與條形圖的差別，直方圖之長條與長條之間是連接的，條形圖的長條之間是分離的。

### 例 2.9

下列是 20 家中小企業總經理的年薪，單位為萬元。請依據下列數字做直方圖：

234　564　473　678　235　439　478　589　638　472

348　482　280　357　460　400　550　580　650　360

☞ 解

請參考圖 2.7，20 家中小企業總經理的年薪直方圖如下：將資料放入由 200 至 700 萬元的五個組裡，每組組距 100 萬元，每個資料只落在一組裡，縱座標為次數，如 400 至 500 萬元間有 6 個數字，故此組直方圖的高就是 6；若是做相對次數直方圖（relative histogram），則是將縱座標以相對次數表示。由此圖可知此筆資料的分配相當對稱。

```
> hist(x,breaks=seq(200,700,length=6),main=" 中小企業總經理年所
得 ",ylab=" 次數 ",xlab=" 萬元
+ 圖 2.7 中小企業總經理年所得直方圖 ") #{breaks=seq(200, 700,
length=6)}= 由 200 到 700 間做六個組界，請參考圖 2.7
```

縱座標若為機率則在 hist() 裡加上 prob=T，如

```
> hist(x,prob=T,breaks=seq(200,700,length=6),
+ main=" 中小企業總經理年所得 ",ylab=" 機率 ",xlab=" 萬元
+ 圖 2.8 中小企業總經理年所得機率直方圖 ")  #縱座標為機率，如年所得介
```
在 400 萬元與 401 萬元的機率為 0.003，每組資料的比例 = 機率 × 組寬，請參考圖 2.8

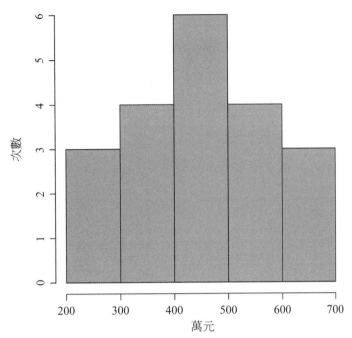

**人 圖 2.7**　中小企業總經理年所得直方圖

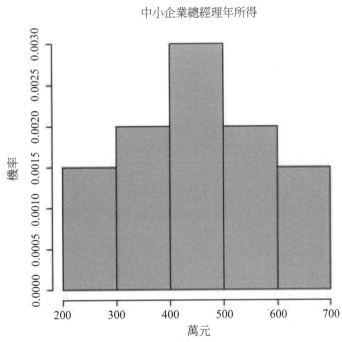

**人 圖 2.8**　中小企業總經理年所得機率直方圖

### 2.2.3 次數多邊形（frequency polygon）與密度曲線（density）

次數多邊形圖是由直方圖演變而來：在直方圖的左右各加一組，並令這兩組的次數為 0，並將這兩組的中點與直方圖每個長條中點連成線，即成次數多邊形圖。密度曲線（density）則是依據相對次數直方圖估計出資料可能的機率密度函數（probability density function）。

**例 2.10**

請做例 2.8 中，20 家中小企業總經理的年薪之次數多邊形與密度曲線。

☞ 解

做次數多邊形如下：

```
> x=c(234, 564, 473, 678, 235, 439, 478, 589, 638, 472,
+ 348, 482, 280, 357, 460, 400, 550, 580, 650, 360)
> bins = seq(200, 700, by=100)    # 以 100 萬元為單位將資料分五組
> freqs = table(cut(x, bins))     # 將資料 x 根據 bins 所分之組分配次數
> freqs

(200,300] (300,400] (400,500] (500,600] (600,700]
    3         4         6         4         3
> y.pts = c(0, freqs, 0)                # 將前後兩組的次數設為 0
> y.pts

    (200,300] (300,400] (400,500] (500,600] (600,700]
    0    3        4         6         4         3         0
> x.pts = seq(150,750,by=100)      # 找出每組的中點
> x.pts
[1] 150 250 350 450 550 650 750
> plot(x.pts,y.pts,type="l",
+ xlab=" 圖 2.9 中小企業總經理年薪多邊形圖 ")   # {type="l"}= 指以線
(line) 將每組中點連成線
```

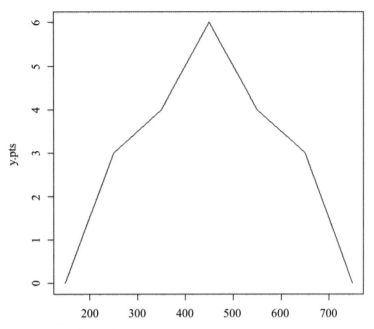

**∧ 圖 2.9**　中小企業總經理年薪多邊形圖

做密度曲線在機率直方圖上，如圖 2.10。

```
> hist(x,prob=T,breaks=seq(200,700,length=6),
+ main=" 中小企業總經理年所得 ",ylab=" 機率 ",xlab=" 萬元
+ 圖 2.10 中小企業總經理年所得機率直方圖與密度曲線 ")
> lines(density(x))                        # 在直方圖上加密度曲線
```

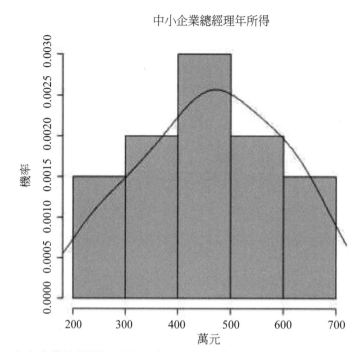

中小企業總經理年所得

**▲ 圖 2.10** 中小企業總經理年所得機率直方圖與密度曲線

## 2.3 中間趨勢（central tendency）

### 2.3.1 平均數（mean）

　　當資料個數很多時，以上節介紹的圖形，如莖葉圖，來呈現資料的分配並不實際。本節將介紹如何將資料彙整成一數字來反映資料的特徵。

　　由上節資料的圖形中，可觀察到一組資料相對集中的位置是分配的一個很明顯的特徵（請見直方圖或密度函數）。如何彙整資料將其相對集中的位置呈現出來呢？最容易被想到的，也是最常用的是資料的平均數（mean 或稱 average value）。

　　平均數：若母體由 $N$ 個資料 $x_1, x_2, ..., x_N$ 所構成，則母體平均數（population mean）定義為：

(2.1)
$$\mu = \frac{x_1 + x_2 + ... + x_N}{N} = \frac{\sum\limits_{i=1}^{N} x_i}{N}$$

若由母體中抽出：若由母體抽出 $n$ 個資料 $x_1, x_2, ..., x_n$ 構成一組樣本（sample），則樣本平均數（sample mean）定義為：

$$(2.2) \qquad \bar{x} = \frac{x_1 + x_2 + ... + x_n}{n} = \frac{\sum\limits_{i=1}^{n} x_i}{n}$$

若沒特別的說明，本書都以樣本資料為討論對象。

**例 2.11**

請做例 2.8 中，20 家中小企業總經理的年薪之平均數。

☞ 解

$$\bar{x} = \frac{234 + 564 + ... + 650 + 360}{20} = \frac{9267}{20} = 463.35$$

```
> x=c(234, 564, 473, 678, 235, 439, 478, 589, 638, 472,
+ 348, 482, 280, 357, 460, 400, 550, 580, 650, 360)
> length(x)                # n=20
[1] 20
> sum(x)                   # 234+564+…+650+360
[1] 9267
> xbar=9267/20
> xbar
[1] 463.35
或直接求
> mean(x)                  # 求向量 x 之平均數
[1] 463.35
```

**例 2.12**

去年某公司 5 位副總經理的年終獎金如下，求此 5 位副總經理年終獎金的平均數。

$$200 \quad 250 \quad 280 \quad 260 \quad 600 \text{（單位：萬元）}$$

☞ 解

$$平均數 = \frac{200 + 250 + 280 + 260 + 600}{5} = 318$$

```
> x=c(200, 250, 280, 260, 600)
> mean(x)
[1] 318
```

　　建構平均數公式的目的，是希望此公式所計算出來的值能適當地指出資料的集中趨勢位置或重心位置（center of gravity）或資料的平衡點（balance point）。例 2.12 中，5 位副總經理的年終獎金有 4 位是在 280 萬元以下，算出來的平均年終獎金卻為 318 萬元，高於大多數副總的年終獎金，且在 318 萬元附近都沒有資料中的其他數字。因此，以 318 萬元來表示該公司 5 位副總年終獎金集中位置，應不恰當。造成此問題的原因是其中有一位副總的年終獎金特別高，與其他副總的獎金差距很大。這種與資料中大多數的數值差異甚大的觀測值，稱之為極端值（extreme value）或離群值（outlier）。當資料個數不多，且有極端值出現時，以平均數來代表資料的集中位置就不適當。

### 2.3.2 中位數（median）

　　中位數（median）：令 $x_1, x_2, ..., x_n$ 為樣本數 $n$ 的一組樣本，$x_{(1)} \leq x_{(2)} \leq ... \leq x_{(n)}$ 為其由小到大的排列，則：

(2.3)
$$med = \begin{cases} x_{(k+1)} & n = 2k+1 \\ (x_{(k)} + x_{(k+1)})/2 & n = 2k \end{cases}$$

為此組資料的中位數。

### 例 2.13

　　去年某公司 5 位副總經理的年終獎金如下，求此 5 位副總經理年終獎金的中位數：

$$200 \quad 250 \quad 280 \quad 260 \quad 600 \text{（單位：萬元）}$$

☞ 解

　　將此組資料由小到大排列為 $200 < 250 < 260 < 280 < 600$，$n = 5 = 2 \times 2 + 1$，故 $k = 2$，中位數為：

$$x_{(2+1)} = x_{(3)} = 260$$

以 260 萬元來表示 5 位副總經理的年終獎金，比用 318 萬元來表示 5 位副總經理的年終獎金要恰當的多。

```
> x=c(200, 250, 280, 260, 600)
> median(x)
[1] 260
```

**例 2.14**

試計算例 2.8 中，20 家中小企業總經理的年薪（單位：萬元）之中位數。

☞ 解

將此 20 個數字由小到大排列為：

$$234 \quad 235 \quad 280 \quad 348 \quad 357 \quad 360 \quad 400 \quad 439 \quad 460 \quad 472$$
$$473 \quad 478 \quad 482 \quad 550 \quad 564 \quad 580 \quad 589 \quad 638 \quad 650 \quad 678$$

$n = 20 = 2 \times 10$ 為偶數，故中位數為：

$$med = (x_{(10)} + x_{(11)})/2 = \frac{472 + 473}{2} = 472.5$$

```
> x=c(234, 564, 473, 678, 235, 439, 478, 589, 638, 472,
+ 348, 482, 280, 357, 460, 400, 550, 580, 650, 360)
> sort(x)
 [1] 234 235 280 348 357 360 400 439 460 472 473 478 482 550 564 580
589 638
[19] 650 678
> median(x)                    # 中位數
[1] 472.5
```

**例 2.15**

求檔案 annualincome1.csv 中，變數 income10 的平均數與中位數。

☞ 解

```
> a=read.csv("C:/Users/kkchen1953/Desktop/A/annualincome1.
csv", header=T)
> attach(a)                    # 將 a 納入 R 的搜尋路徑
> mean(income10);median(income10)
[1] 194.9333
[1] 184
```

## 2.3.3 截尾平均數（trimmed mean）

除了中位數，也可以去除資料中的極端值的平均數來代表資料集中趨勢的截尾平均數（trimmed mean）。

$m\%$ 截尾平均數（$m\%$ trimmed mean）：令 $x_1, x_2, ..., x_n$ 為樣本數為 $n$ 的一組樣本，$x_{(1)} \leq x_{(2)} \leq ... \leq x_{(n)}$ 為其由小到大的排列，則稱：

$$(2.4) \qquad \bar{x}_{m-T} = \frac{1}{n-2k} \sum_{i=k+1}^{n-k} x_{(i)}$$

其中，$k = [(m/2)\% \times n]$，$0 \leq m \leq 100$，$[a] =$ 小於 $a$ 的最大整數，即 [] 為高斯符號。

### 例 2.16

求此 5 位副總經理年終獎金的 50% 截尾平均數。

200　250　280　260　600（單位：萬元）

☞ 解

將此組資料由小到大排列為 $200 < 250 < 260 < 280 < 600$，$n = 5$，$\alpha = 0.5$，$k = [(m/2)\% \times n] = [(0.5/2) \times 5] = [1.25] = 1$。

故此 5 位副總經理年終獎金的 50% 截尾平均數為：

$$\bar{x}_{50-T} = \frac{1}{5-2\times1} \sum_{i=1+1}^{n-1} x_{(i)} = \frac{1}{3}(250+260+280) = 263.33$$

```
> x=c(200,250,260,280,600)
> mean(x,trim=0.25)          # 截尾平均數在 R 的公式裡 trim=(m/2)%
[1] 263.33333
```

### 2.3.4 眾數（mode）

眾數（mode）：資料中出現次數最多的數。

眾數通常只用於離散的（discrete）數字資料，連續的（continuous）數字資料，每個數字在資料中通常只會出現一次，沒有眾數，或者說每個數字都是眾數。

### 例 2.17

求檔案 annualincome1.csv 中，變數 sat 之眾數。

☞ 解

```
> a=read.csv("C:/Users/kkchen1953/Desktop/A/annualincome1.
csv", header=T)
> attach(a)
> table(sat)
sat
deeply dissatisfy     dissatisfy      ordinary       satisfy
        2                 4             5             12
   very satisfy
        7
> which(table(sat) == max(table(sat)))   # 哪個值次數最多找眾數
satisfy
   4
```

## 2.4 分散程度（dispersion）

### 2.4.1 全距（range）與百分位數（percentiles）

資料分配的特徵除集中趨勢的位置外，尚有一個重要特徵是資料的分散程度。

### 例 2.18

求下列兩組資料的平均數。

| 第一組 | −4 | −2 | 0 | 2 | 4 |
|---|---|---|---|---|---|
| 第二組 | −10 | −5 | 0 | 5 | 10 |

☞ 解

　　第一組資料平均數 = 第二組資料平均數 = 0。

　　例 2.18 之兩組資料平均數皆為 0，但兩組資料明顯的不同，第二組資料分散程度明顯的大於第一組資料。

　　全距（range）：令 $x_1, x_2, ..., x_n$ 為樣本數為 $n$ 的一組樣本，$x_{(1)} \leq x_{(2)} \leq ... \leq x_{(n)}$ 為其由小到大的排列，則稱：

(2.5)
$$R = x_{(n)} - x_{(1)}$$

為此組資料的全距，即最大值減最小值。

### 例 2.19

求例 2.18 中，兩組資料的全距。

☞ 解

　　第一組資料的全距為 4 − (−4) = 8；第二組資料的全距為 10 − (−10) = 20。

### 例 2.20

　　下列資料是一位研究生做 2021 年臺北市家庭年所得的資料（單位：萬元）：

　　231　342　256　187　153　221　201　267　334　195　271　12,000

求此組資料之全距。

☞ 解

先將此組資料由小到大排列：

$$153 < 187 < 195 < 201 < 221 < 231 < 256 < 267 < 271 < 334 < 342 < 12000$$

全距為 12000 – 153 = 11847 萬元。

```
> x=c(231, 342, 256, 187, 153, 221, 201, 267, 334, 195, 271, 12000)
> max(x)-min(x)
[1] 11847
```

若以例 2.20 所求之全距 11,847 萬元代表 2021 年臺北市大多數家庭年所得分配的差異，顯然不恰當，因為調查資料中除最後的 12,000 萬元外，其餘家庭年所得都是在 500 萬元以下，之所以會出現全距等於 11,847 萬元，是受了極端值影響之故。

百分位數（percentile）：令 $x_1, x_2, ..., x_n$ 為樣本數為 $n$ 的一組樣本，$x_{(1)} \le x_{(2)} \le ... \le x_{(n)}$ 為其由小到大的排列，則此組資料之第 $m$ 百分位數定義為：

(2.6)
$$Percentile_m = (x_{\left(\frac{m \times n}{100}\right)} + x_{\left(\frac{m \times n}{100}+1\right)})/2$$

若 $(m \times n)/100$ 為整數；

(2.7)
$$Percentile_m = x_{\left(\left[\frac{m \times n}{100}\right]+1\right)}$$

若 $(m \times n)/100$ 為整數，其中 [] 為高斯符號，$1 \le m \le 99$。

四分位數（quartiles）：一組資料的三個四分位數分別定義為：

(2.8)
$$Qua_i = Percentile_{25 \times i}, \ i = 1, 2, 3$$

中位數是第二個四分位數，即：

(2.9)
$$med = Qua_2$$

四分位差（interquartile range）：一組資料的四分位差定義為：

(2.10)
$$IQR = Qua_3 - Qua_1$$

五分位數（quintiles）：一組資料的四個五分位數分別定義為：

(2.11)
$$Qui_i = Percentile_{20 \times i}, \ i = 1, 2, 3, 4$$

十分位數（decile）：一組資料的九個十分位數定義為：

(2.12)
$$dec_i = Percentile_{10 \times i}, \ i = 1, 2, ..., 9$$

**例 2.21**

請計算 2021 年臺北市家庭年所得的資料（單位：萬元）之第十百分位數與四分位差。

231　342　256　187　153　221　201　267　334　195　271　12,000

☞ 解

先將此組資料由小到大排列：153　187　195　201　221　231　256　267　271　334　342　12000。

因 $(m \times n)/100 = 1.2$ 非整數，故：

$$Percentile_{10} = x_{\left(\left[\frac{10 \times 12}{100}\right]+1\right)} = x_{([1.2]+1)} = x_{(2)} = 187$$

第一與第三四分位數分別為：

$$Qua_1 = Percentile_{25 \times 1} = (x_{\left(\frac{25 \times 12}{100}\right)} + x_{\left(\frac{25 \times 12}{100}+1\right)})/2 = (x_{(3)} + x_{(4)})/2$$

$$= \frac{195 + 201}{2} = 198$$

$$Qua_3 = Percentile_{25 \times 3} = (x_{\left(\frac{25 \times 3 \times 12}{100}\right)} + x_{\left(\frac{25 \times 3 \times 12}{100}+1\right)})/2 = (x_{(9)} + x_{(10)})/2$$

$$= \frac{271 + 334}{2} = 302.5$$

四分位差為：

$$IQR = 302.5 - 198 = 104.5$$

以 104.5 萬元描述 2021 年臺北市家庭年所得分配貧富差距較全距 11,847 萬元適當。

```
> x=c(231, 342, 256, 187, 153, 221, 201, 267, 334, 195,
271, 12000)
> sort(x)
 [1] 153 187 195 201 221 231 256 267 271 334 342 12000
> quantile(x, 0.1)                      # 第十百分位數，R 計算百分位
數的方法與本書介紹的公式略有不同
 10%
187.8
> quantile(x)                           # 四分位數
    0%     25%     50%     75%     100%
 153.00 199.50 243.50 286.75 12000.00
> IQR(x)                                # 四分位差
[1] 87.25
```

### 2.4.2 資料分配型態（modes of data distribution）

平均數與百分位數可以描述資料分配的型態：對稱（symmetry）分配、右偏分配（skew to right）與左偏分配（skew to left）。

對稱（symmetry）分配：資料直方圖或密度函數以集中趨勢位置為中心，向左右兩邊對稱分散，對稱分配資料平均數與中位數的值相差無幾。

右偏分配（skew to right）：資料中有極端大的值，直方圖或密度函數會形成較左邊長的右尾。右偏資料的平均數通常大於中位數甚多。

左偏分配（skew to left）：資料中有極端小的值，直方圖或密度函數會形成較右邊長的左尾。左偏資料的平均數通常小於中位數。

### 例 2.22

例 2.20 中，2021 年臺北市家庭年所得的資料即為右偏資料。

### 例 2.23

由例 2.8 中 20 家中小企業總經理的年薪之莖葉圖，或由例 2.9 的直方圖與例 2.10 得知，此 20 家中小企業總經理的年薪平均數與中位數分別為 463.35 萬元與 472.5 萬元，可判定此 20 家中小企業總經理的年薪分配為對稱。

例 2.24

R 系統程式套件 UsingR 中的資料檔存有 2000 年美國 199 家企業 CEO 的年報酬（單位：萬美元），請做此組資料之直方圖、平均數與中位數，並判別此組資料分配的型態。

☞ 解

請參考圖 2.11，此資料為右偏，平均數 = 59.89 大於中位數 = 27。

```
> library(UsingR)
> head(exec.pay)                          # 顯示前六筆資料
[1] 136 74  8 38 46 43
> length(exec.pay)
[1] 199
> mean(exec.pay); median(exec.pay)     # 平均數與中位數
[1] 59.88945
[1] 27
> hist(exec.pay, main="CEO 報酬 ",ylab=" 次數 ",xlab=" 萬元
+ 圖 2.11 CEO 報酬直方圖 ")
```

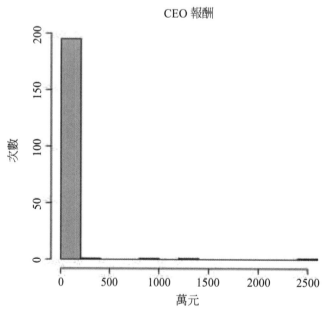

ᐱ **圖 2.11** CEO 報酬直方圖

　　五數概括法（five-number summary）與箱型圖或稱盒鬚圖（box and whisker plot），也是常用來辨識資料分配型態的方法。

　　五數概括法（five-number summary）：以資料的最小數、三個四分位數與最大數的位置辨識資料分配的型態。

例 2.25

　　求 R 系統程式套件 UsingR 的資料檔 exec.pay 中，2000 年美國 199 家企業 CEO 的年報酬（單位：萬美元）之最小數、三個四分位數與最大數。

```
> summary(exec.pay)
 Min. 1st Qu. Median  Mean 3rd Qu.  Max.
 0.00 14.00  27.00  59.89 41.50  2510.00
```

### 2.4.3 箱型圖（box and whisker plot）

　　箱形圖（box and whisker plot）：箱形圖是在五數概括法的基礎上所作顯示資料分配型態的一個方法。有兩種做法：1. 首先以第一個四分位數與第三個四分位數為兩邊做一矩形圖，即為盒子或箱子；並在中位數上劃一直線交於矩形圖的上下邊，同時以盒子左邊的中點以直線連接到資料的最小數，以盒子右邊的中點以直線連接到資料的最大數，即形成箱形圖兩邊的鬚。2. 盒子的做法與上一個方法相同，做完盒子後，以盒子左右兩邊的中點各延伸 1.5 倍盒子長度（= IQR）至左右兩邊做鬚；在 $Qua_1 - 1.5 \times IQR$ 處畫一垂直線作為資料的下內籬（lower inner fence），在 $Qua_3 + 1.5 \times IQR$ 處畫一垂直線作為資料的上內籬（higher inner fence）；又在 $Qua_1 - 3 \times IQR$ 處畫一垂直線作為資料的下外籬（lower outer fence），在 $Qua_3 + 3 \times IQR$ 處畫一垂直線作為資料的上外籬（higher outer fence），稱介於內外籬中的資料為疑似離群值（mild outlier），介於外籬以外的資料為極端離群值（extreme outlier）。

例 2.26

　　請做檔案 C:/Users/kkchen1953/Desktop/A/annualincome1.csv 中的變數 income10 之箱型圖。

☞ 解

　　R 所做的箱型圖中沒有外籬，在內籬外的資料以圈圈表示之，如圖 2.12 中最上面的圈圈即是最大值 322 萬元。箱型圖中顯示該筆資料是右偏，因爲第三分位數與中位數的差較第一分位數與中位數的差大。

```
> a=read.csv("C:/Users/kkchen1953/Desktop/A/annualincome1.csv")
> summary(a$income10)
  Min. 1st Qu. Median  Mean 3rd Qu.  Max.
 125.0  167.2  184.0 194.9  215.5  322.0
> boxplot(a$income10, main="2010 年家庭所得", xlab=" 圖 2.12 2010 年家庭所得箱型圖 ") # 請參考圖 2.12
```

也可用行的展示如圖 2.13：
```
> boxplot(a$income10, main="2010 年家庭所得", xlab=" 圖 2.13 2010 年家庭所得箱型圖 ",
+ horizontal = TRUE,notch = TRUE)  # "horizontal = TRUE"= 表水平展示；
"notch = TRUE"= 在中位數上有缺口 )
```

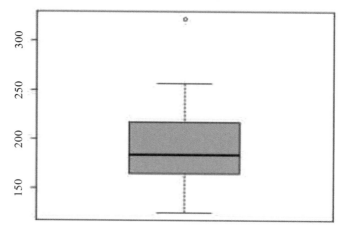

˄ 圖 2.12　2010 年家庭所得箱型圖

2010 年家庭所得

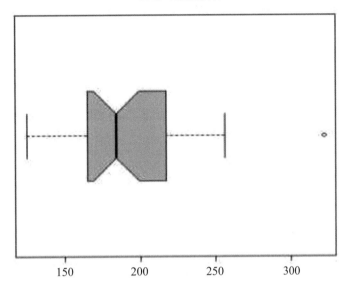

| | | | | |
|150|200|250|300|

△ ■ **2.13**　2010 年家庭所得箱型圖

---

例 2.27

　　請做 R 系統程式套件 UsingR 中的資料檔 alltime.movies 之箱型圖。

☞ 解

　　請參考圖 2.14，有五部電影收入超過上內籬，顯示資料呈右偏分配。

---

```
> attach(alltime.movies)
> length(Gross)
[1] 79
> summary(Gross)
 Min. 1st Qu. Median  Mean 3rd Qu.  Max.
 172.0  184.0  216.0  240.2  260.0  601.0
> boxplot(Gross, main=" 美國電影票房收入 ",ylab=" 百萬元 ", xlab="
+ 圖 2.14 美國電影票房收入箱型圖 ")
```

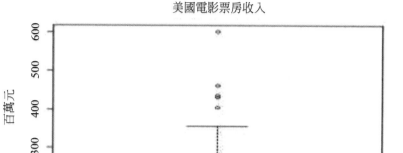

**▲ 圖 2.14** 美國電影票房收入箱型圖

### 2.4.4 變異數（variance）與標準差（standard deviation）

當資料多時，最常用來顯示資料分散程度的數字是資料的標準差。

母體變異數與標準差：母體資料 $x_1, x_2, ..., x_n$ 的變異數定義為：

$$(2.13) \qquad \sigma^2 = \frac{\sum\limits_{i=1}^{N}(x_i - \mu)^2}{N}$$

其中 $\mu$ 為母體平均數，母體標準差為 $\sigma = \sqrt{\sigma^2}$。

樣本資料的變異數：樣本資料 $x_1, x_2, ..., x_n$ 的變異數定義為：

$$(2.14) \qquad s^2 = \frac{\sum\limits_{i=1}^{n}(x_i - \bar{x})^2}{n-1} = \frac{\sum\limits_{i=1}^{n}x_i^2 - n\bar{x}^2}{n-1}$$

其中 $\bar{x}$ 為樣本平均數，樣本標準差為 $s = \sqrt{s^2}$。

變異數大小能表示資料分散程度的大小，但因變異數的單位為資料原單位的平方，如萬元的平方，無法解釋，實務上是以標準差為用。

**例 2.28**

請計算 2021 年臺北市家庭年所得的資料之標準差（單位：萬元）。

    231　342　256　187　153　221　201　267　334　195　271　12,000

☞ 解

　　2021 年臺北市家庭年所得的資料之標準差爲 3,394.82 萬元。注意：這個標準差的值受極端值 12,000 萬元的影響。

$$n = 12 , \sum_{i=1}^{12} x_i = 14658 , \sum_{i=1}^{12} x_i^2 = 144677792 , \overline{x} = 1221.5 ,$$

$$故\ s^2 = \frac{\sum_{i=1}^{n} x_i^2 - n\overline{x}^2}{n-1} = 11524822, s = \sqrt{11524822} = 3394.823 。$$

```
> x=c(231, 342, 256, 187, 153, 221, 201, 267, 334, 195,
271, 12000)
> sum(x)
[1] 14658
> x*x                          # 各元素的平方
 [1]   53361  116964   65536   34969   23409   48841   40401
 [8]   71289  111556   38025   73441  144000000
> sum(x*x)
[1] 144677792
> mean(x)
[1] 1221.5
> var=(sum(x*x)-length(x)*(mean(x)^2))/(length(x)-1)    # 變異數
> var
[1] 11524822
> sqrt(var)                                        # 標準差
[1] 3394.823
> var(x)
[1] 11524822
> sd(x)
[1] 3394.823
```

例 2.29

請做檔案 C:/Users/kkchen1953/Desktop/A/annualincome1.csv 中的變數 income10 的標準差。

☞ 解

變數 income10 的標準差為 41.35 萬。

```
> income=read.csv("C:/Users/kkchen1953/Desktop/A/
annualincome1.csv", header=T)
> attach(income)
> sd(income10)
[1] 41.35543
```

使用標準差比較兩組資料相對分散程度時,除有單位無法比較外,還會受數字大小的影響而產生錯覺。

例 2.30

下列有個股票十日內價格的資料,請分別計算此兩股票價格的標準差(單位:元)。

| 股票一 | 12.1 | 12.3 | 12.7 | 11.5 | 10.8 | 11.5 | 12.4 | 13.3 | 14.3 | 13.5 |
|---|---|---|---|---|---|---|---|---|---|---|
| 股票二 | 96.5 | 95.8 | 96.4 | 97.8 | 98.8 | 99.9 | 98.2 | 97.1 | 95.3 | 97.4 |

☞ 解

設 s1 與 s2 分別表示股票一與股票二的標準差,則 s1 = 1.05 < s2 = 1.41。

```
> x1=c(12.1,12.3,12.7,11.5,10.8,11.5,12.4,13.3,14.3,13.5)
> x2=c(96.5,95.8,96.4,97.8,98.8,99.9,98.2,97.1,95.3,97.4)
> sd(x1);sd(x2)
[1] 1.053249
[1] 1.406967
```

股票一的標準差小於股票二的標準差，若以標準差表示股票價格變動的風險，是否表示股票一的價格風險小於股票二的價格風險？

變異係數（coefficient of variation）：樣本資料 $x_1, x_2, ..., x_n$ 的變異係數定義為：

(2.15)
$$CV = \frac{sd}{\bar{x}}$$

變異係數是把資料的平均數平移至 1，並且將資料的單位去除掉；資料經過如此轉換後，立足點就相同，比較其相對分散程度的結果也就客觀。

### 例 2.31

請比較例 2.30 中，兩個股票價格相對風險的大小。

☞ 解

若以股票價格變異係數作為股票之風險，則股票一的變異係數為 0.084 大於股票二的變異係數 0.014，故股票一的風險大於股票二。

平均數與標準差是分配的兩個重要特徵數，一組資料只要知道其平均數與標準差，就可以做某種程度的敘述。

**柴比雪夫不等式（Chebtshev's inquality）**：設 $\bar{x}$ 與 $s$ 為一組資料之平均數與標準差，則此組資料落在區間 $(\bar{x} - k \times s, \bar{x} + k \times s)$ 內的個數占全體資料個數的比例至少為 $1 - \dfrac{1}{k^2}$，$k > 1$。

### 例 2.32

試估計檔案 C:/Users/kkchen1953/Desktop/A/annualincome1.csv 中的變數 income10 中，有多少個資料會落在區間 $(110, 280)$ 內？

☞ 解

此組資料的平均數與標準差分別為 194.933 與 41.355，介於區間 $(110, 280)$ 內的資料個數會大於等於介於區間 $(112.223, 277.643) = (194.933 - 2 \times 41.355, 194.933 + 2 \times 41.355)$ 內資料個數。依柴比雪夫不等式，介於此區間內的資料個數占全體資料個數的比例至少有 1-1/2^2，全體資料個數為 30，故至少有 $30 \times 3/4 = 22.5$ 個資料落在區間 $(110, 280)$ 內。

```
> mean(income10);sd(income10)
[1] 194.9333
```

```
[1] 41.35543
> sum(income10<280 | income10>110)          # {(income10<280 |
income10>110)}=income10 於 280 或 income10 大於 110
```

### 例 2.33

一班 100 名學生統計學成績平均數為 70 分，標準差為 5 分。某生得 90 分，請問至多有幾位學生的得分高於該生？

☞ 解

平均數為 70 分，標準差為 5 分，故介於 50(=70 − 4×5) 分至 90(=70 + 4×5) 分之間至少有 93.75[=100×(1 − $\frac{1}{4^2}$)] 位學生，故得分高於 90 分的學生至多為 7 位。

## 2.5　習題

1. R 的程式集 UsingR 中有一組資料 central.park.cloud，紀錄中央公園 2003 年 5 月分美國國家氣候服務中心收集每天天氣的狀況，分為「晴朗（clear）」、「多雲（cloudy）」、「晴時多雲（partly cloudy）」三種狀況，請做表顯示三種不同天氣的天數。

2. 請做 R 系統中，資料檔 state.division 中資料的：
   (1) 次數分配表。
   (2) 相對次數分配表。
   (3) 圓形圖。

3. 調查臺灣青年人最常使用手機上的社交 app 名稱如下：

   | | |
   |---|---|
   | Line | 48% |
   | Wechat | 7% |
   | Facebook | 23% |
   | Instagram | 12% |
   | Messenger | 10% |

   請以此資料做長條圖與圓形圖。

4. R 的程式集 UsingR 中有一組資料 MLBattend，紀錄美國棒球聯盟各球隊 1969 至 2000 年主場比賽參加人數，請以此資料做紐約洋基隊 1969 至 2000 年主場比賽參加人數之長條圖。

5. R 系統中有筆資料 Precip，紀錄美國與波多黎各 70 個城市的每年平均降雨量（單位：英寸），請做此筆資料之：

(1) 次數分配直方圖。

(2) 相對次數分配直方圖。

(3) 莖葉圖。

(4) 箱型圖。

6. 請做 R 系統中，資料檔 LakeHuron 中 98 個數字之：

(1) 次數分配直方圖。

(2) 相對次數分配直方圖。

(3) 莖葉圖。

(4) 箱型圖。

7. 請做 R 系統中，資料檔 faithful 中兩變數分別為 eruptions 與 waiting 之：

(1) 次數分配直方圖。

(2) 相對次數分配直方圖。

(3) 莖葉圖。

(4) 箱型圖。

8. R 系統中有筆資料 Precip，紀錄美國與波多黎各 70 個城市的每年平均降雨量（單位：英寸），請做此筆資料之：

(1) 平均數。

(2) 標準差。

(3) 四分位數。

(4) 變異係數。

(5) 檢驗柴比雪夫不等式 $k = 3$。

9. 請做 R 系統中，資料檔 faithful 中兩變數分別為 eruptions 與 waiting 之：

(1) 平均數。

(2) 標準差。

(3) 四分位數。

(4) 變異係數。

(5) 檢驗柴比雪夫不等式 $k = 2$。

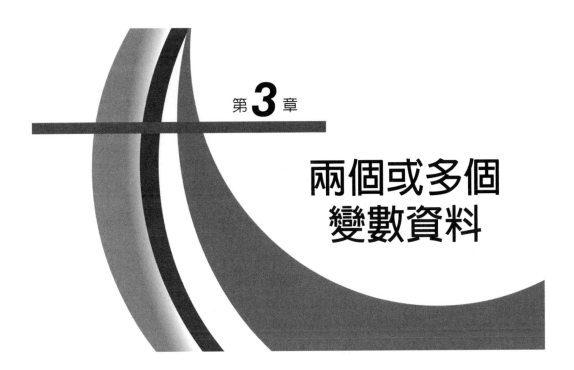

第**3**章

# 兩個或多個變數資料

兩個或多個變數資料，除了要了解每個變數各自的特徵外，還得顧及各個變數間的關係。本章的內容包括：

1. 成對類別變數資料呈現。
2. 量化變數比較與關係描述。
3. 多個變數與變數關係的呈現。

## 3.1 成對類別變數（**pairs of categorical variables**）

### 3.1.1 列聯表（contingency table）

兩個類別變數的資料通常是以列聯表呈現，表中會呈現出每一對可能水準（each possible pairs of levels）的次數外，同時每個個別類別變數的次數分配也可以顯示出來。

邊際次數（機率）分配（marginal frequency (probability) distribution）：個別變數的次數（機率）分配。

條件次數（機率）分配（conditional frequency (probability) distribution）：固定某一變數的水準下，另一變數的次數（機率）分配。

例 3.1

　　某班 100 位學生參加統計學期中考，55 位男生中有 45 位及格，45 位女生中有 25 位及格，請將成績按性別分類做列聯表與邊際次數分配。

☞ 解

　　可做如表 3.1 之列聯表。表中顯示男女生及格與不及格人數外，在最右邊一欄顯示出性別的邊際次數分配，在最下邊一列也顯示出成績的邊際次數分配。

∀ **表 3.1**　成績與性別列聯表

| 性別 | 成績 | | 合計 |
|------|------|------|------|
| | 及格 | 不及格 | |
| 男 | 45 | 10 | 55 |
| 女 | 25 | 20 | 45 |
| 合計 | 70 | 30 | 100 |

```
> x = matrix(c(45,25,70,10,20,30,55,45,100),nrow=3)
> colnames(x)=c(" 及格 "," 不及格 "," 合計 ")
> rownames(x)=c(" 男 "," 女 "," 合計 ")
> x
      及格  不及格  合計
男    45    10    55
女    25    20    45
合計  70    30    100
> rown=c(" 男 "," 女 "," 合計 ")
> coln=c(" 及格 "," 不及格 "," 合計 ")
> dimnames(x) = list( 性別 =rown, 成績 =coln)
> x
       成績
性別  及格  不及格  合計
  男    45    10    55
  女    25    20    45
  合計  70    30    100
> x = matrix(c(45,25,10,20),nrow=2)
```

```
> margin.table(x,1)      #列變數的邊際分配，1= 列
[1] 55 45
> margin.table(x,2)      #行變數的邊際分配，2= 行
[1] 70 30
```

### 例 3.2

做例 3.1 中，學生性別與成績之條件分配。

☞ 解

```
> x = matrix(c(45,10,25,20),nrow=2)
> prop.table(x,1)                    #列的條件機率分配
      [,1]      [,2]
[1,] 0.6428571 0.3571429
[2,] 0.3333333 0.6666667
> prop.table(x,2)                    #行的條件機率分配
      [,1]      [,2]
[1,] 0.8181818 0.5555556
[2,] 0.1818182 0.4444444
```

### 例 3.3

做檔案 annualincome.csv 中，變數 sex 與 sat 之列聯表、邊際次數分配與條件機率分配。

☞ 解

此檔案中資料尚未經過整理，以 R 處理之如下：

```
> income=read.csv("C:/Users/kkchen1953/Desktop/A/
annualincome1.csv", header=T)
> attach(income)
> table(sex, sat)                    # 列聯表
   sat
```

```
sex deeply dissatisfy dissatisfy ordinary satisfy very satisfy
0          1                 1         3        8           3
1          1                 3         2        4           4
> margin.table(table(sex,sat),1)        # 性別邊際次數分配
sex
0    1
16   14
> margin.table(table(sex,sat),2)        # 滿意程度邊際次數分配
sat
deeply dissatisfy dissatisfy ordinary satisfy very satisfy
           2              4        5      12            7
> prop.table(table(sex,sat),1)          # 列變數之條件機率分配
  sat
sex deeply dissatisfy dissatisfy ordinary satisfy very satisfy
0          0.063        0.063      0.187   0.500        0.187
1          0.071        0.214      0.143   0.286        0.286
> prop.table(table(sex,sat),2)          # 行變數之條件機率分配
  sat
sex deeply dissatisfy dissatisfy ordinary satisfy very satisfy
0          0.500        0.250      0.600   0.667        0.429
1          0.500        0.750      0.400   0.333        0.571
```

## 3.1.2 並排條形圖（side-by-side barplot）

並排條形圖（side-by-side barplot）：是在某一變數特定水準下，做的另一變數之條形圖。

### 例 3.4

做例 3.1 中，不同學生成績的性別差異並排條形圖。

☞ 解

並排條形圖可以是並排的，如圖 3.1；也可以是堆疊的，如圖 3.2。

可以是並排的

```
> barplot(x, xlab=" 及格                              不及格
+ 圖 3.1 不同性別之並排成績次數分配 ",beside=T)          # beside=T
```

也可以是堆疊的，如圖 3.2

```
> barplot(x, xlab=" 及格                              不及格
+
+ 圖 3.2 不同性別之堆疊成績次數分配 ",beside=F)             # beside=F
```

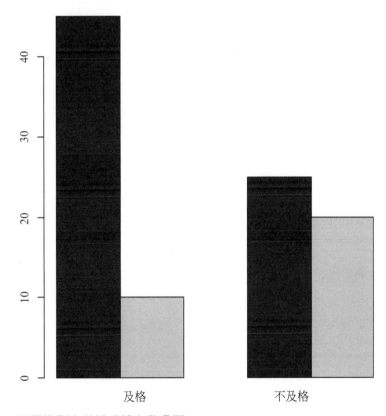

︿ **圖 3.1**　不同性別之並排成績次數分配

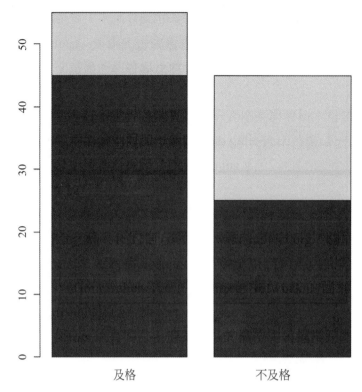

▲ **圖 3.2** 不同性別之堆疊成績次數分配

---

例 3.5

以並排條形圖做檔案 annualincome.csv 中，比較不同性別之滿意程度分配。

☞ 解

請參考圖 3.3。

---

```
> barplot(table(sex,sat), names=c(" 非常不滿意 "," 不滿意 ",
+ " 普通 "," 滿意 "," 非常滿意 "),xlab="
+ 圖 3.3 滿意程度次數分配 ",legend.text=T)    # 加上 legend.text=T
```

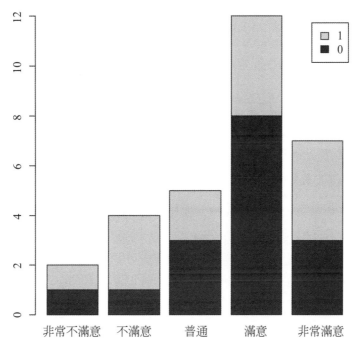

▲圖 **3.3**　滿意程度次數分配

## 3.2　量化資料獨立樣本分配比較 （**comparing independent samples**）

　　許多時候會碰到比較出自不同母體的樣本資料，例如：比較兩個城市家庭的所得分配，若這兩個城市家庭所得不會互相影響，由這兩城市抽出來的兩個樣本即是獨立樣本（independent sample）。

### 3.2.1　並排莖葉圖（back to back stem-and-leaf plots）與並排箱型圖（side-by-side boxplots）

　　並排莖葉圖（back to back stem-and-leaf plots）與並排箱型圖（side-by-side boxplots），可以比較兩組資料分配的差異。

**例 3.6**

下列資料為甲、乙兩班統計學期中考成績，請根據這兩班的成績做並排莖葉圖與並排箱型圖。

| 甲班 | 32  35  36  41  44  49  50  51  53  65  66  69  72  78  80  83  84  85 |
|------|------------------------------------------------------------------------|
| 乙班 | 56  74  62  45  69  73  82  85  91  42  55  77  38  65  79 |

☞ 解

由並排莖葉圖可看出兩班的成績分配相當對稱；乙班成績的分散程度（R = 85 − 32 = 53）與甲班成績的分散程度（R = 91 − 38 = 53）相同，且乙班的中位數應介於 70 至 80 之間，而甲班的中位數應介於 60 至 70 之間，平均數不同。並排箱型圖將兩組資料分配差異顯示得更為清楚（請參考圖 3.4）。

```
> x=c(32, 35, 36, 41, 44, 49, 50, 51, 53, 65, 66, 69, 72, 78,
80, 83, 84, 85) # 甲班成績
> y=c(56, 74, 62, 45, 69, 73, 82, 85, 91, 42, 55, 77, 38,
65, 79)  # 乙班成績
> library(aplpack)
> stem.leaf.backback(x,y,m=1) #m=1 每隔十位數做一莖
```

```
 _____

 1 | 2: represents 12, leaf unit: 1
     x    y

 _____

  3   652| 3 |8    1
  6   941| 4 |25    3
 (3)  310| 5 |56    5
 (3)  965| 6 |259  (3)
  6    82| 7 |3479   7
  4  5430| 8 |25    3
         | 9 |1     1
         | 10 |

 _____
```

```
n:    18    15
```

---

```
> boxplot(x,y, names=c(" 甲班 "," 乙班 "),xlab=" 圖 3.4 甲乙兩班成績
比較圖 ")
```

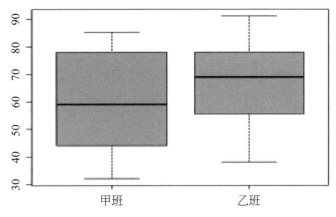

**Λ 圖 3.4**　甲乙兩班成績比較圖

## (3.2.2) 密度曲線圖（densityplot）

　　若要將兩組量化資料分配重疊在一起比較差異，則可使用密度曲線圖
（densityplot）。

### 例 3.7

　　以密度曲線圖比較例 3.6 中，甲、乙兩班的成績。

☞ 解

```
> plot(density(x),ylim=c(0,0.025), xlab="
+ 圖 3.5 甲乙兩班成績密度曲線圖 ")
> lines(density(y), lty=2)              # 加上密度曲線 lty=2，及以虛
線呈現之
```

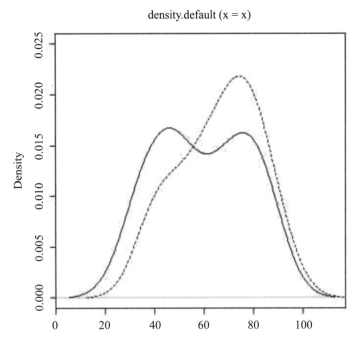

density.default (x = x)

**△圖 3.5** 甲乙兩班成績密度曲線圖

### 3.2.3　分位圖（Quantile-quantile plot）

　　分位圖（quantile-quantile plot）又稱 QQ 圖（Q-Q plot，Q 代表分位數），是經由比較兩個機率分配的分位數，來比較兩個機率分配差異的方法。將各組資料的分位數分別在 $x$ 與 $y$ 軸中標示出，然後將兩組資料相同的分位數在 $x$ 與 $y$ 平面上標示出，如果兩組資料的分配相近（似），則在 $x$ 與 $y$ 平面上標示出的點將會落在 $y = x$ 線的左右。

**例 3.8**

　　以例 3.6 中，甲、乙兩班的成績做分位圖。

☞ **解**

　　甲、乙兩班成績的九個十分位數分別如表 3.2，表中顯示，乙班的這九個十分位數值都大於甲班的這九個十分位數值。若將甲、乙兩班每一對十分位數畫在 $xy$ 平面上，這些點都會在 $x = y$ 的 45 度線上方，顯示乙班成績分配會在甲班成績分配的右方，乙班成績的平均數與中位數都會大於甲班成績平均數與中位數（請參考圖 3.4 與圖 3.5）。

▽ **表 3.2**　甲、乙兩班成績的九個十分位數

| 十分位數 | 10% | 20% | 30% | 40% | 50% | 60% | 70% | 80% | 90% |
|---|---|---|---|---|---|---|---|---|---|
| 甲班 | 35.7 | 42.2 | 49.1 | 50.8 | 59.0 | 66.6 | 71.7 | 79.2 | 83.2 |
| 乙班 | 43.2 | 53.0 | 57.2 | 63.8 | 69.0 | 73.4 | 76.4 | 79.6 | 83.8 |

```
> x=c(32, 35, 36, 41, 44, 49, 50, 51, 53, 65, 66, 69, 72, 78,
80, 83, 84, 85)
> y=c(56, 74, 62, 45, 69, 73, 82, 85, 91, 42, 55, 77, 38,
65, 79)
> quantile(x,c(0.1,0.2,0.3,0.4,0.5,0.6,0.7,0.8,0.9))  #甲班成績
的九個十分位數
 10%   20%   30%   40%   50%   60%   70%   80%   90%
35.7  42.2  49.1  50.8  59.0  66.6  71.7  79.2  83.3
> quantile(y,c(0.1,0.2,0.3,0.4,0.5,0.6,0.7,0.8,0.9))  #乙班成績
的九個十分位數
 10%   20%   30%   40%   50%   60%   70%   80%   90%
43.2  53.0  57.2  63.8  69.0  73.4  76.4  79.6  83.8
> qqplot(x, y, ylab="乙班十分位數", xlab="甲班十分位數
+圖3.6甲乙兩班成績分位圖")
```

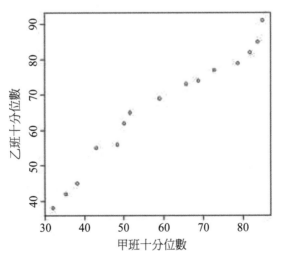

⋏ **圖 3.6**　甲乙兩班成績分位圖

## 3.3 成對數字資料之關係（relationships in numeric data）

### 3.3.1 散布圖

散布圖是觀察成對樣本資料關係的最簡便的方法。

散布圖（scatter plot）：令 $(x_i, y_i)$, $i = 1, 2, ..., n$，為一組 $n$ 對樣本資料，將此組資料在 $xy$ 平面座標中標示出，即成此組資料的散布圖。

### 例 3.9

以下為某校某班 15 位同學的身高與體重之資料，請做其散布圖並觀察此 15 位同學身高與體重的關係。

| 身高（公分） | 175 | 178 | 168 | 185 | 159 |
| --- | --- | --- | --- | --- | --- |
| | 179 | 177 | 183 | 173 | 164 |
| | 157 | 162 | 174 | 188 | 169 |
| 體重（公斤） | 71 | 67 | 65 | 72 | 49 |
| | 79 | 75 | 69 | 65 | 56 |
| | 46 | 48 | 59 | 77 | 76 |

☞ 解

將此 15 位身高與體重之資料在 $xy$ 平面座標中標示出，如圖 3.7，此圖顯示身高越高，體重通常也越重。

```
> plot(x,y, ylab=" 體重（公斤）",xlab=" 身高（公分）
+ 圖 3.7 身高與體重散布圖 ")
```

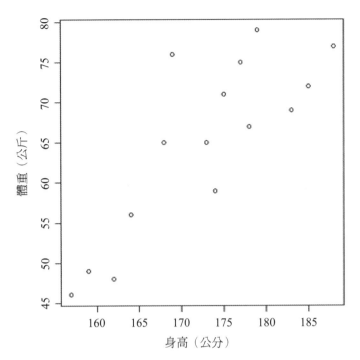

▲ 圖 **3.7**　身高與體重散布圖

例 3.10

桌面檔案夾 A 中有檔案 shazan，請做其中兩變數 X00633L 與 shazan 之散布圖。

☞ 解

請參考圖 3.8。

```
> a=read.csv("C:/Users/kkchen1953/Desktop/A/shazan.csv",
header=T)
> head(a)
  date X00633L ud00633L q00633L  shazan udshazan qshazan
1  1   44.00     NA     9091   3259.96      NA   292200
2  2   42.37   -1.63   20928   3186.27   -73.69  394200
3  3   41.91   -0.46   19770   3163.67   -22.60  324900
4  4   41.90   -0.01    4409   3189.04    25.37  260900
5  5   42.04    0.14    4693   3227.03    37.99  274700
```

```
6  6 42.55  0.51  5485  3236.93  9.90  254300
> plot(X00633L,shazan,ylab=" 上證指數 ", xlab=" 富邦上證正 2 價格
+ 圖 3.8 富邦上證正 2 價格與上證指數散布圖 ")
```

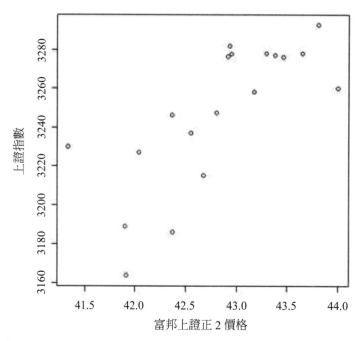

⋏ **圖 3.8** 富邦上證正 2 價格與上證指數散布圖

**例 3.11**

桌面檔案夾 A 中有檔案 annualincome1.csv，請依變數 status 差異分別做其中兩變數 income10 與 income20 之散布圖。

☞ 解

請參考圖 3.9。

```
> income=read.csv("C:/Users/kkchen1953/Desktop/A/
annualincome1.csv",header=T)
> head(income)
 id sex    sat income10 status income20
1 1 0   satisfy  125   c     130
```

```
2 2 1 dissatisfy    156   c   210
3 3 1    satisfy    236   n   300
4 4 0  ordinary     196   n   210
5 5 1    satisfy    211   c   220
6 6 0 very satisfy  174   c   187
> attach(income)
> plot(X2010income, X2020income, pch=as.character(status),
ylab="2020 所得 ", #
```

　　　　　　　　　　　　{pch=as.character(status)}= 用變數

status 的字母區別

+ xlab="2010 年所得

+ 圖 3.9 公務員與非公務員家庭 2010 年與 2020 年所得之散布圖 ")

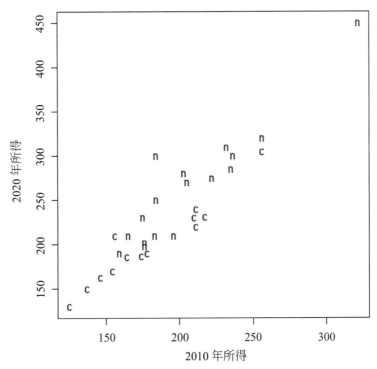

▲ 圖 **3.9**　公務員與非公務員家庭 2010 年與 2020 年所得之散布圖

### 3.3.2 樣本相關係數（sample correlation coefficient）

散布圖可以觀察兩個量化變數資料關聯的程度，這種關聯程度大小與方向可以相關係數測量之。

樣本相關係數（sample correlation coefficient）：令 $(x_i, y_i)$, $i = 1, 2, ..., n$，為一組 $n$ 對樣本資料，稱：

$$(3.1) \quad r = \frac{\sum\limits_{i=1}^{n}(x_i - \bar{x})(y_i - \bar{y})}{\sqrt{[\sum\limits_{i=1}^{n}(x_i - \bar{x})^2][\sum\limits_{i=1}^{n}(y_i - \bar{y})^2]}} = \frac{\sum\limits_{i=1}^{n}x_i y_i - n\bar{x}\bar{y}}{\sqrt{(\sum\limits_{i=1}^{n}x_i^2 - n\bar{x}^2)(\sum\limits_{i=1}^{n}y_i^2 - n\bar{y}^2)}}$$

為變數 $x$ 與 $y$ 的樣本相關係數。

**相關係數的性質**

1. 相關係數介於 –1 到 +1 之間。

2. 稱兩變數為負相關（negative correlated），若相關係數為負數；兩變數為完全負相關（completely negative correlation），則相關係數為 –1，此時 $x$ 與 $y$ 的點會落在一條負斜率的直線上，如圖 3.10。

3. 稱兩變數為正相關（positive correlated），若相關係數為正數；兩變數為完全正相關（completely positive correlation），則相關係數為 1，此時 $x$ 與 $y$ 的點會落在一條正斜率的直線上，如圖 3.11。

4. 稱兩變數無關（uncorrelated），若相關係數為 0。

5. 相關係數測量兩變數之線性關係，若兩變數無關，表示兩變數無線性關係而已，並不表示此兩變數無其他關係存在。

6. 相關係數設為有單位，所以可比較不同資料組的相關大小。

7. 一般而言，相關係數：

　　若介於 –0.6 與 –1 之間，代表程度很強的負相關。

　　若介於 –0.3 與 –0.59 之間，則代表中度的負相關。

　　若介於 –0.1 與 –0.29 之間，則代表輕度的負相關。

　　若介於 0 與 –0.09 之間，則代表沒有相關，或幾乎沒有關係。

　　若在 0.1 與 0.29 之間，則代表輕度的正相關。

　　若在 0.3 與 0.59 之間，則代表中度的正相關。

　　若在 0.6 與 1 之間，代表程度很強的正相關。

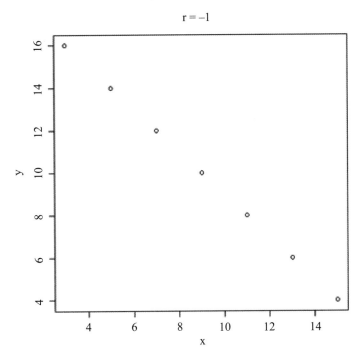

⋏ **圖 3.10** x 與 y 完全負相關

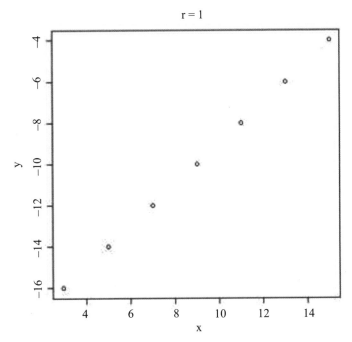

⋏ **圖 3.11** x 與 y 完全正相關

**例** 3.12

以下為某校某班 15 位同學的身高與體重之資料，請計算此 15 位同學身高與體重的相關係數。

| 身高（公分） | 175 | 178 | 168 | 185 | 159 |
|---|---|---|---|---|---|
| | 179 | 177 | 183 | 173 | 164 |
| | 157 | 162 | 174 | 188 | 169 |
| 體重（公斤） | 71 | 67 | 65 | 72 | 49 |
| | 79 | 75 | 69 | 65 | 56 |
| | 46 | 48 | 59 | 77 | 76 |

☞ 解

因 $\sum_{i=1}^{15} x_i y_i = 169438, \sum_{i=1}^{15} x_i^2 = 448797, \sum_{i=1}^{15} y_i^2 = 64934, \bar{x} = 172.73, \bar{y} = 64.93$。

故相關係數為：

$$r = \frac{\sum_{i=1}^{n} x_i y_i - n\bar{x}\bar{y}}{\sqrt{(\sum_{i=1}^{n} x_i^2 - n\bar{x}^2)(\sum_{i=1}^{n} y_i^2 - n\bar{y}^2)}}$$

$$= \frac{169438 - 15 \times 172.73 \times 64.93}{\sqrt{(448797 - 15 \times 172.73^2)(64934 - 15 \times 64.93^2)}} = 0.824$$

```
> x=c(175,178,168,185,159,179,177,183,173,164,157,162,174,188,
169)
> y=c(71,67,65,72,49,79,75,69,65,56,46,48,59,77,76)
> cor(x,y)
[1] 0.8246222
```

**例** 3.13

桌面檔案夾 A 中有檔案 annualincome1.csv，請做變數 income10 與 income20 之相關係數。

☞ 解

```
> income=read.csv("C:/Users/kkchen1953/Desktop/A/
annualincome1.csv",header=T)
> attach(income)
> cor(income10,income20)          #{cor(x,y)}=x 與 y 相關係數
[1] 0.9220441
```

### 3.3.3 迴歸方程式（regression equation）

　　相關係數將兩個變數變化的方向與關聯程度測量出來，若要將每單位的 $x$ 變化對變數 $y$ 影響的大小計算出來，就得計算此兩變數的迴歸方程式（regression equation）。

　　迴歸方程式（regression equation）：令 $(x_i, y_i)$, $i = 1, 2, ..., n$，為一組 $n$ 對樣本資料，則稱：

$$（3.2）\qquad\qquad y = a + bx$$

　　為以 $y$ 為應變數，以 $x$ 為自變數的迴歸方程式，其中：

$$（3.3）\qquad b = \frac{\sum_{i=1}^{n}(x_i - \bar{x})(y_i - \bar{y})}{\sum_{i=1}^{n}(x_i - \bar{x})^2} = \frac{\sum_{i=1}^{n}x_i y_i - n\bar{x}\bar{y}}{\sum_{i=1}^{n}x_i^2 - n\bar{x}^2}$$

$$（3.4）\qquad\qquad a = \bar{y} - b\bar{x}$$

**例 3.14**

　　以下為某校某班 15 位同學的身高與體重之資料，請計算以此 15 位同學身高為自變數與以體重為應變數的迴歸方程式，並畫出此直線方程式。

| | | | | | |
|---|---|---|---|---|---|
| 身高（公分） | 175 | 178 | 168 | 185 | 159 |
| | 179 | 177 | 183 | 173 | 164 |
| | 157 | 162 | 174 | 188 | 169 |
| 體重（公斤） | 71 | 67 | 65 | 72 | 49 |
| | 79 | 75 | 69 | 65 | 56 |
| | 46 | 48 | 59 | 77 | 76 |

☞ 解

$$因 \sum_{i=1}^{15} x_i y_i = 169438, \sum_{i=1}^{15} x_i^2 = 448797, \sum_{i=1}^{15} y_i^2 = 64934, \bar{x} = 172.73, \bar{y} = 64.93$$

$$故\ b = \frac{\sum_{i=1}^{n} x_i y_i - n\bar{x}\bar{y}}{\sum_{i=1}^{n} x_i^2 - n\bar{x}^2} = \frac{169438 - 15 \times 172.73 \times 64.93}{448797 - 15 \times 172.73^2} = 0.96$$

$$a = \bar{y} - b\bar{x} = 64.93 - 0.96 \times 172.73 = -100.97$$

迴歸方程式為 $y = -100.97 + 0.96x$。

```
> x=c(175,178,168,185,159,179,177,183,173,164,157,162,174,188,
169)
> y=c(71,67,65,72,49,79,75,69,65,56,46,48,59,77,76)
> res=lm(y~x)              # 迴歸方程式，lm=linear model
> res
Call:
lm(formula = y ~ x)
Coefficients:
(Intercept)       x
 -100.9735    0.9605
> plot(x, y, main="y=-100.97+0.96x",xlab="x
+ 3.12 以身高為自變數以體重為應變數之迴歸方程式 ")
> res=lm(y~x)
> abline(res)              # 加迴歸線於圖上
```

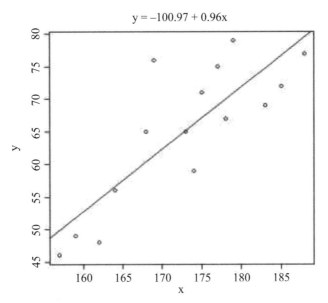

$$y = -100.97 + 0.96x$$

**例 3.15**

　　桌面檔案夾 A 中有檔案 annualincome1.csv，請做以 income10 為自變數、以 income20 為應變數之迴歸方程式，並畫出此直線方程式。

☞ 解

　　迴歸方程式為 $y = -44.67 + 1.44x$

```
> income=read.csv("C:/Users/kkchen1953/Desktop/A/
annualincome1.csv", header=T)
> attach(income)
> res=lm(income20~income10)
> res


Call:
lm(formula = income20 ~ income10)
Coefficients:
(Intercept)    income10
```

```
    -44.696    1.444
> plot(income10, income20, main="y=-44.67+1.44x",xlab="income10
+ 圖 3.13 以 income10 為自變數、以 income20 為應變數之迴歸方程式 ")
> abline(res)                            # 將迴歸線加到散布圖裡
```

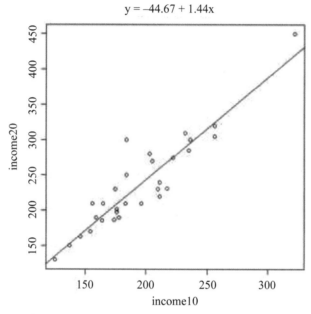

⋏ **圖 3.13** 以 income10 為自變數、以 income20 為應變數之迴歸方程式

## 3.4 多變數資料（**multivariate data**）

### 3.4.1 列聯表（contingency tables of qualitative data）

　　三個質化變數資料可以列聯表分別表示某兩個變數的次數分配，也可以用扁平列聯表（flattened contingency table）將三個變數的資料合併在一個表裡。

**例 3.16**

　　桌面檔案夾 A 中有檔案 annualincome1.csv，請以變數 sex、status 與 sat 列聯表與扁平列聯表，顯示不同 status（身分）與 sex（性別）對 sat（滿意程度的差別）。

☞ 解

```
> income=read.csv("C:/Users/kkchen1953/Desktop/A/
annualincome1.csv", header=T)
> head(income)
> table(sex,status,sat)          # 以各個不同的滿意程度水準做性別與國
籍列聯表
, , sat = deeply dissatisfy
  status
sex S T
 0 1 0
 1 0 1

, , sat = dissatisfy
  status
sex S T
 0 1 0
 1 2 1

, , sat = ordinary
  status
sex S T
 0 2 1
 1 1 1

, , sat = satisfy
  status
sex S T
 0 4 4
 1 2 2

, , sat = very satisfy
```

```
  status
sex S T
 0 2 1
 1 1 3
> ftable(table(sex,status,sat))        #以性別與身分為列變數做扁平
列聯表

sex status sat deeply dissatisfy dissatisfy ordinary satisfy very satisfy
0     c              1            0        3       11        9
      n              1            4        6       10        7
1     c              3            4        2        9        2
      n              3            2        6        7        6
```

### 3.4.2 並排箱型圖比較獨立量化資料（comparing qualitative data by boxplots）

例 3.17

桌面檔案夾 A 中有檔案 annualincome1.csv，請以並排箱型圖比較變數 income10、income20 與 income22 的分配。

☞ 解

請見圖 3.14。

```
> income=read.csv("C:/Users/kkchen1953/Desktop/A/
annualincome1.csv", header=T)
> head(income)
  id sex        sat income10 status income20 income22
1 1   0    satisfy      125      c      130      145
2 2   1 dissatisfy      156      c      210      215
3 3   1    satisfy      236      n      300      356
4 4   0   ordinary      196      n      210      341
5 5   1    satisfy      211      c      220      298
6 6   0 very satisfy     174      c      187      200
```

```
> attach(income)
> boxplot(income10,income20,income22, xlab="2010 年 所 得      2020
年所得    2022 年所得
+
+ 圖 3.14 所得分配比較圖 ")
```

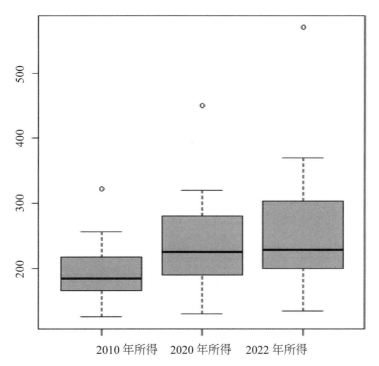

⋏ **圖 3.14** 所得分配比較圖

**例 3.18**

桌面檔案夾 A 中有檔案 annualincome1.csv，請以並排箱型圖比較不同 status 之變數 income10、income20 與 income22 的分配。

☞ 解

請參考圖 3.15 與圖 3.16，兩圖中的分配相當一致，不同的是非公務員的所得中有一個極端值。

```
> income=read.csv("C:/Users/kkchen1953/Desktop/A/
annualincome1.csv", header=T)
> attach(income)
> boxplot(income[status == "c", c(4,6,8)], main="Civil servant",
+ xlab="2010 年所得    2020 年所得    2022 年所得
+ 圖 3.15 公 務 員 三 年 所 得 分 配 比 較 圖 ")  #income[status == "c",
c(4,6,8)]= 以變數 status 中的值 "c" 分別做在第四、六與八欄的變數之箱
型圖
```

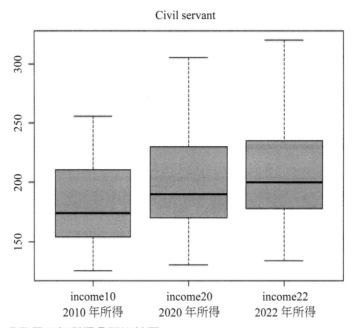

▲ **圖 3.15**　公務員三年所得分配比較圖

```
> boxplot(income[status == "n", c(4,6,8)], main="not Civil
servant",
+ xlab="2010 年所得       2020 年所得       2022 年所得
+ 圖 3.16 非公務員三年所得分配比較圖 ")
```

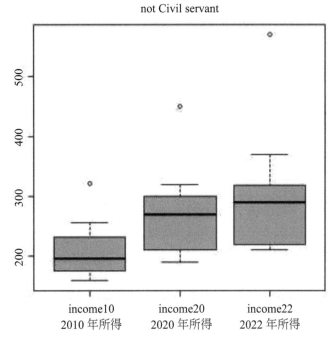

▲ 圖 **3.16** 非公務員三年所得分配比較圖

### ③.4.3 多變數散布圖（multiple scatterplots）與迴歸線

將不同成對變數（paired variables）資料的散布圖做在同一平面圖上，可比較不同成對變數的關係。

### 例 3.19

桌面檔案夾 A 中有檔案 annualincome1.csv，請做變數 income10、income20 與 income22 散布圖。

☞ 解

如圖 3.17。

```
> income=read.csv("C:/Users/kkchen1953/Desktop/A/
annualincome1.csv",header=T)
> attach(income)
> pairs(income[,c("income10","income20","income22")])
```

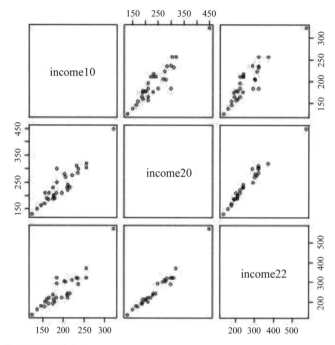

**△ 圖 3.17** 三年所得散布圖

例 3.20

　　桌面檔案夾 A 中有檔案 annualincome1.csv，請做多變數散布圖以性別（sex）區別變數 income10 與 income20 的關係。

☞ 解

　　由圖 3.18 顯示男女性 2010 年與 2020 年所得散布圖方向與相關程度大致相同，只是男性的年所得較女性為高。

```
> plot(income10,income20,pch=sex,xlab=" income10
+ 圖 3.18 不同性別 2010 年與 2020 年所得散布圖 ")
> legend(locator(1),legend=c(" 女 "," 男 "),pch=c(0:1)) #  在 圖
3.18 上加上說明方塊， locator(1)= 用滑鼠在圖面上點出 legend 的位置，
{legend=c(" 女 "," 男 "),pch=c(0:1)} = 女用 0 以方塊表之，男用 1 以
圓圈表示。
```

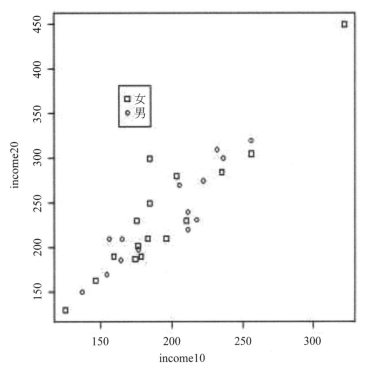

**∧ 圖 3.18**　不同性別 2010 年與 2020 年所得散布圖

**例 3.21**

　　桌面檔案夾 A 中有檔案 annualincome1.csv，請做不同性別 2010 年與 2020 年所得散布圖與迴歸線。

☞ 解

　　如圖 3.19。

```
> income=read.csv("C:/Users/kkchen1953/Desktop/A/
annualincome1.csv", header=T)
> attach(income)
> plot(income10,income20,pch=sex,xlab=" income10
+ 圖 3.19 不同性別 2010 年與 2020 年所得散布圖與迴歸線 ")
> f = income20[sex == 0] ~ income10[sex == 0]    # 女性迴歸模式

> abline(lm(f))                    # 加上迴歸線
```

```
> f1 = income20[sex == 1] ~ income10[sex == 1]    # 男性迴歸模式
> abline(lm(f1), cex=2, lty=2)  # cex=2 表示點比原來的大一倍 lty=2
表示以虛線表示之
>  legend(275,300, legend=c("0 =   女 ","1 =   男 "),pch=c(0,1),
lty=1:2)  # (275,300)= legend 的位置,
```

pch=c(0,1) 表示女用方塊

(pch=0), 男用空心圓 (pch=1).

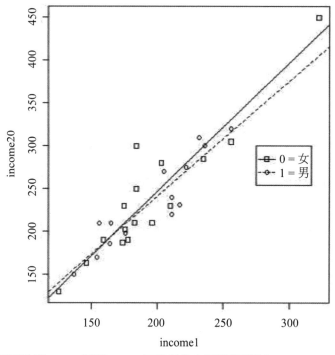

▲圖 **3.19**　不同性別 2010 年與 2020 年所得散布圖與迴歸線

## 3.5 習題

1. 為檢驗學生一門課兩學期成績是否有相關性,UsingR 中的資料檔 grades 包含一班學生兩學期的數學成績,請做學生兩學期數學成績表以檢視之。

2. 某同學檢查從 2015 年至 2019 年所收到的電子郵件,並分別計算垃圾郵件如下表:

| 年 | 2015 | 2016 | 2017 | 2018 | 2019 |
|---|---|---|---|---|---|
| 垃圾郵件 | 80 | 167 | 389 | 250 | 400 |
| 總郵件數 | 110 | 245 | 400 | 380 | 500 |

請以 R 語言做此表，並做並排條形圖。

3. UsingR 中的資料檔 dvdsales 包含自 1997 年到 2004 年 5 月的 DVD 銷售量，請以此資料做並排條形圖。

4. 為驗證開車時使用手機會使駕駛人增加意外事件反應時間，UsingR 中資料檔 Reaction.time 存有 60 個模擬資料，記錄開車時駕駛人使用手機 control=="T" 與沒使用手機 control=="C" 對外界事件反應的時間（單位：秒），請以此筆資料做並排箱型圖。

5. UsingR 資料檔 stud.recs 存有 160 個大學新生的 SAT 考試成績，請以此筆資料做變數 sat.v 與 sat.m 之密度曲線圖，請判斷此兩個變數資料分配的中心位置是否相同？也做變數 sat.v 與 sat.m 之分位圖，並判斷此兩個變數資料分配是否相似？

6. UsingR 中資料檔 homedata 存有紐澤西州梅普爾伍德（Maplewood, New Jersey）1970 年與 2000 年 150 棟房屋的價格，請以散布圖顯示 1970 年價格較貴的房屋到 2000 年時，這些房子的大多數價格仍然較貴，並計算此兩年該 150 棟房屋價格之相關係數。

7. 股票市場有人相信：某兩日最高氣溫的變化會影響股市指數的變化，即若某日最高溫較前一日為低，則該日的股價指數也會較前一日低。UsingR 中資料檔 maydow 儲存 2003 年 5 月每個交易日的道瓊指數與其最高溫度，請以此組資料做散布圖，檢視「某兩日最高氣溫的變化會影響股市指數的變化」說法的正確性，並做其相關係數。

8. UsingR 的資料檔 normtemp 中存著 130 位健康成人的體溫與心跳次數的資料，請以此筆資料依性別分別做體溫與心跳次數相關係數與散布圖。

9. UsingR 的資料檔 nym.2002 存有 2002 年紐約市參加馬拉松比賽者的資料，請做其中變數 age 與 finising time 之散布圖及線性迴歸函數。

10. UsingR 中的 student.expenses 資料檔中包含 10 位學生是否有支出五種不同的費用，請依此組資料做 cell.phone、car 與 cable.modem 三個變數的扁平列聯表。

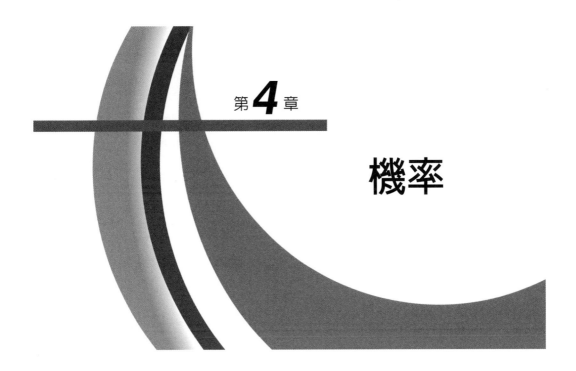

第**4**章

# 機率

　　雖然每個人都能琅琅上口的談機率（或然率），但對機率問題的本質不一定會清楚，本章旨在釐清機率問題的結構與計算機率的方法。本章內容包括：

1. 說明隨機試驗、樣本空間、事件與機率函數（probability function）三公理（axioms）。
2. 介紹計算機率的幾個公式。
3. 條件機率、獨立事件。
4. 說明貝氏定理。

## 4.1　機率定義

　　機率是討論如何以數字的方式來衡量某事件（event）發生可能性（how likely）大小的學科，一個事件發生的機率界定在 0 到 1 之間，0 表示該事件不會發生，1 表示該事件確定會發生，此數字越大表示發生的可能性越大。例如：投擲一枚有兩個不同圖案（正或反）的銅板，出現正面的機率是多少？

　　有幾個方式來決定一個事件發生機率的大小：

1. 古典學派（classical approach）：若執行一個試驗會出現 $n$ 種可能結果，則每種結果發生的機率就設為 $1/n$。如擲一枚銅板，可能出現正面或反面，只有這兩種結果，就設出現正面與出現反面的機率各為 $1/2$；又如擲一顆有六個面的骰子，共有六種可能，就設每種可能出現的機率為 1/6。

2. 相對次數學派（relative frequency approach）：是以試驗結果的相對次數極限值作為指派事件的機率。如擲一銅板 $n$ 次，以 #(A) 表示出現正面的次數；若 $\lim_{n \to \infty}$ #(A)/n 存在，就以此值作為擲此銅板出現正面的機率；如擲一枚有六個面的骰子 $n$ 次，以 #(1) 表示出現 1 點的次數；若 $\lim_{n \to \infty}$ #(1)/n 存在，就以此值作為擲此六面骰子出現 1 點的機率。

3. 主觀學派（subjective approach）：以某人對某事件相信程度（The degree of belief）作為此事件發生的機率，所謂某人對某事件相信程度即是某人願意支付玩以下遊戲的價格，「若該事件發生某人可得 1 元，若該事件未發生，則某人可得 0 元。」所以不同的人對某事件相信程度不同，對某事件發生機率的預測就會不同。如玩擲一枚銅板遊戲，若該銅板出現正面，則可得 1 元；若出現反面，則得 0 元。對此遊戲某甲願意支付 1/2 元，可視某甲認為擲此銅板出現正面機率為 1/2；若某乙願意支付 1/3 元，則可視某乙認為擲此銅板出現正面機率為 1/3。

## 4.2 機率問題的結構：機率空間（probability space）

對機率的研究雖可追溯於 18 世紀，直至前蘇聯數學家科摩哥洛夫（Andrey Kolmogorov）於 1933 年導入數學裡的測度理論（measure theorem），將機率理論公理化，將事件視為可測度的集合，並用函數測度其大小，作為事件發生的機率。現代機率論以測度論為理論基礎，終於得以完善，也是本書介紹機率內容的依據。

舉凡機率問題，一定是要從幾種可能的結果中做選擇。唯一可能結果的問題，不用選擇，只能視為機率問題的特例。一般的機率問題得先看看可能結果是如何出現的，也要預知有哪些可能的結果，如：詢問明天的天氣，也得先知道要問晴、雨，或是涼爽的程度。若只問晴、雨，就只有兩種可能；若問涼爽的程度，就有晴、晴時多雲、陰、陰陣雨等各種狀況。因此在探討機率問題時，首先要觀察可能出現的結果，這種觀察的過程稱之為試驗（trial 或 experiment）。

隨機試驗（random experiment）：試驗結果有兩個或兩個以上的結果，且事先無法準確的預知哪個結果會出現。

樣本空間（sample space）：一個隨機試驗所有可能出現結果的集合，通常以 S 或 Ω 表之。

### 例 4.1

觀察明天是否會下雨的隨機試驗樣本空間爲 S = { 晴天、雨天 }。

### 例 4.2

觀察擲一顆有六個面的骰子的隨機試驗，樣本空間爲 S = {1, 2, 3, 4, 5, 6}。

### 例 4.3

觀察擲一枚銅板的隨機試驗，樣本空間爲 S = { 正、反 }。

### 例 4.4

觀察擲兩枚銅板的隨機試驗，樣本空間爲 S = {( 正正 )、( 正反 )、( 反正 )、( 反反 )}。

集合通常以大寫的英文表示之，如 A、B、C 等，以 S 表示樣本空間、$\phi$ 表示空集合。集合內的物件稱之爲元素（element）或稱樣本點（sample point）。集合將其元素包含在 {} 內，如 A = {1、2、3} 表示集合 A 中有三個元素分別爲 1、2 與 3，或稱 A 包含（contain）元素 1、2 與 3。

若集合 A = {a, b}，則稱元素 a 屬於（belong to）A，記之爲 $a \in A$。若集合 B = {a, b, c}，則 A 的元素都在 B 裡面，稱 A 爲 B 的部分集合（subset），或稱 A 包含於（be contained）B，也可稱 B 包含（contain）A，記之爲 $A \subset B$ 或 $A \subseteq B$。若集合 A 與 B 具有 $A \subseteq B$ 且 $B \subseteq A$，則 A = B。

樣本空間爲集合，所以要以集合的方式表示之。

事件（event）：樣本空間的部分集合。

任何機率問題中的事件，都可以樣本空間的部分集合表示之。

### 例 4.5

擲一顆有六個面的骰子，定義點數少於 4 的事件爲 A = {1、2、3}，點數爲偶數的事件 B = {2、4、6}。

### 例 4.6

擲兩枚銅板出現反面次數少於兩次的事件爲 A = {( 正正 )、( 正反 )、( 反正 )}，沒有正面的事件爲 B = {( 反反 )}。

集合運算：集合有四種運算，設 A 與 B 爲在樣本空間 S 裡的兩集合，由下列運算定義出一個新的集合，意義如下：

| 名稱 | 符號 | 意義 |
|------|------|------|
| 聯集（union） | $A \cup B$ | 在 $A$ 裡的元素或在 $B$ 裡的元素 |
| 交集（intersaction） | $A \cap B$ | 同時在 $A$ 與 $B$ 裡的元素 |
| 差集（difference） | $A \backslash B$ | 在 $A$ 裡的元素但不在 $B$ 裡 |
| 補集（complement） | $A^C$ | 在 $S$ 裡卻不在 $A$ 裡的元素 |

事件的發生（occurrence）：即是試驗的結果在此事件內。

在觀察擲兩枚銅板的隨機試驗，樣本空間為 $S = \{($ 正正 $)$、$($ 正反 $)$、$($ 反正 $)$、$($ 反反 $)\}$，此樣本空間有 4 個樣本點，可由此 4 個樣本點中取出一個樣本點作為一事件，就會產生 $4(= \binom{4}{1})$ 個不同的事件；也可由此 4 個樣本點中取出兩個樣本點作為一事件，則會產生 $6(= \binom{4}{2})$ 個不同的事件；若由此 4 個樣本點中取出三個樣本點作為一事件，則會產生 $4(= \binom{4}{3})$ 個不同的事件；4 個樣本點都取，也是 $1(= \binom{4}{4})$ 個事件；再加上 4 個樣本點都不取的空集合也是 $1(= \binom{4}{0})$ 個事件，所以一個具 4 個樣本點的樣本空間，就可形成 $2^4 = 16 = \binom{4}{0} + \binom{4}{1} + \binom{4}{2} + \binom{4}{3} + \binom{4}{4}$ 個事件，稱此 16 個事件構成的集合為此機率問題的事件空間（event space）。

機率函數就是一個對應關係，可以將每個事件對應到一個實數，使得：

1. 不論任何試驗發生的點都會在樣本空間裡面，即樣本空間是一定發生的事件，此函數會將樣本空間所形成的事件對應到 1。
2. 將每個事件對應到一個正的實數，稱每個事件對應的實數為此事件發生的機率。
3. 若兩個事件，沒有共同的元素，則這兩個事件的聯合事件發生的機率為個別事件發生的機率和。

機率函數（probability function）：機率函數 $P$ 定義在一個事件空間上，使得：

1. $P(S) = 1$，$S$ 為樣本空間。
2. $P(E) \geq 0$，$E$ 為此事件空間中任一事件。
3. 令 $E_1$ 與 $E_2$ 為兩事件，若 $E_1 \cap E_2 = \phi$，即兩事件沒有共同的元素，$P(E_1 \cup E_2) = P(E_1) + P(E_2)$。

稱機率函數定義裡的三個條件為機率的三公理（axioms）。

樣本空間、事件空間以及定義在此事件空間的機率函數，就構成一個機率問題的完整結構,稱之爲機率空間(probability space),有此機率空間後,所有與此相關的機率問題都得以解決。

**例 4.7**

觀察擲兩枚銅板的隨機試驗,樣本空間爲 $S$ = {(正正)、(正反)、(反正)、(反反)}。若函數 $P$ 使得:

$P(\{\}) = P(\phi) = 0$

$P(\{(正正)、(正反)、(反正)、(反反)\}) = 1$

$P(\{(正正)\}) = P(\{(正反)\}) = P(\{(反正)\}) = P(\{(反反)\}) = 1/4$

$P(\{(正正)、(正反)\}) = P(\{(正正)、(反正)\}) = P(\{(正正)、(反反)\})$

$= P(\{(正反)、(反正)\}) = P(\{(正反)、(反反)\})$

$= P(\{(反正)、(反反)\}) = 2/4$

$P(\{(正正)、(正反)、(反正)\}) = P(\{(正正)、(正反)、(反反)\})$

$= P(\{(正正)、(反正)、(反反)\}) = P(\{(正反)、(反正)、(反反)\}) = 3/4$

因 $P$ 能滿足機率函數的三個公理,故此 $P$ 爲此機率問題之一機率函數。

## 4.3 機率公式

當一個機率問題的機率空間被確定後,所有可能事件發生的機率業已確定,只要將其代入機率函數裡,就可找到對應的機率值,如前節擲兩枚銅板的例子,16 個事件有 16 個機率值,一目了然;但事情並非如此簡單,試想若擲八枚銅板,就會產生 $2^8 = 256$ 事件,也無法將其一一列出。若想要知道某些較複雜事件的機率,只得以一些已知發生的簡單事件之機率來推出複雜事件的機率,那就得依靠一些求事件機率的公式。

## 定理 4.1

設 $A$ 爲一事件,則 $A$ 事件的補事件(complement event)$A^C$ 之機率爲:

(4.1) $$P(A^C) = 1 - P(A)$$

### 例 4.8

擲兩枚公允的銅板樣本空間為 $S = \{(\text{正正})、(\text{正反})、(\text{反正})、(\text{反反})\}$。機率函數如上例所示，因為 $\{(\text{正正})、(\text{正反})、(\text{反反})\} = \{(\text{反正})\}^C$，則：$P\{(\text{正正})、(\text{正反})、(\text{反反})\} = 1 - P(\{(\text{反正})\}) = 1 - \dfrac{1}{4} = 3/4$。

### 例 4.9

擲一枚公允的骰子機率函數為 $P(\{i\}) = \dfrac{1}{6}$ $(i = 1, 2, ..., 6)$，則：$P(\{1, 2, 3, 4, 5\}) = 1 - P(\{6\}) = 1 - 1/6 = 5/6$。

## 定理 4.2

$P(\phi) = 0$

## 定理 4.3

設 $A$ 與 $B$ 為兩事件，若 $A \subset B$，則 $P(A) \leq P(B)$。

### 例 4.10

擲兩枚公允的銅板，樣本空間為 $S = \{(\text{正正})、(\text{正反})、(\text{反正})、(\text{反反})\}$。$P$ 為一機率函數，則：$P(\{(\text{正正})、(\text{正反})\}) < P(\{(\text{正正})、(\text{正反})、(\text{反正})\})$。

## 定理 4.4

設 $A$、$B$ 與 $C$ 為三事件，則：

(4.2) $$P(A \bigcup B) = P(A) + P(B) - P(A \bigcap B)$$

(4.3) $$P(A \bigcup B \bigcup C) = P(A) + P(B) + P(C) - P(A \bigcap B) - P(A \bigcap C) - P(B \bigcap C) + P(A \bigcap B \bigcap C)$$

### 例 4.11

擲兩枚公允的銅板，樣本空間為 $S = \{(\text{正正})、(\text{正反})、(\text{反正})、(\text{反反})\}$。機率函數如上例所示，令：

$A = \{(\text{正正})、(\text{正反})\}$，$B = \{(\text{正正})、(\text{反反})\}$

則 $A \cup B = \{(\text{正正})、(\text{正反})、(\text{反反})\}$，$A \cap B = \{(\text{正正})\}$

故 $P(A \cup B) = P\{(\text{正正})、(\text{正反})、(\text{反反})\}$

$= P\{(\text{正正})、(\text{正反})\} + P\{(\text{正正})、(\text{反反})\} - P\{(\text{正正})\} = \dfrac{1}{2} + \dfrac{1}{2} - \dfrac{1}{4} = \dfrac{3}{4}$。

**例 4.12**

擲一枚公允的骰子，機率函數為 $P(\{i\}) = \dfrac{1}{6}$ ($i = 1, 2, ..., 6$)，則：$P(\{1, 2\}) =$

$P(\{1\}) + P(\{2\}) - P(\{1\} \cap \{2\}) = \dfrac{1}{6} + \dfrac{1}{6} - P(\phi) = \dfrac{2}{6}$。

**例 4.13**

有 40% 臺灣成年男性喜愛籃球、35% 喜愛棒球、15% 喜愛高爾夫球；又有 20% 的臺灣成年男性同時喜愛籃球與棒球、10% 同時喜歡籃球與高爾夫球、10% 同時喜歡棒球與高爾夫球；有 5% 臺灣成年男性同時喜愛這三種球類。若隨機訪問一名臺灣成年男性，該男性至少會喜愛此三種球類其中一種的機率？

☞ 解

令 $A$ 表示臺灣男性喜愛籃球的事件，則 $P(A) = 0.4$；$B$ 表示臺灣男性喜愛棒球的事件，則 $P(B) = 0.35$；$C$ 表示臺灣男性喜愛高爾夫球的事件，則 $P(C) = 0.15$；且 $P(A \cap B) = 0.2$、$P(A \cap C) = 0.1$、$P(B \cap C) = 0.1$、$P(A \cap B \cap C) = 0.05$，故臺灣成年男性至少會喜愛此三種球類其中一種的機率為：

$P(A \cap B \cap C)$

$= P(A) + P(B) + P(C) - P(A \cap B) - P(A \cap C) - P(B \cap C) + P(A \cap B \cap C)$

$= 0.4 + 0.35 + 0.15 - 0.2 - 0.1 - 0.1 + 0.05$

$= 0.55$

## 4.4 等機率模式（equally likely model）

等機率模式（equally likely model）是經常遇到的機率模式。此模式的樣本空間由 $N$ 個元素 $\{a_1, a_2, ..., a_N\}$ 所構成，且每個元素發生的機率皆相等，即：

(4.4) $$P(\{a_i\}) = \dfrac{1}{N}, \quad i = 1, 2, ..., N$$

任一事件 $A = \{a_{i_1}, a_{i_2}, ..., a_{i_k}\}$ 的機率則為：

(4.5)
$$P(\{a_{i_1}, a_{i_2}, ..., a_{i_k}\}) = P(\bigcup_{j=1}^{k}\{a_{i_j}\}) = \sum_{j=1}^{k} P(\{a_{i_j}\}) = \sum_{j=1}^{k}\frac{1}{N} = \frac{k}{N}$$

在等機率模式裡，任何事件的機率決定於該事件包含元素的個數，所以只要能將事件包含元素的個數數得出來，即可算出該事件發生的機率。

### 例 4.14

擲兩枚公允的銅板，樣本空間為 $S = \{(\text{正正})、(\text{正反})、(\text{反正})、(\text{反反})\}$，有四個樣本點。若每個樣本點發生的機率都是 1/4，就是一個等機率模式。故：

$$P(\{(\text{正正})、(\text{正反})、(\text{反反})\}) = 3/4$$

### 例 4.15

擲一枚公允的骰子，機率函數為 $P(\{a_i\}) = \dfrac{1}{6}$，$i = 1, 2, ..., 6$，

此為一等機率模式，則 $P(\{1, 2\}) = \dfrac{2}{6}$。

### 例 4.16

一副有 52 張正牌的撲克牌（a standard deck of 52 cards），有四種花色，分別為梅花（clubs）、鑽石（diamonds）、紅心（hearts）與黑桃（spades）；每種花色皆有從 Ace、2、3……、10、J、Q、K 共 13 張牌。若由此副牌中隨機抽一張牌，問抽出一張 Ace 的機率？抽出一張梅花的機率？抽出一張梅花 Ace 的機率？抽出一張梅花或 Ace 的機率？

☞ 解

隨機抽每張牌被抽出的機率都是 1/52，故為等機率模式。令 $A =$ 抽出一張 Ace 的事件，$B =$ 抽出一張梅花的事件，則 $A \bigcap B =$ 抽出一張梅花 Ace 的事件，$A \bigcup B =$ 抽出一張梅花或 Ace 的機率，則 $P(A) = 4/52 = 1/13$, $P(B) = 13/52 = 1/4$, $P(A \bigcap B) = 1/52$

$$P(A \bigcup B) = P(A) + P(B) - P(A \bigcap B) = \frac{4}{52} + \frac{13}{52} - \frac{1}{52} = \frac{16}{52} = \frac{4}{13}。$$

## 4.5 計數方法（counting methods）

在等機率模式裡，通常需要計數方法來計算事件包含多少個元素。

## 定理 4.5

乘法法則（multiplication principle）：設有一需執行連續兩步驟完成之試驗，第一個步驟有 $n_1$ 種做法，第二個步驟有 $n_2$ 種做法，則總共會有 $n_1 \times n_2$ 種方法完成此試驗。若試驗須連續執行 $k$ 個步驟，每個步驟有 $n_j$ 種做法，$j = 1, 2, ..., k$，則總共有 $n_1 \times n_2 \times ... \times n_k$ 種方法完成此試驗。

### 例 4.17

某班有 5 位男生，8 位女生；若在男女生中各選一位組成一橋牌搭檔，請問總共可有幾種組合？

☞ 解

共有 $5 \times 8 = 40$ 種組合。

### 例 4.18

某一餐廳提供套餐，有 3 種前菜、3 種主菜及 4 種附餐可供選擇，前菜、主菜與附餐只能各選一種，請問總共可組成多少不同的套餐？

☞ 解

共有 $3 \times 3 \times 4 = 36$ 種套餐組合。

## 定理 4.6

有序樣本（ordered sample）：設欲從 $n$ 種不同的物品中，選出 $k(\leq n)$ 種物品做成有序樣本（ordered sample），則：

1. 若以歸還法（with replacement）選取，則共有 $n^k$ 個可能的選擇。

2. 若以不歸還法（without replacement）選取，則共有 $n \times (n-1) \times ... \times (n-k+1)$ 個可能的選擇。

排列（permutation）

$$n! = n \times (n-1) \times ... \times 2 \times 1$$

```
> factorial(5)                    # 5!
[1] 120
```

### 例 4.19

若連續擲一枚銅板五次或一次擲五枚銅板，可構成多少種正與反的序列？

☞ 解

共 $2^5 = 32$。

### 例 4.20

在一班 10 個人的班級選一人當班長與一人當副班長，總共有幾種可能的組合？

☞ 解

共有 $10 \times 9 = 90$ 種組合。

### 例 4.21

在一班 20 個人的班級選 5 人組一球隊，總共有幾種可能的組合？

☞ 解

共有 $20 \times 19 \times 18 \times 17 \times 16 = 1860480$ 種組合。

組合（combination）

$$C_k^n = \binom{n}{k} = n! / [k!(n-k)!]$$

```
> choose(5,2)   # (5/2)
[1] 10
```

### 例 4.22

設有兩顆白球：白 1、白 2；兩顆紅球：紅 3、紅 4，將此四顆球以不歸還法排列，可得 4! = 24 顆，序列如下：

| | | |
|---|---|---|
| **白 1 白 2 紅 3 紅 4** | **白 1 白 2 紅 4 紅 3** | 白 1 紅 3 白 2 紅 4 |
| 白 1 紅 4 白 2 紅 3 | 白 1 紅 3 紅 4 白 2 | 白 1 紅 4 紅 3 白 2 |
| **白 2 白 1 紅 3 紅 4** | **白 2 白 1 紅 4 紅 3** | 白 2 紅 3 白 1 紅 4 |
| 白 2 紅 4 白 1 紅 3 | 白 2 紅 3 紅 4 白 1 | 白 2 紅 4 紅 3 白 1 |
| 紅 3 白 1 白 2 紅 4 | 紅 3 白 2 白 1 紅 4 | 紅 3 白 1 紅 4 白 2 |
| 紅 3 白 2 紅 4 白 1 | 紅 3 紅 4 白 1 白 2 | 紅 3 紅 4 白 2 白 1 |
| 紅 4 白 1 白 2 紅 3 | 紅 4 白 2 白 1 紅 3 | 紅 4 白 1 紅 3 白 2 |
| 紅 4 白 2 紅 3 白 1 | 紅 4 紅 3 白 1 白 2 | 紅 4 紅 3 白 2 白 1 |

若不管球號，只看球的顏色，則會發現在此 24 種排列中，每一種排列都重複四次，例如：以下四種排列都是屬於（白 白 紅 紅）的這一種：

白 1 白 2 紅 3 紅 4　　白 1 白 2 紅 4 紅 3

白 2 白 1 紅 3 紅 4　　白 2 白 1 紅 4 紅 3

四種相同排列的原因是：白的兩顆球有 2(=2!) 種排法，紅的兩顆球也有 2(=2!) 種排法，因此，會有 4 = 2!2! 種相同的排法，所以若把兩顆白球視為無法區分的兩個物件，兩顆紅球也視為無法區分的兩個物件，將此四個物件來排列，就只有

$$6 = \frac{4!}{[2!(4-2)!]} = \binom{4}{2} \text{ 種不同的組合。}$$

## 定理 4.7

若有 $n$ 個不同物件，分成兩類，分別為 $k$ 與 $n - k$ 個物件，則此 $n$ 個物件共有 $\binom{n}{k}$ 種分法。若有 $n$ 個物件，分成 $k$ 類，分別為 $k_1, k_2, ..., k_l$ 個物件，其中 $k_1 + k_2 + ... + k_l = n$，則此 $n$ 個物件共有 $\binom{n}{k_1 k_2 ... k_l} = \frac{n!}{k_1! \ k_2! ... k_l!}$ 種分法。

## 定理 4.8

以不歸還法選取無序樣本：設欲從 $n$ 種不同的物品中選出 $k(\leq n)$ 種物品做成無序樣本（unordered sample），若以不歸還法（without replacement）選取，則共有 $\binom{n}{k}$ 種可能的選擇。

### 例 4.23

大樂透的玩法為每期在 49 個數字中隨機以不歸還法取出 6 個數字，請問每期可能的數字組合有幾種？

☞ 解

$$\binom{49}{6} = \frac{49!}{6!(49-6)!} = \frac{49 \times 48 \times 47 \times 46 \times 45 \times 44}{6 \times 5 \times 4 \times 3 \times 2 \times 1} = 13983816$$

```
> choose(49,6)
[1] 13983816
```

## 定理 4.9

以歸還法選取無序樣本：設欲從 $n$ 種不同的物品中選出 $k(\leq n)$ 種物品做成無序樣本（unordered sample），若以歸還法（with replacement）選取，則共有：

(4.6)
$$\binom{n-1+k}{k} = \frac{(n-1+k)!}{(n-1)!k!} \text{ 種可能的選擇}$$

### 例 4.24

擲兩顆六面的骰子，總共有多少種不同的數字組合？

☞ 解

共有 $\dfrac{(6-1+2)!}{(6-1)! \times 2!} = 21$ 種不同的數字組合。

```
> choose(6-1+2,2)
[1] 21
```

### 例 4.25

生日問題（the birthday problem）：設有 $n$ 個人在同一屋子裡，請問至少有 2 人同一天生日的機率為何？

☞ 解

令 $A =$ 沒有任何 2 人同一天生日的事件，$A^c =$ 至少有 2 人同一天生日的事件，則：

$$P(A) = \frac{365 \times 364 \times \ldots \times (365-n+1)}{365^n}$$

$$P(A^c) = 1 - \frac{365 \times 364 \times \ldots \times (365 - n + 1)}{365^n}$$

在上例中，$n$ 至少需多大會使得至少有 2 個人同一天生日的機率大於 1/2？圖 4.1 顯示，當 $n = 23$ 時，機率就大於 0.5。

```
> x=c(1,2,5,10,15,20,21,22,23,24,25)          # 房間中的人數
n=0,1,2,5,10,15,20,21,22,23,24,25
> y=c(0.0000,0.0027,0.0271,0.1169,0.252,0.411,0.476,0.524,
0.5687,0.607,0.642)                           # 各個 n 的機率
> plot(x,y,                                    # 做以 x 為橫軸、y 為縱軸的圖
+ ylab = "Prob( 至少有兩人生日相同 )",
+ xlab=" 房間內人數
+ 圖 4.1 至少有兩人生日相同機率圖 ")
> abline(h=0.5)                                # 在上圖中加入高為 0.5 的橫軸
> abline(v = 23, lty = 2)                      # 在上圖的橫軸為 23 上加入縱虛線
```

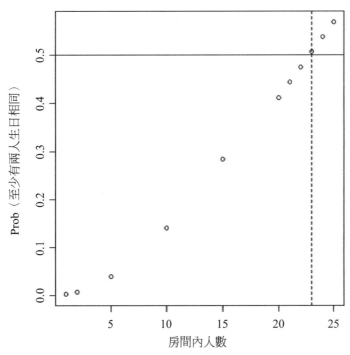

▲ **圖 4.1**　至少有兩人生日相同機率圖

## 4.6 條件機率（conditional probability）

在一副有 52 張撲克牌中隨機抽出一張，令 $A$ = 抽出一張 Ace 的事件，則 $P(A)$ = 4/52。若連續在 52 張撲克牌中隨機抽出兩張牌，若已知第一張抽出的是 Ace，則第二張再抽出 Ace 的機率為 3/51；若已知第一張抽出的不是 Ace，則第二張抽出 Ace 的機率為 4/51。由此可知，已知一事件發生可能會影響另一件事件發生的機率，機率理論上稱已知一件事件發生，另一件事件發生的機率為條件機率（conditional probability）。

條件機率（conditional probability）：已知事件 $A$ 發生，事件 $B$ 發生的條件機率為：

(4.7)
$$P(B \mid A) = \frac{P(A \cap B)}{P(A)} \text{，若 } P(A) > 0$$

由式 (4.7) 可得，若 $P(A) > 0$，則 $P(A \cap B) = P(A)P(B)$。

### 例 4.26

擲兩枚公允的銅板，樣本空間為 $S = \{(\text{正正})、(\text{正反})、(\text{反正})、(\text{反反})\}$。令 $A = \{(\text{正反})、(\text{反正})、(\text{反反})\}$、$B = \{(\text{反反})\}$，則

$$P(A|B) = \frac{P(A \cap B)}{P(B)} = \frac{1/4}{1/4} = 1, \quad P(B|A) = \frac{P(A \cap B)}{P(A)} = \frac{1/4}{3/4} = \frac{1}{3}$$

### 定理 4.10

$A$、$B$、$C$ 為任意三事件，$S$ 為樣本空間且 $P(A) > 0$，則：

(4.8)
$$P(B \mid A) \geq 0$$

(4.9)
$$P(S \mid A) = 1$$

(4.10)
$$P(\phi \mid A) = 0$$

(4.11)
$$P(B \cup C \mid A) = P(B \mid A) + P(C \mid A) - P(B \cap C \mid A)$$

(4.12)
$$P(A^C) = 1 - P(A)$$

(4.13) $\qquad\qquad P(A \cap B \cap C) = P(A)P(B \mid A)P(C \mid B \cap A)$

**例 4.27**

在一副有 52 張撲克牌中隨機連續抽出兩張，兩張都是 Ace 的機率為何？

☞ 解

令 $A$ = 抽出第一張 Ace 的事件，$B$ = 抽出第二張 Ace 的事件，則 $A \cap B$ = 隨機連續抽出兩張都是 Ace 的事件，故

$$P(A \cap B) = P(A)P(B \mid A) = \frac{4}{52} \times \frac{3}{51} = 0.0045$$

**例 4.28**

一個袋子中有 10 顆白球、6 顆紅球，若從此袋中以不歸還法連續抽出 3 顆白球的機率為何？

☞ 解

令 $A$ = 抽出第一顆白球的事件，$B$ = 抽出第二顆白球的事件，$C$ = 抽出第三顆白球的事件，則 $A \cap B \cap C$ = 隨機連續抽出三顆白球的事件，故

$$P(A \cap B \cap C) = P(A)P(B \mid A)P(C \mid A \cap B) = \frac{6}{16} \times \frac{5}{15} \times \frac{4}{14} = 0.0357$$

**例 4.29**

擲兩顆公允的六面骰子，其樣本空間為 $S = \{(1,1) \cdot (1,2) \cdot ... \cdot (6,6)\} = \{(i,j); i, j = 1, 2, ..., 6\}$，令 $A = \{(i,j); i = j\}$，$B = \{(i,j); i + j < 7\}$；則 $A \cap B = \{(1,1) \cdot (2,2) \cdot (3,3)\}$

$$P(A \mid B) = \frac{P(A \cap B)}{P(B)} = \frac{3/36}{15/36} = \frac{1}{5}, \ P(B \mid A) = \frac{P(A \cap B)}{P(A)} = \frac{3/36}{6/36} = \frac{1}{2}$$

又令 $C = \{(i,j); i = 1, 2, 3; j = 1, 2, ..., 6\}$，$D = \{(i,j); i = 1, 2, ..., 6; j = 1, 2, 3\}$；則 $C \cap D = \{(i,j); i, j = 1, 2, 3\}$，$P(C) = P(D) = \frac{1}{2}$，$P(C \cap D) = \frac{1}{4}$，$P(C \mid D) = P(D \mid C) = \frac{1}{2} = P(C) = P(D)$。

在這裡條件機率與原始機率相同，即 $P(C \mid D) = P(C) \cdot P(D \mid C) = P(D)$。

上例顯示事件與事件的關係可分為兩類：1. 已知某事件發生會影響另一事件發生的機率；2. 已知某事件發生不會影響另一事件發生的機率。

## 4.7 獨立事件（independent event）

事件 $A$ 與 $B$ 獨立（independent），若下列三個式子中有任何一式成立：

(4.14) $$P(A \mid B) = P(A)，或$$

(4.15) $$P(B \mid A) = P(B)，或$$

(4.16) $$P(A \cap B) = P(A) \times P(B)$$

否則事件 $A$ 與 $B$ 不獨立或稱相依（dependent）。

### 定理 4.11

若事件 $A$ 與 $B$ 獨立（independent），則：

1. 事件 $A$ 與 $B^c$ 獨立。
2. 事件 $A^c$ 與 $B$ 獨立。
3. 事件 $A^c$ 與 $B^c$ 獨立。

### 例 4.30

擲三枚公允銅板，至少出現一個正面的機率為何？

☞ 解

令 $A_i$ = 第 $i$ 枚銅板出現正面的事件，$i = 1, 2, 3$，且 $A_i(i = 1, 2, 3)$ 為獨立事件，$A_1^c \cap A_2^c \cap A_3^c$ = 三枚銅板都是反面，則 $A_1 \cup A_2 \cup A_3$ = 至少出現一個正面的機率，

$$P(A_1 \cup A_2 \cup A_3) = 1 - P(A_1^c \cap A_2^c \cap A_3^c) = 1 - P(A_1^c) \times P(A_2^c) \times P(A_3^c)$$

$$= 1 - \left(\frac{1}{2}\right)^3 = 1 - \frac{1}{8} = \frac{7}{8}$$

## 4.8 貝氏定理（Bayes' Rule）

### 定理 4.12

令 $B_i(i = 1, 2, ..., n)$ 為互斥且周延的 $n$ 個事件，即 $\bigcup_{i=1}^{n} B_i = S$ 樣本空間，$B_i \bigcap B_j = \phi(i \neq j)$。令 $A$ 為一事件，$P(A) > 0$，則

$$(4.17) \qquad P(A) = \sum_{i=1}^{n} P(B_i)P(A \mid B_i)$$

$$(4.18) \qquad P(B_k \mid A) = \frac{P(B_k)P(A \mid B_k)}{\sum_{i=1}^{n} P(B_i)P(A \mid B_i)}$$

貝氏定理是以事件 $A$ 發生的條件機率來修正事前機率（prior probability）$P(B_k)$，修正後的機率 $P(B_k \mid A)$ 稱之為事後機率（posterior probability）。

### 例 4.31

某工廠有 $A$、$B$ 與 $C$ 三條生產線，其產品不良率分別為 $P(D \mid A) = 0.05$、$P(D \mid B) = 0.03$、$P(D \mid C) = 0.01$，生產線生產的產品占該工廠產品比例分別為 0.2、0.3 與 0.5。若發現一不良品，請問此不良品由 $C$ 生產線生產的機率為何？

☞ 解

已知三生產線生產的產品占該工廠產品比例分別為：$P(A) = 0.2$、$P(B) = 0.3$、$P(C) = 0.5$，故整個工廠不良品的比率為 $P(D) = P(A)P(D \mid A) + P(B)P(D \mid B) + P(C)P(D \mid C) = 0.2 \times 0.05 + 0.3 \times 0.03 + 0.5 \times 0.01 = 0.024$，此不良品由 $C$ 生產線生產的機率為

$$P(C \mid D) = \frac{P(C)P(D \mid C)}{P(D)} = \frac{0.5 \times 0.01}{0.024} = 0.208$$

在上例裡，若不檢驗產品，只問此產品由 $C$ 生產線生產的機率應為 0.5（事前機率），但經檢驗發現此產品為不良品，就修正了此產品由 $C$ 生產線生產的機率為 0.208（事後機率）。

```
> prior <- c(0.2, 0.3, 0.5)          # 事前機率
> like <- c(0.05, 0.03, 0.01)        # 條件機率
> post <- prior * like               # 全機率
> post/sum(post)                     # 事後機率
[1] 0.4166667  0.3750000  0.2083333
```

### 例 4.32

有一雷達系統，若有飛機出現，雷達會發出警報聲的機率為 0.99；沒飛機出現，會發出警報聲的機率為 0.1。假設某區域出現飛機的機率為 0.05，請問警報聲響起，該區域有飛機出現的機率為何？

☞ 解

令 $A$ = 該區出現飛機的事件，則 $P(A) = 0.05$；$D$ = 警報聲響起的事件，則 $P(D \mid A)$ = 0.99，$P(D \mid A^C) = 0.1$。

警報聲響起該區域有飛機出現的機率為

$$P(A \mid D) = \frac{P(A)P(D \mid A)}{P(D)} = \frac{P(A)P(D \mid A)}{P(A)P(D \mid A) + P(A^c)P(D \mid A^c)} = \frac{0.05 \times 0.99}{0.05 \times 0.99 + 0.95 \times 0.1} = 0.343$$

### 例 4.33

為了鼓勵受訪者能較真實的回答敏感性問題，以提高問卷調查結果的準確性。使用隨機化回答技術時，調查員會設計一個敏感性問題與一個不敏感的問題，兩個問題的答案都是「是」或「否」。調查員可先讓受訪者擲一枚公允的銅板，若銅板出現「頭」，則受訪者回答敏感性問題；若銅板出現「尾」，則受訪者回答一般性問題，過程中調查員都不知道受訪者擲銅板的結果，也不會知道受訪者回答的是哪個問題。

若調查結果有 0.3 的答案回答「是」，且知若受訪者銅板擲出尾時，回答一般性問題為「是」的機率是 0.4，請問回答敏感性問題為「是」的機率為何？

☞ 解

設 $A$ = 回答「是」的事件，$B$ = 銅板出現「頭」的事件，則 $P(A \mid B) = [P(A) - P(A \mid B^C)P(B^C)] / P(B) = [0.3 - 0.4 \times 0.5] / 0.5 = 0.2$。

## 4.9　習題

1. 從一副 52 張撲克牌中隨機抽出五張牌，請計算：

   (1) 同花大順（royal flush）的機率？

   (2) 同花順（straight flush）的機率？

   (3) 四條（four of a kind）的機率？

   (4) 葫蘆或富而好施（full house）的機率？

   (5) 同花（flush）的機率？

   (6) 順（straight）的機率？

   (7) 三條（three of a kind）的機率？

   (8) 兩對（two pairs）的機率？

   (9) 一對（one pair）的機率？

2. 擲兩顆公允且正常的骰子，出現點數和至少為 10 點事件的機率？若已知其中有一顆骰子出現 6 點，求出現點數和至少為 10 點事件的條件機率？

3. 設參加某會議的成員中，有 40% 接受會議提供的午餐，有 50% 接受會議提供的晚餐，有 25% 接受會議提供的午餐與晚餐。請問成員中至少接受午餐或晚餐的比例？又已知某成員接受午餐，請問該成員會接受晚餐的機率？

4. 有 30 個不同的物品要分成三堆，每堆各為 5、10 與 15 個物品，請問有幾種分法？

5. 若 $A$ 與 $B$ 為獨立事件，且 $P(A) = 0.1$、$P(B) = 0.05$，求 $P(A^c \cap B^c)$ 的值為何？

6. 有三張彩券，其中一張有獎金，其他兩張都無獎金，現有李嗣、王五與趙六 3 人，分別按李嗣、王五與趙六順序抽取彩券，請問：

   (1) 李嗣抽到有獎金彩券的機率？

   (2) 王五抽到有獎金彩券的機率？

   (3) 趙六抽到有獎金彩券的機率？

7. 假設一個家庭裡，生男孩與生女孩為獨立事件，且生男孩與生女孩的機率都是 1/2，若一家庭有 4 名孩子，請問：

   (1) 已知第一名孩子是男孩，該家庭有兩男兩女的機率？

   (2) 已知該家庭至少有一名男孩，該家庭有兩男兩女的機率？

8. 設有 $A$、$B$ 與 $C$ 三事件，且 $(A \cap B \cap C) = 0.1$、$P(A) = 0.5$、$P(B \mid A) = 0.4$，求 $P(C \mid A \cap B)$ 的值為何？

9. 一生產線上生產的產品中，有 0.1 的機率是不良品。若拿不良品在品質檢驗站中檢驗，會被認定不良品的機率為 0.9；若拿良品在品質檢驗站中檢驗，會被認定良品的機率為 0.85。現有一產品被認定為不良品，請問該產品為不良品的機率為何？

10. 設有一儀器，有 99% 的機率可檢驗出患某種疾病的病人，也有 95% 的機率檢驗出健康的人未患有該疾病。若以該儀器檢驗某群人，發現有 6% 的人患有該疾病，求：

(1) 該群人患有該疾病的比例？

(2) 某人被儀器認定患有該疾病，請問此人真的患有該疾病的機率為何？

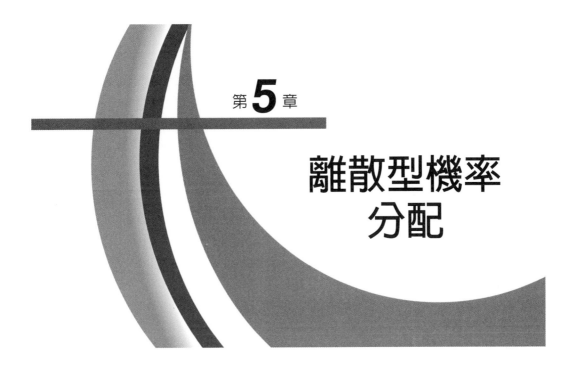

第**5**章

# 離散型機率分配

統計推論是根據由母體資料中抽出的樣本資料,來判斷母體的特徵或參數。本章即在探討如何描述各離散母體與其特徵,即如何描述母體的分配,包括:

1. 介紹如何以隨機變數描述母體。

2. 介紹離散型隨機變數之機率分配的平均數、變異數與標準差。

3. 介紹幾個常見的離散型隨機變數之機率分配。

4. R 指令。

| name | description |
|---|---|
| **d**name(x) | 求點 x 發生的機率 density or probability function |
| **p**name(x) | 求點 x 發生的累計機率 cumulative density function |
| **q**name(x) | 求點 x 的百分位數 quantile function |
| **r**name(·) | 抽樣 random deviates |

## 5.1 隨機變數（random variable）

母體資料或母體（population）：即是一組具有某種特性所有資料的集合。

### 例 5.1

欲了解一個生產線的不良率，則此生產線上生產的所有產品構成此問題的母體，此母體可以 {G, D, G, G, ...} 表示之，其中 G 表示良品，D 表示不良品。

### 例 5.2

考慮在某個具有 500,000 名合格選民的選區裡，某候選人在選舉時之得票率，則此 500,000 名選民的選舉意向即是此問題的母體。

### 例 5.3

某大學有 10,000 名學生，全體學生身高所構成的集合即是此校全體學生身高的母體，在這個母體裡，每個數字都對應到一名該校的學生。

### 例 5.4

某教授由家中開車往學校的途中，由於每次所遇上的交通狀況不同，最快需要 10 分鐘，最慢不會超過 20 分鐘，則此教授每天開車上班的時間界在 10 到 20 分鐘之間，每一個時點都可以是該教授可能到校的時間，則區間 (10, 20) 即是此教授到校時間的母體。

### 例 5.5

若受市場景氣狀況的影響，某公司每年銷售額會介在 1 億元至 2 億元之間，該公司每年銷售額問題之母體即為 1 億元至 2 億元。

隨機變數（random variable）：是定義在一個樣本空間的實數值函數。隨機變數通常用印刷體大寫表示，如 $X$、$Y$、$Z$ 等，稱其值域為此隨機變數之空間（space），記之為 $S_X$、$S_Y$ 或 $S_Z$，稱空間內的數字為可能值（possible value），可能值則用小寫草書表示，如 $x$、$y$、$z$ 等。若隨機變數的空間只包含有限或可數無限個數字，則稱其為離散型（間斷型）（discrete）隨機變數；若隨機變數的空間包含不可數無限多的數字（實數區間），則稱其為連續（型）（continuous）隨機變數。

**例 5.6**

　　欲了解一個生產線的不良率，則此生產線上生產的所有產品構成此問題的母體，此母體可以 {G, D, G, G, ...} 表示之，其中 G 表示良品，D 表示不良品。令 X 定義在 {G, D, G, G, ...} 上，使得 $X(G) = 0$ 與 $X(D) = 1$，則 X 為空間等於 $S_X = \{0, 1\}$ 的一個離散型隨機變數。

**例 5.7**

　　考慮在某個具有 500,000 名合格選民的選區裡，某候選人在選舉時之得票率。以隨機變數 X 表示被訪問選民的意向，若某選民會選該候選人，則隨機變數 X 以 1 表示之，否則以 0 表示之，則 X 為空間 $S_X = \{0, 1\}$ 的離散型隨機變數。

**例 5.8**

　　若 S 表示某校全體 10,000 名學生身高構成的樣本空間，隨機變數 X 表示定義在 S 上一對一的函數，此一對一函數的值域 S 即是 X 的空間，此時稱隨機變數 X 的值域 S 為此校全體 10,000 名學生身高的母體。此隨機變數的空間雖然只能包含有限個數字，但因數字甚多，可視為連續型隨機變數，即 $S_X = \{0, \infty\}$。若已知該校學生身高不低於 120 公分，不高於 200 公分，則空間可寫為 $S_X = (120, 200)$。

**例 5.9**

　　若某教授由家中開車往學校時間介於 10 分鐘到 20 分鐘，則到校時間可定義為以（10 分鐘，20 分鐘）為空間之連續型隨機變數，即 $S_X = (10, 20)$。

**例 5.10**

　　若受市場景氣狀況的影響，某公司每年銷售額會介於 1 億元至 2 億元之間，此問題之母體即為 1 億元至 2 億元，則該公司明年銷售額可定義為以 $S_X = (1, 2)$（單位：億元）為空間之連續型隨機變數。

## 5.2　離散型隨機變數之機率函數　（probability function of discrete random variable）

　　隨機變數把母體的每個元素映射到實數上，但尚未描述每個數字在母體裡出現的次數或頻率，仍不能描述出母體的全部資訊。描述每個數字在母體裡出現的次數或頻率，稱爲機率函數（probability function）或機率分配（probability distribution）。

　　擲兩枚公允的銅板，樣本空間爲 {( 正正 )、( 正反 )、( 反正 )、( 反反 )}，有四個樣本點，每個樣本點出現的機率都是 1/4。令 $X$ = 出現正面的次數，是定義在此樣本空間的隨機變數，則 $S_X$ = {0, 1, 2}。要想完整的描述此機率空間，必須將每一個空間裡的數字出現的頻率表現出來，描述方法如下：

　　方法一：是以線條高度來表示每個可能值發生的機率，如圖 5.1，圖中橫座標 $k$ 標示出可能值，縱座標標示出每個可能值發生的機率。

```
> k = 0:2            #X 的可能值
> p=c(1,2,1)/4       # 可能值的機率
> plot(k,p,type="h",xlab="k
+ 圖 5.1 機率線條圖 ", ylab=" 機率 ",ylim=c(0,max(p)))
```

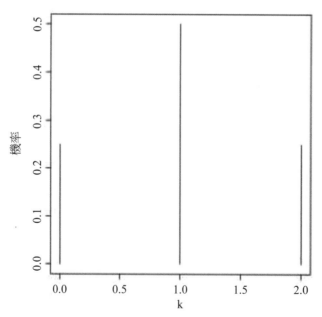

**∧ 圖 5.1** 機率線條圖

方法二：以機率分配表格方式表示之

| （可能值） | 0 | 1 | 2 | 機率總和 |
|---|---|---|---|---|
| 機率 | 1/4 | 1/2 | 1/4 | 1.00 |

方法三：以數學式表示之

$$P(X = x) = \begin{cases} 1/4, & x = 0, 2 \\ 1/2, & x = 1 \end{cases}$$

方法四：以函數方式表示最為簡潔，如：

$$f_X(x) = \binom{2}{x}\left(\frac{1}{2}\right)^x\left(1 - \frac{1}{2}\right)^{2-x}, \quad x = 0, 1, 2$$

　　由上例中可看出，要以隨機變數來描述一個機率問題有四種方法，這四種方法雖不相同，卻都包含隨機變數的兩個要素：可能值與每個可能值發生的機率。若空間內可能值很多時，以方法四表示最有效率。

　　隨機變數 $X$ 的機率函數：設 $X$ 為一隨機變數，$S_X$ 為其空間。若函數 $f(x)$ 滿足以下三式：

(5.1) $$f(x) > 0, \quad \forall x \in S_X$$

(5.2) $$\sum_{x \in S_X} f_X(x) = 1$$

(5.3) $$P(X \in A) = \sum_{x \in A} f_X(x), \, A \subset S_X$$

　　則稱 $f(x)$ 為隨機變數 $X$ 的機率函數或機率分配函數，記之為 $X \sim f(x)$；有必要時，可將隨機變數 $X$ 加在函數的下標裡，如 $f_X(x)$，用來與其他隨機變數的機率分配函數做區別。

**例 5.12**

擲兩枚公允的銅板，令 $X =$ 出現正面的次數，則其機率分配函數為：

$$f(x) = \binom{2}{x}\left(\frac{1}{2}\right)^x\left(1 - \frac{1}{2}\right)^{2-x}, \quad x = 0, 1, 2$$

此機率分配滿足：

1. $f(x) > 0, x = 0, 1, 2$

2. $\displaystyle\sum_{x=0}^{2} f(x) = \binom{2}{0}\left(\frac{1}{2}\right)^0\left(1-\frac{1}{2}\right)^{2-0} + \binom{2}{1}\left(\frac{1}{2}\right)^1\left(1-\frac{1}{2}\right)^{2-1}$

$\qquad\qquad + \binom{2}{2}\left(\frac{1}{2}\right)^2\left(1-\frac{1}{2}\right)^{2-2} = \frac{1}{4} + \frac{1}{2} + \frac{1}{4} = 1$

3. 設 $A = \{0, 1\}$，則 $P(X \in A)$

$$= \sum_{x \in A = \{0,1\}} f(x) = f(0) + f(1) = \binom{2}{0}\left(\frac{1}{2}\right)^0\left(1-\frac{1}{2}\right)^{2-0} + \binom{2}{1}\left(\frac{1}{2}\right)^1\left(1-\frac{1}{2}\right)^{2-1}$$

$$= \frac{1}{4} + \frac{1}{2} = \frac{3}{4}$$

**例 5.13**

擲一顆公允的骰子，令隨機變數 $X$ 表示出現的點數，則機率函數為 $f(x) = \dfrac{1}{6}$，$x = 1, 2, 3, 4, 5, 6$。請問擲此骰子出現點數小於 5 點的機率為何？

☞ 解

擲此骰子出現點數小於 5 點的機率為

$$P(X < 5) = \sum_{x=1}^{4} f(x) = f(1) + f(2) + f(3) + f(4) = \frac{1}{6} + \frac{1}{6} + \frac{1}{6} + \frac{1}{6} = \frac{2}{3}$$

## 5.3 離散型隨機變數之平均數、變異數與標準差（mean, variance, and standard deviation of discrete random variable）

除以機率分配來描述母體的全貌外，統計上最感興趣的是分配的特徵數或參數。

令隨機變數 $X \sim f(x)$，則其平均數、變異數與標準差分別定義為：

(5.4) $\qquad$ 平均數 $\mu = E(X) = \displaystyle\sum_{x \in S_X} x f(x)$

(5.5) $\qquad$ 變異數 $\sigma^2 = \text{Var}(X) = E(X - \mu)^2$

$$= \sum_{x \in S_X} (x - \mu)^2 f(x) = \sum_{x \in S_X} x^2 f(x) - \mu^2$$

(5.6) 標準差 $\sigma = \sqrt{\sigma^2} = \sqrt{\text{Var}(X)}$

$E(X)$ 讀做 $X$ 的期望值（expectation of $X$），故隨機變數「$X$ 的平均數」又可以稱作「$X$ 的期望值」；$X$ 的變異數又可讀做 $(X - \mu)^2$ 的期望值。

### 例 5.14

擲兩枚公允的銅板，令 $X =$ 出現正面的次數，則其機率分配為

$$f(x) = \binom{2}{x}\left(\frac{1}{2}\right)^x \left(1 - \frac{1}{2}\right)^{2-x}, \quad x = 0, 1, 2$$

求此隨機變數的平均數、變異數與標準差。

☞ 解

此隨機變數的平均數、變異數與標準差分別如下：

$$\mu = E(X) = \sum_{x \in S_X} xf(x)$$

$$= 0 \times \binom{2}{0}\left(\frac{1}{2}\right)^0 \left(1-\frac{1}{2}\right)^{2-0} + 1 \times \binom{2}{1}\left(\frac{1}{2}\right)^1 \left(1-\frac{1}{2}\right)^{2-1} + 2 \times \binom{2}{2}\left(\frac{1}{2}\right)^2 \left(1-\frac{1}{2}\right)^{2-2}$$

$$= 0 \times \frac{1}{4} + 1 \times \frac{1}{2} + 2 \times \frac{1}{4}$$

$$= 1$$

$$E(X^2) = \sum_{x=0}^{2} x^2 f(x) = 0^2 \times \frac{1}{4} + 1^2 \times \frac{1}{2} + 2^2 \times \frac{1}{4} = \frac{1}{2} + 1 = \frac{3}{2}$$

$$\sigma^2 = E(X^2) - \mu^2 = \frac{3}{2} - 1^2 = \frac{1}{2}$$

$$\sigma = \sqrt{\sigma^2} = \sqrt{\frac{1}{2}} = 0.707$$

### 例 5.15

擲一顆公允的骰子，令隨機變數 $X$ 表示出現的點數，則機率函數為 $f(x) = \dfrac{1}{6}$，$x = 1, 2, 3, 4, 5, 6$。

求此隨機變數的平均數、變異數與標準差。

☞ 解

此隨機變數的平均數、變異數與標準差分別如下：

$$\mu = E(X) = \sum_{x \in S_X} x f(x)$$

$$= 1 \times \frac{1}{6} + 2 \times \frac{1}{6} + 3 \times \frac{1}{6} + 4 \times \frac{1}{6} + 5 \times \frac{1}{6} + 6 \times \frac{1}{6}$$

$$= (1 + 2 + 3 + 4 + 5 + 6) \times \frac{1}{6}$$

$$= \frac{21}{6}$$

$$= \frac{7}{2}$$

$$E(X^2) = \sum_{x=1}^{6} x^2 f(x)$$

$$= 1^2 \times \frac{1}{6} + 2^2 \times \frac{1}{6} + 3^2 \times \frac{1}{6} + 4^2 \times \frac{1}{6} + 5^2 \times \frac{1}{6} + 6^2 \times \frac{1}{6}$$

$$= (1^2 + 2^2 + 3^2 + 4^2 + 5^2 + 6^2) \times \frac{1}{6}$$

$$= \frac{91}{6}$$

$$\sigma^2 = E(X^2) - \mu^2 = \frac{91}{6} - \left(\frac{7}{2}\right)^2$$

$$= \frac{35}{12}$$

$$\sigma = \sqrt{\sigma^2} = \sqrt{\frac{35}{12}} = 1.707$$

```
> library(distrEx)
> X<- DiscreteDistribution(supp = 1:6, prob = c(1,1,1,1,1,1)/6) #
{supp = 1:6}= 可能值
> E(X); var(X); sd(X)
[1] 3.5
[1] 2.916667
[1] 1.707825
```

　　上例的平均數是 3.5，不是任一個可能值。由此例可看出，平均數是隨機變數可能值在實數線上的一個位置特徵數（location parameter），不必要是此隨機變數的可能值。

## 5.4　離散型均勻分配
（**the discrete uniform distribution**）

隨機變數符合離散型均勻分配，若其機率函數為：

$$f(x) = \frac{1}{m}, \quad x = 1, 2, \ldots, m \tag{5.7}$$

記之為 $X \sim \mathrm{disunif}(m)$；若 $X$ 介於整數 $a$ 至 $b$（包含 $a$ 與 $b$），符合離散型均勻分配，則其機率函數為：

$$f(x) = \frac{1}{b-a+1}, x = a, a+1, \ldots, b \tag{5.8}$$

記之為 $X \sim \mathrm{disunif}(a, b)$。

### 定理 5.1

若隨機變數 $X \sim \mathrm{disunif}(m)$，則：

$$\mu = E(X) = \frac{m+1}{2} \tag{5.9}$$

$$E(X^2) = \frac{(m+1)(2m+1)}{6} \tag{5.10}$$

$$\sigma^2 = E(X^2) - \mu^2 = \frac{m^2-1}{12} \tag{5.11}$$

### 例 5.16

擲一顆公允的骰子，令隨機變數 $X$ 表示出現的點數，求此隨機變數的平均數、變異數與標準差。

☞ 解

因 $X \sim \mathrm{disunif}(6)$，故其機率函數為：

$$f(x) = \frac{1}{6}, \quad x = 1, 2, 3, 4, 5, 6$$

$$\mu = E(X) = \frac{m+1}{2} = \frac{6+1}{2} = \frac{7}{2}$$

$$E(X^2) = \frac{(m+1)(2m+1)}{6} = \frac{(6+1)(2 \times 6+1)}{6} = \frac{91}{6}$$

$$\sigma^2 = E(X^2) - \mu^2 = \frac{m^2-1}{12} = \frac{6^2-1}{12} = \frac{35}{12}$$

離散型均勻分配常被用來做隨機抽樣之用。例如：若要從 0 到 9 中隨機抽出一個數字，抽十次，可以用 R 執行之，即每個數字出現的機率都是 1/10。第一次抽出的十個亂數如下：

```
> sample(0 : 9, size = 10, replace = TRUE)
 [1] 6 3 5 2 1 1 1 4 2 5
> sample(0:9, size = 10, replace = TRUE)
 [1] 2 7 5 1 0 5 5 9 0 0
```

模擬擲一枚公允的銅板十次，如下：

"H" "H" "H" "T" "H" "T" "T" "H" "H" "T"

```
> sample(c("H","T"), size = 10, replace =T)
 [1] "H" "H" "H" "T" "H" "T" "T" "H" "H" "T"
```

## 5.5 二項分配（the binomial distribution）

二項分配也是一個常用的離散型機率分配。二項分配是基於伯努利試驗（Bernoulli trial），伯努利試驗只有兩種可能結果：成功（success）或失敗（failure）。令 $X$ 表示執行一次伯努利試驗成功的次數，則伯努利隨機變數 $X$ 空間只有 0 與 1 兩個數字，0 表示失敗與 1 表示成功；若成功的機率為 $p$，失敗的機率為 $1-p$，則 $X$ 的機率函數為 $f(x) = p^x(1-p)^{1-x}$、$x = 0, 1$。

伯努利隨機變數 $X$ 的平均數與變異數分別為：

$$\mu = E(X) = \sum_{x=0}^{1} xf(x) = 0 \times p^0(1-p)^{1-0} + 1 \times p^1(1-p)^{1-1} = p$$

$$\sigma^2 = E(X-\mu)^2 = \sum_{x=0}^{1} (x-\mu)^2 f(x)$$
$$= (0-p)^2 \times p^0 (1-p)^{1-0} + (1-p)^2 \times p^1 (1-p)^{1-1}$$
$$= p^2 \times (1-p) + (1-p)^2 \times p$$
$$= p(1-p) \times [p + (1-p)]$$
$$= p(1-p)$$

若執行獨立且相同的 $n$ 次伯努利試驗，令隨機變數 $X$ 表示 $n$ 次試驗中成功的次數，則 $X$ 的機率函數：

(5.12)
$$f(x) = \binom{n}{x} p^x (1-p)^{n-x}, \ \ x = 0, 1, \ldots, n$$

記之為 $X \sim \text{binom}(n, p)$。若 $n = 1$，則二項分配即是伯努利分配。

## 定理 5.2

若 $X \sim \text{binom}(n, p)$，則：

(5.13)
$$\mu = np$$

(5.14)
$$\sigma^2 = np(1-p)$$

### 例 5.17

擲兩枚公允的銅板，令 $X =$ 出現正面的次數，則其機率分配即為 $\text{binom}(2, \frac{1}{2})$，故：

$$\mu = np = 2 \times \frac{1}{2} = 1$$
$$\sigma^2 = np(1-p) = 2 \times \frac{1}{2} \times \left(1 - \frac{1}{2}\right) = \frac{1}{2}$$
$$\sigma = \sqrt{np(1-p)} = \sqrt{\frac{1}{2}} = 0.707$$

### 例 5.18

設家庭生男與生女的機率各為 1/2，且是獨立的事件。令隨機變數 $X$ 為一個有 4 名小孩家庭中男孩的個數，則 $X \sim \text{binom}(4, 1/2)$。若某家庭有 4 名孩子，請問恰好有 2 名男孩的機率？

☞ 解

恰好有 2 名男孩的機率為

$$P(X=2) = \binom{4}{2}\left(\frac{1}{2}\right)^2\left(1-\frac{1}{2}\right)^{4-2} = \frac{4\times 3}{2\times 1}\times\frac{1}{4}\times\frac{1}{4} = \frac{3}{8}$$

該家庭男孩個數的期望值為 $\mu = 4\times\frac{1}{2} = 2$

標準差為 $\sigma = \sqrt{4\times\frac{1}{2}\times\frac{1}{2}} = 1$

### 例 5.19

一個袋子中有 10 顆相同的球，其中有 4 顆紅球、6 顆白球，以歸還法從袋中隨機抽出 5 顆球；令隨機變數 $X$ 為此 5 顆球中紅色球的個數，則 $X \sim \text{binom}(5, 0.4)$，求此隨機變數之平均數與標準差。

☞ 解

此隨機變數之平均數與標準差為

$$\mu = np = 5\times 0.4 = 2$$
$$\sigma^2 = np(1-p) = 5\times 0.4\times(1-0.4) = 1.2$$
$$\sigma = \sqrt{np(1-p)} = \sqrt{1.2} = 1.095$$

### 例 5.20

同時擲 12 顆公允的骰子，令隨機變數 $X$ 為 12 顆骰子中出現紅色點（1 或 4 點）的骰子數，則 $X \sim \text{binom}(12, \frac{1}{3})$，求出現紅色點超過 6 個以上的機率？紅色點骰子數介於 6 至 9 個間的機率。

☞ 解

$$1.\ P(X>6) = \sum_{x=7}^{12}\binom{12}{x}\left(\frac{1}{3}\right)^x\left(1-\frac{1}{3}\right)^{12-x}$$

$$= 1 - \sum_{x=0}^{6}\binom{12}{x}\left(\frac{1}{3}\right)^3\left(1-\frac{1}{3}\right)^{12-x}$$

以人工計算 $\sum_{x=0}^{6}\binom{12}{x}\left(\frac{1}{3}\right)^3\left(1-\frac{1}{3}\right)^{12-x}$ 之值，相當麻煩。若 $n$ 不大於 30，且 $p(<1)$ 是 0.05 的倍數時，一般統計學教科書的附錄裡有表可查，否則只得使用計算機裡

的軟體來計算。

　　R 語言在計算各分配的事件機率與百分位數上提供了四個函數：

(1) dname（x = 可能值、分配參數）：計算名為 name 的分配在點 x 的機率函數值，如：dbinom(6, 12, 1/3) = 01112 就是計算二項分配 n = 12、p = 1/3、x = 6 的機率值為 0.1112。

(2) pname（x = 可能值、分配參數）：計算名為 name 的分配在事件（$X \leq x$）的機率，如：dbinom(6, 12, 1/3) 就是計算二項分配 n = 12、p = 1/3、x = 6 的機率，為 $\sum_{x=0}^{6} \binom{12}{x} \left(\frac{1}{3}\right)^x \left(1-\frac{1}{3}\right)^{12-x} - 0.9335$。

(3) qname（p = 機率、分配參數）：計算名為 name 的分配累積機率為 p 在實數上的位置，如 qbinom(0.75, 12, 1/3) = 5。

(4) rname（n = 實數、分配參數）：模擬名為 name 的分配得值 n 次。

　　如上題，以 R 語言可輸入下列指令，求得 $\sum_{x=0}^{6} \binom{12}{x} \left(\frac{1}{3}\right)^x \left(1-\frac{1}{3}\right)^{12-x}$ 等於 0.934 即可。

```
> pbinom(6,12,1/3)
[1] 0.9335524
```

2. $P(6 \leq X \leq 9) = P(X \leq 9) - P(X \leq 5) = 0.999 - 0.822 = 0.177$

```
> pbinom(9,12,1/3)                      # 計算 P(X ≤ 9)
[1] 0.9994562
> pbinom(5,12,1/3)                      # 計算 P(X ≤ 5)
[1] 0.8222775
>diff(pbinom(c(5,9), size = 12, prob = 1/3))            # 計算
P(6 ≤ X ≤ 9) = P(X ≤ 9) – P(X ≤ 5) = 0.999 – 0.822 = 0.177
[1] 0.1771787
```

### 例 5.21

　　以 R 模擬兩次，擲 12 顆骰子五次，每次出現紅色點的骰子。

☞ 解

```
> library(distr)
> rbinom(5, size = 12, prob = 1/3)
[1] 5 2 5 3 8
> rbinom(5, size = 12, prob = 1/3)
[1] 2 4 4 5 3
```

例 5.22

用 R 畫 $X \sim \text{binom}(12, \frac{1}{3})$ 之直方圖。

☞ 解

請見圖 5.2。

```
> x<-seq(0,12,by=1)                # x 的可能值
> y<-dbinom(x,12,1/3)              # 每個可能值的機率
> barplot(y,col="blue", xlab="     #{col="blue"}= 以藍色表現
+ 圖 5.2 binom(x,n=12,p=1/3) 直方圖 ")
```

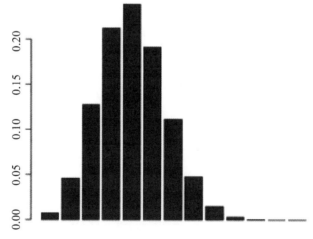

⋀ 圖 **5.2**　binom(x, n = 12, p = 1/3) 直方圖

## 例 5.23

用 R 計算 $X \sim \text{binom}(12, \frac{1}{3})$ 之平均數、變異數與標準。

☞ 解

```
> library(distrEx)
> x <- Binom(size = 12, prob = 1/3)
> E(x);var(x);sd(x)
[1] 4
[1] 2.666667
[1] 1.632993
```

## 5.6　超幾何分配
### （the hypergeometric distribution）

　　上節中有一例為：由一個袋子中有 10 顆相同的球，其中有 4 顆紅球、6 顆白球。以歸還法從袋中隨機抽出 5 顆球，令隨機變數 $X$ 為此 5 顆球中紅色球的個數，則 $X \sim \text{binom}(5, 0.4)$。若以不歸還法抽球，則前面抽出是紅球或白球會影響後面抽出紅球或白球的機率，因此伯努利試驗就不再是獨立的，所以 $X$ 的分配也就不再是二項分配。

　　超幾何分配（the hypergeometric distribution）：若一個袋子中有 $N$ 顆相同的球，其中有 $K$ 顆紅球，$N - K$ 顆白球。以不歸還法從袋中隨機抽出 $n$ 球，令隨機變數 $X$ 為此 $n$ 顆球中紅色球的個數，則 $X$ 的機率分配為：

(5.15)
$$f(x) = \frac{\binom{K}{x}\binom{N-K}{n-x}}{\binom{N}{n}}, \quad \max\{0, n - (N-K)\} \leq x \leq \min\{n, K\}$$

　　記之為 $X \sim \text{hyper}(K, N, n)$，稱其為超幾何分配（hypergeometric distribution）。

## 定理 5.3

若 $X \sim \text{hyper}(K, N, n)$，則：

(5.16)
$$\mu = n\frac{K}{N}$$

(5.17)
$$\sigma^2 = n\frac{K}{N}\left(1 - \frac{K}{N}\right)\frac{N-n}{N-1}$$

若令 $p = \dfrac{K}{N}$，則超幾何隨機變數的平均數與二項隨機變數的平均數相等，超幾何隨機變數的變異數比二項隨機變數的變異數多出 $\dfrac{N-n}{N-1}$ 項，稱之為有限母體修正項（finite population correction）。

### 例 5.24

一個袋子中有 10 顆相同的球，其中有 4 顆紅球、6 顆白球。以不歸還法從袋中隨機抽出 5 顆球，令隨機變數 $X$ 為此 5 顆球中紅色球的個數，則隨機變數 $X$ 的分配為 hyper(4, 10, 5)，求其機率函數與平均數及標準差，並求 5 顆球中恰有 1 顆紅色球的機率？

☞ 解

其機率函數與平均數及標準差為

$$f(x) = \frac{\binom{4}{x}\binom{10-6}{5-x}}{\binom{10}{5}}, \quad 1 = \max\{0, 5-4\} \le x \le \min\{5, 4\} = 4$$

$$\mu = n\frac{K}{N} = 5 \times \frac{4}{10} = 2$$

$$\sigma^2 = n\frac{K}{N}\left(1 - \frac{K}{N}\right)\frac{N-n}{N-1} = 5 \times \frac{4}{10} \times \left(1 - \frac{4}{10}\right)\frac{10-5}{10-1} = 0.667$$

$$\sigma = \sqrt{0.667} = 0.817$$

5 顆球中恰有 1 顆紅色球的機率為

$$P(X=1) = \frac{\binom{4}{1}\binom{10-4}{5-1}}{\binom{10}{5}} = \frac{4 \times \dfrac{6 \times 5}{2 \times 1}}{\dfrac{10 \times 9 \times 8 \times 7 \times 6}{5 \times 4 \times 3 \times 2 \times 1}} = \frac{4 \times 15}{252} = 0.238$$

```
> x=Hyper(K=4, N-K=6, n=5)     # 注意參數定義
> E(x)
[1] 2
> sd(x)
[1] 0.8164966
> dhyper(1,4,6,5)              # 5 顆球中恰有 1 顆紅色球的機率
[1] 0.2380952
```

**例 5.25**

以 R 做分配 hyper(4, 10, 5) 的直方圖。

☞ 解

見圖 5.3。

```
> x<-seq(0,5,by=1)
> y<-dhyper(x,4,6,5)
> barplot(y, col="blue", xlab="0      1      2      3      4      5
+
+ 圖 5.3 hyper(x,4,10,5) 直方圖 ")
```

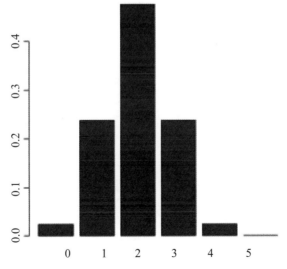

▲ **圖 5.3**　hyper(x, 4, 10, 5) 直方圖

當 $N$ 大時，超幾何分配機率的計算就相當不易，但若 $n/N$ 足夠小，超幾何分配機率可以二項分配近似之。

## 定理 5.4

當 $N \to \infty$、$\dfrac{n}{N} \to 0$、$\dfrac{K}{N}$ 固定，則：

(5.18)
$$\frac{\dbinom{K}{x}\dbinom{N-K}{n-x}}{\dbinom{N}{n}} \xrightarrow[\substack{n/N \to 0 \\ K/N \text{ fix}}]{N \to \infty} \dbinom{n}{x}\left(\frac{K}{N}\right)^{x}\left(1-\frac{K}{N}\right)^{n-x}$$

實務上，只要 $\dfrac{n}{N} < 0.05$，上述定理的近似就相當準確了。

### 例 5.26

某個有 10,000 名學生的大學，男生 6,000 名、女生 4,000 名。若在此校以不歸還法抽出 20 名學生，男生人數介於 10 名至 13 名的機率為何？

☞ 解

令隨機變數 $X$ 為抽出 20 名學生中男生的人數，則 $X \sim \text{hyper}(6000, 10000, 20)$。男生人數介於 10 名至 13 名的機率為：

$$P(10 \le X \le 13) = \sum_{x=0}^{13} \frac{\dbinom{6000}{x}\dbinom{4000}{20-x}}{\dbinom{10000}{20}} - \sum_{x=0}^{9} \frac{\dbinom{6000}{x}\dbinom{4000}{20-x}}{\dbinom{10000}{20}}$$

$$\approx \sum_{x=0}^{13}\dbinom{20}{x}\left(\frac{6000}{10000}\right)^{x}\left(1-\frac{6000}{10000}\right)^{20-x} - \sum_{x=0}^{9}\dbinom{20}{x}\left(\frac{6000}{10000}\right)^{x}\left(1-\frac{6000}{10000}\right)^{20-x}$$

$$= 0.75 - 0.126$$

$$= 0.624$$

以 R 計算抽出 20 名學生中，男生的人數小於等於 13 名的機率與小於等於 9 名的機率分別為 0.7502218 與 0.1272867，可以看出這兩個機率值與以二項分配近似的非常接近。

```
> phyper(13, m = 6000, n = 4000, k = 20)
[1] 0.7502218
> phyper(9, m = 6000, n = 4000, k = 20)
[1] 0.1272867
> diff(phyper(c(9,13),6000,4000,20))
[1] 0.6229351
```

例 5.27

請以 R 模擬 10 次 hyper(K = 6000, N − K = 4000, n = 20) 分配，計算十個模擬數字的平均數與標準差，並與理論值比較。

☞ 解

結論：以模擬 10 次所得數字計算出的平均數和標準差與理論上的平均數和標準差已相當接近。

```
> rhyper(10,K = 6000,N-K = 4000,n = 20)   # rhyper= 由超幾何分配中抽出
10 個值
 [1] 13 10 12 10 15  7 12 12 11 12
> x=c(13, 10, 12, 10, 15,  7, 12, 12, 11, 12)
> mean(x);sd(x)                           #計算模擬數字的平均數與標準差
[1] 11.4
[1] 2.1187
> x=Hyper(K = 6000, N-K = 4000, n = 20)
> E(x); sd(x)                             # 理論值
[1] 12                                    # 模擬值為 11.4
[1] 2.188808                              # 模擬值為 2.1187
```

例 5.28

以模擬 10,000 次的 hyper(K = 6000, N − K = 4000, n = 20) 分配值做直方圖，並與模擬 10,000 次的 binom(n = 20, p = 0.6) 分配值做的直方圖比較。

☞ 解

　　請參考圖 5.4。

> library(magrittr)　# 使 用 %>% 運 算 子 之 前，必 須 要 安 裝 和 載 入 magrittr 套件
> par(mfrow=c(1,2), cex=0.7)　#設定圖面，{mfrow=c(1,2)}= 一列兩個圖，{cex=0.7}= 預設值是 1，若指定為 0.7 的話，所有的資料點就會變成原來的 0.7 倍大
> rhyper(10000,6000,4000,20) %>% table %>% barplot(main=" 超幾何分配 ",xlab="") # {%>%}= 將前一個函數的輸出作為下一個函數的輸入
> rbinom(10000, 20, 0.6) %>% table %>% barplot(main=" 二項分配 ")

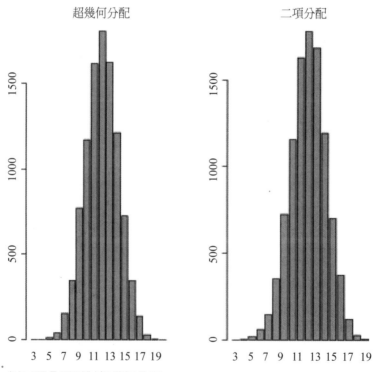

**⋀ 圖 5.4**　以二項分配近似超幾何分配

## 5.7　幾何分配（**the geometric distribution**）

連續執行相同且獨立伯努利試驗，直到第一次出現成功為止的機率問題，也經常出現在日常生活上。例如：要在一生產線上找出一個不良品，品管人員就得在生產線上某個檢查點，逐一檢查生產線生產出來的產品，直到第一個不良品出現為止。

幾何分配（geometric distribution）：設連續執行相同且獨立伯努利試驗，每次試驗成功的機率為 $p$。令 $X$ 為出現第一次成功前會出現失敗的次數，則此隨機變數 $X$ 的機率函數為：

(5.19)
$$f(x) = p(1-p)^x, x = 0, 1, 2, ...$$

稱之為幾何分配（geometric distribution），記之為 $X \sim \text{geom}(p)$。

### 定理 5.5

若 $X \sim \text{geom}(p)$，則：

(5.20)
$$\mu = \frac{1-p}{p}$$

(5.21)
$$\sigma^2 = \frac{1-p}{p^2}$$

**例 5.29**

要在一不良率為 0.1 的生產線上找出一個不良品，問品管人員在生產線上某個檢查點逐一檢查生產線生產出來的產品，直到第一個不良品出現前會檢查到 5 個良品的機率為何？最多會檢查到 5 個良品的機率為何？會檢查到良品個數的期望值與標準差為何？

☞ 解

令 $X$ 為出現第一個不良品前會檢查到良品的個數，則 X$\sim$geom(0.1)，故直到第一個不良品出現前會檢查到 5 個良品的機率為

$$P(X = 5) = 0.1(1 - 0.1)^5 = 0.059$$

最多會檢查到 5 個良品的機率為

$$P(X \le 5) = \sum_{x=0}^{5} 0.1(1-0.1)^x = 0.1 \times (1 + 0.9^1 + 0.9^2 + \ldots + 0.9^5)$$

$$= 0.1 \times \frac{1-0.9^6}{1-0.9} = 0.1 \times 4.686 = 0.468$$

平均數與標準差分別為

$$\mu = \frac{1-p}{p} = \frac{1-0.1}{0.1} = 9$$

$$\sigma = \sqrt{\frac{1-p}{p^2}} = \sqrt{\frac{1-0.1}{0.1^2}} = 9.487$$

以 R 模擬 10,000 個觀測值，計算平均數與標準差分別為 8.9031 與 9.224314，其值與理論值非常接近了。

```
> dgeom(5,0.1)
[1] 0.059049
> pgeom(5,0.1)
 [1] 0.468559
> mean(rgeom(n = 10000, prob = 0.1))
[1] 8.9031
> sd(rgeom(n = 10000, prob = 0.1))
[1] 9.224314
```

**例 5.30**

請以 R 做分配 geom(0.1) 直方圖，可能值做至 15。

☞ 解

請見圖 5.5。

```
> barplot(y,col="blue",xlab="
+0  1  2  3  4  5  6  7  8  9  10  11  12  13  14  15
+
+ 圖 5.5 幾何分配 geom(x,0.1)")    # 可能值做至 15
```

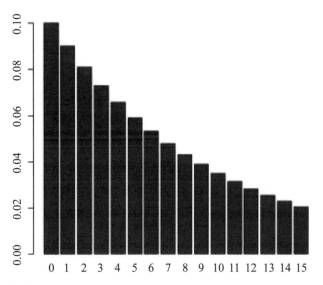

▲ 圖 **5.5** 幾何分配 geom(x, 0.1)

## 5.8 負二項分配
## （the negative binomial distribution）

若幾何分配將推廣到連續執行相同且獨立的伯努利試驗，每次成功的機率爲 $p$。令隨機變數 $X$ 表示直到發現第 $r$ 次成功前發生失敗的次數，則 $X$ 的機率函數爲：

(5.22)
$$f(x) = \binom{r+x-1}{r-1} p^r (1-p)^x,\ x = 0,\ 1,\ 2,\ \dots$$

稱之爲負二項分配，記之爲 $X \sim \text{nbinom}(r, p)$。

### 定理 5.6

若 $X \sim \text{nbinom}(r, p)$，則：

(5.23)
$$\mu = \frac{r(1-p)}{p}$$

(5.24)
$$\sigma^2 = \frac{r(1-p)}{p^2}$$

例 5.31

要在一不良率為 0.1 的生產線上找出三個不良品，問品管人員在生產線上某個檢查點，逐一檢查生產線生產出來的產品，直到第三個不良品出現前會檢查到 5 個良品的機率為何？最多會檢查到 10 個良品的機率為何？會檢查到良品個數的期望值與標準差為何？

☞ 解

令 $X$ 為出現第三個不良品前會檢查到良品的個數，則 $X \sim$ nbinom(3, 0.1)。故直到第三個不良品出現前會檢查到 5 個良品的機率為

$$P(X = 5) = \binom{3+5-1}{3-1}0.1^3(1-0.1)^5 = \binom{7}{2}0.1^3(1-0.1)^5 = 0.012$$

最多會檢查到 10 個良品的機率為

$$P(X \leq 10) = \sum_{x=0}^{10} \binom{3+x-1}{3-1}0.1^3(1-0.1)^x = 0.134$$

會檢查到良品個數的期望值與標準差分別為

$$\mu = \frac{r(1-p)}{p} = \frac{3 \times (1-0.1)}{0.1} = 27 \text{、} \sigma = \sqrt{\frac{r(1-p)}{p^2}} = \sqrt{\frac{3 \times (1-0.1)}{0.1^2}} = 16.432$$

```
> dnbinom(5,3,0.1)
[1] 0.01240029
> pnbinom(10,3,0.1)
[1] 0.1338828
> library(distrEx)
> x=Nbinom(3,0.1)
> E(x)
[1] 27
> sd(x)
[1] 16.43168
```

例 5.32

請做 nbinom(3, 0.1) 直方圖。

☞ 解

請見圖 5.6。

---

```
> par(mai=c(1, 1, 1, 1),mfrow=c(1,1))  # {par()}= 命令搭配 mfrow 或
mfcol 參數適合規則形狀的多張圖形分布；{mai}= 設定紙張邊緣，以英寸為
單位，依序是底部、左邊、頂端、右邊；{mfrow}= 逐欄排列
> x<-seq(0,50,by=1)
> y<-dnbinom(x,3,0.1)
> barplot(y,col="blue",xlab=" 圖 5.6 nbinom(3,0.1) 直方圖 ")
```

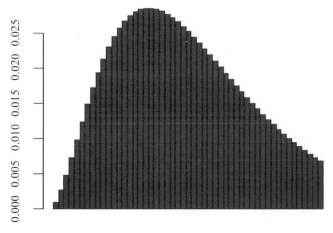

▲ 圖 **5.6** nbinom(3, 0.1) 直方圖

---

例 5.33

請以模擬 nbinom(3, 0.1)、n = c(20, 200, 2000) 做直方圖，並與圖 5.6 比較。

☞ 解

請見圖 5.7。

```
> par(mfrow=c(1,3), mar=c(3,2,2,2),cex=0.6)
> for(n in c(20, 200, 2000)) {
+ hist(rnbinom(n, 3, 0.1),breaks=10,main=paste(" 負二項分配 n=",
n))
+ }
```

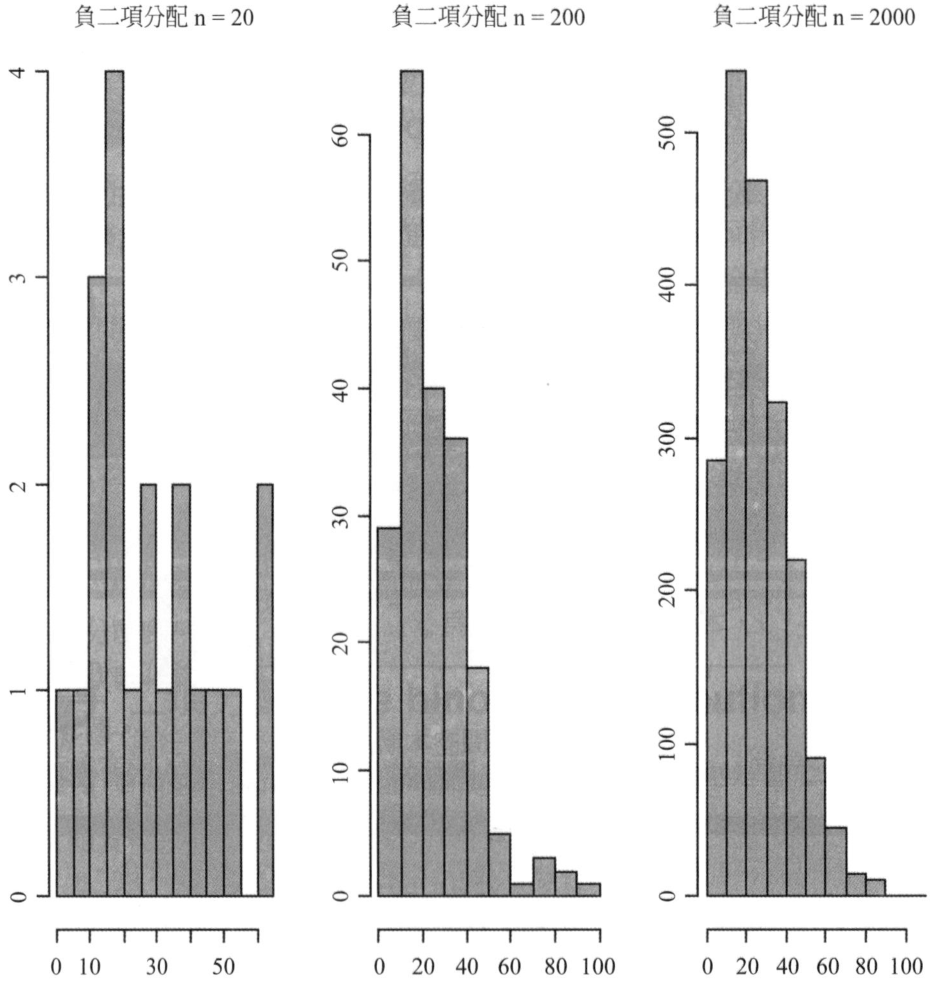

▲ 圖 **5.7** 模擬 nbinom(3, 0.1),n = c(20, 200, 2000) 之直方圖

## 5.9 普瓦松分配（the Poisson distribution）

世界上一些稀少事件，如：交通事故、地震、打錯字、顧客到達銀行櫃檯等，發生的規律應如何規範呢？令隨機變數 $X$ 表示會在單位時間內發生某類事件的次數，若 $X$ 的機率分配為：

(5.25) $$f(x) = \frac{e^{-\lambda}\lambda^x}{x!}, \quad x = 0, 1, 2, ..., \lambda > 0$$

稱之為普瓦松分配，記之為 $X \sim \text{pois}(\lambda)$。

### 定理 5.7

若 $X \sim \text{pois}(\lambda)$，則：

(5.26) $$\mu = \lambda$$

(5.27) $$\sigma^2 = \lambda$$

$\lambda$ 為 $X$ 在單位時間內發生的平均次數，若考慮時間為不重疊的單位時間的 $t$ 倍時，則 $X \sim \text{pois}(t\lambda)$，即機率函數為：

(5.28) $$f(x) = \frac{e^{-t\lambda}(t\lambda)^x}{x!}, \quad x = 0, 1, 2, ...$$

在以上的定義裡，不重疊的單位時間是必要的。若時間重疊兩單位時間發生次數就不會獨立，以上結果就不適用。

### 例 5.34

設某洗車場每半小時進來洗車數符合平均 5 輛的普瓦松分配，請問下半個小時沒車子來洗的機率為何？下一個小時來洗車超過 10 輛的機率為何？

☞ 解

令隨機變數 $X$ 為每半小時進來洗車數，則 $X \sim \text{pois}(5)$，故

$$P(X = 0) = \frac{e^{-5}5^0}{0!} = 0.0067$$

下一個小時是 2 個不重疊的半個小時，令隨機變數 $Y$ 為下一個小時進來洗車數，則 $Y \sim \text{pois}\,(\lambda = 2 \times 5 = 10)$，故

$$P(Y>10)=\sum_{y=11}^{\infty}\frac{e^{-10}10^{y}}{y!}=1-\sum_{y=0}^{10}\frac{e^{-10}10^{y}}{y!}=1-0.583=0.417$$

```
> dpois(0,5)
[1] 0.006737947
> ppois(10,10)          # {pname()}= 累計機率
[1] 0.5830398
```

例 5.35

做 dpois(5) 分配圖。

☞ 解

請見圖 5.8。

```
> x<-seq(0,15,by=1)
> y=dpois(x,5)
> barplot(y,col="blue", xlab="
+0  1  2  3  4  5  6  7  8  9  10  11  12  13  14  15
+
+圖 5.8 pois(5) 分配圖 ")
```

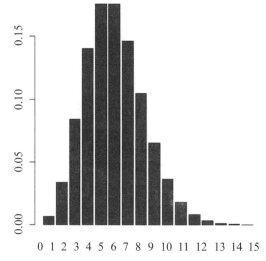

▲ 圖 **5.8** pois(5) 分配圖

**例 5.36**

設某大學校門口每年發生死亡車禍的次數符合平均兩次的普瓦松分配，請問明年一整年內沒有死亡車禍的機率為何？死亡車禍發生一次至三次的機率為何？

☞ 解

令隨機變數 $X$ 為一年發生死亡車禍的次數，則 $X \sim \text{pois}(2)$

故明年一整年內沒有死亡車禍的機率為 $P(X = 0) = e^{-2} = 0.135$

死亡車禍發生一次至三次的機率

$$P(1 \le X \le 3) = P(X \le 3) - P(X = 0) = \sum_{x=0}^{3} \frac{e^{-2} 2^x}{x!} - e^{-2} = 0.857 - 0.135 = 0.722$$

```
> ppois(0,2)
[1] 0.1353353
> ppois(3,2)
[1] 0.8571235
> diff(ppois(c(0, 3), lambda = 2))
[1] 0.7217882
```

## 定理 5.8

設 $X \sim \text{pois}(\lambda)$，則：

(5.29)
$$\binom{n}{x} p^x (1-p)^{n-x} \xrightarrow{n \to \infty, p \to 0} \frac{\lambda^x e^{-\lambda}}{x!}$$

其中 $\lambda = np$。

**例 5.37**

某生產線的不良率為 0.01，若由此生產線中隨機選取 100 個產品，求不良品少於 2 個的機率。

☞ 解

令 $X = 100$ 個產品中不良品的個數，則不良品少於 2 個的機率為

$$P(X < 2) = \sum_{x=1}^{1} \binom{100}{x} 0.01^x (1-0.01)^{100-x} \to \sum_{x=0}^{1} \frac{(100 \times 0.01)^x e^{-(100 \times 0.01)}}{x!} = 0.735$$

```
> ppois(1,1)
[1] 0.7357589
```

例 5.38

請做普瓦松分配 pois(1) 與二項分配 binom(100, 0.01) 之密度曲線，並比較之。

☞ 解

請見圖 5.9，圖中兩個分配的密度曲線幾乎一樣，所以用普瓦松分配機率近似二項分配機率應該相當準確。

```
> par(mfrow=c(1,2), mar=c(2,4,3,2), cex=0.7)
> curve(dbinom(x,100,0.01),0,100,main=" 二項分配 ")
> curve(dpois(x,1),0,100,main=" 普瓦松分配 ")
```

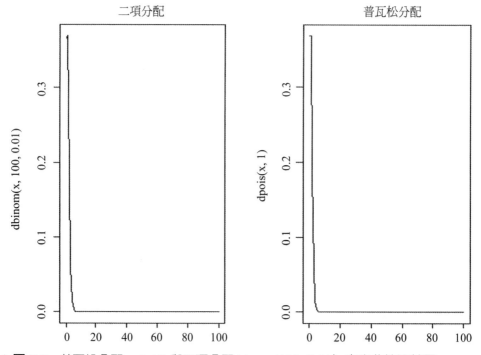

﹀圖 **5.9** 普瓦松分配 pois(1) 與二項分配 binom(100, 0.01）密度曲線比較圖

## 5.10　習題

1. 表 5.1 為隨機變數 $X$ 的機率分配表，其中 a = $P(X=0)$。求：
   (1) a 的值。
   (2) $P(X < 4)$。
   (3) $P(1 \leq X < 5)$。
   (4) $\mu$ 與 $\sigma$ 之值。
   (5) $P(|X - \sigma| < \sigma)$。

2. 有一賭局，每局成本 2 元，擲三枚正常且公允銅板，若三枚銅板都出現正面，可贏得 10 元，否則就輸掉成本 2 元。請計算此賭局的期望值。

3. 以下是 MRA 公司專案首年獲利（$x$ = 利潤，單位為千元）的機率分配：

| $x$ | $f(x)$ |
|---|---|
| −100 | 0.10 |
| 0 | 0.20 |
| 50 | 0.30 |
| 100 | 0.25 |
| 150 | 0.10 |
| 200 | ? |

   (1) 請問獲得 200,000 元利潤的機會？
   (2) 請問該公司利潤大於 0 的機會？

4. 假設一種反向浮動利率債券以年利率 7% 為基準：若一年期利率低於 7%，則該債券給付投資者的報酬利率為 7% 減一年期利率；若一年期利率高於 7%，則該債券不給付投資者任何報酬。假設一年期利率的機率分配如下表：

| 一年期利率 | 0.03 | 0.04 | 0.05 | 0.06 | 0.07 | 0.08 |
|---|---|---|---|---|---|---|
| 機率 | 0.1 | 0.15 | 0.25 | 0.25 | 0.15 | 0.1 |

   若某投資人投資該債券 10,000 元，一年的預期報酬為多少？

5. 令 $X \sim \text{disunif}(3, 7)$，求 $P(X < 4.75)$？

6. 求隨機變數 $X \sim \text{disunif}(a, b)$ 之期望值與標準差。

7. 某大學發現選修統計學的學生中，有 20% 會退選。假設本學期有 20 位學生選修統計學，問最多有 2 位同學退選的機率？退選學生期望人數與標準差各為多少？

8. 擲十枚正常且公允的銅板，請問：

   (1) 至少有 4 個正面的機率？

   (2) 正面少於 8 個且大於 5 個的機率？

   (3) 出現正面個數的期望值與標準差？

9. 某個大型防疫中心每天有 500 人前往注射流感疫苗，每位注射疫苗的人會產生發燒反應的機率為 0.02。試問在該防疫中心注射疫苗而產生發燒反應的期望人數與標準差，並以普瓦松分配近似沒有人產生發燒反應的機率？

10. 某地區有 15 家餐廳，其中有 5 家晚餐價格超過 50 美元。若隨機選擇 3 家，請問恰有 2 家晚餐價格超過 50 美元的機率？

11. 一箱 20 個零件中有 8 個為不良品，若從此箱中以不歸還法隨機選出 5 個零件，令 $X$ 表示 5 個零件中不良品的個數，請問 $X$ 的機率分配？求不良品個數少於 2 個的機率？並求不良品的期望值與標準差？

12. 一箱 2,000 個零件中有 80 個為不良品，若從此箱中以不歸還法隨機選出 5 個零件，令 $X$ 表示 5 個零件中不良品的個數，請問 $X$ 的機率分配？求不良品個數少於 2 個的機率？

13. 若生產線的不良率為 0.1，欲由此生產線中找出一個不良品，請問至少需檢查 10 個產品的機率？期望檢查產品個數與標準差為何？

14. 若生產線的不良率為 0.1，欲由此生產線中找出三個不良品，請問至少需檢查 10 個產品的機率？期望檢查產品個數與標準差為何？

15. 搭飛機的旅客獨立地抵達機場安檢區的人數，為平均每分鐘 10 人的普瓦松分配。請問 15 秒內無人到達安檢區的機率？

16. 波士頓消防局每小時平均接獲 1.6 通求救電話。假設求救電話的分配為普瓦松分配，請問波士頓消防局兩小時內沒有接獲求救電話的機率？

17. 一箱 2,000 個零件中有 8 個為不良品，若從此箱中以不歸還法隨機選出 5 個零件，令 $X$ 表示 5 個零件中不良品的個數，請問 $X$ 的機率分配？求不良品個數少於 2 個的機率？

18. 某餐廳來客數為平均每小時 10 人的普瓦松分配，求一小時最多 8 位顧客來此餐廳的機率？又 10 小時內最多有 80 位顧客到達的機率？

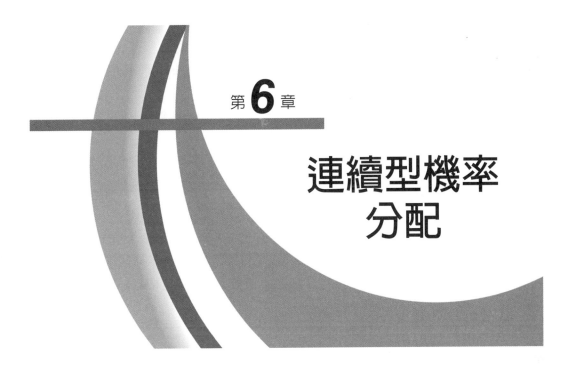

第**6**章

# 連續型機率
# 分配

本章探討連續型機率分配，連續型隨機變數的空間包含實數區間，描述連續型隨機變數方式與描述離散型隨機變數不同，本章目標為：

1. 連續隨機變數機率分配的性質。
2. 連續隨機變數機率平均數、標準差的計算。
3. 一些常見連續隨機變數的機率分配及其平均數、變異數的計算。
4. 幾個分配間的關係。

## 6.1 連續型機率函數
## （**probability density functions**）

連續型隨機變數空間是實數區間，包含不可數的無限多的可能值，因此每一個可能值發生的機率不可能是正的，否則整個空間發生的機率就不可能等於 1；即，若 $X$ 為一連續型隨機變數，$S_X$ 為 $X$ 的空間，則 $P(X = x) = 0$、$\forall x \in S_X$。因此無法以加法計算事件發生的機率，數學通常以積分來代替加法。若函數 $f(x)$ 滿足條件：

(1) $f(x) > 0, \quad \forall x \in S_X$

(2) $\displaystyle \int_{x \in S_X} f(x)dx = 1$

(3) $P(X \in A) = \displaystyle \int_{x \in A} f(x)dx, \quad \forall A \subset S_X$

則稱 $f(x)$ 為連續型隨機變數 $X$ 的機率（密度）函數（probability density function, pdf），或稱 $f(x)$ 為 $X$ 的機率分配，記之為 $X \sim f(x)$。

由微積分的知識得知，點的積分值為 $0$；若 $X$ 為連續型隨機變數，則：

(6.1) $$P(a \le X \le b) = P(a \le X < b) = P(a < X \le b) = P(a < X < b)$$

離散型機率函數在 $x$ 點上的值，是表示在 $x$ 點上的機率；但連續型機率函數 $f(x)$ 的值，不是表示在 $x$ 點上的機率，可以大於 $1$。

**例 6.1**

試說明函數 $f(x) = 3x^2$，$0 < x < 1$ 是一個連續型隨機變數之機率函數，並求事件「$0.14 < X < 0.71$」的機率？

☞ 解

因

1. $f(x) = 3x^2 > 0, \forall x \in (0, 1)$

2. $\int_0^1 3x^2 dx = x^3 \Big|_0^1 = 1^3 - 0^3 = 1$

故此函數為一連續型隨機變數之機率函數。

3. 事件 $A = \{0.14 < X < 0.71\}$ 的機率為

$$\int_{0.14}^{0.71} 3x^2 dx = x^3 \Big|_{0.14}^{0.71} = 0.71^3 - 0.14^3 = 0.355$$

若 $f(x)$ 為連續型隨機變數 $X$ 之機率函數，則其平均數與變異數分別定義為：

(6.2) $$\mu = E(X) = \int_{x \in S_X} x f(x) dx$$

與

(6.3) $$\sigma^2 = E(X - \mu)^2 = \int_{x \in S_X} (x - \mu)^2 f(x) dx = \int_{x \in S_X} x^2 f(x) dx - \mu^2$$

**例 6.2**

若 $f(x)$ 為連續型隨機變數 $X$ 之機率函數為 $f(x) = 3x^2$，$0 < x < 1$，求其平均數與變異數。

☞ 解

其平均數與變異數分別為：

$$\mu = E(X) = \int_0^1 x(3x^2)dx = \frac{3}{4}x^4\Big|_0^1 = \frac{3}{4}$$

與

$$E(X^2) = \int_0^1 x^2(3x^2)dx = \frac{3}{5}x^5\Big|_0^1 = \frac{3}{5}$$

$$\sigma^2 = E(X^2) - \mu^2 = \frac{3}{5} - \left(\frac{3}{4}\right)^2 = \frac{3}{80}$$

```
> library(distrEx)
> f <- function(x) 3 * x^2
> X <- AbscontDistribution(d = f, low1 = 0, up1 = 1)
> E(X); var(X)
[1] 0.7496337
[1] 0.03768305
直接積分求平均數與變異數
> f <- function(x) 3*x^3              #f(x)*x
> f1 <- function(x) 3*x^4            # f(x)*x^2
> Ex=integrate(f, lower = 0, upper = 1)    # E(X)
> Ex
0.75 with absolute error < 8.3e-15
> Ex2=integrate(f1, lower = 0, upper = 1)      # E(X^2)
> Ex2
0.6 with absolute error < 6.7e-15
> 0.6-0.75^2                  # vae(X)=E(X^2)-E(X)^2
[1] 0.0375
```

事件「$0.14 < X < 0.71$」機率為

$$P(0.14 < X < 0.71)$$
$$= \int_{0.14}^{0.71} 3x^2 dx$$
$$= x^3\Big|_{0.14}^{0.71}$$
$$= 0.71^3 - 0.14^3$$
$$= 0.355$$

```
> library(distr)
> X <- AbscontDistribution(d = f, low1 = 0, up1 = 1)
> p(X)(0.71) - p(X)(0.14)
[1] 0.355
直接積分求機率
> f <- function(x) 3 * x^2
> integrate(f, lower = 0.14, upper = 0.71)
0.355167
```

例 6.3

試說明函數 $f(x) = \dfrac{3}{x^4}$, $x > 1$ 爲一連續型隨機變數 $X$ 之機率函數，並求其平均數與變異數。

☞ 解

因 $f(x) = \dfrac{3}{x^4}$, $x > 1$，在 $x > 1$ 的範圍都是正值，且

$$\int_{-\infty}^{\infty} f(x)dx = \int_{-\infty}^{1} 0\,dx + \int_{1}^{\infty} \frac{3}{x^4}\,dx = 0 + \lim_{t\to\infty}\int_{1}^{t} \frac{3}{x^4}\,dx = \lim_{t\to\infty}\left(-x^3 \Big|_{1}^{t}\right)$$

$$= \lim_{t\to\infty}(-t^3 + 1) = 1$$

故 $f(x)$ 可爲一連續型隨機變數 $X$ 之機率函數，其平均數與變異數分別爲：

$$\mu = E(X) = \int_{-\infty}^{\infty} xf(x)dx$$

$$= \int_{0}^{\infty} x \times \frac{3}{x^4}\,dx$$

$$= -\frac{3}{2}x^2 \Big|_{1}^{\infty}$$

$$= \frac{3}{2}$$

$$E(X^2) = \int_{-\infty}^{\infty} x^2 f(x)dx$$

$$= \int_{1}^{\infty} x^2 \times \frac{3}{x^4} dx$$

$$= -3x^{-1} \Big|_{1}^{\infty}$$

$$= 3$$

$$\sigma^2 = E(X^2) - \mu^2$$

$$= 3 - \left(\frac{3}{2}\right)^2$$

$$= \frac{3}{4}$$

```
> g <- function(x) 3/x^3
> integrate(g, lower = 1, upper = Inf)          # 平均數
1.5 with absolute error < 1.7e-14
> g1 <- function(x) 3/x^2
> integrate(g1, lower = 1, upper = Inf)         #E(X^2)
3 with absolute error < 3.3e-14
> 3-1.5^2                                        # 變異數
[1] 0.75
```

## 6.2 連續型均勻分配（the continuous uniform distribution）

隨機變數 $X$ 為連續型均勻分配（continuous uniform distribution），若隨機變數 $X$ 機率函數為：

(6.4)
$$f(x) = \frac{1}{b-a}, \quad a < x < b$$

稱隨機變數 $X$ 符合連續型均勻分配，記之為 $X \sim \text{unif}(a, b)$。

## 定理 6.1

若 $X \sim \text{unif}(a, b)$，則平均數與標準差分別為：

(6.5)
$$\mu = E(X) = \frac{b+a}{2}$$

與

(6.6)
$$\sigma^2 = E(X - \mu)^2 = \frac{(b-a)^2}{12}$$

### 例 6.4

若某人上班所需時間為 30 分鐘至 50 分鐘的均勻分配，請問此人在 40 分鐘內到達公司的機率？平均數與標準差為何？

☞ 解

1. 在 40 分鐘內到達公司的機率為：

$$P(30 < X < 40) = \int_{30}^{40} \frac{1}{50-40} dx = \frac{1}{20} \left( x \Big|_{30}^{40} \right) = \frac{40-30}{20} = \frac{1}{2}$$

2. $\mu = E(X) = \dfrac{b+a}{2} = \dfrac{50+30}{2} = 40$

與

$$\sigma^2 = E(X-\mu)^2 = \frac{(b-a)^2}{12} = \frac{(50-30)^2}{12} = \frac{100}{3}$$

$$\sigma = \sqrt{\sigma^2} = \sqrt{\frac{100}{3}} = 5.86$$

```
> punif(40, 30, 50)           # 計算在 40 分鐘內到達公司的機率
[1] 0.5
> a <- 30
> b <- 50
> mean_value <- (a + b) / 2
> print(mean_value)
[1] 40
> sd_value <- sqrt((b - a)^2 / 12)
```

```
> print(sd_value)
```

[1] 5.86

例 6.5

　　請以 R 畫 unif(30, 40) 機率函數圖。

☞ 解

　　請見圖 6.1。

```
> x <- seq(25, 45, length=100)
> y <- dunif(x, min = 30, max = 40)
> plot(x, y, type = 'l',xlab=" 圖 6.1 unif(x, 30, 40) 機率函數圖 ")
```

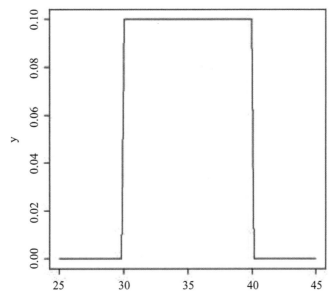

⋏ 圖 **6.1**　unif(x, 30, 40) 機率函數圖

## 6.3　常態分配（normal distribution）

### 6.3.1　常態分配（normal distribution）

隨機變數 $X$ 為常態分配（normal distribution），若隨機變數 $X$ 機率函數為：

$$(6.7) \qquad f(x) = \frac{1}{\sigma\sqrt{2\pi}} e^{-\frac{(x-\mu)^2}{2\sigma^2}}, \quad -\infty < x < \infty, -\infty < \mu < \infty, \sigma > 0$$

稱隨機變數 $X$ 符合常態分配，記之為 $X \sim N(\mu, \sigma^2)$。

### 定理 6.2

若 $X \sim N(\mu, \sigma^2)$，則：

$$(6.8) \qquad \mu = E(X) = \mu$$

與

$$(6.9) \qquad \sigma^2 = E(X-\mu)^2 = \sigma^2$$

常態分配機率函數圖形為鐘形曲線（bell-shaped curve），如圖 6.2，故又稱之為鐘形分配（bell-shaped distribution）。德國數學家高斯（German mathematician C. F. Gauss）在此分配的發展上做出重大的貢獻，故又稱為高斯分配（The Gaussian distribution）。不論是理論上或實務上，常態分配都是最重要的分配，也是在本書之後的內容最經常出現的分配。

### 例 6.6

以 R 做平均數 50、標準差 5 常態分配圖。

☞ 解

請見圖 6.2 與圖 6.3。

方法一：

```
> population_mean <- 50          # 定義平均數
> population_sd <- 5             # 定義標準差
> x <- seq(-4, 4, length = 1000) * population_sd + population_mean
```

```
#x 軸的點
> y <- dnorm(x, population_mean, population_sd)    #x 軸的點上的函數
值
> plot(x,y, type = "l", lwd = 2, axes = FALSE, xlab = " 圖 6.2 N(50,25)
函數圖 ", ylab = "")
                        # 做出曲線
> sd_axis_bounds = 5                    # 定義 sd_axis_bounds
> axis_bounds <- seq(-sd_axis_bounds * population_sd + population_
mean,
+           sd_axis_bounds * population_sd + population_mean,
+           by = population_sd)              # 定義 axis_bounds
> axis(side = 1, at = axis_bounds, pos = 0)
# {side=}= 參數設置軸線的方向從下邊開始沿逆時針方向下邊 =1、左邊 =2、
上邊 =3、右邊 =4
# {pos = 0} = 軸線的座標與曲線的距離；請參見圖 6.2
```

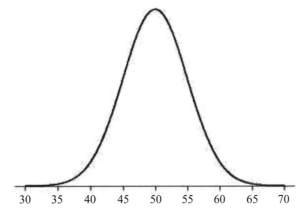

人 **圖 6.2**  N(50,25) 函數圖

方法二：
```
> curve(dnorm(x,mean=50,sd=5),30,70,main="Normal", xlab=" 圖 6.3
N(50, 25) 分配函數圖 + ") ; 請參見圖 6.3
```

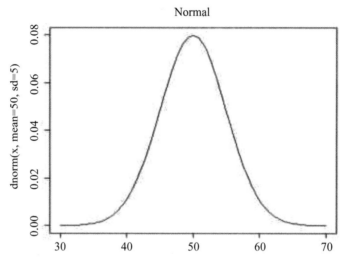

**∧ 圖 6.3** N(50, 25) 分配函數圖

---

### 6.3.2 標準常態分配（standard normal distribution）

#### 定理 6.3

$Z = N(0, 1)$ 稱之為標準常態分配（standard normal distribution）。

#### 例 6.7

以 R 做標準常態分配圖。

☞ 解

請見圖 6.4。

---

```
> curve(dnorm, -3.5, 3.5, lwd=2, axes = FALSE, xlab =
+ " 圖 6.4 標準常態分配 Z(0, 1) 機率函數圖 ", ylab = "")
# {lwd}= 定義線的寬度，內定 lwd=1、lwd = 2 表示所用的線比內定的寬一倍
# {axes = FALSE}= 把原來該有的 x 與 y 軸去除
> axis(1, at = -3:3, labels = c("-3s", "-2s", "-1s", "mean", "1s",
"2s", "3s"))
# {1}={side=1} 把軸加在圖下邊
```

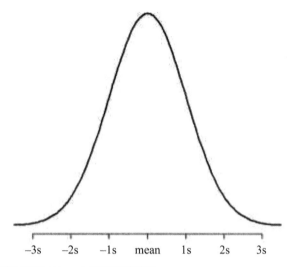

︿ 圖 **6.4**　標準常態分配 Z(0, 1) 機率函數圖

　　*Z* 分配的機率可由各統計學書中附錄表查得。本書以 R 語言做的標準常態機率值於表 6.1。

```
> s1=seq(0, 3, 0.1)
> s2=seq(0, 0.09, 0.01)
> x=matrix(0, length(s1), length(s2))
> for (i in 1:length(s1))
+ {  for (j in 1:length(s2))
+ { q1=s1[i]
+ q2=s2[j]
+ q=q1+q2
+ x[i,j]=round(pnorm(q), 4)
+ }
+ }
> colnames(x)=paste("0.0", 0:9, sep="")
> rownames(x)=format(seq(0.0, 3.0, 0.1))
> x
```

▽ **表 6.1** z 值由 0.00 到 3.09 之標準常態機率

|      | 0.00   | 0.01   | 0.02   | 0.03   | 0.04   | 0.05   | 0.06   | 0.07   | 0.08   | 0.09   |
|------|--------|--------|--------|--------|--------|--------|--------|--------|--------|--------|
| 0.0  | 0.5000 | 0.5040 | 0.5080 | 0.5120 | 0.5160 | 0.5199 | 0.5239 | 0.5279 | 0.5319 | 0.5359 |
| 0.1  | 0.5398 | 0.5438 | 0.5478 | 0.5517 | 0.5557 | 0.5596 | 0.5636 | 0.5675 | 0.5714 | 0.5753 |
| 0.2  | 0.5793 | 0.5832 | 0.5871 | 0.5910 | 0.5948 | 0.5987 | 0.6026 | 0.6064 | 0.6103 | 0.6141 |
| 0.3  | 0.6179 | 0.6217 | 0.6255 | 0.6293 | 0.6331 | 0.6368 | 0.6406 | 0.6443 | 0.6480 | 0.6517 |
| 0.4  | 0.6554 | 0.6591 | 0.6628 | 0.6664 | 0.6700 | 0.6736 | 0.6772 | 0.6808 | 0.6844 | 0.6879 |
| 0.5  | 0.6915 | 0.6950 | 0.6985 | 0.7019 | 0.7054 | 0.7088 | 0.7123 | 0.7157 | 0.7190 | 0.7224 |
| 0.6  | 0.7257 | 0.7291 | 0.7324 | 0.7357 | 0.7389 | 0.7422 | 0.7454 | 0.7486 | 0.7517 | 0.7549 |
| 0.7  | 0.7580 | 0.7611 | 0.7642 | 0.7673 | 0.7704 | 0.7734 | 0.7764 | 0.7794 | 0.7823 | 0.7852 |
| 0.8  | 0.7881 | 0.7910 | 0.7939 | 0.7967 | 0.7995 | 0.8023 | 0.8051 | 0.8078 | 0.8106 | 0.8133 |
| 0.9  | 0.8159 | 0.8186 | 0.8212 | 0.8238 | 0.8264 | 0.8289 | 0.8315 | 0.8340 | 0.8365 | 0.8389 |
| 1.0  | 0.8413 | 0.8438 | 0.8461 | 0.8485 | 0.8508 | 0.8531 | 0.8554 | 0.8577 | 0.8599 | 0.8621 |
| 1.1  | 0.8643 | 0.8665 | 0.8686 | 0.8708 | 0.8729 | 0.8749 | 0.8770 | 0.8790 | 0.8810 | 0.8830 |
| 1.2  | 0.8849 | 0.8869 | 0.8888 | 0.8907 | 0.8925 | 0.8944 | 0.8962 | 0.8980 | 0.8997 | 0.9015 |
| 1.3  | 0.9032 | 0.9049 | 0.9066 | 0.9082 | 0.9099 | 0.9115 | 0.9131 | 0.9147 | 0.9162 | 0.9177 |
| 1.4  | 0.9192 | 0.9207 | 0.9222 | 0.9236 | 0.9251 | 0.9265 | 0.9279 | 0.9292 | 0.9306 | 0.9319 |
| 1.5  | 0.9332 | 0.9345 | 0.9357 | 0.9370 | 0.9382 | 0.9394 | 0.9406 | 0.9418 | 0.9429 | 0.9441 |
| 1.6  | 0.9452 | 0.9463 | 0.9474 | 0.9484 | 0.9495 | 0.9505 | 0.9515 | 0.9525 | 0.9535 | 0.9545 |
| 1.7  | 0.9554 | 0.9564 | 0.9573 | 0.9582 | 0.9591 | 0.9599 | 0.9608 | 0.9616 | 0.9625 | 0.9633 |
| 1.8  | 0.9641 | 0.9649 | 0.9656 | 0.9664 | 0.9671 | 0.9678 | 0.9686 | 0.9693 | 0.9699 | 0.9706 |
| 1.9  | 0.9713 | 0.9719 | 0.9726 | 0.9732 | 0.9738 | 0.9744 | 0.9750 | 0.9756 | 0.9761 | 0.9767 |
| 2.0  | 0.9772 | 0.9778 | 0.9783 | 0.9788 | 0.9793 | 0.9798 | 0.9803 | 0.9808 | 0.9812 | 0.9817 |
| 2.1  | 0.9821 | 0.9826 | 0.9830 | 0.9834 | 0.9838 | 0.9842 | 0.9846 | 0.9850 | 0.9854 | 0.9857 |
| 2.2  | 0.9861 | 0.9864 | 0.9868 | 0.9871 | 0.9875 | 0.9878 | 0.9881 | 0.9884 | 0.9887 | 0.9890 |
| 2.3  | 0.9893 | 0.9896 | 0.9898 | 0.9901 | 0.9904 | 0.9906 | 0.9909 | 0.9911 | 0.9913 | 0.9916 |
| 2.4  | 0.9918 | 0.9920 | 0.9922 | 0.9925 | 0.9927 | 0.9929 | 0.9931 | 0.9932 | 0.9934 | 0.9936 |
| 2.5  | 0.9938 | 0.9940 | 0.9941 | 0.9943 | 0.9945 | 0.9946 | 0.9948 | 0.9949 | 0.9951 | 0.9952 |
| 2.6  | 0.9953 | 0.9955 | 0.9956 | 0.9957 | 0.9959 | 0.9960 | 0.9961 | 0.9962 | 0.9963 | 0.9964 |
| 2.7  | 0.9965 | 0.9966 | 0.9967 | 0.9968 | 0.9969 | 0.9970 | 0.9971 | 0.9972 | 0.9973 | 0.9974 |
| 2.8  | 0.9974 | 0.9975 | 0.9976 | 0.9977 | 0.9977 | 0.9978 | 0.9979 | 0.9979 | 0.9980 | 0.9981 |
| 2.9  | 0.9981 | 0.9982 | 0.9982 | 0.9983 | 0.9984 | 0.9984 | 0.9985 | 0.9985 | 0.9986 | 0.9986 |
| 3.0  | 0.9987 | 0.9987 | 0.9987 | 0.9988 | 0.9988 | 0.9989 | 0.9989 | 0.9989 | 0.9990 | 0.9990 |

經驗法則（empirical rule）：若 $Z = N(0, 1)$，則經驗法則的機率爲：

1. $P(-1 < Z < 1) = P(Z < 1) - P(Z < -1) = 0.841 - 0.159 = 0.682$。
2. $P(-2 < Z < 2) = P(Z < 2) - P(Z < -2) = 0.977 - 0.022 = 0.955$。
3. $P(-3 < Z < 3) = P(Z < 3) - P(Z < -3) = 0.999 - 0.001 = 0.998$。

```
> pnorm(1:3) - pnorm(-(1:3))
[1] 0.6826895 0.9544997 0.9973002
```

例 6.8

若 $Z = N(0, 1)$，則：

(1) $P(Z > 0.56) = 1 - P(Z < 0.56) = 1 - 0.712 = 0.288$

(2) $P(-0.34 < Z < 0) = P(Z < 0) - P(Z < -0.34) = 0.5 - 0.367 = 0.133$

```
> 1-pnorm(0.56)
[1] 0.2877397
或
> pnorm(0.56,lower.tail = F)
[1] 0.2877397
> pnorm(0)-pnorm(-0.34)
[1] 0.1330717
```

標準常態百分位值：定義標準常態百分位值 $z_\alpha$ 為 $P(z_\alpha < Z) = \alpha$ 且 $z_{1-\alpha} = -z_\alpha$。

例 6.9

求 $z_{0.1}, z_{0.05}, z_{0.025}, z_{0.01}$。

☞ 解

$z_{0.1} = 1.282$，因 $P(1.282 < Z) = 0.1$。

$z_{0.05} = 1.645$，因 $P(1.554 < Z) = 0.06$ 且 $P(1.751 < Z) = 0.04$。

$z_{0.025} = 1.96$，因 $P(1.96 < Z) = 0.025$。

$z_{0.01} = 2.326$，因 $P(2.326 < Z) = 0.01$。

```
> qnorm(0.9);qnorm(0.95);qnorm(0.975);qnorm(0.99)
[1] 1.281552
[1] 1.644854
[1] 1.959964
[1] 2.326348
或
> qnorm(c(0.1,0.05, 0.025, 0.01), lower.tail = FALSE)
[1] 1.281552 1.644854 1.959964 2.326348
```

例 6.10

　　求 $z_{0.9}, z_{0.95}, z_{0.975}, z_{0.99}$。

☞ 解

　　$z_{0.9} = -z_{0.1} = -1.282$。

　　$z_{0.95} = -z_{0.05} = -1.645$。

　　$z_{0.975} = -z_{0.025} = -1.96$。

　　$z_{0.99} = -z_{0.01} = -2.326$。

```
> qnorm(c(0.1,0.05, 0.025, 0.01))
 [1] -1.281552 -1.644854 -1.959964 -2.326348
```

## 6.3.3 標準化（standardization）

定理 6.4

　　設 $X \sim N(\mu, \sigma^2)$，則：

(6.10)
$$Z = \frac{X - \mu}{\sigma} \sim N(0,1)$$

例 6.11

　　設 $X \sim N(50, 5^2)$，求 $P(42 < X < 58)$。

☞ 解

$$P(42 < X < 58)$$
$$= P(\frac{42 - 50}{5} < \frac{X - 50}{5} < \frac{58 - 50}{5})$$
$$= P(-1.6 < Z < 1.6)$$
$$= P(Z < 1.6) - P(Z < -1.6)$$
$$= 0.945 - 0.055$$
$$= 0.89$$

```
> pnorm(42,50,5)
[1] 0.05479929
> pnorm(58,50,5)
[1] 0.9452007
```

**例** 6.12

　　以 R 做機率 $P(42 < X < 58)$ 圖。

☞ 解

　　請參考圖 6.5。

```
> mean=50; sd=5
> lb=42; ub=58
> x <- seq(-4,4,length=100)*sd + mean
> hx <- dnorm(x,mean,sd)
> plot(x, hx, type="n", xlab="x
+ 圖 6.5 P(42<X<58) 圖 ", ylab="",
+ main=" 常態分配 ", axes=FALSE)
> i <- x >= lb & x <= ub
> lines(x, hx)
> polygon(c(lb,x[i],ub), c(0,hx[i],0), col="blue")
> area <- pnorm(ub, mean, sd) - pnorm(lb, mean, sd)
> result <- paste("P(",lb,"< X <",ub,") =",
+ signif(area, digits=3))
> mtext(result,3)
> axis(1, at=seq(18, 82, 8), pos=0)
```

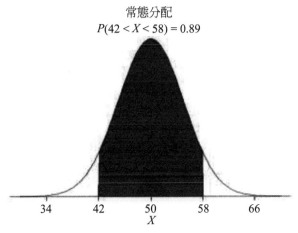

常態分配
$P(42 < X < 58) = 0.89$

⋀ 圖 **6.5**　P(42<X<58) 圖

**例 6.13**

設某大學全體學生身高呈平均數為 170 公分、標準差為 8 公分之常態分配。隨機在此校抽出一位學生,求身高介於 164 公分至 178 公分的機率?全校只有 2.5% 的學生身高高於某一學生,請問此學生的身高為多少?

☞ 解

1. 令 $X$ 為該大學全體學生身高的隨機變數,則 $X \sim N(170, 8^2)$

$$P(164 < X < 178) = P(\frac{164-170}{8} < \frac{X-170}{8} < \frac{178-170}{8})$$
$$= P(-0.75 < Z < 1) = P(Z < 1) - P(Z < -0.75) = 0.841 - 0.226 = 0.615$$

```
> pnorm(c(178, 164),170,8)
[1] 0.8413447 0.2266274
```

2. 令 $x$ 為該生的身高,則:

$$P(X > x)$$
$$= P\left(\frac{X-170}{8} > \frac{x-170}{8}\right)$$
$$= P\left(Z > \frac{x-170}{8}\right)$$
$$= 0.025$$

因 $z_{0.025} = 1.96$, $\frac{x-170}{8} = 1.96 \Leftrightarrow x = 170 + 1.96 \times 8 = 185.68$,故該生的身高為 185.68 公分。

```
> qnorm(0.975,170,8)
[1] 185.6797
```

## 6.4 指數分配(**exponential distribution**)

隨機變數 $X$ 為指數分配,若其機率函數為:

(6.11)
$$f(x) = \lambda e^{-\lambda x}, x > 0, \lambda > 0$$

記之為 $X \sim \exp(\lambda)$。

## 定理 6.5

若 $X \sim \exp(\lambda)$，則：

(6.12)
$$\mu = E(X) = \frac{1}{\lambda}$$

與

(6.13)
$$\sigma^2 = E(X - \mu)^2 = \frac{1}{\lambda^2}$$

指數分配與普瓦松分配有直接關係。單位時間 [0, 1] 內某事件發生次數若呈平均數 $\lambda$ 的普瓦松分配，則事件發生間隔時間的分配即為平均數為 $1/\lambda$ 的指數分配。

### 例 6.14

設某洗車場每半小時進來洗車數符合平均 5 輛的普瓦松分配，請問當一輛車進入此洗車場後，下一輛車在 3 分鐘之內會進來的機率？車輛進入此洗車場的平均時間與標準差為何？

☞ 解

依題意每半小時進來洗車數符合平均 5 輛的普瓦松分配，即每分鐘進入洗車場的平均車輛數為 5/30 = 1/6 輛，因此以分鐘為單位時間進入此洗車場間隔時間分配為 $X \sim \exp(1/6)$，故：

$$P(X < 3) = \int_0^3 \frac{1}{6} e^{-\frac{1}{6}x} dx = -e^{-\frac{1}{6}x} \Big|_0^3 = 1 - e^{-\frac{1}{2}} = 1 - 0.606 = 0.394$$

平均每隔 $\mu = \frac{1}{\lambda} = \frac{1}{1/6} = 6$ 分鐘，會有一輛車子進入此洗車場，標準差為

$\sigma = \sqrt{\frac{1}{\lambda^2}} = \sqrt{36} = 6$ 分鐘。

```
> pexp(3,1/6)
[1] 0.3934693
```

例 6.15

以 R 分別畫 λ = 1/6, 1/3, 1/2 之分配函數圖，比較其差異。

☞ 解

請見圖 6.6，紅色的曲線代表的是 λ = 1/6，由圖形看出，λ 值越大曲線的斜率越大。

```
> curve(dexp(x, rate = 1/6), from=0, to=40, col='red')
> curve(dexp(x, rate = 1/3), from=0, to=40, col='blue',add=T)
> curve(dexp(x, rate = 1/2), from=0, to=40, col='black',add=T)
> legend(25, .15, legend=c("rate=1/6", "rate=1/3", "rate=1/2"),
+ col=c("red", "blue", "black"), lty=1, cex=1)
# {(25, .15)}= 示意圖的位置，cex=1 代表字體大小
```

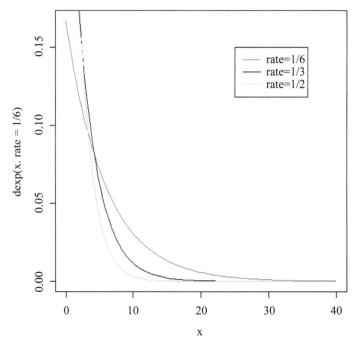

入 **圖 6.6**　rate = 1/6, 1/3, 1/2 之指數分配機率函數圖

指數分配與普瓦松分配有直接關係。單位時間 (0, 1] 內某事件發生次數若呈平均數 λ 的普瓦松分配，則事件發生間隔時間的分配即為平均數為 1/λ 的指數分配。

又指數分配具無記憶性（memoryless），即某特定事件發生間隔時間若為指數分配，在等候一段時間仍未發生此事件後，再繼續等候該事件發生的機率分配，仍然是原來的指數分配。下個定理即是以數學式表示此性質。

## 定理 6.6

若 $X \sim \exp(\lambda)$，則 $t, s > 0$。

1. $P(X > t) = e^{-\lambda t}$
2. $P(X > t + s \mid X > t) = e^{-\lambda s}$

**例 6.16**

設某洗車場每半小時進來洗車數符合平均 5 輛的普瓦松分配，若當一輛車進入此洗車場 4 分鐘內尚未有其他車輛進入，請問下輛車在 3 分鐘之內會進來的機率？

☞ 解

根據指數分配的無記憶性（memoryless），已等候了 4 分鐘與未等此 4 分鐘的分配一樣，故此機率仍然為 0.394。

```
> pexp(3,1/6)
[1] 0.3934693
```

## 6.5　卡方分配、T 分配與 F 分配（the chi-square, student's t, and Snedecor's F distributions）

### 6.5.1 卡方分配（chi-square distribution）

隨機變數 $X$ 為自由度為 $v$ 的卡方分配，若其機率函數為：

(6.14)
$$f(x) = \frac{1}{\Gamma(v/2)2^{v/2}} x^{(v/2)-1} e^{-x/2}, \quad x > 0, \ v > 0$$

記之為 $X \sim \chi^2(v)$，其中 $\Gamma(\cdot)$ 為 gamma 函數，即：

(6.15)
$$\Gamma(v) = \int_0^\infty x^{v-1} e^{-x} dx$$

## 定理 6.7

若 $X \sim \chi^2(v)$，則：

$$(6.16) \qquad\qquad \mu = v$$

與

$$(6.17) \qquad\qquad \sigma^2 = 2v$$

設 $X \sim \chi^2(v)$，定義 $\chi^2_{a,v}$ 為自由度為 $v$ 的卡方分配的 $(1-\alpha)\%$ 百分位，即滿足 $P(X > \chi^2_{a,v}) = \alpha$。卡方分配的機率在各統計學的書籍附錄中查得，本書則採以 R 系統計算之。

### 例 6.17

設 $X \sim \chi^2(10)$，求 $P(X > 18.307) = ?$ $\chi^2_{0.05,10} = ?$

☞ 解

可由各統計學的書籍附錄的卡方分配表查得 $P(X > 18.307) = 0.05$，故 $\chi^2_{0.05,10} = 18.307$。

```
> pchisq(18.307,10)
[1] 0.9499994
> qchisq(0.95,10)
[1] 18.30704
```

### 例 6.18

以 R 分別做自由度 3、5、10 與 15 卡方分配圖，顯示自由度越大，圖形最高點越左，分配越是趨近於常態。

☞ 解

請見圖 6.7。

```
> curve(dchisq(x, df = 3), from = 0, to = 20, ylab = "y",
col="red",xlab="
+ 圖 6.7 自由度分別為 3, 5, 10, 15 的卡方分配機率函數圖 ")
> curve(dchisq(x, df=5), from=0, to=40, col='blue',add=T)
```

```
> curve(dchisq(x, df=10), from=0, to=40, col='black',add=T)
> curve(dchisq(x, df=15), from=0, to=40, col='brown',add=T)
> legend(12, .23, legend=c("df=3", "df=5", "df=10", "df=15"),
+ col=c("red", "blue", "black", "brown"), lty=1, cex=1)
```

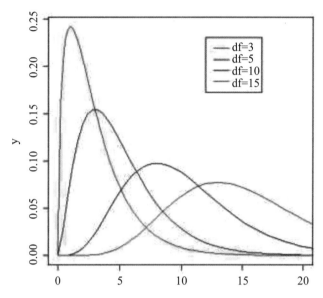

**⋏圖 6.7**　自由度分別為 3, 5, 10, 15 的卡方分配機率函數圖

## 6.5.2 T 分配（t distribution）

隨機變數 $X$ 為自由度為 $v$ 的 T 分配，若其機率函數為：

$$(6.18) \qquad f(x) = \frac{\Gamma[(v+1)/2]}{\sqrt{v\pi}\,\Gamma(v/2)}\left(1+\frac{x^2}{v}\right)^{-(v+1)/2}, \quad -\infty < x < \infty, v > 0$$

記之為 $X \sim \mathrm{T}(v)$。

## 定理 6.8

若 $X \sim \mathrm{T}(v)$，則：

$$(6.19) \qquad \mu = 0 \;（v = 1, \mu \text{ 不存在}）$$

$$(6.20) \qquad \mu = \frac{v}{v-2}, v > 2$$

當 $v > 1$，T 分配對稱於平均數 0，自由度越大時，標準差越小，分配就越趨近於標準常態分配。

例 6.19

以 R 作自由度分別為 100、10 與 2 的 T 分配圖，觀察當自由度等於 100 時，T 分配幾乎是等同於標準常態分配，當自由度等於 10 或 2 時分配與標準常態有所差異。

☞ 解

請見圖 6.8。

```
> curve(dt(x, df = 100), from = -4, to = 4, ylab = "y",col="red",
xlab="x
+ 圖 6.8 自由度分別為 100, 10, 2 的 T 分配機率函數 ")
> curve(dt(x, df = 10), from = -4, to = 4, ylab = "y",
col="blue",add=T)
> curve(dt(x, df = 2), from = -4, to = 4, ylab = "y",col="black",
add=T)
> legend(2.2, .37, legend=c("df=100", "df=10", "df=2"),
+ col=c("red", "blue", "black"), lty=1, cex=0.8)
```

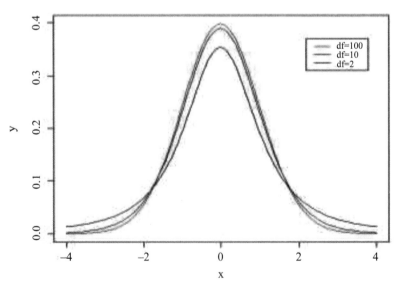

⋀ **圖 6.8** 自由度分別為 100, 10, 2 的 T 分配機率函數

設 $X \sim T(v)$，定義 $(1 - \alpha)\%$ 百分位 $t_{\alpha,v}$ 滿足 $P(X > t_{\alpha,v}) = \alpha$。T 分配的機率在各統計學書籍附錄表的 T 分配表中查得，本書則採以 R 系統計算之。

### 例 6.20

設 $X \sim T(5)$，求 $P(X > 1.476) = ?$ $t_{0.1,5} = ?$

☞ 解

$t_{0.1,5} = 1.476$。

```
> pt(1.467,5)
[1] 0.898854
```

### 6.5.3 F 分配（f distribution）

隨機變數 $X$ 為自由度為 $v_1$ 與 $v_2$ 的 F 分配，若其機率函數為：

$$(6.21) \quad f(x) = \frac{\Gamma[(v_1 + v_2)/2]}{\Gamma(v_1/2)\,\Gamma(v_2/2)} \left(\frac{v_1}{v_2}\right)^{(v_1/2)-1} x^{(v_1/2)-1} \left(1 + \frac{v_1}{v_2}x\right)^{-(v_1+v_2)/2}$$

$x > 0, v_1 > 0, v_2 > 0$

記之為 $X \sim F(v_1, v_2)$。

### 定理 6.9

若 $X \sim F(v_1, v_2)$，則：

$$(6.22) \quad \mu = \frac{v_2}{v_2 - 2}, \quad v_2 > 2$$

$$(6.23) \quad \sigma^2 = \frac{2v_2^2(v_1 + v_2 - 2)}{v_1(v_2 - 2)^2(v_2 - 4)}, \quad v_2 > 4$$

### 例 6.21

以 R 分別做 df1（自由度 1）= 25、df2（自由度 2）= 25；df1 = 25、df2 = 5；df1 = 5、df2 = 5；df1 = 5、df2 = 25 的 F 分配。觀察圖 6.9，看得出 F 分配第二個自由度與其平均數有關，如 df2 = 25 的兩個分配的曲線較 df2 = 5 的兩個分配曲線的位置為右，表示 df2 = 25 的兩個分配的平均數較 df2 = 5 的兩個分配為大。變異數則取決於兩個自由度的大小。

☞ 解

　　請見圖 6.9。

```
> curve(df(x, 25,25), from = 0, to = 8, ylab = "y",col="red",xlab="x
+ 圖 6.9 不同自由度 F 分配機率函數圖 ")
> curve(df(x, 25,5), from = 0, to = 8, ylab = "y",col="blue", add=T)
> curve(df(x, 5,5), from = 0, to = 8, ylab = "y",col="black", add=T)
> curve(df(x, 5,25), from = 0, to = 8, ylab = "y",col="brown",
add=T)
> legend(4, 1, legend=c("df1=25 df2=25", "df1=25 df2=5", "df1=5
df2=5", "df1=5 df2=25"), col=c("red", "blue", "black", "brown"),
lty=1, cex=0.8)
```

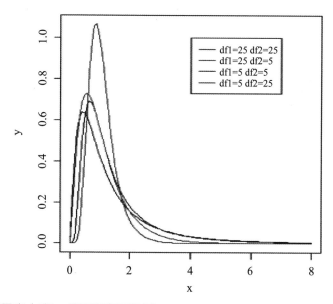

︿ **圖 6.9**　不同自由度 F 分配機率函數圖

　　設 $X \sim F(v_1, v_2)$，定義 $(1-\alpha)\%$ 百分位 $f_{\alpha; v_1, v_2}$ 滿足 $P(X > f_{\alpha; v_1, v_2}) = \alpha$。F 分配的機率在各統計學書籍附錄表的 T 分配表中查得，本書則採以 R 系統計算之。

## 定理 6.10

若 $X \sim F(v_1, v_2)$，則 $Y = 1/X \sim F(v_2, v_1)$，且：

(6.24)
$$f_{1-\alpha; v_1, v_2} = \frac{1}{f_{\alpha; v_2, v_1}}$$

**例 6.22**

若 $X \sim F(5, 25)$，求 $P(X > 3.855) = ?$ $f_{0.01; 5, 25} = ?$ $f_{0.99; 5, 25} = ?$

☞ 解

$P(X > 3.855) = 0.99$, $f_{0.01; 5, 25} = 3.855$。

又由定理知 $f_{0.99; 5, 25} = \dfrac{1}{f_{0.01; 25, 5}} = \dfrac{1}{9.449} = 0.106$。

```
> pf(3.855,5,25)
[1] 0.9900005
> qf(0.99,5,25)
[1] 3.854957
> qf(0.99,25,5)
[1] 9.449121
```

## 6.6　習題

1. 若一隨機變數 $X$ 之機率函數為 $f(x) = \begin{cases} cx^2, & 0 < x < 6 \\ 0, & \text{其他} \end{cases}$，請求以下的值：
   (1) $c$
   (2) $P(X < 3.5)$
   (3) $E(X)$
   (4) $\text{var}(X)$

2. 某教授從家裡開車到校的時間呈界在 10 至 20 分鐘的均勻分配，請問該教授某日開車到校時間會超過 18 分鐘的機率為何？求該教授每天開車到校時間的平均數與標準差？

3. 某品牌燈泡壽命呈平均 5 年的指數分配，隨機選一該品牌燈泡其壽命超過 6 年的機率？若隨機選 5 個該品牌燈泡，使用 6 年後至少還有 3 個可使用的機率？

4. 某洗車場洗車數呈每半小時平均 5 輛車的普瓦松分配，問 15 分鐘內沒車進場的機率？

5. 檢測人類智商分數的 IQ 分數，一般認為是呈現平均數 100 分與標準差 15 分的常態分配，請問 IQ 超出 130 分的人類比例為多少？

6. 請計算擲一枚公允銅板 5,000 次，出現正面次數介在 2,450 至 2,700 次的機率？

7. 一部電梯最大限重為 600 公斤，若此電梯每次載重呈現平均數 450 公斤與標準差 50 公斤的常態分配，請問每次該電梯之載重會超過最大限量的機率為何？若該電梯每天要載重 100 次，請問每天會超重的期望次數？

8. 求 $z_{0.05}, z_{0.025}, z_{0.01}, z_{0.99}, z_{0.975}, z_{0.95}$。

9. 某年大學學測數學成績呈平均數 40 分、標準差 9 分的常態分配，某生的 PR 值為 90%，請問該生數學成績為何？

10. 設隨機變數 $X$ 呈常態分配，$P(X < 50) = 0.5$、$P(X > 80) = 0.3$，求此隨機變數的平均數與標準差。

11. 設 $X \sim T(8)$，求 $P(X > 1.45) = ?$ $t_{0.1,8} = ?$

12. 若 $X \sim \chi^2(15)$，求 $P(X > 30.578) = ?$ $\chi^2_{0.01;15} = ?$ $\chi^2_{0.95;15} = ?$

13. 若 $X \sim F(10,5)$，求 $P(X > 3.297) = ?$ $f_{0.1;10,5} = ?$ $f_{0.99;10,5} = ?$

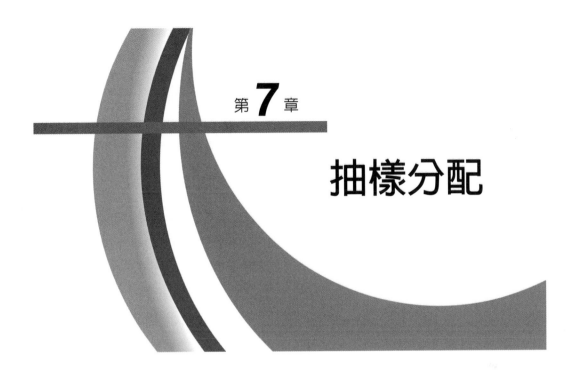

第 **7** 章

# 抽樣分配

學習了機率分配後，就可以學習連接機率理論與統計推論的抽樣分配（sampling distribution）了。本章的目的為：

1. 介紹隨機抽樣與隨機樣本。
2. 了解抽樣分配的性質。
3. 了解與樣本平均數有關的抽樣分配。
4. 了解與樣本變異數有關的抽樣分配。

## 7.1　隨機抽樣（random sampling）

統計的目的是要了解母體（population）資料的特徵，若能取得所有的母體資料，計算母體特徵數自然就不成問題。然而，絕大多數的統計問題是無法獲得所有母體資料的。例如：在一大選區裡，在還未選舉前的任一時點，任一候選人都無法獲得選舉時所有選民選舉意向的資料；若此刻某一候選人想知道選民選舉意向，就只能靠抽樣方法了。

抽樣（sampling）就是從母體資料中抽出部分資料的過程。被抽出的資料稱之為樣本（sample）。統計推論（statistical inference）就是由樣本資料中推測母體資料特徵的方法。若推測要有意義，推測就要有可以讓人們接受的準確性，而計算準確性的關鍵就在於了解不同的抽樣方法抽出樣本資料的性質，如何處理這些樣本資料以及處理後樣本資料的機率分配。

由母體中抽出部分資料的方法有許多種，可以是隨意的抽取，也可以是有計畫的抽取。隨意抽出之樣本，無法了解樣本資料的性質，不是統計學要討論的。統計學裡討論的抽樣方法都是經過設計的。經過設計的抽樣方法也有許多種，依照對母體分配的了解程度，可設計不同的隨機抽樣方法，詳細內容應在抽樣方法的課程學習，在本書中只談簡單的隨機抽樣（random sampling）。

簡單的隨機抽樣又可依抽出之樣本是否歸還，分為簡單隨機抽樣（simple random sampling）與隨機抽樣（random sampling）。所謂簡單隨機抽樣，即是對特定母體裡的 N 個元素抽出一組資料，每次以每個元素被抽出的機率都相同的方法抽出一個元素，抽出後就不再放回母體裡，然後再抽出下一個樣本，繼續這個程序直到抽出設定好的樣本數（sample size）為止。或者是將母體裡的 N 個元素中抽出 n 個元素來，抽出的方法要使得每組 n 個資料被抽出的機率都是一樣的。由超幾何分配的理論可知，以上兩種抽樣的方式所抽出的每個樣本之機率是相同的。

### 例 7.1

政府委託發行的樂透彩，每期開獎號碼都是在 1 到 49 個號碼裡抽出六個數字作為一組號碼，抽出的方式就是簡單隨機抽樣，即首先在 49 個數字中隨機抽出一個數字，每個數字被抽出的機率為 1/49，第一個數字抽出後，不再放回，故只剩下 48 個數字在第二次被隨機的抽出，每個數字被抽出的機率為 1/48，如此繼續直到第六個數字被抽出為止，因此每組號碼被抽出的機率為 $\frac{1}{49} \times \frac{1}{48} \times \frac{1}{47} \times \frac{1}{46} \times \frac{1}{45} \times \frac{1}{44}$ $= \frac{1}{10068347520}$。

這樣抽出的號碼是有順序的，在這 10,068,347,520 組的號碼裡有許多組內的數字相同，但出現的順序卻不同，如（1,2,3,4,5,6）與（2,1,3,4,5,6）是同組號碼，就是抽出的順序不同，在 10,068,347,520 組中，有 6×5×4×3×2×1 = 720 組號碼是在樂透彩裡被視之為同一組號碼，由此可知，每組號碼在 10,068,347,520 組內都有 720 組是相同的，所以將 10,068,347,520 組號碼分為 720 堆，每堆有 10,068,347,520/720 = 13,983,816 組號碼，每堆中每組號碼的數字都不相同，故以簡單隨機抽樣由 49 個號碼裡抽出六個數字作為一組號碼的組數，共有 13,983,816 組，與在 49 個數字裡一次隨機取出六個數字來的組數是相同的，即等於 $\binom{49}{6} = \frac{49 \times 48 \times 47 \times 46 \times 45 \times 44}{6 \times 5 \times 4 \times 3 \times 2 \times 1} = 13983816$。

```
> choose(49,6)
[1] 13983816
```

### 例 7.2

　　在各統計學附錄的亂數表是在 0 到 9 以間斷均勻分配抽出的數字所構成，表中有各自獨立的數字 2,500 個，從左到右排為行，從上至下排為列。不論從任何位置開始抽，抽出任何位數的數字，都能構成隨機樣本。在使用亂數表時，要記得不要習慣性的老是選用同一張，老是從同一個地方開始或以同一規則進行，因為這可能造成可預測性，反而不隨機了。如果亂數表抽出的號碼缺號或是空號，只要予以捨棄（剔除）重取即可。如要由 200 個產品中抽 25 個來做檢驗，可先將此 200 個產品編號，由 000 至 199；然後在亂數表裡隨機找出一個三位數，譬如抽出的數字為 154，表示標號 154 的產品被抽出，若接 154 右邊的數字是 549，549 不在 000 至 199 內，就捨棄 549，再從 549 右手邊或下一列讀三個數字，設為 056，表示第二個被抽到的是編號 056 的產品，如此依序抽下去，直至 25 個產品都抽出為止。

### 例 7.3

　　設袋中有 8 顆紅球、2 顆白球，由此 10 顆球中隨機抽出一顆球，令 $X_1$ 表示由此 10 顆球隨機抽出的第一顆球的隨機變數，$X_1 = 1$，若抽出為紅球；否則 $X_1 = 0$。則 $X_1$ 符合 $p = 0.8$ 的二項分配，不論第一顆球抽出的是紅球或白球，都把它放回袋中，再隨機從袋中抽出第二顆球，令 $X_2$ 表示第二顆球的隨機變數，則 $X_2$ 與 $X_1$ 為獨立且具相同分配的兩個隨機變數，以相同的方式繼續進行 $n$ 次，即可得到一組 $n$ 個獨立且相同分配的隨機變數，做一個隨機樣本。

　　樣本數為 $n$ 的隨機樣本（random sample）：指由 $n$ 個獨立且具相同分配的隨機變數所構成的一組樣本，故隨機樣本也可以 i.i.d.（independently and identically distributed）表示之。

### 例 7.4

　　若在一個連續生產的生產線上隨機抽出 10 個產品，此 10 個產品即為樣本數為 10 的隨機樣本。

## 7.2 抽樣分配（sampling distribution）

令 $X_1, X_2, ..., X_n$ 為一組樣本數為 $n$ 的隨機樣本（random sample），則統計學家會將此隨機樣本做一些函數處理，稱之為統計量（statistic），作為推論未知母體參數之依據，其中最重要的統計量是樣本平均數（sample mean）與樣本變異數（sample variance）。

統計量（statistic）：不包含未知母體參數之隨機樣本的函數。

樣本平均數、樣本變異數、樣本標準差（sample mean, sample variance, sample standard deviation）：令 $X_1, X_2, ..., X_n$ 為一組樣本數為 $n$ 的隨機樣本（random sample），則分別稱：

(7.1)
$$\overline{X}_n = \frac{X_1 + X_2 + ... + X_n}{n} = \frac{\sum_{i=1}^{n} X_i}{n}$$

與

(7.2)
$$S^2 = \frac{\sum_{i=1}^{n}(X_i - \overline{X}_n)^2}{n-1}$$

為樣本平均數與樣本變異數，稱 $S = +\sqrt{S^2}$ 為樣本標準差（sample standard deviation）。

統計學家以樣本平均數之值來估計母體平均數 $\mu$，以樣本標準差之值估計母體標準差 $\sigma$；若要知曉這樣估計的精準度，就得了解這些統計量的分配，稱之為抽樣分配（sampling distribution）。

抽樣分配（sampling distribution）：統計量的機率分配。

### 例 7.5

由數字 1、2、3 所構成的母體中抽出一個樣本數 $n = 2$ 的隨機樣本，請寫出此隨機樣本之樣本平均數的抽樣分配以及樣本平均數與變異數。

☞ 解

此母體的平均數為 $\mu = 2$，變異數 $\sigma^2 = 2/3$；由此母體中以歸還法隨機抽出兩個數字來做一隨機樣本，則有以下 9(=3×3) 種可能：

| $X_1$ | $X_2$ | $\overline{X}_2 = (X_1 + X_2) / 2$ | 機率 |
|:---:|:---:|:---:|:---:|
| 1 | 1 | 1 | 1/9 |
| 1 | 2 | 1.5 | 1/9 |
| 1 | 3 | 2 | 1/9 |
| 2 | 1 | 1.5 | 1/9 |
| 2 | 2 | 2 | 1/9 |
| 2 | 3 | 2.5 | 1/9 |
| 3 | 1 | 2 | 1/9 |
| 3 | 2 | 2.5 | 1/9 |
| 3 | 3 | 3 | 1/9 |

將上列 9 種結果整理，得樣本平均數 $\overline{X}_2$ 的抽樣分配如下表：

| $\overline{X}_2 = (X_1 + X_2) / 2$ | 1 | 1.5 | 2 | 2.5 | 3 |
|:---:|:---:|:---:|:---:|:---:|:---:|
| 機率 | 1/9 | 2/9 | 3/9 | 2/9 | 1/9 |

計算此抽樣分配的平均數與變異數分別為：

$$\mu_{\overline{X}_2} = 1 \times \frac{1}{9} + 1.5 \times \frac{2}{9} + 2 \times \frac{3}{9} + 2.5 \times \frac{2}{9} + 3 \times \frac{1}{9} = 2$$

與

$$\sigma^2_{\overline{X}_2} = \frac{(1-2)^2 \times 1 + (1.5-2)^2 \times 2 + (2-2)^2 \times 3 + (2.5-2)^2 \times 2 + (3-2)^2 \times 1}{9} = \frac{1}{3}$$

由上例的計算中可發現一個有意義的結果為 $\mu_{\overline{X}_2} = \mu$ 與 $\sigma^2_{\overline{X}_2} = \frac{1}{3} = \frac{2/3}{2} = \frac{\sigma^2}{n}$，即樣本平均數分配的平均數恰好等於母體平均數，樣本平均數分配的變異數等於母體變異數除以樣本數 $n$，這不是巧合，是一個很重要的結果，將其寫成下列的定理。

## 定理 7.1

令 $X_1, X_2, ..., X_n$ 為抽自平均數 $\mu$、標準差 $\sigma$ 的母體之一組樣本數為 $n$ 的隨機樣本（random sample），則：

(7.3)
$$\mu_{\overline{X}_2} = \mu$$

且

(7.4)
$$\sigma^2_{\overline{X}_2} = \frac{\sigma^2}{n}$$

抽樣分配的標準差稱之爲此分配的標準誤（standard error），故樣本平均數分配的標準誤爲 $\sigma_{\overline{X}_n} = \dfrac{\sigma}{\sqrt{n}}$。

**例 7.6**

請計算由某一選區隨機抽取 100 名選民調查是否會投票給某候選人之樣本平均數之機率分配的平均數與標準誤。

☞ 解

設該候選人的得票率爲 $p$。設 $X_1$, $X_2$, ..., $X_{100}$ 爲此組隨機樣本（random sample），其中 $X_i = 1$，若第 $i$ 個被調查的選民稱會投給該候選人，否則 = 0；則 $X_i$ 爲 binom(1, $p$) 分配，其平均數 $p$，又稱母體比例（population proportion），變異數爲 $p(1 - p)$。若以樣本比例（sample proportion）$\overline{P}$ 表示該 100 個樣本之樣本平均數，則 $\overline{P}$ 分配之平均數爲 $\mu_{\overline{P}} = p$，標準誤爲 $\sigma_{\overline{P}} = \sqrt{\dfrac{p(1-p)}{100}}$。

## 7.3 樣本平均數抽樣分配（distribution of sample mean）

由前述定理雖然知道樣本平均數分配的平均數與標準誤，但仍不知其分配爲何，對計算樣本平均數落在哪個區間的機率幫助不大。以下的兩個定理提供了樣本平均數分配爲常態的條件。

### 定理 7.2

令 $X_1$, $X_2$, ..., $X_n$ 爲抽自平均數 $\mu$、標準差 $\sigma$ 的常態母體之一組樣本數爲 $n$ 的隨機樣本（random sample），則：

(7.5)
$$\overline{X}_n \sim N(\mu, \frac{\sigma^2}{n})$$

或

(7.6)
$$\sum_{i=1}^{n} X_i \sim N(n\mu,\ n\sigma^2)$$

**例 7.7**

由學生身高分配為常態、平均數為 170 公分、標準差為 8 公分的大學中隨機抽出 9 位學生，此 9 位學生身高平均數的抽樣分配為何？

☞ 解

此 9 位學生身高平均數的分配為 $\overline{X}_9 \sim N(170,\ \dfrac{8^2}{9})$。

**例 7.8**

由每日收入為常態分配，平均數 100 萬元、標準差 10 萬元的超商抽出 7 日收入，請問此 7 日收入總和的抽樣分配為何？此 7 日總收入小於 650 萬元的機率為何？

☞ 解

設每日收入均為獨立，則該超商 7 日的總收入為平均數 700(=7×100) 萬元，標準差 26.46(=$\sqrt{7}$×10) 萬元的常態分配。此超商 7 日總收入小於 650 萬元的機率為：

$$P\left(\sum_{i=1}^{7} X_i < 650\right)$$

$$= P\left(\frac{\sum_{i=1}^{7} X_i - 700}{26.46} < \frac{650 - 700}{26.46}\right)$$

$$= P(Z < -1.89)$$

$$= 0.029$$

若母體不是常態分配，樣本數要足夠大，樣本平均數的分配才會近似常態，這是機率理論裡一個非常重要的結果，稱之為中央極限定理（central limit theorem, CLT）。

## 定理 7.3（中央極限定理）

令 $X_1, X_2, ..., X_n$ 為抽自平均數 $\mu$、標準差 $\sigma(<\infty)$ 的母體之一組樣本數為 $n$ 的隨

機樣本（random sample），則：

(7.7)
$$\frac{\overline{X}_n - \mu}{\sigma/\sqrt{n}} \xrightarrow{n \to \infty} Z$$

或

(7.8)
$$\frac{\sum_{i=1}^{n} X_i - n\mu}{\sqrt{n}\sigma} \xrightarrow{n \to \infty} Z$$

理論上樣本數 $n$ 趨近於無限大，中央極限定理才成立。實際應用上，則視母體分配對稱的程度，母體分配較對稱時，所需樣本數 $n$ 就可較小；一般而言，當樣本數大於 30，不論母體分配為何，中央極限定理的近似就相當好了。

### 例 7.9

由學生身高分配平均數為 170 公分、標準差為 8 公分的大學中，隨機抽出 36 位學生，此 36 位學生身高平均數的抽樣分配為何？

☞ 解

雖然不知該校學生身高分配為何，若在此校隨機抽出 36 位學生，則依中央極限定理，此 36 位學生身高平均數的分配近似於 $N(170, \frac{8^2}{36})$。

### 例 7.10

由每日收入分配平均數 100 萬元、標準差 10 萬元的超商抽出 30 日收入來，請問此 30 日收入總和的抽樣分配為何？此 30 日總收入小於 2,950 萬元的機率為何？

☞ 解

設每日收入均為獨立，則依中央極限定理，該超商一個月 30 日的總收入近似平均數 $3,000 (= 30 \times 100)$ 萬元、標準差 $54.77 (= \sqrt{30} \times 10)$ 萬元的常態分配。此超商 30 日總收入小於 2,950 萬元的機率為：

$$P(\sum_{i=1}^{30} X_i < 2950)$$

$$= P(\frac{\sum_{i=1}^{30} X_i - 3000}{54.77} < \frac{2950 - 3000}{54.77})$$

$$= P(Z < -0.91)$$

$$= 0.181$$

```
> pnorm(2950,3000,54.77)
[1] 0.1806453
```

### 例 7.11

由某一選區隨機抽取 100 名選民，調查是否會投票給某候選人之樣本平均數之機率分配為何？

☞ 解

設該候選人的得票率為 $p$，$X_1, X_2, ..., X_{100}$ 為此組隨機樣本，則依中央極限定理，樣本比例 $\overline{P}$ 之分配近似於平均數為 $\mu_{\overline{P}} = p$，標準誤為 $\sigma_{\overline{P}} = \sqrt{\dfrac{p(1-p)}{100}}$ 之常態分配。

### 例 7.12

若某人打字發生錯別字呈平均每頁 0.5 個錯字的普瓦松（Poisson）分配，此人打一份 30 頁的文件，錯別字總數的分配為何？

☞ 解

設各頁錯別字個數為獨立，則依中央極限定理，此人打一份 30 頁的文件，錯別字總數的分配近似於平均數 $15 = 0.5 \times 30$ 個字，標準差 $3.87 = \sqrt{0.5 \times 30}$ 個字的常態分配。

若常態母體的標準差未知時，以樣本標準差 $s$ 代替母體標準差 $\sigma$，則母體平均數的樣本平均數的分配應為 T。

## 定理 7.4

令 $X_1, X_2, ..., X_n$ 為抽自平均數 $\mu$ 的常態母體之一組樣本數為 $n$ 的隨機樣本，則：

(7.9)
$$\frac{\overline{X}_n - \mu}{s/\sqrt{n}} \sim \mathrm{T}(n-1)$$

例 7.13

　　某大學全體學生身高呈常態分配，若在此校隨機抽出 9 位學生，計算得這 9 位學生身高的標準差為 5 公分，請問樣本平均數與母體平均數差小於 2 公分內的機率為何？

☞ 解

　　樣本平均數與母體平均數差小於 2 公分內的機率為：

$$P(\left|\overline{X} - \mu\right| < 2)$$

$$= P(\left|\frac{\overline{X} - \mu}{5/\sqrt{9}}\right| < \frac{2}{5/3})$$

$$= P(|T(8)| < 1.2)$$

$$= 0.736$$

```
> 1-2*pt(1.2,8, lower.tail=F)
[1] 0.7355329
```

## 7.4 兩獨立樣本平均數差的分配（the distribution of difference of two independent sample means）

　　實務上經常需要比較兩母體平均數的大小，因此，需要在兩個不同的母體裡分別抽出兩隨機樣本並比較兩樣本平均數之差。

## 定理 7.5

　　令 $X_1, X_2, ..., X_n$ 與 $Y_1, Y_2, ..., Y_m$ 為分別抽自平均數 $\mu_1$、標準差 $\sigma_1$ 與平均數 $\mu_2$、標準差 $\sigma_2$ 的兩母體之兩組獨立的隨機樣本，樣本數分別為 $n$ 與 $m$；設此兩組隨機樣本的平均數與變異數分別為 $\overline{X}, S_1^2$ 與 $\overline{Y}, S_2^2$。

1. 若兩母體分配為常態，$\sigma_1$ 與 $\sigma_2$ 已知，則：

(7.10)
$$\frac{\overline{X} - \overline{Y} - (\mu_1 - \mu_2)}{\sqrt{\frac{\sigma_1^2}{n} + \frac{\sigma_2^2}{m}}} \sim Z$$

2. 若兩母體分配爲常態，$\sigma_1$ 與 $\sigma_2$ 未知但相等，則：

$$(7.11) \qquad \frac{\overline{X} - \overline{Y} - (\mu_1 - \mu_2)}{S_p \sqrt{\dfrac{1}{n} + \dfrac{1}{m}}} \sim T(n + m - 2)$$

其中

$$(7.12) \qquad S_p = \sqrt{\frac{(n-1)S_1^2 + (m-1)S_2^2}{n + m - 2}}$$

稱之爲合併樣本標準差（pooled sample standard deviation）。

3. 若兩母體分配爲常態，$\sigma_1$ 與 $\sigma_2$ 未知且不相等，則：

$$(7.13) \qquad \frac{\overline{X} - \overline{Y} - (\mu_1 - \mu_2)}{\sqrt{\dfrac{S_1^2}{n} + \dfrac{S_2^2}{m}}} \sim T(\nu)$$

其中

$$(7.14) \qquad \nu = \frac{\left(\dfrac{S_1^2}{n} + \dfrac{S_2^2}{m}\right)^2}{\dfrac{1}{n-1}\left(\dfrac{S_1^2}{n}\right)^2 + \dfrac{1}{m-1}\left(\dfrac{S_2^2}{m}\right)^2}$$

4. 若兩母體分配非常態，$\sigma_1$ 與 $\sigma_2$ 已知，$n$ 與 $m$ 皆夠大，則：

$$(7.15) \qquad \frac{\overline{X} - \overline{Y} - (\mu_1 - \mu_2)}{\sqrt{\dfrac{\sigma_1^2}{n} + \dfrac{\sigma_2^2}{m}}} \xrightarrow{n,m \to \infty} Z$$

5. 若兩母體分配非爲常態，$\sigma_1$ 與 $\sigma_2$ 未知，$n$ 與 $m$ 皆夠大，則：

$$(7.16) \qquad \frac{\overline{X} - \overline{Y} - (\mu_1 - \mu_2)}{\sqrt{\dfrac{S_1^2}{n} + \dfrac{S_2^2}{m}}} \xrightarrow{n,m \to \infty} Z$$

實務上，定理中的第 4 與 5 項中的 $n$ 與 $m$ 皆大於 30，即可應用。

**例 7.14**

設某大學全體男學生與全體女學生身高的分配均爲常態，男學生身高母體平均數與標準差分別爲 175 公分與 10 公分,女學生身高母體平均數與標準差分別爲 168 公分與 8 公分。若在男學生中隨機抽出 15 人,在女學生中隨機抽出 10 人,則男學生身高樣本平均數會大於女學生身高樣本平均數 10 公分的機率爲何?

☞ 解

令 $\overline{X}$ 與 $\overline{Y}$ 分別表示男學生與女學生的樣本平均數,因兩母體分配爲常態且 $\sigma_1$ 與 $\sigma_2$ 已知,符合上個定理的第 1 項,則:

$$
\begin{aligned}
&P(\overline{X} - \overline{Y} > 10) \\
&= P(\frac{\overline{X} - \overline{Y} - (175 - 168)}{\sqrt{\frac{10^2}{15} + \frac{8^2}{10}}} > \frac{10 - (175 - 168)}{\sqrt{\frac{10^2}{15} + \frac{8^2}{10}}}) \\
&= P(Z > 0.83) \\
&= 0.203
\end{aligned}
$$

```
> pnorm((10-(175-168))/sqrt((10*10/15)+(8*8/10)), lower.tail=F)
[1] 0.2032906
```

例 7.15

設某大學全體男學生身高平均數與標準差分別爲 175 公分與 10 公分,全體女學生身高平均數與標準差分別爲 168 公分與 8 公分。若在男學生中隨機抽出 45 人,在女學生中隨機抽出 50 人,則男學生身高樣本平均數會大於女學生身高樣本平均數 10 公分的機率爲何?

☞ 解

令 $\overline{X}$ 與 $\overline{Y}$ 分別表示男學生與女學生的樣本平均數,因兩母體分配未知,$\sigma_1$ 與 $\sigma_2$ 已知,男女學生人數都大於 30,符合上個定理的第 4 項,則:

$$
\begin{aligned}
&P(\overline{X} - \overline{Y} > 10) \\
&= P(\frac{\overline{X} - \overline{Y} - (175 - 168)}{\sqrt{\frac{10^2}{45} + \frac{8^2}{50}}} > \frac{10 - (175 - 168)}{\sqrt{\frac{10^2}{45} + \frac{8^2}{50}}}) \\
&= P(Z > 1.6) \\
&= 0.055
\end{aligned}
$$

```
> pnorm((10-(175-168))/sqrt((10*10/45)+(8*8/50)), lower.tail=F)
[1] 0.05446086
```

## 定理 7.6

令 $X_1, X_2, ..., X_n$ 與 $Y_1, Y_2, ..., Y_m$ 為分別抽自母體為 $\text{binom}(1, p_1)$ 與 $\text{binom}(1, p_2)$ 之兩組獨立的隨機樣本，樣本數分別為 $n$ 與 $m$；令此兩組隨機樣本的樣本比例（樣本平均數）分別為 $\overline{P}_1$ 與 $\overline{P}_2$。若 $n$ 與 $m$ 都夠大，則：

$$(7.17) \qquad \overline{P}_1 - \overline{P}_2 \sim N\left(p_1 - p_2, \sqrt{\frac{p_1(1-p_1)}{n} + \frac{p_2(1-p_2)}{m}}\right)$$

由於 $p_1$ 與 $p_2$ 皆未知，若以樣本觀測值 $\overline{p}_1$ 與 $\overline{p}_2$ 分別代入上式中的 $p_1$ 與 $p_2$ 值，可得：

$$(7.18) \qquad \frac{\overline{P}_1 - \overline{P}_2 - (p_1 - p_2)}{\sqrt{\frac{\overline{p}_1(1-\overline{p}_1)}{n} + \frac{\overline{p}_2(1-\overline{p}_2)}{m}}} \approx Z(0,1)$$

### 例 7.16

兩星期前在某一選區隨機抽取 400 位選民調查是否會投票給某候選人，其中有 134 位宣稱會投給該候選人；這星期又在同一選區隨機選出 500 位選民，其中有 180 位選民宣稱會投給該候選人。若兩星期之得票率沒有差異，試計算兩星期內該候選人的得票率樣本比例差不超過 0.03 的機率。

☞ 解

令 $p_1$ 與 $p_2$ 分別為前兩星期與這星期調查該候選人得票率，$\overline{P}_1$ 與 $\overline{P}_2$ 分別為前兩星期與這星期調查該候選人樣本得票率，$\overline{p}_1 = 134 / 400 = 0.335$ 與 $\overline{p}_2 = 180 / 500 = 0.36$ 分別為前兩星期與這星期調查該候選人樣本得票率的觀測值，則：

$$P(|\overline{P}_1 - \overline{P}_2| \le 0.03)$$

$$= P\left(\left|\frac{\overline{P}_1 - \overline{P}_2 - (p_1 - p_2)}{\sqrt{\frac{\overline{p}_1(1-\overline{p}_1)}{n} + \frac{\overline{p}_2(1-\overline{p}_2)}{m}}}\right| \le \frac{0.03}{\sqrt{\frac{0.335(1-0.335)}{400} + \frac{0.36(1-0.36)}{500}}}\right)$$

$$= P\left(|Z| \leq \frac{0.03}{0.032}\right)$$

$$= P(|Z| \leq 0.9375)$$

$$= 0.65$$

```
> 1-2*pnorm(0.03/sqrt((0.335*(1-0.335)/400)+(0.36*(1-
0.36)/500)), lower.tail=F)
[1] 0.6529773
```

## 7.5 樣本變異數分配 （the distribution of the sample variance）

樣本變異數也是常在統計學上使用的統計量。

### 定理 7.7

令 $X_1$, $X_2$, ..., $X_n$ 為抽取自平均數 $\mu$、標準差 $\sigma(<\infty)$ 常態母體之一組樣本數為 $n$ 的隨機樣本，則：

(7.19)
$$\frac{(n-1)S^2}{\sigma^2} = \frac{\sum_{i=1}^{n}\left(X_i - \overline{X}_n\right)^2}{\sigma^2} \sim \chi^2(n-1)$$

**例 7.17**

若某超商每日收入為標準差 10 萬元的常態分配。令 $X_1$, $X_2$, ..., $X_7$ 為該超商 7 天的收入所構成的隨機樣本，則統計量 $\dfrac{\sum_{i=1}^{7}\left(X_i - \overline{X}_7\right)^2}{100}$ 呈自由度 6(=7 – 1) 的卡方分配。

### 定理 7.8

令 $X_1$, $X_2$, ..., $X_n$ 與 $Y_1$, $Y_2$, ..., $Y_m$ 為分別抽自標準差 $\sigma_1$ 與標準差 $\sigma_2$ 兩常態母體之兩組獨立的隨機樣本，樣本數分別為 $n$ 與 $m$，此兩組隨機樣本的變異數分別為 $S_1^2$ 與 $S_2^2$，則：

$$(7.20) \qquad\qquad F = \frac{S_1^2/\sigma_1^2}{S_2^2/\sigma_2^2} \sim F(n-1,\, m-1)$$

### 例 7.18

設某大學全體男學生與全體女學生身高的分配均為常態，$\sigma_1$ 與 $\sigma_2$ 分別為此兩母體之標準差。令 $S_1^2$ 與 $S_2^2$ 為由此兩母體抽出兩隨機樣本之樣本變異數，樣本數分別為 15 與 8，則統計量 $\dfrac{S_1^2/\sigma_1^2}{S_2^2/\sigma_2^2}$ 符合自由度 14 與 7 的 F 分配。

## 7.6 習題

1. 由 binom(2,1/2) 母體中抽出樣本數為 $n = 2$ 的隨機樣本，請求此隨機樣本之樣本平均數的抽樣分配及其平均數與標準誤。

2. 一超商每日平均銷貨收入為 10,000 元，標準差為 1,000 元；設每天銷貨收入可視為獨立，請問一星期平均銷費收入分配的期望值與標準誤為何？試估計次日收入少於 9,500 元的機率？

3. （續上題）若每日銷貨收入分配為常態，請問一星期平均收入少於 75,500 元的機率為何？15 天收入總和超過 152,000 元的機率為何？

4. （續題 2）若不知該超商每日平均銷貨收入的機率分配，請問一個月 30 天總收入少於 290,000 元的機率？

5. 阿茲海默症從開始至死亡，平均生存時間為 8 年，標準差為 4 年；隨機觀察 36 名阿茲海默症患者，試問這 36 名阿茲海默症患者平均生存時間超過 10 年的機率？平均生存時間介在 7 至 9 年的機率？

6. 為估計來年 GDP 成長率，隨機訪問 9 位經濟學家，若全體經濟學家估計值分配為常態，標準差為 2%，請問此 9 位經濟學家估計之平均 GDP 成長率與全體經濟學家平均 GDP 成長率估計值差在 1% 的機率？

7. （續上題）若全體經濟學家估計值分配標準差未知，而此 9 位經濟學家估計之 GDP 成長率標準差為 2%，請問此 9 位經濟學家估計之平均 GDP 成長率與全體經濟學家平均 GDP 成長率估計值差在 1% 的機率？

8. （續上題）若全體經濟學家估計值分配未知，隨機訪問 49 位經濟學家，得知此 49 位經濟學家估計之 GDP 成長率標準差為 2%，請問此 49 位經濟學家估計之平均 GDP 成長率與全體經濟學家平均 GDP 成長率估計值差在 1% 的機率？

9. 令 $X_1$, $X_2$, ..., $X_n$ 為抽取自平均數 $\mu$、標準差 $\sigma$ 的有限母體，母體個數為 $N$ 之一組

樣本數為 $n$ 的隨機樣本（random sample），則 $\mu_{\bar{X}_2} = \mu$ 且 $\sigma_{\bar{X}_2}^2 = \dfrac{\sigma^2}{n} \dfrac{N-n}{N-1}$，其中

稱 $\dfrac{N-n}{N-1}$ 為有限母體修正因子（finite population correction factor）。

若有一 8,000 位學生的大學，學生身高的平均數為 172 公分，標準差為 9 公分。若在此大學以不歸還法隨機抽出 10 位學生，請問此 10 位學生平均身高的期望值與標準誤為何？若在此大學以不歸還法隨機抽出 100 位學生，求此 100 位學生平均身高介在 170 至 175 公分的機率？

10. 一生產線生產半導體晶片之不良率為 20%，由此生產線中隨機選取 500 個產品，估計其中不良品的個數大於 110 個機率為何？

11.（續上題）若在一個裝有 5,000 個由此一生產線生產的半導體晶片中，隨機選取 500 個產品，其中不良品個數大於 110 個機率為何？

12. 由臺北市與臺中市分別抽出 15 與 10 戶家庭來比較臺北市與臺中市兩市家庭年所得，若兩市的家庭年所得分配皆為常態，平均數與標準差也相等。若計算兩市隨機樣本家庭年所得的標準差分別為 50 與 45 萬元，求兩隨機樣本平均數差在 10 萬元的機率？

13.（續上題）由臺北市與臺中市分別抽出 150 與 100 戶家庭，若兩市的家庭年所得分配的平均數與標準差相等，但分配未知，計算兩市隨機樣本家庭年所得的標準差分別為 50 與 45 萬元，求兩隨機樣本平均數差在 10 萬元的機率？

14. 有兩公司生產相同的半導體晶片，甲公司不良率為 20%，乙公司不良率為 22%，若分別由此兩公司隨機抽出 200 個半導體晶片，求甲公司樣本不良率大於乙公司樣本不良率的機率？

15. 由臺北市隨機抽出 15 戶家庭，計算得此 15 戶家庭年所得的標準差為 50 萬元。若臺北市家庭年所得的分配為常態，求臺北市家庭年所得分配的標準差大於 45 萬元的機率？

16. 由臺北市與臺中市分別抽出 15 與 10 戶家庭，計算兩市隨機樣本家庭年所得的標準差分別為 50 與 45 萬元，求臺北市家庭年所得標準差大於臺中市家庭年所得標準差的機率，若兩市家庭年所得的分配皆為常態？

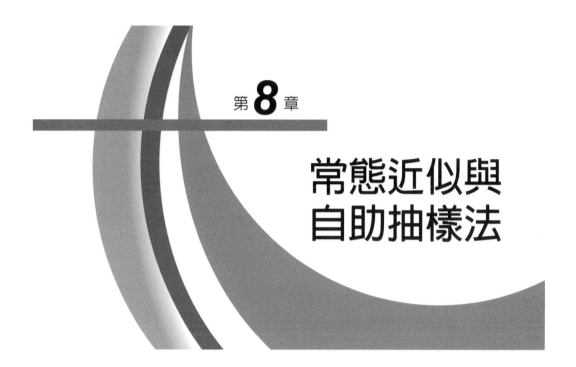

第**8**章

# 常態近似與自助抽樣法

本章目的是以模擬來驗證中央極限定理與樣本中位數之分配，並介紹當樣本數不大，母體分配也未知時，可使用的自助抽樣法（bootstrap method）做統計推論時。內容包括：

1. 用模擬驗證抽樣分配。
2. 以常態近似（normal approximation）其他的機率分配。
3. 以隨機抽樣模擬樣本中位數之分配。
4. 說明自助抽樣法（bootstrap method）。

## 8.1 模擬（simulation）與中央極限定理（central limit theorem）

模擬是利用電子計算機高速的運算功能，來取代一些分析計算（analytical calculation）。本章先擬以模擬法來驗證中央極限定理。

隨機變數 $X$ 為常態分配（normal distribution）：若隨機變數 $X$ 機率函數為：

$$(8.1) \qquad f(x) = \frac{1}{\sigma\sqrt{2\pi}} e^{-\frac{(x-\mu)^2}{2\sigma^2}}, \quad -\infty < x < \infty, -\infty < \mu < \infty, \sigma > 0$$

稱隨機變數 $X$ 符合常態分配，記之為 $X \sim N(\mu, \sigma^2)$。

以下重述幾個第七章出現過的兩個定理。

## 定理 8.1

$Z = N(0, 1)$ 稱之為標準常態分配（standard normal distribution）。

## 定理 8.2（中央極限定理）

令 $X_1, X_2, ..., X_n$ 為抽自平均數 $\mu$、標準差 $\sigma(<\infty)$ 母體之一組樣本數為 $n$ 的隨機樣本（random sample），則：

(8.2)
$$\frac{\overline{X}_n - \mu}{\sigma/\sqrt{n}} \xrightarrow{n\to\infty} Z$$

或

(8.3)
$$\frac{\sum_{i=1}^{n} X_i - n\mu}{\sqrt{n}\sigma} \xrightarrow{n\to\infty} Z$$

當母體分配為 $X \sim N(\mu, \sigma^2)$，則樣本平均數 $\overline{X}_n$ 的分配一定是常態 $N(\mu, \sigma^2/n)$。

### 例 8.1

若母體為標準常態分配，則樣本數 $n = 25$ 與 $n = 10$ 之樣本平均數的分配分別為 $N(0, 1/25)$ 與 $N(0, 1/10)$，請做此兩抽樣分配圖並與標準常態分配圖做一比較。

☞ 解

請見圖 8.1，三分配圖皆對稱於平均數 0，樣本數越大，則標準差越小。

```
> n=25; curve(dnorm(x,mean=0,sd=1/sqrt(n)), -3,3,col="red",
+ ylab=" 樣本平均數機率密度函數值 ",bty="l",xlab="x
+ 圖 8.1 樣本平均數抽樣分配比較圖 ")
> n=10; curve(dnorm(x,mean=0,sd=1/sqrt(n)), col="blue",
add=TRUE)
> n=1; curve(dnorm(x,mean=0,sd=1/sqrt(n)), col="black",
add=TRUE)
> legend(1.5, 2.0, legend=c("n=25", "n=10", "n=1"),
+ col=c("red","blue","black"),lty=1, cex=0.8)
```

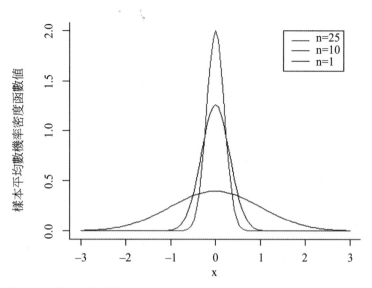

▲ 圖 8.1　樣本平均數抽樣分配比較圖

## 8.2 以常態分配近似二項分配 （**the normal approximation for the binomial**）

以中央極限定理應用到伯努利隨機變數 $X_i \sim \mathrm{binom}(1, p)$, $i = 1, 2, ..., n$；中央極限定理可敘述如下：

### 定理 8.3

若 $X_i \sim \mathrm{binom}(1, p)$, $i = 1, 2, ..., n$；為一隨機樣本，則：

$$(8.4) \qquad X = \sum_{i=1}^{n} X_i \sim \mathrm{binom}(n, p) \xrightarrow{\ n \to \infty\ } \mathrm{N}(np, np(1 - p))$$

即當試驗次數 $n$ 較大時，二項分配機率就可以用常態分配機率近似。但 $n$ 需要多大，以常態分配近似二項分配機率就可得相當準確的結果呢？一個經驗準則為：

$$(8.5) \qquad np \geq 5 \ \text{且} \ n(1 - p) \geq 5$$

依此經驗準則，若 $p = \dfrac{1}{2}$，則 $n = 10$ 時以常態分配近似二項分配機率就可得相當準確的結果。

例 8.2

令 $p = \dfrac{1}{2}$，$n = 5, 10, 30$，分別模擬此三個二項分配的觀測值 200 次，做其直方圖以比較與常態分配近似的程度。

☞ 解

請見圖 8.2，當 $n = 5$ 時，直方圖的長條間有空隙，以常態分配近似二項分配機率應有相當差距；當 $n = 10$ 時，直方圖的長條間已無空隙，與常態分配就相當相似了；當 $n = 30$ 時，直方圖就非常接近常態分配了。

```
> par(mfrow=c(1,3))
> n=5
> res1=rbinom(m,n,p)              # 紀錄模擬結果
> hist(res1, prob=TRUE, main="n = 5")
> curve(dnorm(x, n*p, sqrt(n*p*(1-p))), add=TRUE)
> n=10
> res2=rbinom(m,n,p)
> hist(res2, prob=TRUE, main="n = 10")
> curve(dnorm(x, n*p, sqrt(n*p*(1-p))), add=TRUE)
> n=30
> res3=rbinom(m,n,p)
> hist(res3, prob=TRUE, main="n = 30")
> curve(dnorm(x, n*p, sqrt(n*p*(1-p))), add=TRUE)
```

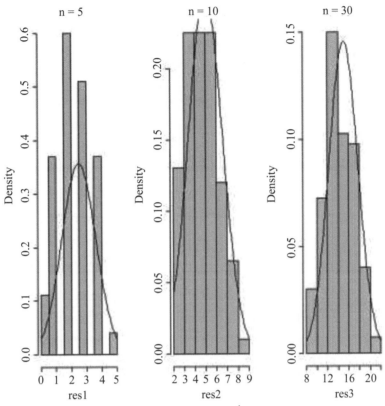

▲ 圖 **8.2** 模擬以常態分配分別近似二項分配 $p = \dfrac{1}{2}$，n = 5, 10, 30

(例 8.3)

　　請計算擲三十枚公允的銅板，出現大於 18 個正面事件的機率？

☞ 解

　　令 $X$ 表示擲三十枚公允的銅板出現正面的個數，$X \sim$ binom(30, 1/2)，則出現大於 18 個正面事件的機率為：

$$P(X > 18) = \sum_{i=19}^{30} \binom{30}{x} \left(\frac{1}{2}\right)^{30} = 0.1002$$

```
> pbinom(18, 30, 0.5, lower.tail=F)
[1] 0.1002442
```

若以常態分配 N(30×1/2 = 15, 30×1/2×1/2 = 7.5) 直接近似，得：

$$P(X > 18) = P(\frac{X-15}{\sqrt{7.5}} > \frac{18-15}{\sqrt{7.5}}) = P(Z > 1.095) = 0.137$$

```
> pnorm(1.095, lower.tail=F)

[1] 0.1367583
```

以常態分配 N(30×1/2 = 15, 30×1/2×1/2 = 7.5) 直接近似出現大於 18 個正面事件的機率為 0.137，與以二項分配計算此事件的機率 0.1002 差 0.0368，有 36.7% [= (0.0368/0.1002)×100%] 之差，不可謂不大。造成這麼大誤差原因為：常態分配是連續的分配，機率大小是以面積大小表示之；而二項分配是離散的，若以面積來計算某點發生的機率，則須計算以此點為中心，左右各加減 0.5，得寬度為 1 的長條圖面積來表示此點發生的機率（見圖 8.3），若忽略了此差別，就會產生誤差。

連續修正（continuity correction）：以常態分配近似離散隨機變數的機率，如以常態分配近似二項分配與普瓦松分配等，為使近似值更精準所做的修正。

**例 8.4**

請畫出 $P(17.5 < X < 18.5) = 0.08$ 的圖，並以二項分配計算 $P(X = 18)$ 值。

☞ 解

見圖 8.3，$X$ 為二項分配，以常態分配計算 $P(17.5 < X < 18.5) = 0.08$，如圖中紅色的部分；若以二項分配計算，則 $P(X = 18) = 0.0805$，經連續修正後，以常態分配近似二項分配機率就相當準確。

```
> hist(rbinom(2000,30,0.5), xaxt = "n", breaks=16,prob=TRUE,
  xlab=NULL,ylab=NULL,main=NULL) #xaxt 和 yaxt 取 "n" 時，座標軸、
刻度線以及刻度值將不會畫出。
> mean=15; sd=2.738
> lb=17.5; ub=18.5
> x <- seq(-4,4,length=100)*sd + mean
> hx <- dnorm(x,mean,sd)
> par(new=T)
```

```
> plot(x, hx, type="n", xlab="x
+ 圖 8.3 X 為常態之 P(17.5<X<18.5)=0.08 圖 ", ylab="",
+ main=" 以常態分配近似 binom(x=18,n=30,p=0.5) 機率 ", axes=FALSE)
> i <- x >= lb & x <= ub
> lines(x, hx)
> polygon(c(lb,x[i],ub), c(0,hx[i],0), col="blue")
> area <- pnorm(ub, mean, sd) - pnorm(lb, mean, sd)
> result <- paste("P(",lb,"< X <",ub,") =",
+ signif(area, digits=3))
> mtext(result,3)
> axis(1, at=seq(0, 30, 1), pos=0)   # {1}= 橫軸，{a}= 表示刻度線及刻
度值所在位置
> dbinom(18,30,0.5)
```

[1] 0.08055309

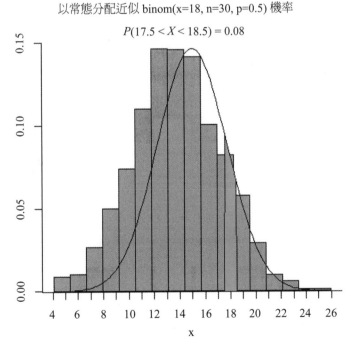

以常態分配近似 binom(x=18, n=30, p=0.5) 機率

$$P(17.5 < X < 18.5) = 0.08$$

**∧ 圖 8.3**　X 為常態之 P(17.5 < X < 18.5) = 0.08 圖

## 例 8.5

請以常態分配近似擲三十枚公允的銅板，出現大於 18 個正面事件的機率？

☞ 解

令 $X$ 表示擲三十枚公允的銅板出現正面的個數，則 $X \sim$ binom(30, 1/2)，出現大於 18 個正面事件的機率為 $P(X > 18) = 0.1002$，若以常態分配 N($30 \times 1/2 = 15$, $30 \times 1/2 \times 1/2 = 7.5$) 近似，考慮連續修正後應為從 18.5 開始算起，此乃因為大於 18，不包含 18，應從 19 個正面開始算起，而當以面積計算 19 的機率時，應該是算 18.5 至 19.5 之面積。

$$P(X > 18.5) = P(\frac{X-15}{\sqrt{7.5}} > \frac{18.5-15}{\sqrt{7.5}}) = P(Z > 1.27) = 0.102$$，這個值就非常接近 0.1002 了。

```
> 1-pnorm(1.27)
[1] 0.1020423
```

## 8.3　以常態分配近似普瓦松分配

普瓦松隨機變數具相加性。設 $X_i \sim$ pois($\lambda$), $i = 1, 2, ..., n$；為獨立的隨機樣本，則 $X = \sum_{i=1}^{n} X_i \sim$ pois($n\lambda$)。

### 定理 8.4

若 $X_i \sim$ pois($\lambda$), $i = 1, 2, ..., n$；為獨立的隨機樣本，則：

(8.6) $$X = \sum_{i=1}^{n} X_i \sim \text{pois}(n\lambda) \xrightarrow{n \to \infty} \text{N}(n\lambda, n\lambda)$$

## 例 8.6

做圖比較 pois(30) 與 norm(mean = 30, sd = 5.48) 之差異，並以此兩分配分別計算機率 $P(X < 28)$。

☞ 解

請見圖 8.4。以普瓦松分配計算機率 $P(X < 28) = 0.332$，若以常態分配近似，考慮連續修正後，則 $P(X < 28) = P(X \leq 27.5) = 0.324$。

```
> ppois(27,30)   # 以普瓦松分配計算機率 P(X<28)
[1] 0.3328691
> pnorm(27.5, 30, sqrt(30))   # 以常態近似 P(X<28)
[1] 0.3240384
> hist(rpois(2000,30), xaxt = "n", breaks=16,prob=TRUE,
+ xlab=NULL,ylab=NULL,main=NULL, axes=F)
> par(new=T)
> curve(dnorm(x,mean=30,sd=5.48),10,50,main="
+ 以常態分配近似普瓦松分配 ",
+ xlab=" 圖 8.4 常態 N(30,30) 與普瓦松 pois(30) 分配圖 ")
```

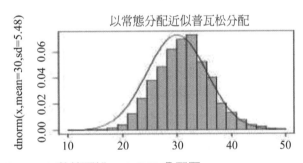

▲ **圖 8.4** 常態 N(30,30) 與普瓦松 pois(30) 分配圖

## 8.4 以常態分配近似卡方分配

獨立的卡方隨機變數也具相加性。設 $X_i \sim \chi^2(v)$, $i = 1, 2, ..., n$；為獨立的隨機樣本，則 $X = \sum_{i=1}^{n} X_i \sim \chi^2(nv)$。

### 定理 8.5

若 $X_i \sim \chi^2(v)$, $i = 1, 2, ..., n$；則：

$$(8.7) \qquad X = \sum_{i=1}^{n} X_i \sim \chi^2(nv) \xrightarrow{n \to \infty} N(nv, 2nv)$$

例 8.7

做圖比較 chi-square(30) 與 norm(mean = 30, sd = $\sqrt{60}$ = 7.75) 之差異。

☞ 解

請見圖 8.5，chi-square(30) 與 norm(mean = 30, sd = 7.75) 相當接近。

```
> curve(dchisq(x,30), 0,50, xlab="x
+ 圖 8.5 常態 N(30,60) 與卡方 chi-square(30) 函數圖 ")
> curve(dnorm(x,mean=30,sd=7.75), col="red", add=TRUE)
> legend(5, 0.05, legend=c("normal", "chi-square"),
+ col=c("red","black"),lty=1, cex=0.8)
```

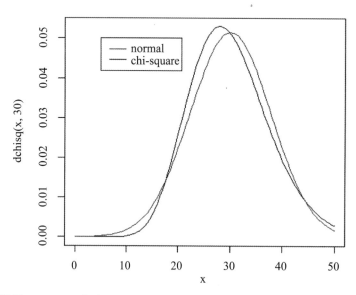

▲ 圖 8.5  常態 N(30,60) 與卡方 chi-square(30) 函數圖

## 8.5  樣本中位數之分配

中位數為分配的中心位置，樣本中位數的抽樣分配是否也會是以母體中位數為平均數之常態分配？

例 8.8

　　分別以樣本數為 $n = 30, 100, 300$、模擬 500 次 $\lambda = 1$ 之指數分配的中位數，並計算此三個分配的中位數與平均數。

☞ 解

　　令 $X_i \sim \exp(1)$, $i = 1, 2, ..., n$；為抽自於 $\lambda = 1$ 的指數分配的隨機樣本，$\lambda = 1$ 指數分配的中位數為 $\log(2) = 0.6931$。為說明樣本中位數的分配，分別以樣本數為 $n = 30, 100, 300$ 模擬 500 次，並作以此 500 個資料（抽樣分配）之密度函數圖於圖 8.6。由此圖可看出當 $n$ 越大，分配就越接近常態。

　　分別計算 $n = 30, 100, 300$ 之模擬 500 個樣本中位數分配之中位數與平均數如下：

| $n$ | $n$ 個樣本中位數分配之中位數 | $n$ 個樣本中位數分配之平均數 |
|---|---|---|
| 30 | **0.686** | **0.714** |
| 100 | **0.687** | **0.691** |
| 300 | **0.692** | **0.693** |

　　由上表中數字可以發現，樣本數越大時，模擬的抽樣分配的中位數與母體中位數 0.6931 就越接近，且模擬分配的平均數與母體中位數也越接近；同時由圖 8.6 發現，樣本數越大時，模擬分配就越接近常態分配。

```
> f = function(n) median(rexp(n))          # 定義中位數函數，由 n 個樣
本值計算該樣本的中位數
> m = 500                                   # 模擬 500 次
> res.30 = c(); res.100 = c(); res.300 = c()    # 樣本數分別為 n=30,
100, 300 樣本向量
> for (i in 1:m) res.30[i] = f(30)          # 樣本數分別為 n=30 模
擬結果
> for(i in 1:m) res.100[i] = f(100)         # 樣本數分別為 n=100
模擬結果
> for(i in 1:m) res.300[i] = f(300)         # 樣本數分別為 n=300
模擬結果
> plot(density(res.300), xlim = range(res.30),    # 作圖
+ type="l",main="",xlab=" 圖 8.6  樣本數分別為 n=30, 100, 300 之樣本
```

中位數之抽樣分配 ")

```
> lines(density(res.100),col="red")
> lines(density(res.30), col="blue")
> legend(1.2, 6, legend=c("n=300", "n=100", "n=30"),
+ col=c("black","red","blue"),lty=1, cex=0.8)
> summary(res.30)
  Min. 1st Qu. Median  Mean 3rd Qu.  Max.
 0.2959 0.5878 0.6862 0.7145 0.8237 1.4085
> summary(res.100)
  Min. 1st Qu. Median  Mean 3rd Qu.  Max.
 0.4646 0.6177 0.6876 0.6917 0.7544 1.0279
> summary(res.300)
  Min. 1st Qu. Median  Mean 3rd Qu.  Max.
 0.5553 0.6570 0.6927 0.6939 0.7300 0.8394
```

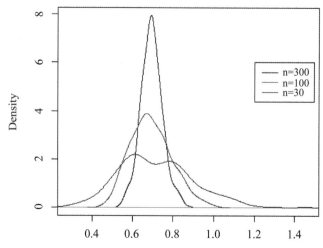

**∧ 圖 8.6** 樣本數分別為 n=30, 100, 300 之樣本中位數之抽樣分配

## 定理 8.6

令 $X_1, X_2, ..., X_n$ 為抽自中位數為 $\mu_M$ 的母體之一組樣本數為 $n$ 的隨機樣本（random sample），令 $Med_n$ 為此樣本之中位數，則當樣本數大時，$Med_n$ 的抽樣分配近似於平均數為 $\mu_M$ 的常態分配。

# 8.6　自助抽樣法（bootstrap method）

　　統計推論的目的在於估計或檢定未知的母體參數，如母體平均數或變異數。當母體分配已知時，統計量的分配可提供未知之母體參數的資訊，如母體若為常態分配，則樣本平均數的分配是以母體平均數為平均數的常態分配；若母體分配未知，樣本數夠大，也可提供未知母體平均數的資訊，如中央極限定理所述的。但若母體分配未知，樣本數也不大時，應如何推論未知母體分配之參數呢？重複抽樣（resampling）是一個可用的方法。

　　自助抽樣法（bootstrap method）又稱為拔靴法，屬於重複抽樣（resampling）方法之一。將已有的觀察值當作是重複抽樣的母體，每次以歸還法抽出與原觀測值樣本數相同的隨機樣本，計算統計量之值，重複這個過程以獲得一組統計量的值所構成的抽樣分配，作為推論未知母體參數之依據。

　　自助抽樣分配（bootstrap distribution）：設 $x_1, x_2, ..., x_n$ 為一樣本數為 $n$ 的隨機樣本觀測值，以此 $n$ 個值作為抽樣的依據，以歸還法自此 $n$ 個值中抽出 $n$ 個數字做一隨機樣本，並計算某一統計量之值，如此重複做 $m$（通常很大）次，得此統計量的 $m$ 個觀測值，即構成該統計量的自助抽樣分配。

### 例 8.9

　　試以自助抽樣法從平均數為 3、標準差為 1 的常態分配中抽出 10 個數字，試做 $m = 1000$ 的樣本平均數抽樣分配，並計算此抽樣分配之平均數與此分配之直方圖。

☞ 解

　　$m = 1000$ 的樣本平均數抽樣分配請見圖 8.7。原樣本平均數為 3.123，自助抽樣分配之平均數為 3.114，自助抽樣估計偏差（bootstrap estimate of bias）= 0.008，抽樣分配之標準差為 0.344，估計母體平均數之 90% 信賴區間為 [2.561, 3.697] 包含母體平均數 3（請參考第九章）。

```
> xbarstar = c()
> srs <- rnorm(10, mean = 3)      # 由平均數為 3、標準差為 1 的常態分配中
抽出 10 個數字
> mean(srs)                        # 樣本平均數
```

```
[1] 3.123222
 > n=length(srs)
> for (i in 1:1000) {
+ boot.samp = sample(srs, n, replace=TRUE)
+ xbarstar[i] = mean(boot.samp)
+ }
> hist(xbarstar, breaks = 40, prob = TRUE, xlab=" 圖 8.7 樣本平均數之
自助抽樣分配 ")
> curve(dnorm(x, 3, 0.316), add = TRUE)         #0.316=1/sqrt(10)
> mean(xbarstar)
[1] 3.114359
> sd(xbarstar)
[1] 0.3447776
> bootstrap.estimate.of.bias= mean(srs)-mean(xbarstar)
> bootstrap.estimate.of.bias
[1] 0.008863634
> quantile(xbarstar,c(0.05,0.95))
   5%      95%
2.561212 3.697690
```

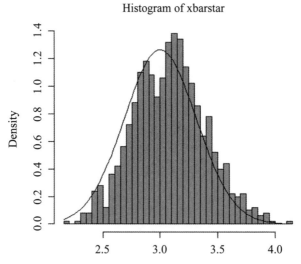

∧ **圖 8.7** 樣本平均數之自助抽樣分配

值得特別提醒的是，經過自助抽樣方法得到了估計母體平均數之 90% 信賴區間為 [2.561212, 3.697690] 的結論，這個結論即是自助抽樣方法的價值所在，因為若無估計的信賴區間作為佐證，只知樣本平均數為 3.123222，在實務上決策者可能不敢使用這個估計值。

**例 8.10**

請以下列 12 個 2023 年臺北市家庭年所得之樣本，以自助抽樣法模擬 2,000 次，估計 2023 年臺北市家庭年所得中位數與標準差的 95% 信賴區間（單位：萬元）。

231　342　256　187　153　221　201　267　334　195　271　12,000

☞ 解

此樣本中位數為 243.5 萬元，以自助抽樣法估計得 2023 年臺北市家庭年所得中位數的 95% 信賴區間為 [198.0, 302.5]，標準差的 95% 信賴區間為 [40.10, 5327.73]。

```
> x=c(231, 342, 256, 187, 153, 221, 201, 267, 334, 195,
271, 12000)
> xmedianstar=c()
> xsdstar=c()
> median(x); mean(x);sd(x)
[1] 243.5
[1] 1221.5
[1] 3394.823
> n=length(x)
> for (i in 1:2000) {
+ boot.samp = sample(x, n, replace=TRUE)
+ xmedianstar[i] = median(boot.samp)
+ xsdstar[i]=sd(boot.samp)
+ }
> mean(xmedianstar);mean(xsdstar)
[1] 243.6855
[1] 2546.018
```

```
> quantile(xmedianstar, c(0.025, 0.975))
 2.5% 97.5%
198.0 302.5
> quantile(xsdstar, c(0.025, 0.975))
    2.5%     97.5%
 40.10832 5327.73689
```

## 8.7 習題

1. 令 $X_1, X_2, ..., X_{25}$ 為抽自母體 norm($\mu = 35, \sigma = 36$) 之隨機樣本，求：

   (1) $\overline{X}_{25}$ 之抽樣分配。

   (2) $P(\overline{X}_{25} > 38)$。

2. 令 $X \sim$ binom(50, 0.6)

   (1) 以二項分配求 $P(X > 34)$。

   (2) 請以常態分配近似 $P(X > 34)$。

3. 令 $X_1, X_2, ..., X_{25}$ 為抽自母體 pois(1) 之隨機樣本，求：

   (1) $P(\sum_{i=1}^{25} X_i \geq 24)$。

   (2) 以常態分配近似 $P(\sum_{i=1}^{25} X_i \geq 24)$。

4. 令 $X \sim \chi^2(10)$，求 $\chi^2_{0.05;10}$，並以常態分配求 $\chi^2_{0.05;10}$ 之近似值。

5. (1) 請以隨機抽樣法（蒙利卡羅法）由平均數 = 10 之普瓦松分配，抽樣本數為 25 的隨機樣本 1,000 次。

   (2) 由平均數 = 10 之普瓦松分配抽樣本數為 25 的一隨機樣本，以此隨機樣本做母體，自助抽樣法抽樣 1,000 次。試以直方圖比較兩種方法抽出樣本之中位數分配，並計算此兩分配之平均數與標準差。

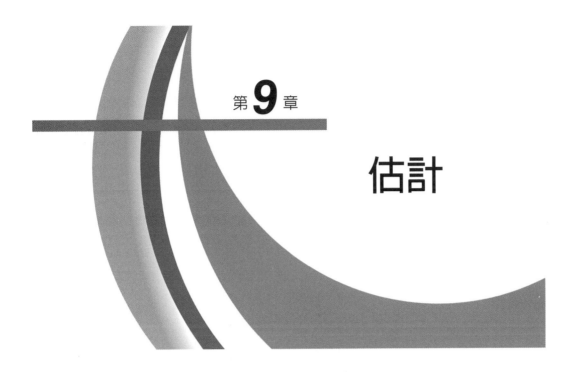

第 **9** 章

# 估計

統計的目的在於對未知母體參數推論，包括估計（estimation）與假說檢定（hypothesis testing）兩種方法。本章介紹估計的內容，首先討論點估計（point estimation）的觀念，包括點估計量的性質與一些結果，然後討論區間估計（interval estimation），主要應用抽樣分配的結果來計算信賴區間（confidence interval）。內容包括：

1. 點估計與其性質。
2. 區間估計。
3. 單一母體平均數與兩母體平均數差之區間估計。
4. 單一母體比例與兩母體比例差之區間估計。
5. 單一母體變異數與兩母體變異數比之區間估計。

## 9.1 點估計

點估計即以隨機抽樣所得資料計算統計量之值，以此值猜測未知母體參數之值。若欲猜測得準確，必當選擇較佳的統計量作為估計未知母體參數的依據，所選用來估計某未知母體參數的統計量，稱為此未知母體參數的估計量（estimator），即指出如何以樣本資料估計未知母體參數值的方法，將樣本觀測值帶入估計量計算所得之值即為該未知母體參數的估計值（estimate）。

### 例 9.1

若以隨機樣本之樣本平均數 $\bar{X}$ 之值估計未知母體平均數，此樣本平均數即為母體平均數的一個估計量。若抽得一樣本，將樣本資料代入樣本平均數公式內，即可計算出一數值，此數值即為以樣本平均數估計母體平均數的一個估計值。譬如，欲估計今年某市家庭年所得平均數，選擇樣本平均數作為該市家庭年所得平均數之估計量，在此市中隨機抽出 5 戶家庭今年所得，分別為 159 萬元、135 萬元、175 萬元、168 萬元與 198 萬元，則以此樣本資料估計的母體平均數估計值為

$$\bar{x} = \frac{159 + 135 + 175 + 168 + 198}{5} = 167 \text{（萬元）}。$$

### 例 9.2

若以隨機樣本之樣本變異數 $S^2$ 之值估計未知母體變異數 $\sigma^2$，此樣本變異數即為母體變異數的一個估計量。若抽得一樣本將樣本資料代入樣本變異數之公式內，即可計算出一數值，此數值即為以樣本變異數估計母體變異數的一個估計值。譬如：欲估計今年某市家庭年所得變異數，選擇樣本變異數作為該市家庭年所得變異數之估計量，隨後在此市中隨機抽出 5 戶家庭今年所得分別為 159 萬元、135 萬元、175 萬元、168 萬元與 198 萬元，則以此樣本資料估計的母體變異數估計值為

$$s^2 = \frac{(159 - 167)^2 + (135 - 167)^2 + (175 - 167)^2 + (168 - 167)^2 + (198 - 167)^2}{5 - 1} = 528.5 \text{（萬}$$

元），母體標準差之估計值為 $s = \sqrt{528.5} = 22.99$ 萬元。

### 例 9.3

若以隨機樣本之樣本比例 $\bar{P}$ 之值估計未知母體比例 $p$，此樣本比例即為母體比例的一個估計量。若抽得一樣本將樣本資料代入樣本比例公式內，即可計算出一數值，此數值即為以樣本比例估計母體比例的一個估計值。譬如：欲估計某次選舉某候選人的得票率，選擇在該候選人選區做隨機抽樣，以隨機樣本之樣本比例作為該候選人得票率之估計量，隨後在此選區中隨機抽出 10 位選民調查的資料為 0, 0, 0, 1, 1, 0, 0, 0, 1, 0，其中 1 表示該選民會選該候選人，否則為 0。以此樣本資料估計的母體比例估計值為 $\bar{p} = \dfrac{0 + 0 + 0 + 1 + 1 + 0 + 0 + 0 + 1 + 0}{10} = 0.3$，即為此候選人得票率的估計值；又 $s = \sqrt{\dfrac{\bar{p} \times (1 - \bar{p})}{n}} = \sqrt{\dfrac{0.3 \times 0.7}{10}} = 0.145$，為此樣本比例分配之標準誤估計值。

## 9.2 點估計量的性質

前面三個是耳熟能詳的例子，何以如此？乃是以此三個估計量作為相對母體參數之估計量，具有相當好的性質。統計學家以不偏性（unbiased）、有效性（efficiency）與一致性（consistency）來評估一個估計量的好壞。

不偏性（unbiased）：若以統計量 T 估計未知母體參數 $\theta$，使得：

$$(9.1) \qquad \qquad E(T) = \theta, \ \forall \theta \in \Theta$$

其中 $\Theta$ 表示未知母體參數的所有可能值的集合，稱為參數空間（parameter space），稱 T 為 $\theta$ 的一個不偏估計量。

### 例 9.4

令 $X_1, X_2, ..., X_n$ 為抽自平均數 $\mu$ 與標準差 $\sigma$ 之母體的隨機樣本，則樣本平均數與樣本變異數分別是母體平均數與母體變異數的不偏估計量，即：

$$(9.2) \qquad \qquad E(\overline{X}) = \mu, \ -\infty < \mu < \infty$$

與

$$(9.3) \qquad \qquad E(S^2) = \sigma^2, \ \sigma \in (0, \infty)$$

### 例 9.5

若以隨機樣本之樣本比例 $\overline{P}$ 之值估計未知母體比例 $p$，則 $E(\overline{P}) = p, p \in (0, 1)$，即樣本比例 $\overline{P}$ 為母體比例 $p$ 的不偏估計量。

### 例 9.6

令 $X_1, X_2, ..., X_n$ 為抽自平均數 $\mu$ 之母體的隨機樣本，則 $E(\dfrac{X_1 + X_n}{2}) = \mu$，同時 $E(\dfrac{X_{i1} + \cdots + X_{ik}}{k}) = \mu$。

上例顯示未知母體參數 $\mu$ 的不偏估計量可以是非常的多，這種現象是普遍的；因此一個未知母體參數估計量的選擇只考慮不偏性是不夠的，還應考慮其他的性質。

有效性（efficiency）：若以統計量 T 估計未知母體參數 $\theta$，使得：

(9.4) $$E(T - \theta)^2 \leq E(T' - \theta)^2, \ \forall \theta \in \Theta$$

其中 T' 表示未知母體參數 $\theta$ 的另一個估計量，稱 T 較 T' 有效。

均方誤差（mean square error）：統計量 T 之均方誤差定義為：

(9.5) $$MSE(T) = E(T - \theta)^2 = E(T - E(T))^2 + (E(T) - \theta)^2 = Var(T) + (E(T) - \theta)^2$$

MSE(T) 由估計量 T 的變異數與以 T 估計 $\theta$ 所產生的偏差平方 $(E(T) - \theta)^2$ 所構成，若 T 為不偏估計量，則 $(E(T) - \theta)^2$ 為 0，MSE(T) 就等於 T 的變異數。所以，當在不偏估計量的群體中來選較佳的估計方法時，理應選一個變異數比其他不偏估計量變異數都小的估計量，作為估計未知母體參數方法。

最佳不偏估計量（best unbiased estimator）：$\overline{\theta}$ 為 $\theta$ 的最佳不偏估計量，若：
1. $\overline{\theta}$ 為 $\theta$ 之不偏估計量。
2. 在所有 $\theta$ 不偏估計量中，$\overline{\theta}$ 的變異數最小。

### 例 9.7

令 $X_1, X_2, ..., X_n$ 為抽自平均數 $\mu$ 與標準差 $\sigma$ 之母體的一組樣本數為 $n$ 之隨機樣本，則統計理論可證明樣本平均數與樣本變異數分別是母體平均數與母體變異數的最佳不偏估計量。

### 例 9.8

若以隨機樣本之樣本比例 $\overline{P}$ 做母體比例 $p$ 的一個估計量，則統計理論可證明 $\overline{P}$ 是 $p$ 的最佳不偏估計量。

一致性（consistent estimator）：令 $X_1, X_2, ..., X_n$ 為抽自具機率函數 $f(x; \theta)$ 為母體的一組樣本數為 $n$ 之隨機樣本，則稱以數列 $\{\overline{\theta}_n = T(X_1, X_2, ..., X_n), n = 1, 2, ...\}$ 估計 $\theta$ 具一致性，或稱 $\overline{\theta}_n$ 是 $\theta$ 的一致估計量，若對任意正數 $\varepsilon > 0$：

(9.6) $$\lim_{n \to \infty} P(|\overline{\theta}_n - \theta| > \varepsilon) = 0$$

一致性是討論估計量在大樣本下的性質。

### 例 9.9

令 $X_1, X_2, ..., X_n$ 為抽自平均數 $\mu$ 與標準差 $\sigma$ 之母體的一組樣本數為 $n$ 之隨機樣

本，則以樣本平均數與樣本標準差分別估計母體平均數與母體標準差都具有一致性，即 $\lim_{n \to \infty} P(|\overline{X}_n - \mu| > 0) = 0$，且 $\lim_{n \to \infty} P(|S_n - \sigma| > 0) = 0$。

**例 9.10**

若以隨機樣本之樣本比例 $\overline{P}_n$ 做母體比例 $p$ 的估計量，則 $\overline{P}_n$ 是 $p$ 的一致估計量，即對於所有 $\varepsilon > 0$，$\lim_{n \to \infty} P(|\overline{P}_n - p| > \varepsilon) = 0$。

樣本平均數與樣本比例的一致性性質，也稱爲大數法則（law of large numbers），即當樣本數越來越大時，樣本平均數的值接近於母體平均數的機率就越大，樣本比例的值接近於母體比例的機率就越大；樣本變異數與樣本標準差也具有這性質。故在大樣本的情況下，樣本平均數、樣本比例、樣本變異數與樣本標準差分別爲母體平均數、母體比例、母體變異數與母體標準差之很好的代替值。

## 9.3　母體平均數之區間估計（confidence intervals for means）

雖然統計所選估計未知母體參數的估計量是最好的，但因爲母體未知數空間是連續的，任何估計量都無法恰好估計到母體參數的眞實值，即 $P(\overline{\theta} = \theta) = 0$，其中 $\overline{\theta}$ 爲未知母體參數 $\theta$ 的估計量，因此 $\overline{\theta}$ 縱使是 $\theta$ 的最佳不偏估計量，仍無法知道 $\overline{\theta}$ 的觀測值與 $\theta$ 的差距，無法計算估計的準確性，統計學家以計算估計的信賴區間（confidence interval）來改善此缺失。

信賴區間（confidence interval）：令 $X_1, X_2, ..., X_n$ 爲抽自母體分配的一組樣本數爲 $n$ 之隨機樣本，令 $L(X_1, X_2, ..., X_n)$ 與 $U(X_1, X_2, ..., X_n)$ 爲兩統計量，$L(X_1, X_2, ..., X_n) \leq U(X_1, X_2, ..., X_n)$，若：

$$(9.7) \qquad P(L(X_1, X_2, ..., X_n) \leq \theta \leq U(X_1, X_2, ..., X_n)) = 1 - \alpha$$

則稱隨機區間 $[L(X_1, X_2, ..., X_n), U(X_1, X_2, ..., X_n)]$ 爲 $\theta$ 之信賴度爲 $1 - \alpha$ 的信賴區間。

### 9.3.1　一個常態母體平均數 $\mu$ 的信賴區間：$\sigma$ 已知

令 $X_1, X_2, ..., X_n$ 爲抽自平均數 $\mu$ 與標準差 $\sigma$ 之常態母體的一組樣本數

為 $n$ 之隨機樣本，則 $\dfrac{\overline{X} - \mu}{\sigma/\sqrt{n}} \sim Z$。給定一個機率 $1 - \alpha(0 < \alpha < 1)$，則由常態

分配性質得 $P(\overline{X} - z_{\alpha/2}\dfrac{\sigma}{\sqrt{n}} \le \mu \le \overline{X} + z_{\alpha/2}\dfrac{\sigma}{\sqrt{n}}) = 1 - \alpha$ 或 $P(\overline{X} - z_{\alpha}\dfrac{\sigma}{\sqrt{n}} \le \mu) = 1 - \alpha$ 與

$P(\mu \le \overline{X} + z_{\alpha}\dfrac{\sigma}{\sqrt{n}}) = 1 - \alpha$。

一個常態母體平均數 $\mu$ 的信賴區間：$\sigma$ 已知，隨機區間：

$$(9.8) \qquad \left[ \overline{X} - z_{\alpha/2}\frac{\sigma}{\sqrt{n}}, \ \overline{X} + z_{\alpha/2}\frac{\sigma}{\sqrt{n}} \right]$$

為母體平均數 $\mu$ 的一個信賴度 $100(1 - \alpha)\%$ 的信賴區間。此信賴區間有時也以 $\overline{X} \pm z_{\alpha/2}\dfrac{\sigma}{\sqrt{n}}$ 型式表示。$\overline{X} - z_{\alpha/2}\dfrac{\sigma}{\sqrt{n}}$ 為此信賴區間的下界，$\overline{X} + z_{\alpha/2}\dfrac{\sigma}{\sqrt{n}}$ 為此信賴區間的上界，$1 - \alpha$ 為該信賴區間的信賴係數（confidence coefficient），稱 $z_{\alpha/2}\dfrac{\sigma}{\sqrt{n}}$ 為邊際誤差（margin of error）。

信賴區間的長度 = 信賴區間上界 - 信賴區間下界 = $2 \times z_{\alpha/2}\dfrac{\sigma}{\sqrt{n}}$。

又 $\mu$ 之信賴度 $100(1 - \alpha)\%$ 的左邊信賴區間為：

$$(9.9) \qquad \left[ \overline{X} - z_{\alpha}\frac{\sigma}{\sqrt{n}}, \ \infty \right]$$

$\mu$ 之信賴度 $100(1 - \alpha)\%$ 的右邊信賴區間為：

$$(9.10) \qquad \left( \infty, \ \overline{X} + z_{\alpha}\frac{\sigma}{\sqrt{n}} \right]$$

### 例 9.11

設某大學全體學生身高呈常態分配，變異數為 8 公分。若在此校隨機抽出 9 位學生，這 9 位學生身高的平均數為 170 公分，求該大學全體學生身高平均數信賴度 95% 信賴區間？

☞ 解

該大學全體學生身高平均數之信賴度 95% 信賴區間為：

$$\left[ \bar{x} - z_{0.05/2}\,\frac{\sigma}{\sqrt{n}}, \ \ \bar{x} + z_{0.05/2}\,\frac{\sigma}{\sqrt{n}} \right] = \left[ 170 - 1.96\,\frac{8}{\sqrt{9}}, \ \ 170 + 1.96\,\frac{8}{\sqrt{9}} \right]$$

$$= \left[ 170 - 5.23, \ \ 170 + 5.23 \right]$$

$$= \left[ 164.77, \ \ 175.23 \right]$$

此例中的邊際誤差為 5.23 公分，信賴區間的長度為兩倍的邊際誤差，等於 10.46 公分，信賴係數為 0.95。

```
> xbar =170;sd=8;n=9
> alpha =0.05
> zstar = qnorm(1 - alpha/2)
> zstar
[1] 1.959964
> SE = sd/sqrt(n)
> c(xbar - zstar*SE, xbar + zstar*SE)
[1] 164.7734 175.2266
```

上例的信賴區間為 [164.77, 175.23]，並不表示該大學全體學生身高平均數 $\mu$ 一定介在此區間內，或是有 95% 的機率 $\mu$ 是介在此兩數之間。此乃因為 $\mu$ 是一個固定實數，只有在此區間內或不在此區間這兩種可能。信賴區間是一個隨機區間，隨著樣本資料的不同，計算出來的信賴區間值就會不同。信賴度 95% 的意義是指：以此方式計算信賴區間的值，若計算的次數很多時，計算出來的信賴區間會有將近 95% 機會包含未知之母體平均數 $\mu$。

### 9.3.2 一個常態母體平均數 $\mu$ 的信賴區間：$\sigma$ 未知

若常態母體標準差 $\sigma$ 未知，以樣本標準差代替母體標準差，成自由度為 $n-1$ 的 T 分配，即 $\dfrac{\bar{X} - \mu}{S/\sqrt{n}} \sim \mathrm{T}(n-1)$，由此得信賴度 $100(1-\alpha)\%$ 的信賴區間

$$P(\overline{X} - t_{\alpha/2,n-1}\frac{S}{\sqrt{n}} \leq \mu \leq \overline{X} + t_{\alpha/2,n-1}\frac{S}{\sqrt{n}}) = 1 - \alpha$$

一個常態母體平均數 $\mu$ 的信賴區間：$\sigma$ 未知，隨機區間：

(9.11)
$$\left[ \overline{X} - t_{\alpha/2,n-1}\frac{S}{\sqrt{n}}, \ \overline{X} + t_{\alpha/2,n-1}\frac{S}{\sqrt{n}} \right]$$

為母體平均數 $\mu$ 的一個信賴度 $100(1 - \alpha)\%$ 信賴區間。此信賴區間有時也以 $\overline{X} \pm t_{\alpha/2,n-1}\frac{S}{\sqrt{n}}$ 型式表示。$\overline{X} - t_{\alpha/2,n-1}\frac{S}{\sqrt{n}}$ 為此信賴區間的下界，$\overline{X} + t_{\alpha/2,n-1}\frac{S}{\sqrt{n}}$ 為此信賴區間的上界，$1 - \alpha$ 為該信賴區間的信賴係數，稱 $t_{\alpha/2,n-1}\frac{S}{\sqrt{n}}$ 為邊際誤差。

信賴區間的長度 = 信賴區間上界 − 信賴區間下界 = $2 \times t_{\alpha/2,n-1}\frac{S}{\sqrt{n}}$。

又 $\mu$ 之信賴度 $100(1 - \alpha)\%$ 的左邊信賴區間為：

(9.12)
$$\left[ \overline{X} - t_{\alpha,n-1}\frac{S}{\sqrt{n}}, \ \infty \right)$$

$\mu$ 之信賴度 $100(1 - \alpha)\%$ 的右邊信賴區間為：

(9.13)
$$\left( -\infty, \ \overline{X} + t_{\alpha,n-1}\frac{S}{\sqrt{n}} \right]$$

### 例 9.12

設某大學全體學生身高呈常態分配。若在此校隨機抽出 9 位學生，這 9 位學生身高的平均數為 170 公分，標準差為 10 公分，求該大學全體學生身高平均數信賴度 95% 信賴區間。

☞ 解

母體常態但母體標準差未知，故該大學全體學生身高平均數之信賴度 95% 信賴區間為：

$$\left[ \overline{x} - t_{\alpha/2,n-1}\frac{s}{\sqrt{n}}, \ \overline{x} + t_{\alpha/2,n-1}\frac{s}{\sqrt{n}} \right] = \left[ 170 - 2.306 \times \frac{10}{\sqrt{9}}, \ 170 + 2.306 \times \frac{10}{\sqrt{9}} \right]$$

$$= \left[ 170 - 7.69, \ 170 + 7.69 \right]$$

$$= \left[ 162.31, \ 177.69 \right]$$

```
> xbar =170;sd=10;n=9
> alpha =0.05
> tstar = qt(1 - alpha/2,n-1)
> SE = sd/sqrt(n)
> c(xbar - tstar*SE, xbar + tstar*SE)
[1] 162.3133 177.6867
```

理論上，隨機變數 $\dfrac{\overline{X}-\mu}{S/\sqrt{n}}$ 為 T 分配之條件為母體符合常態分配，若母體不是常態，樣本數 $n$ 夠大，藉中央極限定理，此隨機變數仍可視之為常態分配。若 $n$ 不大，如果母體分配與常態分配差異不大，由於 T 統計量具有穩健性（robustness），是一個穩健統計量，此隨機變數分配也會相當接近 T 分配，尤其是母體是對稱時。

### 9.3.3 一個母體平均數 $\mu$ 的信賴區間：$n$ 夠大，$\sigma$ 已知

若母體非常態，令 $X_1, X_2, ..., X_n$ 為分別抽自平均數 $\mu$ 與標準差 $\sigma$ 之母體的一組樣本數為 $n$ 之隨機樣本，當 $n$ 夠大時，依中央極限定理可視統計量 $\dfrac{\overline{X}-\mu}{\sigma/\sqrt{n}} \sim Z$。若 $\sigma$ 未知，因 $n$ 夠大，可以樣本標準差 $S$ 代替 $\sigma$，$\dfrac{\overline{X}-\mu}{S/\sqrt{n}}$ 仍可視為常態分配。

隨機區間：

$$(9.14) \qquad \left[\overline{X} - z_{\alpha/2}\frac{\sigma}{\sqrt{n}}, \ \ \overline{X} + z_{\alpha/2}\frac{\sigma}{\sqrt{n}}\right]$$

為母體平均數 $\mu$ 的一個信賴度 $100(1-\alpha)\%$ 的信賴區間，其信賴度 $100(1-\alpha)\%$ 的左邊信賴區間與右邊信賴區間分別為：

$$(9.15) \qquad \left[\overline{X} - z_{\alpha}\frac{\sigma}{\sqrt{n}}, \ \infty\right)$$

與

$$(9.16) \qquad \left(-\infty, \ \overline{X} + z_{\alpha}\frac{\sigma}{\sqrt{n}}\right]$$

**9.3.4** 一個母體平均數 $\mu$ 的信賴區間：$n$ 夠大，$\sigma$ 未知

若 $\sigma$ 未知，因 $n$ 夠大，由中央極限定理可得隨機區間：

$$(9.17) \qquad \left[ \overline{X} - z_{\alpha/2} \frac{S}{\sqrt{n}}, \ \overline{X} + z_{\alpha/2} \frac{S}{\sqrt{n}} \right]$$

為母體平均數 $\mu$ 的一個信賴度 $100(1 - \alpha)\%$ 的近似信賴區間，其信賴度 $100(1 - \alpha)\%$ 的左邊近似信賴區間與右邊近似信賴區間分別為：

$$(9.18) \qquad \left[ \overline{X} - z_{\alpha} \frac{S}{\sqrt{n}}, \ \infty \right)$$

與

$$(9.19) \qquad \left( -\infty, \ \overline{X} + z_{\alpha} \frac{S}{\sqrt{n}} \right]$$

**例 9.13**

欲估計某大學全體學生身高平均數。若在此校隨機抽出 50 位學生，這 50 位學生身高的平均數為 170 公分，標準差為 10 公分，求該大學全體學生身高平均數信賴度 95% 近似信賴區間。

☞ 解

該大學全體學生身高平均數之信賴度 95% 近似信賴區間為：

$$\left[ \overline{x} - z_{\alpha/2} \frac{s}{\sqrt{n}}, \ \overline{x} + z_{\alpha/2} \frac{s}{\sqrt{n}} \right] = \left[ 170 - 1.96 \times \frac{10}{\sqrt{50}}, \ 170 + 1.96 \times \frac{10}{\sqrt{50}} \right]$$

$$= \left[ 170 - 2.77, \ 170 + 2.77 \right]$$

$$= \left[ 167.23, \ 172.77 \right]$$

```
> xbar =170;sd=10;n=50
> zstar = qnorm(1 - alpha/2);SE = sd/sqrt(n)
> c(xbar - zstar*SE, xbar + zstar*SE)
[1] 167.2282 172.7718
```

## 9.4 一個母體比例 $p$ 的信賴區間

令 $X_1, X_2, ..., X_n$ 為抽自 binom(1, $p$) 母體之一組樣本數 $n$ 的隨機樣本，其中 $P(X_i = 1) = p$，否則 =0。則當 $n$ 夠大時，依中央極限定理，樣本比例 $\overline{P} = \dfrac{\sum\limits_{i=1}^{n} X_i}{n}$ 分配近似於常態，平均數為 $p$，標準差為 $\sqrt{\dfrac{p(1-p)}{n}}$，即 $\dfrac{\overline{P}-p}{\sqrt{\dfrac{p(1-p)}{n}}} \sim Z$。

$$P\left(-z_{\alpha/2} \le \frac{\overline{P}-p}{\sqrt{\dfrac{p(1-p)}{n}}} \le z_{\alpha/2}\right) = 1-\alpha$$

由 $\Leftrightarrow P\left(\overline{P} - z_{\alpha/2}\sqrt{\dfrac{p(1-p)}{n}} \le p \le \overline{P} + z_{\alpha/2}\sqrt{\dfrac{p(1-p)}{n}}\right) = 1-\alpha$

得隨機區間 $\overline{P} \pm z_{\alpha/2}\sqrt{\dfrac{p(1-p)}{n}}$，因 $p$ 為未知，$\sqrt{\dfrac{p(1-p)}{n}}$ 無法計算，但因 $n$ 夠大，依大數法則，$\overline{p}$ 是 $p$ 的一個很好的估計值，以 $\overline{p}$ 代替上式的 $p$，得 $p$ 之信賴度 100$(1-\alpha)$% 的一個近似信賴區間為：

(9.20) $$\left[\overline{p} - z_{\alpha/2}\sqrt{\frac{\overline{p}(1-\overline{p})}{n}}, \ \ \overline{p} + z_{\alpha/2}\sqrt{\frac{\overline{p}(1-\overline{p})}{n}}\right]$$

又 $p$ 之信賴度 100$(1-\alpha)$% 的左邊與右邊之近似信賴區間分別為：

(9.21) $$\left[\overline{p} - z_{\alpha}\sqrt{\frac{\overline{p}(1-\overline{p})}{n}}, \ 1\right]$$

與

(9.22) $$\left[0, \ \overline{p} + z_{\alpha}\sqrt{\frac{\overline{p}(1-\overline{p})}{n}}\right]$$

**例 9.14**

欲估計某次選舉某候選人的得票率，在其選區中隨機抽出 100 位選民作調查，其中有 30 位選民宣稱會選該候選人，求該候選人得票率之信賴度 99% 的近似信賴區間。

☞ 解

該候選人得票率之信賴度 99% 的近似信賴區間為：

$$\left[ 0.3 - z_{0.005}\sqrt{\frac{0.3(1-0.3)}{100}}, \ 0.3 + z_{0.005}\sqrt{\frac{0.3(1-0.3)}{100}} \right]$$

$$= \left[ 0.3 - 2.576 \times \sqrt{\frac{0.3(1-0.3)}{100}}, \ 0.3 + 2.576 \times \sqrt{\frac{0.3(1-0.3)}{100}} \right]$$

$$= \left[ 0.3 - 0.118, \ 0.3 + 0.118 \right]$$

$$= \left[ 0.182, \ 0.418 \right]$$

```
> n=100
> phat=30/n
> se=sqrt(phat*(1-phat)/n)
> alpha=0.01
> zstar = -qnorm(alpha/2)
> c(phat - zstar * se, phat + zstar*se)
[1] 0.1819607 0.4180393
```

## 9.5 一個常態母體變異數的信賴區間

令 $X_1, X_2, ..., X_n$ 為抽自變異數 $\sigma^2$ 之常態母體的一組樣本數為 $n$ 之隨機樣本，由 $\frac{(n-1)S^2}{\sigma^2} \sim \chi^2(n-1)$，得

$$\chi^2_{1-\alpha/2,n-1} \le \frac{(n-1)S^2}{\sigma^2} \le \chi^2_{\alpha/2,n-1} \Leftrightarrow \frac{(n-1)S^2}{\chi^2_{\alpha/2,n-1}} \le \sigma^2 \le \frac{(n-1)S^2}{\chi^2_{1-\alpha/2,n-1}}\ ,\ \text{即}$$

$$P(\frac{(n-1)S^2}{\chi^2_{\alpha/2,n-1}} \le \sigma^2 \le \frac{(n-1)S^2}{\chi^2_{1-\alpha/2,n-1}}) = 1-\alpha$$

故常態母體變異數 $\sigma^2$ 信賴度 $100(1-\alpha)$% 的信賴區間為：

(9.23)
$$\left[ \frac{(n-1)S^2}{\chi^2_{\alpha/2,n-1}},\ \frac{(n-1)S^2}{\chi^2_{1-\alpha/2,n-1}} \right]$$

又常態母體變異數 $\sigma^2$ 信賴度 $100(1-\alpha)$% 的右邊與左邊之近似信賴區間分別為：

(9.24)
$$\left[ 0,\ \frac{(n-1)S^2}{\chi^2_{1-\alpha,n-1}} \right]$$

與

(9.25)
$$\left[ \frac{(n-1)S^2}{\chi^2_{\alpha,n-1}},\ \infty \right)$$

又將上列的信賴區間開根號，即得常態母體標準差 $\sigma$ 信賴度 $100(1-\alpha)$% 的信賴區間。

### 例 9.15

欲估計某大學全體學生身高的變異數與標準差。在此校隨機抽出 10 位學生，若這 10 位學生身高的標準差為 10 公分，求該大學全體學生身高變異數與標準差信賴度 95% 信賴區間。假設全體同學身高分配為常態。

☞ 解

則該大學全體學生身高變異數信賴度 95% 信賴區間為：

$$\left[ \frac{(10-1)S^2}{\chi^2_{0.025,10-1}},\ \frac{(10-1)S^2}{\chi^2_{0.975,10-1}} \right] = \left[ \frac{9 \times 10^2}{19.022},\ \frac{9 \times 10^2}{2.7} \right] = \left[ 47.36,\ 333.33 \right]$$

該大學全體學生身高標準差之信賴度 95% 信賴區間為 $\left[ 6.88,\ 18.26 \right]$。

```
> n=10; s2=100
> alpha = .05
> lstar = qchisq(alpha/2, df = n-1)
> rstar = qchisq(1-alpha/2, df = n-1)
> (n-1)*s2 * c(1/rstar,1/lstar)
[1] 47.36 333.33
```

若上例中沒有母體為常態假設，則可應用第八章介紹的自助抽樣法來估計母體變異數與標準差的信賴區間。

## 9.6 決定樣本數

前節的內容都是在既定的樣本數 $n$ 與信賴係數 $1 - \alpha$ 下計算邊際誤差，若欲規劃估計的準確度，在既定的信賴度下，可先限制邊際誤差的大小以決定樣本數，再根據此樣本數抽取樣本資料計算的信賴區間，就能符合估計的準確性。

在估計一個母體平均數時，在既定的信賴係數 $1 - \alpha$ 下，若母體是常態母體，標準差已知，或樣本數夠大時，邊際誤差為 $z_{\alpha/2} \dfrac{\sigma}{\sqrt{n}}$。若限制此邊際誤差不超過 $\varepsilon(> 0)$，則可算出需要樣本數 $z_{\alpha/2} \dfrac{\sigma}{\sqrt{n}} \leq \varepsilon \Leftrightarrow n \geq \left(\dfrac{z_{\alpha/2}\sigma}{\varepsilon}\right)^2$，因樣本數為整數，故取：

$$(9.26) \qquad n = \left| \left(\frac{z_{\alpha/2}\sigma}{\varepsilon}\right)^2 \right| + 1$$

即可滿足所求。其中 | | 為高斯符號，即將符號內的數字之小數點去掉的運算；若 $\sigma$ 未知，則可以 s 代替之。

### 例 9.16

欲估計某大學全體學生身高平均數，若在此校隨機抽出 50 位學生，若這 50 位學生身高的平均數為 170 公分，標準差為 10 公分，估計該大學全體學生身高平均數之信賴度 95% 信賴區間之邊際誤差為 2.77 公分，若希望將邊際誤差控制在 2 公分以下，樣本數應為多少？

☞ 解

樣本數應為 $n = \left| \left( \dfrac{z_{\alpha/2} s}{\varepsilon} \right)^2 \right| + 1 = \left| \left( \dfrac{1.96 \times 10}{2} \right)^2 \right| + 1 = |96.04| + 1 = 96 + 1 = 97$。

因已存在 50 個樣本，所以再增加 47 個樣本即可。

```
> n=((qnorm(1-alpha/2)*sd/2)^2)
> n
[1] 96.03647
```

估計母體比例 $p$ 的信賴係數 $1 - \alpha$ 之信賴區間的邊際誤差為 $z_{\alpha/2} \sqrt{\dfrac{p(1-p)}{n}}$，

若要求此邊際誤差小於 $\varepsilon$ 且已存在一個 $\bar{p}$，則由 $z_{\alpha/2} \sqrt{\dfrac{\bar{p}(1-\bar{p})}{n}} \leq \varepsilon$，

可得 $n \geq \left( \dfrac{z_{\alpha/2}}{\varepsilon} \right)^2 \bar{p}(1-\bar{p})$，故取：

$$(9.27) \qquad n = \left| \left( \frac{z_{\alpha/2}}{\varepsilon} \right)^2 \bar{p}(1-\bar{p}) \right| + 1$$

即可。若無一個 $\bar{p}$ 可參考，可以 $1/4$ 來代 $\bar{p}(1-\bar{p})$ 之值，得：

$$(9.28) \qquad n = \left| \left( \frac{z_{\alpha/2}}{\varepsilon} \right)^2 \frac{1}{4} \right| + 1$$

即能滿足任何介於 0 到 1 中間的 $p$ 所需要的樣本數。

### 例 9.17

欲估計某次選舉某候選人的得票率，在該候選人選區隨機抽出 100 位選民調查，其中有 30 位選民宣稱會選該候選人，則該候選人得票率之信賴度 99% 的近似信賴區間之邊際誤差為 0.118，若欲將邊際誤差降至 0.03，所需之樣本數為多少？

☞ 解

因 $\bar{p} = 30 / 100 = 0.3$，所需之樣本數為：

$$n = \left| \left( \frac{z_{\alpha/2}}{\varepsilon} \right)^2 \bar{p}(1-\bar{p}) \right| + 1 = \left| \left( \frac{2.576}{0.03} \right)^2 \times 0.3 \times 0.7 \right| + 1 = |1548.34| + 1 = 1549$$

若沒有事前的 100 個樣本，也就沒有一個 0.3 樣本比例，即一開始就規劃邊際誤差等於 0.03，則計算出的樣本數應為：

$$n = \left| \left( \frac{z_{\alpha/2}}{\varepsilon} \right)^2 \times \frac{1}{4} \right| + 1 = \left| \left( \frac{2.576}{0.03} \right)^2 \times \frac{1}{4} \right| + 1 = |1843.027| + 1 = 1844$$

```
> n=((qnorm(0.995)/0.03)^2)*0.3*0.7
> n
[1] 1548.348
> n=(((qnorm(0.995)/0.03)^2)/4)
> n
[1] 1843.027
```

若母體數 N 不很大，則以超幾何分配模式代替二項分配模式，修正樣本數（modified sample size）為：

(9.29)
$$m = \frac{n}{1 + (n-1)/N}$$

**例 9.18**（續上例）

若上例的選區合格選舉人數為 8,000 人，樣本數應修正為多少？

☞ 解

樣本數可修正為 $m = \dfrac{n}{1 + (n-1)/N} = \dfrac{1549}{1 + (1549-1)/8000} = 1297.86$，取 $n = 1298$ 即可。

兩個母體平均數差的信賴區間（confidence intervals for differences of two means）

**9.7.1** 兩個常態母體平均數差信賴區間：$\sigma_1$ 與 $\sigma_2$ 已知

令 $X_1, X_2, ..., X_n$ 與 $Y_1, Y_2, ..., Y_m$ 為分別抽自平均數 $\mu_1$、標準差 $\sigma_1$ 與平均數 $\mu_2$、標準差 $\sigma_2$ 兩常態母體之兩組獨立的隨機樣本，樣本數分別為 $n$ 與 $m$；此兩組隨機樣本的平均數與變異數分別為 $\overline{X}, S_1^2$ 與 $\overline{Y}, S_2^2$，則 $\overline{X} - \overline{Y} \sim N\left(\mu_1 - \mu_2, \dfrac{\sigma_1^2}{n} + \dfrac{\sigma_2^2}{m}\right)$，由此得：

$$P\left(-z_{\alpha/2} \leq \frac{\overline{X} - \overline{Y} - (\mu_1 - \mu_2)}{\sqrt{\dfrac{\sigma_1^2}{n} + \dfrac{\sigma_2^2}{m}}} \leq z_{\alpha/2}\right)$$

$$= P\left(\overline{X} - \overline{Y} - z_{\alpha/2}\sqrt{\frac{\sigma_1^2}{n} + \frac{\sigma_2^2}{m}} \leq \mu_1 - \mu_2 \leq \overline{X} - \overline{Y} + z_{\alpha/2}\sqrt{\frac{\sigma_1^2}{n} + \frac{\sigma_2^2}{m}}\right)$$

$$= 1 - \alpha$$

兩個常態母體平均數差 $\mu_1 - \mu_2$ 的信賴度 $100(1 - \alpha)\%$ 信賴區間：$\sigma_1$ 與 $\sigma_2$ 已知，隨機區間：

$$(9.30) \qquad \left[\overline{X} - \overline{Y} - z_{\alpha/2}\sqrt{\frac{\sigma_1^2}{n} + \frac{\sigma_2^2}{m}}, \;\; \overline{X} - \overline{Y} + z_{\alpha/2}\sqrt{\frac{\sigma_1^2}{n} + \frac{\sigma_2^2}{m}}\right]$$

為兩個常態母體平均數差 $\mu_1 - \mu_2$ 的信賴度 $100(1 - \alpha)\%$ 信賴區間；其信賴度 $100(1 - \alpha)\%$ 的右邊信賴區間與左邊信賴區間分別為：

$$(9.31) \qquad \left[\overline{X} - \overline{Y} - z_{\alpha}\sqrt{\frac{\sigma_1^2}{n} + \frac{\sigma_2^2}{m}}, \;\; \infty\right)$$

與

$$(9.32) \qquad \left(-\infty, \;\; \overline{X} - \overline{Y} + z_{\alpha}\sqrt{\frac{\sigma_1^2}{n} + \frac{\sigma_2^2}{m}}\right]$$

例 9.19

設某大學全體男學生與全體女學生身高的分配均為常態，男學生身高標準差為 10 公分、女學生身高標準差為 8 公分。若在男學生中隨機抽出 15 人，計算其平均身高為 174 公分；在女學生中隨機抽出 10 人，計算其平均身高為 166 公分，求全體男學生與全體女學生身高平均數差 $\mu_1 - \mu_2$ 信賴度 95% 的信賴區間。

☞ 解

全體男學生與全體女學生身高平均數差 $\mu_1 - \mu_2$ 信賴度 95% 的信賴區間為

$$\left[ \bar{x} - \bar{y} - z_{\alpha/2}\sqrt{\frac{\sigma_1^2}{n} + \frac{\sigma_2^2}{m}}, \quad \bar{x} - \bar{y} + z_{\alpha/2}\sqrt{\frac{\sigma_1^2}{n} + \frac{\sigma_2^2}{m}} \right]$$

$$= \left[ 174 - 166 - 1.96\sqrt{\frac{10^2}{15} + \frac{8^2}{10}}, \quad 174 - 166 + 1.96\sqrt{\frac{10^2}{15} + \frac{8^2}{10}} \right]$$

$$= \left[ 8 - 7.085, \quad 8 + 7.085 \right]$$

$$= \left[ 0.915, \quad 15.085 \right]$$

```
> (174-166)+c(-qnorm(0.975)*sqrt(10*10/15+8*8/10),
+ qnorm(0.975)*sqrt(10*10/15+8*8/10))
[1] 0.9151527 15.0848473
```

### 9.7.2 兩個常態母體平均數差信賴區間：$\sigma_1$ 與 $\sigma_2$ 未知但相等

若兩個常態母體之標準差 $\sigma_1$ 與 $\sigma_2$ 未知但相等 $\sigma_1 = \sigma_2 = \sigma$，則：

$\bar{X} - \bar{Y} \sim N(\mu_1 - \mu_2, \sigma^2(\frac{1}{n} + \frac{1}{m}))$，其中共同的變異數 $\sigma^2$ 可以合併樣本變異數：

(9.33)
$$S_p^2 = \frac{(n-1)S_1^2 + (m-1)S_2^2}{n+m-2}$$

估計之；且 $\dfrac{\overline{X} - \overline{Y} - (\mu_1 - \mu_2)}{S_p\sqrt{\dfrac{1}{n} + \dfrac{1}{m}}} \sim \mathrm{T}(n+m-2)$，由此可得：

$$P\left( -t_{\alpha/2,n+m-2} \le \dfrac{\overline{X} - \overline{Y} - (\mu_1 - \mu_2)}{S_p\sqrt{\dfrac{1}{n} + \dfrac{1}{m}}} \le t_{\alpha/2,n+m-2} \right)$$

$$= P\left( \overline{X} - \overline{Y} - t_{\alpha/2,n+m-2} S_p\sqrt{\dfrac{1}{n} + \dfrac{1}{m}} \le \mu_1 - \mu_2 \le \overline{X} - \overline{Y} + t_{\alpha/2,n+m-2} S_p\sqrt{\dfrac{1}{n} + \dfrac{1}{m}} \right)$$

$$= 1 - \alpha$$

兩個常態母體平均數差 $\mu_1 - \mu_2$ 的信賴度 $100(1 - \alpha)\%$ 信賴區間：$\sigma_1$ 與 $\sigma_2$ 未知但相等，隨機區間：

$$(9.34) \qquad \left[ \overline{X} - \overline{Y} - t_{\alpha/2,n+m-2} S_p\sqrt{\dfrac{1}{n} + \dfrac{1}{m}}, \ \ \overline{X} - \overline{Y} + t_{\alpha/2,n+m-2} S_p\sqrt{\dfrac{1}{n} + \dfrac{1}{m}} \right]$$

為兩個常態母體平均數差 $\mu_1 - \mu_2$ 的信賴度 $100(1 - \alpha)\%$ 信賴區間；其信賴度 $100(1 - \alpha)\%$ 的右邊信賴區間與左邊信賴區間分別為：

$$(9.35) \qquad \left[ \overline{X} - \overline{Y} - t_{\alpha,n+m-2} S_p\sqrt{\dfrac{1}{n} + \dfrac{1}{m}}, \ \ \infty \right)$$

與

$$(9.36) \qquad \left( -\infty, \ \ \overline{X} - \overline{Y} + t_{\alpha,n+m-2} S_p\sqrt{\dfrac{1}{n} + \dfrac{1}{m}} \right]$$

**例 9.20**

設某大學全體男學生與全體女學生身高的分配均為常態。若在男學生中隨機抽出 15 人，計算其平均身高為 174 公分，標準差為 10 公分；在女學生中隨機抽出 10 人，計算其平均身高為 166 公分，標準差為 8 公分。設兩母體標準差相等，請估計 $\mu_1 - \mu_2$ 信賴度 95% 的信賴區間。

☞ 解

若要估計 $\mu_1 - \mu_2$ 的信賴區間，首先以合併樣本變異數估計共同的變異數 $\sigma^2$，

$$S_p^2 = \frac{(n-1)S_1^2 + (m-1)S_2^2}{n+m-2} = \frac{(15-1)\times 10^2 + (10-1)\times 8^2}{15+10-2} = 85.91$$

則全體男學生與全體女學生身高平均數差 $\mu_1 - \mu_2$ 之信賴度 95% 的信賴區間為：

$$\left[ \bar{X} - \bar{Y} - t_{0.025,23} S_p \sqrt{\frac{1}{15} + \frac{1}{10}}, \;\; \bar{X} - \bar{Y} + t_{0.025,23} S_p \sqrt{\frac{1}{15} + \frac{1}{10}} \right]$$

$$= \left[ 174 - 166 - 2.069 \times \sqrt{85.91} \times \sqrt{\frac{1}{15} + \frac{1}{10}}, \;\; 174 - 166 + 2.069 \times \sqrt{85.91} \times \sqrt{\frac{1}{15} + \frac{1}{10}} \right]$$

$$= \left[ 8 - 7.83, \;\; 8 + 7.83 \right]$$

$$= \left[ 0.17, \;\; 15.83 \right]$$

```
> (xbar-ybar)+sp*c(-qt(0.975,n+m-2)*sqrt(1/n+1/m),
qt(0.975,n+m-2)*sqrt(1/n+1/m))
[1] 0.1721491 15.8278509
```

### 9.7.3 兩個常態母體平均數差信賴區間：$\sigma_1$ 與 $\sigma_2$ 未知且不相等

若兩個常態母體之標準差 $\sigma_1$ 與 $\sigma_2$ 未知且不相等，若以兩個樣本變異數分別代替兩個未知的母體變異數，則 $\dfrac{\bar{X} - \bar{Y} - (\mu_1 - \mu_2)}{\sqrt{\dfrac{S_1^2}{n} + \dfrac{S_2^2}{m}}} \approx T(v)$，即分配近似於自由度為 $v$ 的 T

分配，其中：

(9.37)
$$v = \frac{\left( \dfrac{S_1^2}{n} + \dfrac{S_2^2}{m} \right)^2}{\dfrac{1}{n-1}\left( \dfrac{S_1^2}{n} \right)^2 + \dfrac{1}{m-1}\left( \dfrac{S_2^2}{m} \right)^2}$$

兩個常態母體平均數差 $\mu_1 - \mu_2$ 的信賴度 $100(1-\alpha)\%$ 信賴區間：$\sigma_1$ 與 $\sigma_2$ 未知且不相等，隨機區間：

$$(9.38) \qquad \left[ \overline{X} - \overline{Y} - t_{\alpha/2,\nu}\sqrt{\frac{S_1^2}{n} + \frac{S_2^2}{m}}, \ \ \overline{X} - \overline{Y} + t_{\alpha/2,\nu}\sqrt{\frac{S_1^2}{n} + \frac{S_2^2}{m}} \right]$$

為兩個常態母體平均數差 $\mu_1 - \mu_2$ 的信賴度 $100(1-\alpha)\%$ 信賴區間；其信賴度 $100(1-\alpha)\%$ 的右邊信賴區間與左邊信賴區間分別為：

$$(9.39) \qquad \left[ \overline{X} - \overline{Y} - t_{\alpha,\nu}\sqrt{\frac{S_1^2}{n} + \frac{S_2^2}{m}}, \ \ \infty \right)$$

與

$$(9.40) \qquad \left( -\infty, \ \ \overline{X} - \overline{Y} + t_{\alpha,\nu}\sqrt{\frac{S_1^2}{n} + \frac{S_2^2}{m}} \right]$$

其中 $\nu = \dfrac{\left( \dfrac{S_1^2}{n} + \dfrac{S_2^2}{m} \right)^2}{\dfrac{1}{n-1}\left( \dfrac{S_1^2}{n} \right)^2 + \dfrac{1}{m-1}\left( \dfrac{S_2^2}{m} \right)^2}$

### 例 9.21

設某大學全體男學生與全體女學生的身高分配均為常態。若在男學生中隨機抽出 15 人，計算其平均身高為 174 公分，標準差為 10 公分；在女學生中隨機抽出 10 人，計算其平均身高為 166 公分，標準差為 5 公分。設兩母體標準差不相等，請估計 $\mu_1 - \mu_2$ 信賴度 95% 的信賴區間。

☞ 解

若要估計 $\mu_1 - \mu_2$ 的信賴區間，首先計算 T 分配的自由度。

$$\nu = \frac{\left( \dfrac{S_1^2}{n} + \dfrac{S_2^2}{m} \right)^2}{\dfrac{1}{n-1}\left( \dfrac{S_1^2}{n} \right)^2 + \dfrac{1}{m-1}\left( \dfrac{S_2^2}{m} \right)^2} = \frac{\left( \dfrac{10^2}{15} + \dfrac{5^2}{10} \right)^2}{\dfrac{1}{15-1}\left( \dfrac{10^2}{15} \right)^2 + \dfrac{1}{10-1}\left( \dfrac{5^2}{10} \right)^2} = 22.1$$

保守起見取 $v = 22$，則全體男學生與全體女學生身高平均數差 $\mu_1 - \mu_2$ 信賴度 95% 的信賴區間為：

$$\left[ \bar{x} - \bar{y} - t_{\alpha/2,v}\sqrt{\frac{s_1^2}{n} + \frac{s_2^2}{m}}, \;\; \bar{x} - \bar{y} + t_{\alpha/2,v}\sqrt{\frac{s_1^2}{n} + \frac{s_2^2}{m}} \right]$$

$$= \left[ 174 - 166 - 2.074 \times \sqrt{\frac{10^2}{15} + \frac{5^2}{10}}, \;\; 174 - 166 + 2.074 \times \sqrt{\frac{10^2}{15} + \frac{5^2}{10}} \right]$$

$$= \left[ 8 - 6.28, \;\; 8 + 6.28 \right]$$

$$= \left[ 1.72, \;\; 14.28 \right]$$

```
> xbar=174; s1=10; ybar=166; s2=5; n=15; m=10
> df=((s1^2/n+s2^2/m)^2)/((1/(n-1))*(s1^2/n)^2+1/(m-1)*(s2^2/
m)^2)
> df=abs(df)
> (xbar-ybar)+c(-qt(0.975,df)*sqrt(s1^2/n+s2^2/
m),qt(0.975,df)*sqrt(s1^2/n+s2^2/m))
[1] 1.716306 14.283694
```

## 9.8 兩個非常態母體平均數差的信賴區間

### 9.8.1 兩個非常態母體平均數差的信賴區間：$n$ 與 $m$ 夠大，$\sigma_1$ 與 $\sigma_2$ 已知

令 $X_1, X_2, ..., X_n$ 與 $Y_1, Y_2, ..., Y_m$ 為分別抽自平均數 $\mu_1$、標準差 $\sigma_1$ 與平均數 $\mu_2$、標準差 $\sigma_2$ 兩個非常態母體之兩組獨立的隨機樣本，樣本數分別為 $n$ 與 $m$，此兩組隨機樣本的平均數與變異數分別為 $\bar{X}, S_1^2$ 與 $\bar{Y}, S_2^2$。若 $n$ 與 $m$ 夠大，且 $\sigma_1$ 與 $\sigma_2$ 已知，

則由中央極限定理可知 $\bar{X} - \bar{Y} \sim N(\mu_1 - \mu_2, \dfrac{\sigma_1^2}{n} + \dfrac{\sigma_2^2}{m})$，由此得：

$$P\left( -z_{\alpha/2} \leq \frac{\bar{X} - \bar{Y} - (\mu_1 - \mu_2)}{\sqrt{\dfrac{\sigma_1^2}{n} + \dfrac{\sigma_2^2}{m}}} \leq z_{\alpha/2} \right)$$

$$= P\left( \bar{X} - \bar{Y} - z_{\alpha/2}\sqrt{\frac{\sigma_1^2}{n} + \frac{\sigma_2^2}{m}} \leq \mu_1 - \mu_2 \leq \bar{X} - \bar{Y} + z_{\alpha/2}\sqrt{\frac{\sigma_1^2}{n} + \frac{\sigma_2^2}{m}} \right)$$

$$= 1 - \alpha$$

兩個非常態母體平均數差 $\mu_1 - \mu_2$ 的信賴度 $100(1 - \alpha)\%$ 信賴區間：$n$ 與 $m$ 夠大且 $\sigma_1$ 與 $\sigma_2$ 已知，隨機區間：

$$(9.41) \qquad \left[ \bar{X} - \bar{Y} - z_{\alpha/2}\sqrt{\frac{\sigma_1^2}{n} + \frac{\sigma_2^2}{m}}, \ \ \bar{X} - \bar{Y} + z_{\alpha/2}\sqrt{\frac{\sigma_1^2}{n} + \frac{\sigma_2^2}{m}} \right]$$

為兩個非常態母體平均數差 $\mu_1 - \mu_2$ 的信賴度 $100(1 - \alpha)\%$ 信賴區間；其信賴度 $100(1 - \alpha)\%$ 的右邊信賴區間與左邊信賴區間分別為：

$$(9.42) \qquad \left[ \bar{X} - \bar{Y} - z_{\alpha}\sqrt{\frac{\sigma_1^2}{n} + \frac{\sigma_2^2}{m}}, \ \ \infty \right)$$

與

$$(9.43) \qquad \left( -\infty, \ \ \bar{X} - \bar{Y} + z_{\alpha}\sqrt{\frac{\sigma_1^2}{n} + \frac{\sigma_2^2}{m}} \right]$$

**例 9.22**

設某大學全體男學生與全體女學生身高的分配均非常態，男學生身高標準差為 10 公分，女學生身高標準差為 8 公分。若在男學生中隨機抽出 150 人，計算其平均身高為 174 公分；在女學生中隨機抽出 100 人，計算其平均身高為 166 公分，求全體男學生與全體女學生身高平均數差 $\mu_1 - \mu_2$ 信賴度 95% 的信賴區間。

☞ 解

全體男學生與全體女學生身高平均數差 $\mu_1 - \mu_2$ 信賴度 95% 的信賴區間為：

$$\left[ \bar{x} - \bar{y} - z_{\alpha/2}\sqrt{\frac{\sigma_1^2}{n} + \frac{\sigma_2^2}{m}}, \ \ \bar{x} - \bar{y} + z_{\alpha/2}\sqrt{\frac{\sigma_1^2}{n} + \frac{\sigma_2^2}{m}} \right]$$

$$= \left[ 174 - 166 - 1.96\sqrt{\frac{10^2}{150} + \frac{8^2}{100}}, \ \ 174 - 166 + 1.96\sqrt{\frac{10^2}{150} + \frac{8^2}{100}} \right]$$

$$= \left[ 8 - 2.24, \ \ 8 + 2.24 \right]$$

$$= \left[ 5.76, \ \ 10.24 \right]$$

```
> xbar=174; s1=10; ybar=166; s2=8; n=150; m=100
> (xbar-ybar)+c(-qnorm(0.975)*sqrt(s1^2/n+s2^2/m),
+ qnorm(0.975)*sqrt(s1^2/n+s2^2/m))
[1] 5.759575 10.240425
```

### 9.8.2 兩個非常態母體平均數差的信賴區間：$n$ 與 $m$ 夠大，$\sigma_1$ 與 $\sigma_2$ 未知

兩個非常態母體平均數差 $\mu_1 - \mu_2$ 的信賴度 $100(1 - \alpha)\%$ 信賴區間：$n$ 與 $m$ 夠大，但 $\sigma_1$ 與 $\sigma_2$ 未知，則由中央極限定理與大數法則可知 $\bar{X} - \bar{Y} \sim N(\mu_1 - \mu_2, \frac{S_1^2}{n} + \frac{S_2^2}{m})$，由此得：

$$P\left( -z_{\alpha/2} \leq \frac{\bar{X} - \bar{Y} - (\mu_1 - \mu_2)}{\sqrt{\frac{S_1^2}{n} + \frac{S_2^2}{m}}} \leq z_{\alpha/2} \right)$$

$$= P\left( \bar{X} - \bar{Y} - z_{\alpha/2}\sqrt{\frac{S_1^2}{n} + \frac{S_2^2}{m}} \leq \mu_1 - \mu_2 \leq \bar{X} - \bar{Y} + z_{\alpha/2}\sqrt{\frac{S_1^2}{n} + \frac{S_2^2}{m}} \right)$$

$$= 1 - \alpha$$

兩個非常態母體平均數差 $\mu_1 - \mu_2$ 的信賴度 $100(1 - \alpha)\%$ 信賴區間：$n$ 與 $m$ 夠大，但 $\sigma_1$ 與 $\sigma_2$ 未知，隨機區間：

$$(9.44) \qquad \left[ \overline{X} - \overline{Y} - z_{\alpha/2}\sqrt{\frac{S_1^2}{n} + \frac{S_2^2}{m}}, \ \ \overline{X} - \overline{Y} + z_{\alpha/2}\sqrt{\frac{S_1^2}{n} + \frac{S_2^2}{m}} \right]$$

為兩個非常態母體平均數差 $\mu_1 - \mu_2$ 的信賴度 $100(1 - \alpha)\%$ 之近似信賴區間；其信賴度 $100(1 - \alpha)\%$ 的近似右邊信賴區間與近似左邊信賴區間分別為：

$$(9.45) \qquad \left[ \overline{X} - \overline{Y} - z_{\alpha}\sqrt{\frac{S_1^2}{n} + \frac{S_2^2}{m}}, \ \ \infty \right)$$

與

$$(9.46) \qquad \left( -\infty, \ \ \overline{X} - \overline{Y} + z_{\alpha}\sqrt{\frac{S_1^2}{n} + \frac{S_2^2}{m}} \right]$$

---

**例 9.23**

設某大學全體男學生與全體女學生身高的分配均非常態。若在男學生中隨機抽出 150 人，計算其平均身高為 174 公分，標準差 10 公分；在女學生中隨機抽出 100 人，計算其平均身高為 166 公分，標準差 8 公分，求全體男學生與全體女學生身高平均數差 $\mu_1 - \mu_2$ 信賴度 95% 的近似信賴區間。

☞ 解

全體男學生與全體女學生身高平均數差 $\mu_1 - \mu_2$ 信賴度 95% 的近似信賴區間為：

$$\left[ \overline{x} - \overline{y} - z_{\alpha/2}\sqrt{\frac{s_1^2}{n} + \frac{s_2^2}{m}}, \ \ \overline{x} - \overline{y} + z_{\alpha/2}\sqrt{\frac{s_1^2}{n} + \frac{s_2^2}{m}} \right]$$

$$= \left[ 174 - 166 - 1.96\sqrt{\frac{10^2}{150} + \frac{8^2}{100}}, \ \ 174 - 166 + 1.96\sqrt{\frac{10^2}{150} + \frac{8^2}{100}} \right]$$

$$= \left[ 8 - 2.24, \ \ 8 + 2.24 \right]$$

$$= \left[ 5.76, \ 10.24 \right]$$

```
> xbar=174; s1=10; ybar=166; s2=8; n=150; m=100
> (xbar-ybar)+c(-qnorm(0.975)*sqrt(s1^2/n+s2^2/m),
+ qnorm(0.975)*sqrt(s1^2/n+s2^2/m))
[1] 5.759575 10.240425
```

## 9.9 兩母體比例差 $p_1 - p_2$ 之信賴區間

令 $X_1, X_2, ..., X_n$ 與 $Y_1, Y_2, ..., Y_m$ 為分別抽自母體為 $\text{binom}(1, p_1)$ 與 $\text{binom}(1, p_2)$ 之兩組獨立的隨機樣本，樣本數分別為 $n$ 與 $m$；此兩組隨機樣本的樣本比例分別為 $\overline{P}_1$ 與 $\overline{P}_2$。若 $n$ 與 $m$ 夠大時，$\overline{P}_1 - \overline{P}_2 \sim N(p_1 - p_2, \sqrt{\dfrac{p_1(1-p_1)}{n} + \dfrac{p_2(1-p_2)}{m}})$，得

$$\dfrac{\overline{P}_1 - \overline{P}_2 - (p_1 - p_2)}{\sqrt{\dfrac{p_1(1-p_1)}{n} + \dfrac{p_2(1-p_2)}{m}}} \sim Z(0, 1)，由此式得：$$

$$P\left( \left| \dfrac{\overline{P}_1 - \overline{P}_2 - (p_1 - p_2)}{\sqrt{\dfrac{p_1(1-p_1)}{n} + \dfrac{p_2(1-p_2)}{m}}} \right| \le z_{\alpha/2} \right)$$

$$= P\left( \overline{P}_1 - \overline{P}_2 - z_{\alpha/2} \sigma_{\overline{P}_1 - \overline{P}_2} \le p_1 - p_2 \le \overline{P}_1 - \overline{P}_2 + z_{\alpha/2} \sigma_{\overline{P}_1 - \overline{P}_2} \right)$$

$$= 1 - \alpha$$

其中 $\sigma_{\overline{P}_1 - \overline{P}_2} = \sqrt{\dfrac{p_1(1-p_1)}{n} + \dfrac{p_2(1-p_2)}{m}}$

當 $n$ 與 $m$ 夠大，以 $\overline{P}_1$ 與 $\overline{P}_2$ 分別代入上式中的 $p_1$ 與 $p_2$ 值，兩母體比例 $p_1 - p_2$ 之信賴度 $100(1 - \alpha)\%$ 的近似信賴區間為：

$$(9.47) \qquad \left[ \overline{P}_1 - \overline{P}_2 - z_{\alpha/2} \overline{\sigma}_{\overline{P}_1 - \overline{P}_2}, \ \ \overline{P}_1 - \overline{P}_2 + z_{\alpha/2} \overline{\sigma}_{\overline{P}_1 - \overline{P}_2} \right]$$

其中 $\overline{\sigma}_{\overline{P}_1-\overline{P}_2} = \sqrt{\dfrac{\overline{P}_1(1-\overline{P}_1)}{n} + \dfrac{\overline{P}_2(1-\overline{P}_2)}{m}}$，其信賴度 $100(1-\alpha)\%$ 的近似右邊信賴

區間與近似左邊信賴區間分別爲：

(9.48)
$$\left[ \overline{P}_1 - \overline{P}_2 - z_\alpha \sqrt{\frac{\overline{P}_1(1-\overline{P}_1)}{n} + \frac{\overline{P}_2(1-\overline{P}_2)}{m}}, \ 1 \right)$$

與

(9.49)
$$\left( -1, \ \overline{P}_1 - \overline{P}_2 + z_\alpha \sqrt{\frac{\overline{P}_1(1-\overline{P}_1)}{n} + \frac{\overline{P}_2(1-\overline{P}_2)}{m}} \right]$$

**例 9.24**

兩星期前在某一選區隨機抽取 400 位選民調查是否會投票給某候選人，其中有 134 位宣稱會選該候選人；這星期又在同一選區隨機抽取 500 位選民，其中有 180 位選民宣稱會選該候選人，試計算這兩星期得票率差信賴度 95% 的信賴區間。

☞ 解

令 $p_1$ 與 $p_2$ 分別爲前兩星期與這星期調查該候選人得票率，$\overline{P}_1$ 與 $\overline{P}_2$ 分別爲前兩星期與這星期調查該候選人得票率的觀測值。$\overline{P}_1 = 134/400$，$\overline{P}_2 = 180/500$，則信賴度 95% 的近似信賴區間爲：

$$\left[ \overline{P}_1 - \overline{P}_2 - z_{\alpha/2} \overline{\sigma}_{\overline{P}_1-\overline{P}_2}, \ \overline{P}_1 - \overline{P}_2 + z_{\alpha/2} \overline{\sigma}_{\overline{P}_1-\overline{P}_2} \right]$$

$$= \left[ 0.335 - 0.36 - 1.96 \times \overline{\sigma}_{\overline{P}_1-\overline{P}_2}, \ 0.335 - 0.36 + 1.96 \times \overline{\sigma}_{\overline{P}_1-\overline{P}_2} \right]$$

$$= \left[ -0.025 - 0.063, \ -0.025 + 0.063 \right]$$

$$= \left[ -0.088, \ 0.038 \right]$$

```
> (phat1-phat2)+qnorm(0.975)*c(-sqrt(phat1*(1-phat1)/n +
phat2*(1-phat2)/m),
+ sqrt(phat1*(1-phat1)/n + phat2*(1-phat2)/m))
[1] -0.08752677 0.03752677
```

## 9.10 母體平均數差配對樣本區間估計

在取得樣本觀測值時，經常會受到受測對象的差異而增加誤差，爲減少此誤差以增加統計推論（估計或檢定）的準確性，統計學家通常會使用配對樣本來蒐集資料。如要估計一種新降血壓藥與另一種原有降血壓藥效果之差異，若以獨立樣本來比較效果差異，則應隨機由高血壓的人群中獨立的抽出兩隨機樣本，讓第一個樣本的人服用原高血壓藥，然後測量其服藥後的血壓，作爲第一組樣本資料；同樣的，讓第二個樣本的人，服用新高血壓藥，然後測量其服藥後的血壓，作爲第二組樣本資料，再來比較此兩樣本的差異。這樣測量所得到的資料包含了每個受測者的差異；若某病人血壓很高，則服用藥物後降低的血壓仍會比血壓不高病人服用藥物前的血壓爲高。爲避免這種因實驗個體差異導致的誤差，統計學家會使用配對樣本（paired sample）來處理這種問題。

設二元隨機變數 $(X, Y)$ 的母體平均向量爲 $(\mu_1, \mu_2)$，母體變異數向量爲 $(\sigma_1^2, \sigma_2^2)$，母體共變異數爲 $\sigma_{12}$。令 $(X_1, Y_1), (X_2, Y_2), ..., (X_n, Y_n)$ 爲由此母體中抽出之一組樣本數爲 $n$ 的配對樣本。令 $D_i = X_i - Y_i$, $i = 1, 2, ..., n$, 爲一抽取自平均數爲 $\mu_1 - \mu_2$ 之母體的一組樣本數爲 $n$ 之隨機樣本。令此組隨機樣本的平均數與變異數分別爲 $\overline{D} = \sum_{i=1}^{n} \dfrac{D_i}{n}$，與 $S_D^2 = \sum_{i=1}^{n} \dfrac{(D_i - \overline{D})^2}{n-1}$。若 $D_i$ 的分配爲常態，則 $\overline{D} \sim N(\mu_1 - \mu_2, \sigma_D^2)$；又因 $\sigma_D^2$ 未知，以 $S_D^2$ 代替之，得 $\dfrac{\overline{D} - (\mu_1 - \mu_2)}{S_D/\sqrt{n}} \sim \mathrm{T}(n-1)$。故若 $D_i$ 的分配爲常態，母體平均數差 $\mu_1 - \mu_2$ 配對樣本信賴度 $100(1 - \alpha)\%$ 之信賴區間爲：

$$(9.50) \qquad \left[ \overline{D} - t_{\alpha/2, n-1} \frac{S_D}{\sqrt{n}}, \ \overline{D} + t_{\alpha/2, n-1} \frac{S_D}{\sqrt{n}} \right]$$

其信賴度 $100(1 - \alpha)\%$ 的右邊信賴區間與左邊信賴區間分別爲：

$$(9.51) \qquad \left[ \overline{D} - t_{a,n-1} \frac{S_D}{\sqrt{n}}, \ \infty \right)$$

與

$$(9.52) \qquad \left( -\infty, \ \overline{D} + t_{a,n-1} \frac{S_D}{\sqrt{n}} \right]$$

若 $D_i$ 的分配不為常態，但樣本數 $n$ 夠大，由中央極限定理與大數法則，可得 $\dfrac{\overline{D} - (\mu_1 - \mu_2)}{S_D / \sqrt{n}} \approx Z(0,1)$，故若 $D_i$ 的分配為非常態，樣本數 $n$ 夠大時，母體平均數差 $\mu_1 - \mu_2$ 配對樣本信賴度 $100(1-\alpha)\%$ 近似信賴區間為：

$$(9.53) \qquad \left[ \overline{D} - z_{\alpha/2} \frac{S_D}{\sqrt{n}}, \ \overline{D} + z_{\alpha/2} \frac{S_D}{\sqrt{n}} \right]$$

其信賴度 $100(1-\alpha)\%$ 的近似右邊信賴區間與近似左邊信賴區間分別為：

$$(9.54) \qquad \left[ \overline{D} - z_{\alpha} \frac{S_D}{\sqrt{n}}, \ \infty \right)$$

與

$$(9.55) \qquad \left( -\infty, \ \overline{D} + z_{\alpha} \frac{S_D}{\sqrt{n}} \right]$$

### 例 9.25

測量 10 位高血壓患者服用一種新降血壓藥前後之舒張壓度數如下：

| 服用前舒張壓度數 | 服用後舒張壓度數 | 前後差 |
|---|---|---|
| 167 | 132 | 35 |
| 145 | 143 | 2 |
| 152 | 133 | 19 |
| 143 | 145 | -2 |
| 159 | 142 | 17 |
| 159 | 138 | 21 |
| 176 | 154 | 22 |

| 服用前舒張壓度數 | 服用後舒張壓度數 | 前後差 |
|:---:|:---:|:---:|
| 153 | 145 | 8 |
| 183 | 163 | 20 |
| 155 | 154 | 1 |

求服用新降血壓藥前後舒張壓平均度數差信賴度 90% 之信賴區間，假設服用新降血壓藥前後舒張壓度數差分配近似常態。

☞ 解

因服用新降血壓藥前後舒張壓度數差分配近似常態，其度數差信賴度 90% 之信賴區間為：

$$\left[ \bar{d} - t_{\alpha/2,n-1} \frac{s_D}{\sqrt{n}}, \quad \bar{d} + t_{\alpha/2,n-1} \frac{s_D}{\sqrt{n}} \right]$$

$$= \left[ 14.3 - 1.833 \times \frac{11.68}{\sqrt{10}}, \quad 14.3 + 1.833 \times \frac{11.68}{\sqrt{10}} \right]$$

$$= \left[ 14.3 - 1.833 \times \frac{11.68}{\sqrt{10}}, \quad 14.3 + 1.833 \times \frac{11.68}{\sqrt{10}} \right]$$

$$= \left[ 14.3 - 6.87, \quad 14.3 + 6.87 \right]$$

$$= \left[ 7.43, \quad 21.17 \right]$$

這裡用檢定（test）的 R 指令做信賴區間（請見第十章的內容）。

```
> A=c(167,145,152,143,159,159,176,153,183,155)
> B=c(132,143,133,145,142,138,154,145,163,154)
> t.test(A-B,conf.level = 0.9)

    One Sample t-test

data:  A - B
t = 3.8712, df = 9, p-value = 0.003782
alternative hypothesis: true mean is not equal to 0
```

```
90 percent confidence interval:
 7.528501 21.071499
sample estimates:
mean of x
   14.3
```

兩常態母體變異數比例 $\sigma^2_1$ / $\sigma^2_2$ 區間估計 （**confidence interval of ratio of two independent sample variances**）

令 $X_1$, $X_2$, ..., $X_n$ 與 $Y_1$, $Y_2$, ..., $Y_m$ 為分別抽自標準差 $\sigma_1$ 與 $\sigma_2$ 兩常態母體之兩組獨立的隨機樣本，樣本數分別為 $n$ 與 $m$，此兩組隨機樣本的變異數分別為 $S^2_1$ 與 $S^2_2$。

因 $F = \dfrac{S^2_1/\sigma^2_1}{S^2_2/\sigma^2_2} \sim F(n-1, \; m-1)$，得：

$$P\left( f_{1-\alpha/2;n-1,m-1} \leq \frac{S^2_1/\sigma^2_1}{S^2_2/\sigma^2_2} \leq f_{\alpha/2;n-1,m-1} \right)$$

$$= P\left( \frac{1}{f_{\alpha/2;n-1,m-1}} \frac{S^2_1}{S^2_2} \leq \frac{\sigma^2_1}{\sigma^2_2} \leq \frac{1}{f_{1-\alpha/2;n-1,m-1}} \frac{S^2_1}{S^2_2} \right)$$

$$= 1-\alpha$$

兩常態母體變異數比例 $\sigma^2_1$ / $\sigma^2_2$ 信賴度 $100(1-\alpha)\%$ 的信賴區間為：

(9.56)
$$\left[ \frac{1}{f_{\alpha/2;n-1,m-1}} \frac{S^2_1}{S^2_2}, \;\; \frac{1}{f_{1-\alpha/2;n-1,m-1}} \frac{S^2_1}{S^2_2} \right]$$

其信賴度 $100(1-\alpha)\%$ 的右邊信賴區間與左邊信賴區間分別為：

(9.57)
$$\left[ \frac{1}{f_{1-\alpha;n-1,m-1}} \frac{S^2_1}{S^2_2}, \;\; \infty \right)$$

與

(9.58)

$$\left(0, \quad \frac{1}{f_{\alpha;n-1,m-1}} \frac{S_1^2}{S_2^2}\right]$$

例 9.26

設某大學全體男學生與全體女學生身高的分配均為常態，$\sigma_1$ 與 $\sigma_2$ 分別為此兩母體之標準差。由此兩母體中隨機抽出樣本數分別為 15 與 9 之兩獨立樣本，樣本標準差分別為 10 公分與 6 公分，求此兩常態母體變異數比例 $\sigma_1^2 / \sigma_2^2$ 信賴度 99% 的信賴區間。

☞ 解

樣本標準差分別為 10 公分與 6 公分，則兩常態母體變異數比例 $\sigma_1^2 / \sigma_2^2$ 信賴度 99% 的信賴區間為：

$$\left[\frac{1}{f_{0.005;14,8}} \frac{S_1^2}{S_2^2}, \quad \frac{1}{f_{0.995;8,14}} \frac{S_1^2}{S_2^2}\right]$$

$$=\left[\frac{1}{6.872} \frac{10^2}{6^2}, \quad \frac{1}{0.206} \frac{10^2}{6^2}\right]$$

$$=\left[0.404, \quad 13.485\right]$$

```
> qf(c(alpha/2, 1-alpha/2), df1=n-1,df2=m-1)
[1] 0.2059047 6.8721327
> s1=10;s2=6
> (s1^2/s2^2)*(1/qf(c(1-alpha/2, alpha/2), df1=n-1,df2=m-1))
[1] 0.404209 13.490598
```

## 9.12 習題

1. 在 R 系統裡的套裝軟體 TeachingDemos 之資料檔 PlantGrowth 中，變數 weight 有 30 個數字；設此 30 個數字是抽取自標準差 0.7 公斤之常態母體的一個隨機樣本，試以此樣本資料估計此常態母體之平均數。

2. 為了解國人對政府實施某一新政策的支持度，隨機在全國選 1,000 位 20 歲以上的成年人，調查發現有 460 位贊成該新政策，請估計全國 20 歲以上的成年人支持新政策的比例，並計算支持新政策的比例之信賴度 95% 的信賴區間。

3. 設在一個 1,000 人的民意調查中，估計得樣本比例為 0.57，邊際誤差為 0.03，請計算此估計的信賴度。

4. 若要估計母體比例信賴度 95% 的邊際誤差小於 0.02，請問至少需要多少樣本數？

5. 請模擬擲二十枚公允銅板 50 次，計算每次模擬結果的信賴度 90% 的信賴區間，並計算包含 0.5 信賴區間的個數。

6. 有甲、乙兩所小學，甲小學在市區裡，乙小學則在郊區。市教育局懷疑甲小學學生受空氣汙染程度較乙小學學生為嚴重，為證實此懷疑，教育局隨機選十個上學的日子，分別在此兩所小學區域內測量空氣中 PM2.5 的濃度（$\mu g/m^3$），檢測結果為：

|  | 平均數 | 標準差 |
|---|---|---|
| 甲小學 | 25 | 3 |
| 乙小學 | 20 | 4 |

(1) 假設兩所小學區域內所測量空氣中 PM2.5 的濃度為常態分配且標準差相等，試計算此兩所小學區域內空氣中 PM2.5 的濃度平均數差的信賴度 95% 的信賴區間。

(2) 若兩所小學區域內所測量空氣中 PM2.5 的濃度為常態分配但標準差不相等，請計算此兩所小學區域內空氣中 PM2.5 的濃度平均數差的信賴度 95% 的信賴區間。

7. 為比較兩個不同的磅秤測量重量的差異，隨機找六樣物品放在此兩個磅秤上，秤得其重量如下：

| 物品 | 1 | 2 | 3 | 4 | 5 | 6 |
|---|---|---|---|---|---|---|
| 磅秤 1 | 15.2 | 14.6 | 15.5 | 17.8 | 17.5 | 17.4 |
| 磅秤 2 | 17.5 | 13.2 | 14.5 | 16.8 | 18.9 | 18.8 |

假設物品重量分配為常態，求兩個磅秤測量出物品重量差異的信賴度 95% 的信賴區間。

8. 為比較淡水河上下游汙染程度差異，在淡水河上游隨機取 10 公升的水，測量每公升水含重金屬的重量，為平均數 15 公克、標準差 2 公克；在淡水河下游隨機取 15 公升的水，測量每公升水含重金屬的重量，為平均數 25 公克、標準差 4 公克。假設每公升重金屬含量的分配為常態且標準差相等，求淡水河上下游汙染程度差異之信賴度 95% 的信賴區間。若淡水河上下游汙染物分配的標準差不相同，求淡水河上下游汙染程度差異之信賴度 95% 的信賴區間。

9. 某大學為比較男女學生近視的比例，隨機調查 400 位男學生與 500 位女學生，分別有 250 位與 300 位近視，求男女學生近視的比例差之信賴度 95% 的信賴區間。

10. 某工廠生產螺絲釘隨機選了 7 個來測量其直徑，量得的數據如下：

$$10.3 \quad 10.5 \quad 9.9 \quad 9.7 \quad 10.3 \quad 10.2 \quad 10.1 （毫米）$$

試求該工廠生產螺絲釘直徑標準差的信賴度 95% 的信賴區間。假設螺絲釘直徑分配為常態。

11. （續前題）該工廠又建一新的生產線生產相同的螺絲釘，在其生產的螺絲釘中隨機選了 6 個來測量其直徑，量得的數據如下：

$$10.2 \quad 10.2 \quad 10.4 \quad 9.7 \quad 9.9 \quad 10.1 （毫米）$$

試求該工廠兩生產螺絲釘之生產線所生產螺絲釘直徑標準差比的信賴度 99% 的信賴區間。假設兩生產線生產的螺絲釘直徑分配皆為常態。

12. 從一組已知標準差的常態分配中隨機抽出 5 個數字，計算其母體平均數信賴度 90% 信賴區間為 [7.02, 7.14]。

   (1) 若要將信賴區間長度減半，需要多少樣本數？

   (2) 若要求信賴度 95% 信賴區間並維持相同信賴區間的長度，需要多少樣本數？

13. 隨機訪問 500 名成年人，其中有 150 人滿意政府的施政，請做成年人滿意政府施政比例的信賴度 90% 信賴區間。若希望邊際誤差不大於 0.03，請問應該至少訪問多少成年人？

14. 選舉期間某候選人想調查自己的得票率，若要求計算信賴度 99% 信賴區間長度不大於 0.05，請問需要調查多少有效的選民意見？若已知該選區合格選民人數為 10,000 人，請問需要調查多少有效的選民意見？

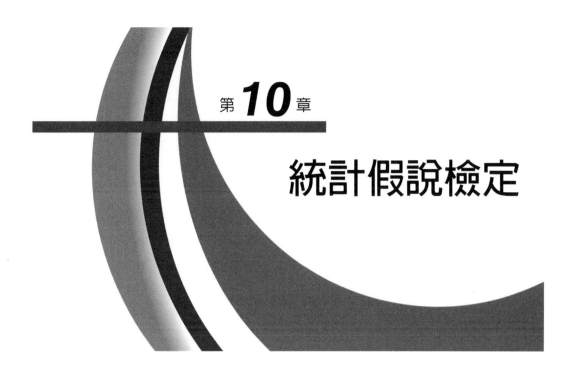

第**10**章

# 統計假說檢定

統計推論包含估計與檢定，前一章說明了估計的基本觀念與一些問題的估計結果；本章則說明檢定的基本觀念與估計的關係。本章學習目標：

1. 了解何謂統計假說。
2. 了解型 I 誤與型 II 誤的意義，並計算型 I 誤與型 II 誤的機率。
3. 檢定母體平均數、母體比例與變異數的方法。

## 10.1 統計假說（statistical hypothesis）

統計推論除估計之外，尚有統計假說檢定（test of statistical hypothesis），又稱顯著性檢定（significance test）。統計假說檢定的觀念已被廣泛使用在日常生活的決策裡，其步驟也已成為大膽假設、小心求證現代科學方法的實踐過程。

統計假說檢定的觀念與現代法律上無罪推定判決的精神是一致的。法官要判一個嫌疑人有罪，一定要有足以讓世人相信嫌疑人有罪的證據，若沒有足以讓世人信服的證據，就得推定該嫌疑人無罪，不論法官主觀上是否已確信該嫌疑人即是犯罪人。

檢定是一種判斷，判斷首先要根據一個現象提出一個被判斷的敘述（statement），判斷者不知此敘述正確與否，就好像法官一開始並不知道嫌疑人是否是犯罪人，先假設該嫌疑人有罪，才能開始調查。統計上稱此種認定的敘述即為假說（hypothesis），是對未知母體特徵（characteristic）或參數（parameter）的一種陳述。統計檢定即是找出一個程序用來判斷資料是否呈現足夠的證據來支持該假說，若資料無法明顯地呈現該假說有非常大的可能性是正確的，就無法做出該假說是正確的結論，只能接受與該假說相對（反）的陳述，就如同法官若沒有足以讓世人信服該嫌疑人有罪的證據，就得推定該嫌疑人無罪（自然衍生的一個假說）是一樣的。

由上所述，在對某一不確定的現象提出假說時，實際上是提出了兩個相對的敘述，統計上稱之為虛擬假說（null hypothesis）與對立假說（alternative hypothesis）。虛擬假說以 $H_0$ 表示，對立假說通常以 $H_a$ 表示。對立假說是準備以資料來判斷此敘述是正確的對象，若資料無法提出明顯的證據，讓判斷者有很大的信心認為對立假說是正確的，就只得棄卻（reject）這個假說，轉而接受虛擬假說；若證據足夠讓判斷者有很大的信心做出對立假說是正確的，即可接受（accept）對立假說而棄卻虛擬假說。統計上是將準備以資料來證實之敘述設為 $H_a$。

### 例 10.1

若想知道某大學全體男學生身高的平均數是否等於 175 公分，應如何設定統計假說？

☞ 解

令 $\mu$ 表示該校全體男學生身高的平均數，則檢定假說應設為 $H_0: \mu = 175$ vs（對應於）$H_a: \mu \neq 175$。

### 例 10.2

若想知道某大學全體男學生身高的平均數是否大於 175 公分，應如何設定統計假說？

☞ 解

檢定假說應設為 $H_0: \mu \leq 175$ vs $H_a: \mu > 175$。

### 例 10.3

若想知道某大學全體男學生身高的平均數是否小於 175 公分，應如何設定統計假說？

☞ 解

檢定假說應設為 $H_0: \mu \geq 175$ vs $H_a: \mu < 175$。

在例 10.1 中，檢定 $H_0 : \mu = 175$，若 $\mu < 175$ 或 $\mu > 175$，則 $H_0$ 都不對，這種「＝」對應於「≠」的假說，稱之為兩尾假說（two-tailed hypothesis）；檢定 $H_0 : \mu \leq 175$ 對應於 $H_a : \mu > 175$，$H_a$ 的符號是「＞」，這種假說稱之為右尾假說（right-tailed hypothesis）；檢定 $H_0 : \mu \geq 175$ 對應於 $H_a : \mu < 175$，$H_a$ 的符號是「＜」，稱這種假說為左尾假說（left-tailed hypothesis）。在雙尾假說下做的檢定稱雙尾檢定（two-tailed testing），在單尾假說（包括右尾與左尾）下所做的檢定稱單尾檢定（one-tailed testing）。

### 例 10.4

若想知道某大學全體男學生身高分配的標準差是否小於 8 公分，應如何設定統計假說？

☞ 解

令 $\sigma$ 表示該校全體男學生身高的標準差，則檢定假說應設為 $H_0 : \sigma \geq 8$ vs $H_a : \sigma < 8$。

### 例 10.5

若欲檢定經過兩個星期後某候選人的得票率是否增加了，應如何設定統計假說？

☞ 解

設 $p_1$ 與 $p_2$ 分別表示前兩星期與這星期該候選人的得票率，若想知道經過兩個星期後，該候選人的得票率是否增加，則需要有明顯的證據支持 $p_1 < p_2$，故檢定假說應設定為 $H_0 : p_1 \geq p_2$ vs $H_a : p_1 < p_2$。

## 10.2　型 I 誤（type I error）與型 II 誤（type II error）

不論做出棄卻或不棄卻 $H_0$，都可能犯錯。下表顯示兩種可能錯誤發生的情境：

| 判斷　　　　　　　眞相 | $H_0$ 為正確<br>$H_a$ 為不正確 | $H_0$ 為不正確<br>$H_a$ 為正確 |
|---|---|---|
| 接受 $H_0$<br>棄卻 $H_a$ | 決策無誤 | 型 II 誤：<br>接受錯誤的虛擬假說 |

| 判斷 　　　　　眞相 | $H_0$ 爲正確<br>$H_a$ 爲不正確 | $H_0$ 爲不正確<br>$H_a$ 爲正確 |
|---|---|---|
| 棄卻 $H_0$<br>接受 $H_a$ | 型 I 誤：<br>棄卻正確的虛擬假說 | 決策無誤 |

型 I 誤（type I error）：棄卻正確的虛擬假說。
型 II 誤（type II error）：接受錯誤的虛擬假說。

　　假說是對未知母體特徵或參數提出一種主觀的、卻不知正確與否的陳述，當決策者棄卻 $H_0$ 時，若 $H_0$ 的敘述是正確的，這時犯的決策錯誤稱之爲型 I 誤；型 I 誤的機率可表示爲 $P(T \in C|H_0)$，其中 T 爲檢定統計量，C 表示棄卻 $H_0$ 的區間，稱爲棄卻域（reject region），即 T 值落在此區間，就做出棄卻 $H_0$ 的結論。令：

$$(10.1) \qquad \alpha = \underset{\theta \in \Theta_0}{Max} \, P(T \in C | H_0 : \theta \in \Theta_0), \Theta_0 \subset \Theta$$

其中 $\Theta$ 爲參數空間，即 $\alpha$ 等於在檢定規則爲 "$T \in C$" 下，犯型 I 誤最大的機率，稱之爲檢定的顯著水準（significance level），表示決策者願意承擔犯型 I 誤的最大風險，通常訂得很小，如：0.01 或 0.05，最大不會超過 0.1。

　　若檢定統計量的值不落在棄卻域裡，決策者不棄卻 $H_0$，實際上 $H_0$ 的敘述是不正確的，這時所犯的決策錯誤稱之爲型 II 誤。令犯型 II 誤的機率爲 $\beta$，即 $\beta = P(T \notin C|H_a)$，則稱：

$$(10.2) \qquad 1 - \beta = P(T \in C|H_a)$$

爲檢定 "$T \in C$" 的檢定力（power），即是將錯誤的 $H_0$ 檢驗出來，這是統計檢定的目的。

　　最理想的情況是選一個能讓犯型 I 誤與型 II 誤的機率同時爲最小的檢定規則作爲檢定的依據，但在絕大多數的情況下，這種最理想的規則不存在。退而求其次，統計理論可在限制犯型 I 誤的最大機率 $\alpha$ 小於某一很小的值下（通常爲 0.01 或 0.05，最大不會超過 0.1），選一能使檢定力最大的規則作爲檢定的棄卻域。這種檢定，棄卻域中的大於或小於的符號總是與 $H_a$ 中的大於或小於的符號一致。

### 例 10.6

　　欲檢定某大學全體學生身高平均數是否大於 172 公分，則檢定假說應爲 $H_0 : \mu \leq 172$ vs $H_a : \mu > 172$。若以 C = $\{\overline{X} > 173\}$ 作爲 $H_0$ 的棄卻域，設該大學學生身高分配的標準差爲 8 公分，在此母體中隨機抽出 50 名學生，請計算此檢定規則犯型 I

誤的機率？若 $H_a$ 為正確，$\mu = 174$，則此檢定規則犯型 II 誤的機率為何？

☞ 解

即檢定統計量 $\overline{X}$ 的值落在此區間時，做棄卻 $H_0$ 的結論，173 為此棄卻域的臨界值。該大學學生身高分配的標準差為 8 公分，在此母體中隨機抽出 50 名學生，則此檢定規則犯型 I 誤的機率為：

$$P\left(\overline{X} > 173 \big| \mu = 172\right)$$

$$= P\left(\frac{\overline{X} - 172}{8/\sqrt{50}} > \frac{173 - 172}{8/\sqrt{50}} \big| \mu = 172\right)$$

$$= P\left(Z > 0.884 \big| \mu = 172\right)$$

$$= 0.188$$

```
> pnorm(173, 172, 8/sqrt(50), lower.tail=F)
[1] 0.1883796
```

若 $H_a$ 為正確，$\mu = 174$，則此檢定規則犯型 II 誤的機率為：

$$P\left(\overline{X} < 173 \big| \mu = 174\right)$$

$$= P\left(\frac{\overline{X} - 174}{8/\sqrt{50}} < \frac{173 - 174}{8/\sqrt{50}} \big| \mu = 174\right)$$

$$= P\left(Z < -0.884 \big| \mu = 174\right)$$

$$= 0.188$$

```
> pnorm(173, 174, 8/sqrt(50))
[1] 0.1883796
```

## 10.3 檢定方法：棄卻域法、p 值法與信賴區間法

檢定統計假說的方法有三種：棄卻域法、p 值法與信賴區間法。

### 例 10.7 （棄卻域法）

欲檢定某大學全體學生身高平均數 $H_0: \mu \leq 172$ vs $H_a: \mu > 172$，顯著水準為 $\alpha$。若該校學生身高呈常態分配 $N(\mu, \sigma^2)$，以樣本數為 $n$ 之樣本平均數 $\overline{X}$ 做檢定統計量，檢定的棄卻域應為何？

☞ 解

因全體學生身高呈常態分配，故 $\overline{X} \sim N(\mu, \dfrac{\sigma^2}{n})$，得

$$\alpha = P\left( \frac{\overline{X}-172}{\sigma/\sqrt{n}} > z_\alpha \right) = P\left( \overline{X} > 172 + z_\alpha \frac{\sigma}{\sqrt{n}} \right), \quad \text{故取} \quad C = \left\{ \overline{X} \in \left( 172 + z_\alpha + \frac{\sigma}{\sqrt{n}}, \infty \right) \right\}, \quad \text{即}$$

可得此檢定的棄卻域。

棄卻域檢定法：若檢定統計量 T 的觀測值落於該區間即棄卻 $H_0$，否則不棄卻 $H_0$。

### 例 10.8 （p 值法，續上例）

給定 $\alpha = 0.05$，若 $H_0$ 為真，全體學生身高平均數 $\mu = 172$ 公分與標準差 $\sigma = 8$ 公分，請問 50 名學生身高平均數大於 173.5 公分的機率？應棄卻或接受 $H_0$？

☞ 解

由中央極限定理知 $\overline{X} \sim N\left( 172, \dfrac{8^2}{50} \right)$，故：

$$P(\overline{X} > 173.5 | \mu = 172)$$
$$= P\left( \frac{\overline{X}-172}{8/\sqrt{50}} > \frac{173.5-172}{8/\sqrt{50}} \right)$$
$$= P(Z > 1.326)$$
$$= 0.092$$

```
> pnorm(173.5, 172, 8/sqrt(50), lower.tail=F)
[1] 0.0924488
```

此例的計算指出，若 $H_0$ 為眞，$\mu = 172$，則 50 名學生身高平均數大於 173.5 公分的機率爲 0.092，即若 $H_0$ 爲眞，觀察到 50 名學生身高平均數大於 173.5 公分，就做出棄卻 $H_0$ 的結論，此檢定規則犯型 I 誤的機率爲 0.092，大於決策者願承擔的風險 0.05，故決策者不應棄卻 $H_0$。

單尾檢定 p 值（p-value）：檢定假說爲 $H_0 : \theta \geq \theta_0$ vs $H_a : \theta < \theta_0$，$t$ 爲檢定統計量 T 的觀測值，則稱機率 $P(\text{T} < t \mid \theta = \theta_0)$ 爲此檢定的 p 值（p-value）；或檢定假說爲 $H_0 : \theta \leq \theta_0$ vs $H_a : \theta > \theta_0$，$t$ 爲檢定統計量 T 的觀測值，則稱機率 $P(\text{T} > t \mid \theta = \theta_0)$ 爲此檢定的 p 值（p-value）。

雙尾檢定 p 值（p-value）：若檢定假說爲 $H_0 : \theta = \theta_0$ vs $H_a : \theta \neq \theta_0$，$t$ 爲檢定統計量 T 的觀測值，則稱機率 $2 \times \min\{P(\text{T} < t \mid \theta = \theta_0), P(\text{T} > t \mid \theta = \theta_0)\}$ 爲此檢定的 p 值（p-value）。

p 值檢定法：p 值 $< \alpha$，棄卻 $H_0$。

### 例 10.9 （信賴區間檢定法，續上例）

給定 $\alpha = 0.05$，若 50 名學生身高平均數爲 173.5 公分，試求信賴度 95% 母體平均數的左尾信賴區間。

☞ 解

因 50 名學生身高平均數 $\overline{X} \sim \text{N}\left(\mu, \dfrac{8^2}{50}\right)$，且檢定假說爲 $H_0 : \mu \leq 172$ vs $H_a : \mu > 172$，接受域爲：

$$
\begin{aligned}
&P\left(\frac{\overline{X} - \mu}{8/\sqrt{50}} \leq z_{0.05}\right) \\
&= P\left(\overline{X} - z_{0.05}\frac{8}{\sqrt{50}} \leq \mu\right) \\
&= 0.95
\end{aligned}
$$

$\mu$ 信賴度 95% 之左尾信賴區間之接受域爲 $\left[\overline{X} - z_{0.05}\dfrac{8}{\sqrt{50}}, \infty\right)$。當 50 名學生身高平均數爲 173.5 公分，其信賴度 95% 之左尾信賴區間的接受域爲

$$
\left[\overline{X} - z_{0.05}\frac{8}{\sqrt{50}}, \infty\right) = \left[173.5 - 1.645 \times \frac{8}{\sqrt{50}}, \infty\right) = [171.64, \infty)
$$

上例的計算指出，若 50 名學生身高平均數爲 173.5 公分，則 $\mu$ 信賴度 95% 信賴區間的接受域爲 $[171.64, \infty)$。此區間包含 172 公分，故在顯著性 $\alpha = 0.05$ 下，不

該棄卻 $H_0$。

信賴區間檢定法：

1. 檢定假設 $H_0 : \theta \le \theta_0$ vs $H_a : \theta > \theta_0$，顯著水準為 $\alpha$。若以檢定統計量 T 的觀測值做信賴度 $100(1 - \alpha)\%$ 的左尾信賴區間包含 $\theta_0$，則不棄卻 $H_0$，否則棄卻 $H_0$。

2. 檢定假設 $H_0 : \theta \ge \theta_0$ vs $H_a : \theta < \theta_0$，顯著水準為 $\alpha$。若以檢定統計量 T 的觀測值做信賴度 $100(1 - \alpha)\%$ 的右尾信賴區間包含 $\theta_0$，則不棄卻 $H_0$，否則棄卻 $H_0$。

3. 檢定假設 $H_0 : \theta = \theta_0$ vs $H_a : \theta \ne \theta_0$，顯著水準為 $\alpha$。若以檢定統計量 T 的觀測值做信賴度 $100(1 - \alpha)\%$ 的兩尾信賴區間包含 $\theta_0$，則不棄卻 $H_0$，否則棄卻 $H_0$。

## 10.4 一個常態母體平均數檢定（one sample tests for means of normal distributions）

令 $X_1, X_2, ..., X_n$ 為抽自平均數 $\mu$ 與標準差 $\sigma$ 之常態母體的一組樣本數為 $n$ 之隨機樣本，樣本平均數與樣本變異數分別為 $\overline{X}$ 與 $S^2$，在顯著水準 $\alpha = \alpha_0$ 下：

1. 若標準差 $\sigma$ 已知

檢定 $H_0 : \mu = \mu_0$ vs $H_a : \mu \ne \mu_0$，棄卻域為 $C = \left\{ \left| \dfrac{\overline{X} - \mu_0}{\sigma / \sqrt{n}} \right| > z_{\alpha_0/2} \right\}$，或雙尾信賴區間為

$$\left[ \overline{X} - z_{\alpha_0/2} \frac{\sigma}{\sqrt{n}}, \overline{X} + z_{\alpha_0/2} \frac{\sigma}{\sqrt{n}} \right].$$

檢定 $H_0 : \mu \le \mu_0$ vs $H_a : \mu > \mu_0$，棄卻域為 $C = \left\{ \dfrac{\overline{X} - \mu_0}{\sigma / \sqrt{n}} > z_{\alpha_0} \right\}$，或左尾信賴區間為

$$\left[ \overline{X} - z_{\alpha_0} \frac{\sigma}{\sqrt{n}}, \infty \right).$$

檢定 $H_0 : \mu \ge \mu_0$ vs $H_a : \mu < \mu_0$，棄卻域為 $C = \left\{ \dfrac{\overline{X} - \mu_0}{\sigma / \sqrt{n}} < -z_{\alpha_0} \right\}$，或右尾信賴區間

為 $\left( -\infty, \overline{X} + z_{\alpha_0} \dfrac{\sigma}{\sqrt{n}} \right].$

2. 若標準差 $\sigma$ 未知

檢定 $H_0 : \mu = \mu_0$ vs $H_a : \mu \ne \mu_0$，棄卻域為 $C = \left\{ \left| \dfrac{\overline{X} - \mu_0}{S / \sqrt{n}} \right| > t_{\alpha_0/2, n-1} \right\}$，或雙尾信賴區間

為 $\left[ \overline{X} - t_{\alpha_0/2, n-1} \dfrac{S}{\sqrt{n}}, \overline{X} + t_{\alpha_0/2, n-1} \dfrac{S}{\sqrt{n}} \right].$

檢定 $H_0 : \mu \leq \mu_0$ vs $H_a : \mu > \mu_0$，棄卻域為 $C = \left\{ \dfrac{\overline{X} - \mu_0}{S/\sqrt{n}} > t_{\alpha_0, n-1} \right\}$，或左尾信賴區間為 $\left[ \overline{X} - t_{\alpha_0, n-1} \dfrac{S}{\sqrt{n}}, \infty \right)$。

檢定 $H_0 : \mu \geq \mu_0$ vs $H_a : \mu < \mu_0$，棄卻域為 $C = \left\{ \dfrac{\overline{X} - \mu_0}{S/\sqrt{n}} < -t_{\alpha_0, n-1} \right\}$，或右尾信賴區間為 $\left( -\infty, \overline{X} + t_{\alpha_0, n-1} \dfrac{S}{\sqrt{n}} \right]$。

### 例 10.10

若某校學生身高呈常態分配 $N(\mu, \sigma^2)$，由該校隨機抽出 16 位學生，其身高分別為（單位：公分）：

| 171.4 | 175.2 | 164.9 | 174.2 | 178.4 | 182.6 | 186.8 | 183.6 |
| 172.0 | 178.9 | 166.0 | 171.3 | 173.3 | 179.3 | 166.0 | 175.7 |

試在顯著水準為 $\alpha = 0.05$ 下，分別以棄卻域法、信賴區間法與 p 值法檢定 $H_0 : \mu \geq 175$ vs $H_a : \mu < 175$。

☞ 解

學生身高呈常態分配 $N(\mu, \sigma^2)$，標準差 $\sigma$ 未知，計算得 $\overline{x} = 174.98$ 公分，$s = 6.43$ 公分，顯著水準為 $\alpha = 0.05$。

#### 1. 棄卻域法

棄卻域為 $C = \left\{ \dfrac{\overline{X} - 175}{S/\sqrt{16}} < -t_{0.05, 15} = -1.753 \right\}$，檢定統計量的觀測值為 $\dfrac{174.98 - 175}{6.43/\sqrt{16}} = -0.012 > -1.753$，故不棄卻 $H_0$。

#### 2. 信賴區間法

右尾信賴區間為

$$\left( -\infty, \overline{X} + t_{0.05, 15} \frac{S}{\sqrt{16}} \right] = \left( -\infty, 174.98 + 1.753 \times \frac{6.43}{\sqrt{16}} \right] = \left( -\infty, 177.8 \right],$$

包含 175，故不棄卻 $H_0$。

3. p 值法

$$\text{p 值} = P\left(\overline{X} < 174.98 \mid \mu = 175\right) = P\left(\frac{\overline{X} - 175}{S/\sqrt{16}} < \frac{174.98 - 175}{6.43/\sqrt{16}}\right) = P\left(T(15) < -0.012\right) = 0.495 >$$

$\alpha = 0.05$，故不棄卻 $H_0$。

```
> hi=c(171.4, 175.2, 164.9, 174.2, 178.4, 182.6, 186.8, 183.6,
172.0, 178.9,
+ 166.0, 171.3, 173.3, 179.3, 166.0, 175.7)
> t.test(hi, mu = 175, conf.level = 0.95, alternative="less")

    One Sample t-test
data: hi
t = -0.015555, df = 15, p-value = 0.4939
alternative hypothesis: true mean is less than 175
95 percent confidence interval:
  -Inf   177.7925
sample estimates:
mean of x
 174.975
```

## 10.5 一個非常態母體平均數檢定（one sample tests for means of nonnormal distributions）

令 $X_1, X_2, ..., X_n$ 為抽自平均數 $\mu$ 與標準差 $\sigma$ 之非常態母體的一組樣本數為 $n$ 之隨機樣本，樣本平均數與樣本變異數分別為 $\overline{X}$ 與 $S^2$，在顯著水準 $\alpha = \alpha_0$ 下：

1. 樣本數 $n > 30$，標準差 $\sigma$ 已知

檢定 $H_0 : \mu = \mu_0$ vs $H_a : \mu \neq \mu_0$，棄卻域為 $C = \left\{\left|\dfrac{\overline{X} - \mu_0}{\sigma/\sqrt{n}}\right| > z_{\alpha_0/2}\right\}$，或雙尾信賴區間為 $\left[\overline{X} - z_{\alpha_0/2}\dfrac{\sigma}{\sqrt{n}}, \overline{X} + z_{\alpha_0/2}\dfrac{\sigma}{\sqrt{n}}\right]$。

檢定 $H_0 : \mu \leq \mu_0$ vs $H_a : \mu > \mu_0$，棄卻域為 $C = \left\{\left|\dfrac{\overline{X} - \mu_0}{\sigma/\sqrt{n}}\right| > z_{\alpha_0/2}\right\}$，或左尾信賴區間為

$$\left[\overline{X} - z_{\alpha_0/2}\frac{\sigma}{\sqrt{n}}, \infty\right)\text{。}$$

檢定 $H_0 : \mu \geq \mu_0$ vs $H_a : \mu < \mu_0$，棄卻域爲 $C = \left\{\dfrac{\overline{X} - \mu_0}{\sigma/\sqrt{n}} < -z_{\alpha_0}\right\}$，或右尾信賴區間

爲 $\left(-\infty, \overline{X} + z_{\alpha_0}\dfrac{\sigma}{\sqrt{n}}\right]\text{。}$

## 2. 樣本數 $n > 30$，標準差 $\sigma$ 未知

檢定 $H_0 : \mu = \mu_0$ vs $H_a : \mu \neq \mu_0$，棄卻域爲 $C = \left\{\left|\dfrac{\overline{X} - \mu_0}{S/\sqrt{n}}\right| > z_{\alpha_0/2}\right\}$，或雙尾信賴區間爲

$$\left[\overline{X} - z_{\alpha_0/2}\frac{S}{\sqrt{n}}, \overline{X} + z_{\alpha_0/2}\frac{S}{\sqrt{n}}\right]\text{。}$$

檢定 $H_0 : \mu \leq \mu_0$ vs $H_a : \mu > \mu_0$，棄卻域爲 $C = \left\{\dfrac{\overline{X} - \mu_0}{S/\sqrt{n}} > z_{\alpha_0}\right\}$，或左尾信賴區間爲

$$\left[\overline{X} - z_{\alpha_0}\frac{S}{\sqrt{n}}, \infty\right)\text{。}$$

檢定 $H_0 : \mu \geq \mu_0$ vs $H_a : \mu < \mu_0$，棄卻域爲 $C = \left\{\dfrac{\overline{X} - \mu_0}{S/\sqrt{n}} > z_{\alpha_0}\right\}$，或右尾信賴區間爲

$$\left(-\infty, \overline{X} + z_{\alpha_0}\frac{S}{\sqrt{n}}\right]\text{。}$$

### 例 10.11

欲檢定某校學生身高平均數 $\mu$，由該校隨機抽出 32 位學生，其身高平均數分別爲

| | | | | | | | |
|---|---|---|---|---|---|---|---|
| 175.0 | 171.5 | 172.1 | 165.1 | 168.6 | 170.9 | 168.6 | 185.3 |
| 175.5 | 170.1 | 169.6 | 168.4 | 168.9 | 167.9 | 165.6 | 162.7 |
| 156.9 | 161.0 | 174.7 | 163.6 | 157.9 | 175.6 | 171.6 | 168.4 |
| 167.5 | 152.9 | 174.4 | 168.6 | 155.8 | 147.7 | 167.2 | 177.6 |

試在顯著水準爲 $\alpha = 0.1$ 下，以棄卻域法、信賴區間法與 p 值法檢定 $H_0 : \mu \geq 175$ vs $H_a : \mu < 175$。

☞ 解

學生身高分配未知且標準差 $\sigma$ 未知，計算得 $\overline{x} = 167.7$ 公分，$s = 7.67$ 公分，顯著水準爲 $\alpha = 0.1$。

## 1. 棄卻域法

棄卻域為 $C = \left\{ \dfrac{\overline{X} - 175}{S/\sqrt{32}} < -z_{0.1} = -1.282 \right\}$，檢定統計量的觀測值為

$\dfrac{167.7 - 175}{7.67/\sqrt{32}} = -5.38 < -1.282$，故棄卻 $H_0$。

## 2. 信賴區間法

右尾信賴區間為

$$\left( -\infty, \overline{X} + z_{0.1} \frac{S}{\sqrt{32}} \right] = \left( -\infty, 167.7 + 1.282 \times \frac{7.67}{\sqrt{32}} \right] = \left( -\infty, 169.44 \right]，不包含 175，故$$

棄卻 $H_0$。

## 3. p 值法

$$\text{p 值} = P\left( \overline{X} < 167.7 \mid \mu = 175 \right) = P\left( \frac{\overline{X} - 175}{S/\sqrt{32}} < \frac{167.7 - 175}{7.67/\sqrt{32}} \right) = P\left( Z < -5.38 \right) \cong 0.00 > \alpha$$

$= 0.05$，故棄卻 $H_0$。

```
> library(TeachingDemos)
> hi=c(175.0,171.5,172.1,165.1,168.6,170.9,168.6,185.3,
+ 175.5,170.1,169.6,168.4,168.9,167.9,165.6,162.7,
+ 156.9,161.0,174.7,163.6,157.9,175.6,171.6,168.4,
+ 167.5,152.9,174.4,168.6,155.8,147.7,167.2,177.6)
> sd(hi)
[1] 7.668915
> z.test(hi, mu = 175, sd=7.67, conf.level = 0.9,
alternative="less")

    One Sample z-test

data: hi
z = -5.3655, n = 32.0000, Std. Dev. = 7.6700, Std. Dev. of the
sample mean = 1.3559, p-value = 4.036e-08
alternative hypothesis: true mean is less than 175
```

90 percent confidence interval:

  **-Inf 169.4626**

sample estimates:

mean of hi

  167.725

## 10.6 一個母體比例檢定 （test for a population proportion）

令 $X_1, X_2, ..., X_n$ 為抽自伯努利二項母體 binom(1, p) 的一組樣本數為 n 之隨機樣本，令 $\overline{P} = \sum_{i=1}^{n} \dfrac{X_i}{n}$ 為樣本比例，在顯著水準 $\alpha = \alpha_0$ 下，當 n 足夠大時：

檢定 $H_0 : p = p_0$ vs $H_a : p \neq p_0$

棄卻域為 $C = \left\{ \left| \dfrac{\overline{P} - p_0}{\sqrt{p_0(1 - p_0)/n}} \right| > z_{\alpha_0/2} \right\}$，或雙尾信賴區間為

$$\left[ \overline{P} - z_{\alpha_0/2} \sqrt{\dfrac{p_0(1 - p_0)}{n}}, \overline{P} + z_{\alpha_0/2} \sqrt{\dfrac{p_0(1 - p_0)}{n}} \right]$$

檢定 $H_0 : p \leq p_0$ vs $H_a : p > p_0$

棄卻域為 $C = \left\{ \dfrac{\overline{P} - p_0}{\sqrt{p_0(1 - p_0)/n}} > z_{\alpha_0} \right\}$，或左尾信賴區間為 $\left[ \overline{P} - z_{\alpha_0} \sqrt{\dfrac{p_0(1 - p_0)}{n}}, 1 \right)$

檢定 $H_0 : p \geq p_0$ vs $H_a : p < p_0$

棄卻域為 $C = \left\{ \dfrac{\overline{P} - p_0}{\sqrt{p_0(1 - p_0)/n}} < -z_{\alpha_0} \right\}$，或右尾信賴區間為 $\left( 0, \overline{P} + z_{\alpha_0} \sqrt{\dfrac{p_0(1 - p_0)}{n}} \right]$

### 例 10.12

在某選區中隨機抽出 100 位選民作調查，其中有 30 位選民宣稱會選某候選人，試以顯著水準 $\alpha = 0.05$ 檢定該候選人的得票率是否大於 0.25？

☞ 解

依題意樣本比例為 $\overline{P} = 30/100 = 0.3$，檢定假說應設為：

$H_0 : p \leq 0.25$ vs $H_a : p > 0.25$，顯著水準 $\alpha = 0.05$，棄卻域為

$$C = \left\{ \frac{\overline{P} - 0.25}{\sqrt{0.25(1-0.25)/100}} > 1.645 \right\},\text{檢定統計量觀測值為} \frac{0.3-0.25}{\sqrt{0.25(1-0.25)/100}} = 1.155 < 1.645,$$

故不棄卻 $H_0$。

又左尾信賴區間為

$$\left[ \overline{P} - z_\alpha \sqrt{\frac{p_0(1-p_0)}{n}}, 1 \right) = \left[ 0.3 - 1.645\sqrt{\frac{0.25(1-0.25)}{100}}, 1 \right) = [0.229, 1),\text{包含 0.25,故不}$$

棄卻 $H_0$。

$$\text{p 值} = P\left( \overline{P} > 0.3 \middle| p = 0.25 \right) = P\left( \frac{\overline{P} - 0.25}{\sqrt{0.25(1-0.25)/100}} > \frac{0.3-0.25}{\sqrt{0.25(1-0.25)/100}} \right)$$

$$= P(Z > 1.115) = 0.124 > \alpha = 0.05,\text{故不棄卻 } H_0。$$

```
> prop.test(x=30, n=100, p=.25, alt="greater",correct=F)
# 無連續修正
    1-sample proportions test without continuity correction
data:  30 out of 100, null probability 0.25
X-squared = 1.3333, df = 1, p-value = 0.1241
alternative hypothesis: true p is greater than 0.25
95 percent confidence interval:
 0.230705   1.000000
sample estimates:
 p
0.3
```

有連續修正

```
> prop.test(x=30, n=100, p=.25, alt="greater")          # 連續修正
    1-sample proportions test with continuity correction
data:  30 out of 100, null probability 0.25
X-squared = 1.08, df = 1, p-value = 0.1493( 連續修正 )
alternative hypothesis: true p is greater than 0.25
95 percent confidence interval:
 0.2261858( 連續修正 )  1.0000000
sample estimates:
```

p
0.3

## 10.7 一個常態母體變異數 $\sigma^2$ 的檢定（test for a normal population variance)

令 $X_1, X_2, ..., X_n$ 為抽自變異數 $\sigma^2$ 之常態母體的一組樣本數為 $n$ 之隨機樣本，則在顯著水準 $\alpha = \alpha_0$ 下：

檢定 $H_0 : \sigma^2 = \sigma_0^2$ vs $H_a : \sigma^2 \neq \sigma_0^2$

棄卻域為 $C = \left\{ \dfrac{(n-1)S^2}{\sigma_0^2} < \chi^2_{1-\alpha_0/2,n-1} \quad or \quad \dfrac{(n-1)S^2}{\sigma_0^2} > \chi^2_{\alpha_0/2,n-1} \right\}$，或雙尾信賴區間

為 $\left[ \dfrac{(n-1)S^2}{\chi^2_{\alpha_0/2,n-1}}, \ \dfrac{(n-1)S^2}{\chi^2_{1-\alpha_0/2,n-1}} \right]$。

檢定 $H_0 : \sigma^2 \leq \sigma_0^2$ vs $H_a : \sigma^2 > \sigma_0^2$

棄卻域為 $C = \left\{ \dfrac{(n-1)S^2}{\sigma_0^2} > \chi^2_{\alpha_0,n-1} \right\}$，或左尾信賴區間為 $\left[ \dfrac{(n-1)S^2}{\chi^2_{\alpha_0,n-1}}, \ \infty \right)$。

檢定 $H_0 : \sigma^2 \geq \sigma_0^2$ vs $H_a : \sigma^2 < \sigma_0^2$

棄卻域為 $C = \left\{ \dfrac{(n-1)S^2}{\sigma_0^2} < \chi^2_{1-\alpha_0,n-1} \right\}$，或右尾信賴區間為 $\left[ 0, \ \dfrac{(n-1)S^2}{\chi^2_{1-\alpha_0,n-1}} \right]$。

**例 10.13**

在某大學全體學生隨機抽出 12 位學生，計算這 12 位學生身高的標準差為 8 公分，在顯著水準 $\alpha = 0.05$ 下，檢定該大學全體學生身高標準差小於 10 公分。設該大學學生身高分配為常態。

☞ 解

令 $\sigma^2$ 為該校學生身高變異數，依題意，在顯著水準 $\alpha = 0.05$ 下，檢定 $H_0 : \sigma \geq$

10 vs $H_a : \sigma < 10$，棄卻域應為 $C = \left\{ \sqrt{\dfrac{(12-1)S^2}{10^2}} < \sqrt{\chi^2_{1-0.05,12-1}} = 2.139 \right\}$，計算檢定統

計量之值為 $\sqrt{\dfrac{(12-1)\times 8^2}{10^2}} = 2.653 > 2.139$，故不棄卻 $H_0$。

右尾信賴區間為 $\left(0,\ \sqrt{\dfrac{(n-1)S^2}{\chi^2_{1-\alpha_0,n-1}}}\right] = \left(0,\ \sqrt{\dfrac{(12-1)\times 8^2}{4.575}}\right] = \left(0,\ 12.4\right]$ 包含 10，故不棄卻 $H_0$。

p 值 $= P\left(\chi^2(11) < \dfrac{(12-1)S^2}{10^2}\right) = P\left(\chi^2(11) < 7.04\right) = 0.204 > \alpha = 0.05$，故不棄卻 $H_0$。

## 10.8 兩常態母體平均數差的檢定（tests for differences of two means）

令 $X_1, X_2, ..., X_n$ 與 $Y_1, Y_2, ..., Y_m$ 為分別抽自平均數 $\mu_1$、標準差 $\sigma_1$ 與平均數 $\mu_2$、標準差 $\sigma_2$ 兩常態母體之兩組獨立的隨機樣本，樣本數分別為 $n$ 與 $m$，此兩組隨機樣本的平均數與變異數分別為 $\overline{X}, S_1^2$ 與 $\overline{Y}, S_2^2$，則 $\overline{X} - \overline{Y} \sim N(\mu_1 - \mu_2, \dfrac{\sigma_1^2}{n} + \dfrac{\sigma_2^2}{m})$。在顯著水準 $\alpha = \alpha_0$ 下：

1. 若 $\sigma_1$ 與 $\sigma_2$ 已知

檢定 $H_0 : \mu_1 - \mu_2 = D_0$ vs $H_a : \mu_1 - \mu_2 \neq D_0$

棄卻域為 $C = \left\{ \left| \dfrac{\overline{X} - \overline{Y} - D_0}{\sqrt{\dfrac{\sigma_1^2}{n} + \dfrac{\sigma_2^2}{m}}} \right| > z_{\alpha_0/2} \right\}$，或雙尾信賴區間為

$$\left[ \overline{X} - \overline{Y} - D_0 - z_{\alpha_0/2}\sqrt{\dfrac{\sigma_1^2}{n} + \dfrac{\sigma_2^2}{m}},\quad \overline{X} - \overline{Y} - D_0 + z_{\alpha_0/2}\sqrt{\dfrac{\sigma_1^2}{n} + \dfrac{\sigma_2^2}{m}} \right]$$

檢定 $H_0 : \mu_1 - \mu_2 \leq D_0$ vs $H_a : \mu_1 - \mu_2 > D_0$

棄卻域為 $C = \left\{ \dfrac{\overline{X} - \overline{Y} - D_0}{\sqrt{\dfrac{\sigma_1^2}{n} + \dfrac{\sigma_2^2}{m}}} > z_{\alpha_0} \right\}$，或左尾信賴區間為

$$\left[ \overline{X} - \overline{Y} - D_0 - z_{\alpha_0} \sqrt{\frac{\sigma_1^2}{n} + \frac{\sigma_2^2}{m}}, \infty \right)$$

檢定 $H_0 : \mu_1 - \mu_2 \geq D_0$ vs $H_a : \mu_1 - \mu_2 < D_0$

棄卻域為 $C = \left\{ \dfrac{\overline{X} - \overline{Y} - D_0}{\sqrt{\dfrac{\sigma_1^2}{n} + \dfrac{\sigma_2^2}{m}}} < -z_{\alpha_0} \right\}$，或右尾信賴區間為

$$\left( -\infty, \overline{X} - \overline{Y} - D_0 + z_{\alpha_0} \sqrt{\frac{\sigma_1^2}{n} + \frac{\sigma_2^2}{m}} \right]$$

2. 若 $\sigma_1$ 與 $\sigma_2$ 未知但相等

　　檢定 $H_0 : \mu_1 - \mu_2 = D_0$ vs $H_a : \mu_1 - \mu_2 \neq D_0$

　　棄卻域為 $C = \left\{ \left| \dfrac{\overline{X} - \overline{Y} - D_0}{S_p \sqrt{\dfrac{1}{n} + \dfrac{1}{m}}} \right| > t_{\alpha_0/2, (n+m-2)} \right\}$，或雙尾信賴區間為

$$\left[ \overline{X} - \overline{Y} - D_0 - t_{\alpha_0/2, (n+m-2)} S_p \sqrt{\frac{1}{n} + \frac{1}{m}}, \quad \overline{X} - \overline{Y} - D_0 + t_{\alpha_0/2, (n+m-2)} S_p \sqrt{\frac{1}{n} + \frac{1}{m}} \right]$$

　　檢定 $H_0 : \mu_1 - \mu_2 \leq D_0$ vs $H_a : \mu_1 - \mu_2 > D_0$

　　棄卻域為 $C = \left\{ \dfrac{\overline{X} - \overline{Y} - D_0}{S_p \sqrt{\dfrac{1}{n} + \dfrac{1}{m}}} > t_{\alpha_0, (n+m-2)} \right\}$，或左尾信賴區間為

$$\left[ \overline{X} - \overline{Y} - D_0 - t_{\alpha_0, (n+m-2)} S_p \sqrt{\frac{1}{n} + \frac{1}{m}}, \infty \right)$$

　　檢定 $H_0 : \mu_1 - \mu_2 \geq D_0$ vs $H_a : \mu_1 - \mu_2 < D_0$

　　棄卻域為 $C = \left\{ \dfrac{\overline{X} - \overline{Y} - D_0}{S_p \sqrt{\dfrac{1}{n} + \dfrac{1}{m}}} < -t_{\alpha_0, (n+m-2)} \right\}$，右尾信賴區間為

$$\left(-\infty,\ \overline{X}-\overline{Y}-D_0+t_{\alpha_0,\,(n+m-2)}S_p\sqrt{\frac{1}{n}+\frac{1}{m}}\,\right],\ \ 其中\ S_p^2=\frac{(n-1)S_1^2+(m-1)S_2^2}{n+m-2}\ 。$$

3. 若 $\sigma_1$ 與 $\sigma_2$ 未知且不相等，在顯著水準 $\alpha=\alpha_0$ 下

　　檢定 $H_0:\mu_1-\mu_2=D_0$ vs $H_a:\mu_1-\mu_2\neq D_0$

　　棄卻域為 $C=\left\{\left|\dfrac{\overline{X}-\overline{Y}-D_0}{\sqrt{\dfrac{S_1^2}{n}+\dfrac{S_2^2}{m}}}\right|>t_{\alpha_0/2,\,\nu}\right\}$，雙尾信賴區間為

$$\left[\overline{X}-\overline{Y}-D_0-t_{\alpha_0/2,\,\nu}\sqrt{\frac{S_1^2}{n}+\frac{S_2^2}{m}},\ \ \overline{X}-\overline{Y}-D_0+t_{\alpha_0/2,\,\nu}\sqrt{\frac{S_1^2}{n}+\frac{S_2^2}{m}}\,\right]$$

　　檢定 $H_0:\mu_1-\mu_2\leq D_0$ vs $H_a:\mu_1-\mu_2>D_0$

　　棄卻域為 $C=\left\{\dfrac{\overline{X}-\overline{Y}-D_0}{\sqrt{\dfrac{S_1^2}{n}+\dfrac{S_2^2}{m}}}>t_{\alpha_0,\,\nu}\right\}$，左尾信賴區間為

$$\left[\overline{X}-\overline{Y}-D_0-t_{\alpha_0,\,\nu}\,S_p\sqrt{\frac{1}{n}+\frac{1}{m}},\ \infty\right)$$

　　檢定 $H_0:\mu_1-\mu_2\geq D_0$ vs $H_a:\mu_1-\mu_2<D_0$

　　棄卻域為 $C=\left\{\dfrac{\overline{X}-\overline{Y}-D_0}{\sqrt{\dfrac{S_1^2}{n}+\dfrac{S_2^2}{m}}}<-t_{\alpha_0,\,\nu}\right\}$，右尾信賴區間為

$$\left(-\infty,\ \overline{X}-\overline{Y}-D_0+t_{\alpha_0,\,\nu}\sqrt{\frac{S_1^2}{n}+\frac{S_2^2}{m}}\,\right],\ \ 其中\ \nu=\frac{\left(\dfrac{S_1^2}{n}+\dfrac{S_2^2}{m}\right)^2}{\dfrac{1}{n-1}\left(\dfrac{S_1^2}{n}\right)^2+\dfrac{1}{m-1}\left(\dfrac{S_2^2}{m}\right)^2}\ 。$$

**例 10.14**

　　設某大學全體男學生與全體女學生的身高分配均為常態，男學生身高標準差為 10 公分，女學生身高標準差為 8 公分。若在男學生中隨機抽出 15 人，計算其平均

身高為 174 公分；在女學生中隨機抽出 10 人，計算其平均身高為 166 公分，試以顯著水準 0.05 檢定全體男學生與全體女學生身高平均數差 $\mu_1 - \mu_2$ 大於 5 公分。

☞ 解

因兩母體分配為常態，標準差已知，在顯著水準 0.05 下，檢定 $H_0 : \mu_1 - \mu_2 \leq 5$

vs $H_a : \mu_1 - \mu_2 > 5$，棄卻域為 $C = \left\{ \dfrac{\overline{X} - \overline{Y} - 5}{\sqrt{\dfrac{10^2}{15} + \dfrac{8^2}{10}}} > z_{0.05} = 1.645 \right\}$，計算檢定統計量觀測

值為 $\dfrac{174 - 166 - 5}{\sqrt{\dfrac{10^2}{15} + \dfrac{8^2}{10}}} = 0.83 < 1.645$，故不棄卻 $H_0$。

$$\left[ \overline{X} - \overline{Y} - D_0 - z_{\alpha_0} \sqrt{\dfrac{\sigma_1^2}{n} + \dfrac{\sigma_2^2}{m}}, \infty \right)$$

左尾信賴區間為 $= \left[ 174 - 166 - 5 - 1.645 \times \sqrt{\dfrac{10^2}{15} + \dfrac{8^2}{10}}, \ \infty \right)$

$$= \left[ -2.94, \ \infty \right)，包含 0，故不棄卻 H_0。$$

$$= P\left( \overline{X} - \overline{Y} - D_0 > 174 - 166 - 5 \right)$$

$$\text{p 值} = P\left( \dfrac{\overline{X} - \overline{Y} - D_0}{\sqrt{\dfrac{10^2}{15} + \dfrac{8^2}{10}}} > \dfrac{174 - 166 - 5}{\sqrt{\dfrac{10^2}{15} + \dfrac{8^2}{10}}} \right) > 0.05$$

$$= P(Z > 0.83)$$
$$= 0.203，故不棄卻 H_0。$$

```
> xbar=174; ybar=166
> sdx=10;sdy=8
> (xbar-ybar-5)/sqrt(sdx^2/15 + sdy^2/10)
[1] 0.829925
> pnorm(0.83, lower.tail=F)
[1] 0.2032694
```

例 10.15

設某大學全體男學生與全體女學生的身高分配均爲常態，標準差未知但相等。若在男學生中隨機抽出 15 人，在女學生中隨機抽出 10 人，其身高分別如下（單位：公分）：

| 男生 | 172.4　176.2　165.9　175.2　179.4　183.6　187.8　184.6　173.0　179.9　167.0　172.3　174.3 180.3　167.0 |
|---|---|
| 女生 | 166.9　173.5　167.8　172.2　165.5　160.0　167.9　157.5　178.9　166.0 |

試以顯著水準 0.05 檢定全體男學生與全體女學生身高平均數差 $\mu_1 - \mu_2$ 小於 10 公分。

☞ 解

因兩母體分配爲常態，標準差未知但相等，在顯著水準 0.05 下，檢定 $H_0$：$\mu_1 - \mu_2 \geq 10$ vs $H_a$：$\mu_1 - \mu_2 < 10$，計算兩隨機樣本之平均數、變異數與綜合標準差得 $\bar{x} = 175.93$，$s_1 = 6.65$，$\bar{y} = 167.62$，$s_2 = 6.25$，$s_p = 6.5$，棄卻域爲

$$C = \left\{ \frac{\overline{X} - \overline{Y} - D_0}{S_p\sqrt{\dfrac{1}{n} + \dfrac{1}{m}}} < -t_{\alpha_0,\,(n+m-2)} \right\} = \left\{ \frac{\overline{X} - \overline{Y} - 10}{S_p \times \sqrt{\dfrac{1}{15} + \dfrac{1}{10}}} < -t_{0.05,23} = -1.714 \right\}，檢定統計值$$

爲 $\dfrac{\bar{x} - \bar{y} - 10}{6.5 \times \sqrt{\dfrac{1}{15} + \dfrac{1}{10}}} = \dfrac{175.93 - 167.62 - 10}{6.5 \times \sqrt{\dfrac{1}{15} + \dfrac{1}{10}}} = -0.637 > -1.714$，故不棄卻 $H_0$。

右尾信賴區間爲

$$\left( -\infty, \overline{X} - \overline{Y} - D_0 + t_{\alpha_0,\,(n+m-2)} S_p \sqrt{\frac{1}{n} + \frac{1}{m}} \right]$$

$$= \left( -\infty, 175.93 - 167.62 - 10 + 1.714 \times 6.5 \times \sqrt{\frac{1}{15} + \frac{1}{10}} \right] = \left( -\infty,\ 2.86 \right]$$

包含 0，故不棄卻 $H_0$。

$$P\left(\overline{X}-\overline{Y}-D_0 < 175.93-167.62-10\right)$$

$$=P\left(\frac{\overline{X}-\overline{Y}-D_0}{S_p\sqrt{\dfrac{1}{15}+\dfrac{1}{10}}} < \frac{175.93-167.62-10}{6.5\times\sqrt{\dfrac{1}{15}+\dfrac{1}{10}}}\right)$$

$$=P(\mathrm{T}(23) < -0.637)$$

$$=0.265$$

p 值 = 0.265 > 0.05，故不棄卻 $H_0$。

```
> t.test(x,y,mu=10,var.equal=TRUE,alt=("less"))

    Two Sample t-test

data: x and y

t = -0.63857, df = 23, p-value = 0.2647

alternative hypothesis: true difference in means is less than 10

95 percent confidence interval:

  -Inf   12.85143*

sample estimates:

mean of x mean of y

 175.9267  167.6200
```

*12.85143 為以 $\overline{x}$ - $\overline{y}$ 計算的右尾信賴區間，包含 10，故不棄卻 $H_0$。

例 **10.16**（續前例）

　　若某大學全體男學生與全體女學生的身高分配均為常態，標準差未知且不相等，試以顯著水準 0.05 檢定全體男學生與全體女學生身高平均數差 $\mu_1 - \mu_2$ 小於 10 公分。

☞ 解

　　全體男學生與全體女學生的身高分配均為常態，標準差未知且不相等，計算男學生樣本之平均數與標準差為 $\overline{x} = 175.93$，$s_1 = 6.65$，女學生樣本之平均數與標準差為 $\overline{y} = 167.62$，$s_2 = 6.25$。在顯著水準 0.05 下，檢定 $H_0 : \mu_1 - \mu_2 \geq 10$ vs $H_a : \mu_1 - \mu_2 < 10$，因計算得 $v = 20.3$，取 $v = 20$，棄卻域為

$$C = \left\{ \frac{\overline{X} - \overline{Y} - D_0}{\sqrt{\dfrac{S_1^2}{n} + \dfrac{S_2^2}{m}}} < -t_{\alpha_0, \nu} \right\} = \left\{ \frac{\overline{X} - \overline{Y} - 10}{\sqrt{\dfrac{6.65^2}{15} + \dfrac{6.25^2}{10}}} < -t_{0.05, 20} = -1.725 \right\}$$ ，檢定統計值為

$$\frac{\overline{x} - \overline{y} - 10}{\sqrt{\dfrac{6.65^2}{15} + \dfrac{6.25^2}{10}}} = \frac{175.93 - 167.62 - 10}{\sqrt{\dfrac{6.65^2}{15} + \dfrac{6.25^2}{10}}} = -0.647 > -1.725$$ ，故不棄卻 $H_0$。

右尾信賴區間為

$$\left( -\infty, \overline{X} - \overline{Y} - D_0 + t_{\alpha_0, \nu} \sqrt{\frac{S_1^2}{n} + \frac{S_2^2}{m}} \right]$$

$$= \left( -\infty, 175.93 - 167.62 - 10 + 1.725 \times \sqrt{\frac{6.65^2}{15} + \frac{6.25^2}{10}} \right]$$

$$= \left( -\infty, \ 2.82 \right]$$

包含 0，故不棄 $H_0$。

$$P\left( \overline{X} - \overline{Y} - D_0 < 175.93 - 167.62 - 10 \right)$$

$$= P\left( \frac{\overline{X} - \overline{Y} - D_0}{\sqrt{\dfrac{6.65^2}{15} + \dfrac{6.25^2}{10}}} < \frac{175.93 - 167.62 - 10}{\sqrt{\dfrac{6.65^2}{15} + \dfrac{6.25^2}{10}}} \right)$$

$$= P(\mathrm{T}(20) < -0.646)$$

$$= 0.262$$

p 值 $= 0.262 > 0.05$，故不棄卻 $H_0$。

```
> t.test(x,y,mu=10,var.equal=F,alt=("less"))

    Welch Two Sample t-test

data: x and y
t = -0.64701, df = 20.297, p-value = 0.2624
alternative hypothesis: true difference in means is less than 10
95 percent confidence interval:
    -Inf     12.81734*
```

sample estimates:

mean of x mean of y

 175.9267 167.6200

*12.81734 為以 $\bar{x} - \bar{y}$ 計算的右尾信賴區間，包含 10，故不棄卻 $H_0$。

---

## 10.9　兩非常態母體平均數差的檢定 （tests for differences of two means）

令 $X_1, X_2, ..., X_n$ 與 $Y_1, Y_2, ..., Y_m$ 為分別抽自平均數 $\mu_1$、標準差 $\sigma_1$ 與平均數 $\mu_2$、標準差 $\sigma_2$ 兩非常態母體之兩組獨立的隨機樣本，樣本數分別為 $n$ 與 $m$，此兩組隨機樣本的平均數與變異數分別為 $\bar{X}, S_1^2$ 與 $\bar{Y}, S_2^2$，當 $n$ 與 $m$ 足夠大時，$\bar{X} - \bar{Y} \sim N(\mu_1 - \mu_2, \dfrac{\sigma_1^2}{n} + \dfrac{\sigma_2^2}{m})$，在顯著水準 $\alpha = \alpha_0$ 下：

1. 若 $\sigma_1$ 與 $\sigma_2$ 已知

　　檢定 $H_0 : \mu_1 - \mu_2 = D_0$ vs $H_a : \mu_1 - \mu_2 \neq D_0$

　　棄卻域為 $C = \left\{ \left| \dfrac{\bar{X} - \bar{Y} - D_0}{\sqrt{\dfrac{\sigma_1^2}{n} + \dfrac{\sigma_2^2}{m}}} \right| > z_{\alpha_0/2} \right\}$，雙尾信賴區間為

$$\left[ \bar{X} - \bar{Y} - D_0 - z_{\alpha_0/2} \sqrt{\dfrac{\sigma_1^2}{n} + \dfrac{\sigma_2^2}{m}}, \quad \bar{X} - \bar{Y} - D_0 + z_{\alpha_0/2} \sqrt{\dfrac{\sigma_1^2}{n} + \dfrac{\sigma_2^2}{m}} \right].$$

　　檢定 $H_0 : \mu_1 - \mu_2 \leq D_0$ vs $H_a : \mu_1 - \mu_2 > D_0$

　　棄卻域為 $C = \left\{ \dfrac{\bar{X} - \bar{Y} - D_0}{\sqrt{\dfrac{\sigma_1^2}{n} + \dfrac{\sigma_2^2}{m}}} > z_{\alpha_0} \right\}$，左尾信賴區間為

$$\left[ \bar{X} - \bar{Y} - D_0 - z_{\alpha_0} \sqrt{\dfrac{\sigma_1^2}{n} + \dfrac{\sigma_2^2}{m}}, \infty \right).$$

檢定 $H_0 : \mu_1 - \mu_2 \geq D_0$ vs $H_a : \mu_1 - \mu_2 < D_0$

棄卻域為 $C = \left\{ \dfrac{\overline{X} - \overline{Y} - D_0}{\sqrt{\dfrac{\sigma_1^2}{n} + \dfrac{\sigma_2^2}{m}}} < -z_{\alpha_0} \right\}$，右尾信賴區間為

$$\left( -\infty, \overline{X} - \overline{Y} - D_0 + z_{\alpha_0} \sqrt{\dfrac{\sigma_1^2}{n} + \dfrac{\sigma_2^2}{m}} \right] 。$$

2. 若 $\sigma_1$ 與 $\sigma_2$ 未知

檢定 $H_0 : \mu_1 - \mu_2 = D_0$ vs $H_a : \mu_1 - \mu_2 \neq D_0$

棄卻域為 $C = \left\{ \left| \dfrac{\overline{X} - \overline{Y} - D_0}{\sqrt{\dfrac{S_1^2}{n} + \dfrac{S_2^2}{m}}} \right| > z_{\alpha_0/2} \right\}$，雙尾信賴區間為

$$\left[ \overline{X} - \overline{Y} - D_0 - z_{\alpha_0/2} \sqrt{\dfrac{S_1^2}{n} + \dfrac{S_2^2}{m}}, \quad \overline{X} - \overline{Y} - D_0 + z_{\alpha_0/2} \sqrt{\dfrac{S_1^2}{n} + \dfrac{S_2^2}{m}} \right] 。$$

檢定 $H_0 : \mu_1 - \mu_2 \leq D_0$ vs $H_a : \mu_1 - \mu_2 > D_0$

棄卻域為 $C = \left\{ \dfrac{\overline{X} - \overline{Y} - D_0}{\sqrt{\dfrac{S_1^2}{n} + \dfrac{S_2^2}{m}}} > z_{\alpha_0} \right\}$，左尾信賴區間為

$$\left[ \overline{X} - \overline{Y} - D_0 - z_{\alpha_0} \sqrt{\dfrac{S_1^2}{n} + \dfrac{S_2^2}{m}}, \infty \right) 。$$

檢定 $H_0 : \mu_1 - \mu_2 \geq D_0$ vs $H_a : \mu_1 - \mu_2 < D_0$

棄卻域為 $C = \left\{ \dfrac{\overline{X} - \overline{Y} - D_0}{\sqrt{\dfrac{S_1^2}{n} + \dfrac{S_2^2}{m}}} < -z_{\alpha_0} \right\}$，右尾信賴區間為

$$\left( -\infty, \overline{X} - \overline{Y} - D_0 + z_{\alpha_0} \sqrt{\dfrac{S_1^2}{n} + \dfrac{S_2^2}{m}} \right) 。$$

**例 10.17**

設某大學全體男學生與全體女學生身高的分配未知。若在男學生中隨機抽出 50 人，在女學生中隨機抽出 40 人，其身高分別如下：

| 男生 | 165.7 | 180.2 | 172.1 | 178.2 | 157.9 |
|------|-------|-------|-------|-------|-------|
|      | 184.5 | 170.4 | 171.0 | 177.1 | 168.5 |
|      | 181.7 | 170.5 | 183.9 | 166.5 | 182.4 |
|      | 170.3 | 166.6 | 156.0 | 177.7 | 158.6 |
|      | 158.8 | 159.9 | 165.5 | 178.8 | 168.9 |
|      | 177.8 | 178.3 | 170.2 | 158.8 | 167.0 |
|      | 172.8 | 172.0 | 180.7 | 160.4 | 174.1 |
|      | 182.7 | 179.5 | 165.1 | 170.8 | 174.1 |
|      | 162.9 | 182.4 | 174.3 | 166.9 | 160.2 |
|      | 182.5 | 183.7 | 171.5 | 171.5 | 175.4 |
| 女生 | 171.8 | 156.4 | 163.5 | 170.4 | 147.3 |
|      | 160.5 | 170.9 | 152.4 | 145.3 | 168.7 |
|      | 170.9 | 154.7 | 178.2 | 164.3 | 170.8 |
|      | 152.8 | 165.2 | 160.6 | 166.2 | 172.2 |
|      | 154.4 | 146.4 | 160.1 | 149.8 | 164.1 |
|      | 170.3 | 160.1 | 167.4 | 179.0 | 154.0 |
|      | 171.5 | 148.0 | 162.7 | 178.9 | 161.8 |
|      | 147.5 | 159.8 | 159.2 | 160.7 | 165.2 |

試以顯著水準 0.05 檢定全體男學生與全體女學生身高平均數差 $\mu_1 - \mu_2$ 大於 8 公分。

☞ 解

因兩母體分配與標準差未知，但 $n$ 與 $m$ 夠大（大於 30），計算男學生樣本之平均數與標準差為 $\bar{x} = 171.75$、$s_1 = 8.04$，女學生樣本之平均數與標準差為 $\bar{y} = 162.1$、$s_2 = 9.24$。

在顯著水準 0.05 下，檢定 $H_0 : \mu_1 - \mu_2 \leq 8$ vs $H_a : \mu_1 - \mu_2 > 8$，棄卻域為

$$C = \left\{ \frac{\bar{X} - \bar{Y} - 8}{\sqrt{\dfrac{S_1^2}{n} + \dfrac{S_2^2}{m}}} > z_{0.05} = 1.645 \right\}，檢定統計值為$$

$$\frac{\bar{x} - \bar{y} - 8}{\sqrt{\dfrac{8.04^2}{50} + \dfrac{9.24^2}{40}}} = \frac{171.75 - 162.1 - 8}{\sqrt{\dfrac{8.04^2}{50} + \dfrac{9.24^2}{40}}} = 0.89 < 1.645，故不棄卻 H_0。$$

左尾信賴區間為

$$\left[ \overline{X} - \overline{Y} - D_0 - z_{\alpha_0} \sqrt{\frac{S_1^2}{n} + \frac{S_2^2}{m}}, \infty \right)$$

$$= \left[ 171.75 - 162.1 - 8 - 1.645 \times \sqrt{\frac{8.04^2}{50} + \frac{9.24^2}{40}}, \ \infty \right)$$

$$= \left[ -1.4, \ \infty \right)$$

此左尾信賴區間包含 0，故不棄卻 $H_0$。

$$P\left( \overline{X} - \overline{Y} - D_0 > 171.75 - 162.1 - 8 \right)$$

$$= P\left( \frac{\overline{X} - \overline{Y} - D_0}{\sqrt{\frac{S_1^2}{50} + \frac{S_2^2}{40}}} > \frac{171.75 - 162.1 - 8}{\sqrt{\frac{8.04^2}{50} + \frac{9.24^2}{40}}} \right)$$

$$= P(Z > 0.89) = 0.187$$

p 值 > 0.05，故不棄卻 $H_0$。

```
> library(BSDA)
 > z.test(x=x, y=y, mu=8, sigma.x=8.04, sigma.y=9.24,
alt="greater")
     Two-sample z-Test
data: x and y
z = 0.88911, p-value = 0.187
alternative hypothesis: true difference in means is greater than 8
95 percent confidence interval:
  6.6009*        NA
sample estimates:
mean of x mean of y
 171.746  162.100
```
*6.6009 為以 $\overline{x} - \overline{y}$ 計算的左尾信賴區間

## 10.10 母體平均數差配對樣本檢定

在討論過以兩獨立樣本檢定兩母體平均數差的檢定後，本節討論以配對樣本檢定兩母體平均數差。

設二元隨機變數 $(X, Y)$ 的母體平均向量為 $(\mu_1, \mu_2)$，母體變異數向量為 $(\sigma_1^2, \sigma_2^2)$，母體共變異數為 $\sigma_{12}$。令 $(X_1, Y_1), (X_2, Y_2), ..., (X_n, Y_n)$ 為由此母體中抽出之一組樣本數為 $n$ 的配對樣本。令 $D_i = X_i - Y_i$, $i = 1, 2, ..., n$，為一抽自於平均數為 $\mu_1 - \mu_2$ 之母體的一組樣本數為 $n$ 之隨機樣本。令此組隨機樣本的平均數與變異數分別為 $\overline{D} = \sum_{i=1}^{n} \dfrac{D_i}{n}$，與 $S_D^2 = \sum_{i=1}^{n} \dfrac{(D_i - \overline{D})^2}{n-1}$。若 $D_i$, $i = 1, 2, ..., n$，的分配為常態，則 $\overline{D} \sim N(\mu_1 - \mu_2, \sigma_D^2)$；又因 $\sigma_D^2$ 未知，以 $s_D^2$ 代替之，得 $\dfrac{\overline{D} - (\mu_1 - \mu_2)}{S_D / \sqrt{n}} \sim T(n-1)$。

故檢定 $H_0 : \mu_1 - \mu_2 = D_0$ vs $H_a : \mu_1 - \mu_2 \neq D_0$

棄卻域為 $C = \left\{ \left| \dfrac{\overline{D} - D_0}{\sqrt{\dfrac{S_D^2}{n}}} \right| > t_{\alpha_0/2, n-1} \right\}$，雙尾信賴區間為

$$\left[ \overline{D} - D_0 - t_{\alpha_0/2, n-1} \sqrt{\dfrac{S_D^2}{n}}, \quad \overline{D} - D_0 + t_{\alpha_0/2, n-1} \sqrt{\dfrac{S_D^2}{n}} \right]。$$

檢定 $H_0 : \mu_1 - \mu_2 \leq D_0$ vs $H_a : \mu_1 - \mu_2 > D_0$

棄卻域為 $C = \left\{ \dfrac{\overline{D} - D_0}{\sqrt{\dfrac{S_D^2}{n}}} > t_{\alpha_0, n-1} \right\}$，左尾信賴區間為 $\left[ \overline{D} - D_0 - t_{\alpha_0, n-1} \sqrt{\dfrac{S_D^2}{n}}, \infty \right)。$

檢定 $H_0 : \mu_1 - \mu_2 \geq D_0$ vs $H_a : \mu_1 - \mu_2 < D_0$

棄卻域為 $C = \left\{ \dfrac{\overline{D} - D_0}{\sqrt{\dfrac{S_D^2}{n}}} < -t_{\alpha_0, n-1} \right\}$，右尾信賴區間為 $\left( -\infty, \overline{D} - D_0 + t_{\alpha_0, n-1} \sqrt{\dfrac{S_D^2}{n}} \right]。$

若 $D_i$ 的分配不為常態，但樣本數 $n$ 夠大，由中央極限定理與大數法則，可得

$$\frac{\overline{D} - (\mu_1 - \mu_2)}{S_D/\sqrt{n}} \approx Z(0,1) \text{。}$$

故檢定 $H_0 : \mu_1 - \mu_2 = D_0$ vs $H_a : \mu_1 - \mu_2 \neq D_0$

棄卻域為 $C = \left\{ \left| \dfrac{\overline{D} - D_0}{\sqrt{\dfrac{S_D^2}{n}}} \right| > z_{\alpha_0/2} \right\}$，雙尾信賴區間為

$$\left[ \overline{D} - D_0 - z_{\alpha_0/2}\sqrt{\frac{S_D^2}{n}}, \quad \overline{D} - D_0 + z_{\alpha_0/2}\sqrt{\frac{S_D^2}{n}} \right] \text{。}$$

檢定 $H_0 : \mu_1 - \mu_2 \leq D_0$ vs $H_a : \mu_1 - \mu_2 > D_0$

棄卻域為 $C = \left\{ \dfrac{\overline{D} - D_0}{\sqrt{\dfrac{S_D^2}{n}}} > z_{\alpha_0} \right\}$，左尾信賴區間為 $\left[ \overline{D} - D_0 - z_{\alpha_0}\sqrt{\dfrac{S_D^2}{n}}, \infty \right) \text{。}$

檢定 $H_0 : \mu_1 - \mu_2 \geq D_0$ vs $H_a : \mu_1 - \mu_2 < D_0$

棄卻域為 $C = \left\{ \dfrac{\overline{D} - D_0}{\sqrt{\dfrac{S_D^2}{n}}} < -z_{\alpha_0} \right\}$，或右尾信賴區間為 $\left( -\infty, \overline{D} - D_0 + z_{\alpha_0}\sqrt{\dfrac{S_D^2}{n}} \right] \text{。}$

### 例 10.18

測量 10 位高血壓患者服用一種新降血壓藥前後之舒張壓度數如下：

| 服用前舒張壓度數 | 服用後舒張壓度數 | 前後差 |
|---|---|---|
| 167 | 132 | 35 |
| 145 | 143 | 2 |
| 152 | 133 | 19 |
| 143 | 145 | -2 |
| 159 | 142 | 17 |
| 159 | 138 | 21 |
| 176 | 154 | 22 |

| 服用前舒張壓度數 | 服用後舒張壓度數 | 前後差 |
|:---:|:---:|:---:|
| 153 | 145 | 8 |
| 183 | 163 | 20 |
| 155 | 154 | 1 |

　　試以顯著水準 0.05 檢定服用新降血壓藥前後舒張壓平均度數差 20 度的假說。假設服用新降血壓藥前後舒張壓度數差分配近似常態。

☞ 解

　　令 $\mu_1 =$ 服用新降血壓藥前舒張壓度數之平均數，$\mu_2 =$ 服用新降血壓藥後舒張壓度數之平均數，檢定 $H_0 : \mu_1 - \mu_2 = 20$ vs $H_a : \mu_1 - \mu_2 \neq 20$，$\alpha = 0.05$，棄卻域

為 $C = \left\{ \left| \dfrac{\overline{D} - 20}{\sqrt{\dfrac{S_D^2}{10}}} \right| > t_{0.025,9} = 2.262 \right\}$，$\overline{d} = 14.3$，$s_D = 11.68$，檢定統計值為 $(14.3 - 20) \,/$

$\sqrt{11.68^2/10} = -1.54$，不在棄卻域裡，故不棄卻 $H_0$。

　　這裡用檢定（test）的 R 指令做信賴區間（請見第十章的內容）。

```
> A=c(167,145,152,143,159,159,176,153,183,155)
> B=c(132,143,133,145,142,138,154,145,163,154)
> A=A-20
> t.test(A-B,conf.level = 0.95)


    One Sample t-test

data: A - B
t = -1.543, df = 9, p-value = 0.1572
alternative hypothesis: true mean is not equal to 0
95 percent confidence interval:
 -14.056384  2.656384
sample estimates:
mean of x
   -5.7
```

## 10.11 兩母體比例差 $p_1 - p_2$ 之檢定

令 $X_1, X_2, ..., X_n$ 與 $Y_1, Y_2, ..., Y_m$ 為分別抽自母體為 binom$(1, p_1)$ 與 binom$(1, p_2)$ 之兩組獨立的隨機樣本，樣本數分別為 $n$ 與 $m$，此兩組隨機樣本的樣本比例（樣本平均數）分別為 $\overline{P}_1$ 與 $\overline{P}_2$。若當 $n$ 與 $m$ 足夠大時，

$\overline{P}_1 - \overline{P}_2 \sim N(p_1 - p_2, \sqrt{\dfrac{p_1(1-p_1)}{n} + \dfrac{p_2(1-p_2)}{m}})$，在顯著水準 $\alpha = \alpha_0$ 下：

檢定 $H_0 : p_1 = p_2$ vs $H_a : p_1 \neq p_2$

棄卻域為 $C = \left\{ \left| \dfrac{\overline{P}_1 - \overline{P}_2}{\sqrt{(\overline{P}_0(1-\overline{P}_0))(\frac{1}{n} + \frac{1}{m})}} \right| > z_{\alpha_0/2} \right\}$，雙尾信賴區間為

$$\left[ \overline{P}_1 - \overline{P}_2 - z_{\alpha_0/2}\sqrt{(\overline{P}_0(1-\overline{P}_0))(\frac{1}{n} + \frac{1}{m})}, \quad \overline{P}_1 - \overline{P}_2 + z_{\alpha_0/2}\sqrt{(\overline{P}_0(1-\overline{P}_0))(\frac{1}{n} + \frac{1}{m})} \right].$$

檢定 $H_0 : p_1 \leq p_2$ vs $H_a : p_1 > p_2$

棄卻域為 $C = \left\{ \dfrac{\overline{P}_1 - \overline{P}_2}{\sqrt{(\overline{P}_0(1-\overline{P}_0))(\frac{1}{n} + \frac{1}{m})}} > z_{\alpha_0} \right\}$，左尾信賴區間為

$$\left[ \overline{P}_1 - \overline{P}_2 - z_{\alpha_0}\sqrt{(\overline{P}_0(1-\overline{P}_0))(\frac{1}{n} + \frac{1}{m})}, 1 \right).$$

檢定 $H_0 : p_1 \geq p_2$ vs $H_a : p_1 < p_2$

棄卻域為 $C = \left\{ \dfrac{\overline{P}_1 - \overline{P}_2}{\sqrt{(\overline{P}_0(1-\overline{P}_0))(\frac{1}{n} + \frac{1}{m})}} < -z_{\alpha_0} \right\}$，右尾信賴區間為

$$\left( -1, \overline{P}_1 - \overline{P}_2 + z_{\alpha_0}\sqrt{(\overline{P}_0(1-\overline{P}_0))(\frac{1}{n} + \frac{1}{m})} \right].$$

其中，

$$\overline{P}_0 = \frac{\sum\limits_{i=1}^{n} X_i + \sum\limits_{j=1}^{m} Y_j}{n+m}$$

(10.3)

**例 10.19**

某候選人兩星期前做民意調查，在選區內隨機選 500 名合格選民，其中有 250 名宣稱會投給該候選人，昨日再選出 600 名合格選民調查，其中有 320 名宣稱會投給該候選人，請以顯著水準 0.05 檢定該候選人現在得票率是否會高於前兩星期的得票率。

☞ 解

令 $p_i$, $i = 1, 2$ 分別表示前兩星期與這星期該候選人的得票率。在顯著水準 0.05 下，檢定 $H_0 : p_1 \geq p_2$ vs $H_a : p_1 < p_2$，棄卻域為

$$C = \left\{ \frac{\overline{P}_1 - \overline{P}_2}{\sqrt{(\overline{P}_0(1-\overline{P}_0))(\frac{1}{500} + \frac{1}{600})}} < -1.645 \right\}，根據調查結果知 \overline{p}_1 = \frac{250}{500}, \overline{p}_2 = \frac{320}{600}$$

$\overline{p}_0 = \dfrac{250+320}{500+600} = \dfrac{570}{1100}$，檢定統計量之值為

$$\frac{250/500 - 320/600}{\sqrt{(570/1100)\times(1-570/1100)(1/500+1/600)}} = -1.09 > -1.645，故不棄卻 H_0 : p_1 \geq$$

$p_2$。

```
> s=c(250, 320)
> n=c(500, 600)
> prop.test(s,n,alt="less")


        2-sample test for equality of proportions with continuity
correction

data: s out of n
X-squared = 1.0839, df = 1, p-value = 0.1489 # 不棄卻 H₀:p₁ ≥ p₂
alternative hypothesis: less
```

```
95 percent confidence interval:
 -1.00000000 0.01825009
sample estimates:
 prop 1   prop 2
0.5000000 0.5333333
```

## 10.12 兩獨立樣本變異數比例 $\sigma_1^2/\sigma_2^2$ 檢定（test of ratio of two independent sample variances）

令 $X_1$, $X_2$, ..., $X_n$ 與 $Y_1$, $Y_2$, ..., $Y_m$ 為分別抽自標準差 $\sigma_1$ 與標準差 $\sigma_2$ 兩常態母體之兩組獨立的隨機樣本，樣本數分別為 $n$ 與 $m$，此兩組隨機樣本的變異數分別為 $S_1^2$ 與 $S_2^2$。因 $F = \dfrac{S_1^2/\sigma_1^2}{S_2^2/\sigma_2^2} \sim F(n-1,\ m-1)$，在顯著水準 $\alpha = \alpha_0$ 下：

檢定 $H_0 : \sigma_1^2 = \sigma_2^2$ vs $H_a : \sigma_1^2 \neq \sigma_2^2$

棄卻域為 $C = \left\{ \dfrac{S_1^2}{S_2^2} < f_{1-\alpha_0/2,n-1,m-1}\ or\ \dfrac{S_1^2}{S_2^2} > f_{\alpha_0/2,n-1,m-1} \right\}$，雙尾信賴區間為

$$\left[ \frac{1}{f_{\alpha_0/2;\,n-1,m-1}} \frac{S_1^2}{S_2^2},\ \frac{1}{f_{1-\alpha_0/2;\,n-1,m-1}} \frac{S_1^2}{S_2^2} \right]。$$

檢定 $H_0 : \sigma_1^2 \leq \sigma_2^2$ vs $H_a : \sigma_1^2 > \sigma_2^2$

棄卻域為 $C = \left\{ \dfrac{S_1^2}{S_2^2} > f_{\alpha_0,\,n-1,\,m-1} \right\}$，左尾信賴區間為 $\left[ \dfrac{1}{f_{\alpha_0,n-1,m-1}} \dfrac{S_1^2}{S_2^2},\ \infty \right)$。

檢定 $H_0 : \sigma_1^2 \geq \sigma_2^2$ vs $H_a : \sigma_1^2 < \sigma_2^2$

棄卻域為 $C = \left\{ \dfrac{S_1^2}{S_2^2} < f_{1-\alpha_0,\,n-1,\,m-1} \right\}$，右尾信賴區間為 $\left[ 0, \dfrac{1}{f_{1-\alpha_0,n-1,m-1}} \dfrac{S_1^2}{S_2^2} \right]$。

例 10.20

設某大學全體男學生與全體女學生身高為常態分配。若在男學生中隨機抽出 20 人，在女學生中隨機抽出 15 人，其身高分別如下：

| 男生 | 165.7 | 180.2 | 172.1 | 178.2 | 157.9 |
|------|-------|-------|-------|-------|-------|
|      | 184.5 | 170.4 | 171.0 | 177.1 | 168.5 |
|      | 181.7 | 170.5 | 183.9 | 166.5 | 182.4 |
|      | 170.3 | 166.6 | 156.0 | 177.7 | 158.6 |
| 女生 | 171.8 | 156.4 | 163.5 | 170.4 | 147.3 |
|      | 160.5 | 170.9 | 152.4 | 145.3 | 168.7 |
|      | 170.9 | 154.7 | 178.2 | 164.3 | 170.0 |

試以顯著水準 0.05，檢定全體男學生與全體女學生身高平均數差 $\mu_1 - \mu_2$ 大於 8 公分。

☞ 解

本題母體分配為常態，母體變異數未知，要選擇檢定兩母體平均數差的方法，需先視母體變異數是否相等而定，在顯著水準 $\alpha = 0.05$，先檢定 $H_0 : \sigma_1^2 = \sigma_2^2$ vs $H_a : \sigma_1^2 \neq \sigma_2^2$，棄卻域為 $C = \left\{ \dfrac{S_1^2}{S_2^2} < f_{0.975,19,14} = 0.443 \ or \ \dfrac{S_1^2}{S_2^2} > f_{0.025,19,14} = 2.86 \right\}$，因 $s_1^2 = 74.66, s_2^2 = 97.3$，故 $s_1^2 / s_2^2 = 0.767$ 介於 0.443 與 2.86 之間，故不棄卻 $H_0 : \sigma_1^2 = \sigma_2^2$。

因 $\sigma_1^2 = \sigma_2^2$，檢定兩母體平均數差 $H_0 : \mu_1 - \mu_2 \leq 8$ vs $H_a : \mu_1 - \mu_2 > 8$，棄卻域為

$$C = \left\{ \frac{\overline{X} - \overline{Y} - 8}{S_p \sqrt{\dfrac{1}{n} + \dfrac{1}{m}}} > t_{0.05,33} = 1.69 \right\}, \ 其中 \ S_p^2 = \frac{(n-1)S_1^2 + (m-1)S_2^2}{n+m-2} \circ 因 \ \overline{x} = 171.99, \overline{y} = $$

163.02, $S_p = 9.18$，計算檢定統計值為 $\dfrac{171.99 - 163.02 - 8}{9.18 \times \sqrt{\dfrac{1}{20} + \dfrac{1}{15}}} = 0.309 < 1.69$，故不棄卻

$H_0 : \mu_1 - \mu_2 \leq 8$。

```
> x=c(165.7, 180.2, 172.1, 178.2, 157.9, 184.5, 170.4, 171.0,
177.1, 168.5,
+    181.7, 170.5, 183.9, 166.5, 182.4, 170.3, 166.6, 156.0, 177.7,
158.6)
> y=c(171.8, 156.4, 163.5, 170.4, 147.3, 160.5, 170.9, 152.4,
145.3, 168.7,
+    170.9, 154.7, 178.2, 164.3, 170.0)
> var.test(x, y, alternative = "two.sided")
```

```
        F test to compare two variances

data:  x and y
F = 0.76734, num df = 19, denom df = 14, p-value = 0.5812
alternative hypothesis: true ratio of variances is not equal to 1
95 percent confidence interval:
 0.2682344 2.0311043
sample estimates:
ratio of variances
      0.767344


> t.test(x,y,mu=8, alt="greater", var.equal=TRUE, confidence.
level=0.05)


        Two Sample t-test

data:  x and y
t = 0.30935, df = 33, p-value = 0.3795
alternative hypothesis: true difference in means is greater than 8
95 percent confidence interval:
 3.663441    Inf
sample estimates:
mean of x mean of y
  171.99   163.02
```

## 10.13 習題

1. 一生產電動車鋰電池的廠商聲稱其所生產的鋰電池可使用 200,000 公里,隨機抽取 15 個此廠商生產的鋰電池檢測,計算得平均使用里程為 195,000 公里、標準差為 2,000,請在 5% 顯著水準下,檢定此廠商的聲稱是否可以接受?假設此廠商生產的鋰電池使用公里分配為常態分配。

2. R 系統程式套件 UsingR 中有資料檔 kid.weights，請在 5% 顯著水準下，檢定資料檔 kid.weights 中 5 歲小孩體重小於 45 磅。

3. R 系統程式套件 UsingR 中有天空中星星亮度資料檔 brightness，請在 1% 顯著水準下，檢定星星亮度小於 8.5 度。

4. 一速食餐廳宣稱在其得來速窗口點餐等候時間不超過 3 分鐘，隨機觀察 8 次等候時間如下：

$$2.8 \quad 3.2 \quad 3.1 \quad 2.7 \quad 3.1 \quad 2.8 \quad 2.9 \quad 3.1$$

設等候時間為常態分配，請在 5% 顯著水準下，檢定得來速窗口點餐等候時間不超過 3 分鐘說法。

5. 在 R 系統裡的套裝軟體 TeachingDemos 之資料檔 PlantGrowth 中，變數 weight 有 30 個數字；設此 30 個數字是抽自標準差 0.7 公斤之常態母體的一個隨機樣本，請在 5% 顯著水準下，檢定此樣本資料平均數大於 5 公斤。

6. 為了解國人對政府實施某一新政策的支持度，隨機在全國選 1,000 位 20 歲以上的成年人，調查發現有 460 位贊成該新政策，請在 5% 顯著水準下，檢定 20 歲以上的成年人贊成該新政策比例不等於 0.45，並計算此檢定的 p 值。

7. 美國 2000 年調查 50,000 人，發現貧窮率為 0.113；2002 年調查 60,000 人，發現貧窮率為 0.121。試在 5% 顯著水準下，檢定美國 2002 年貧窮率高於 2000 年貧窮率，並計算此檢定的 p 值。

8. 某車商宣稱某款休旅車每公升汽油可跑 17 公里，隨機選 10 輛此款車，檢測其耗油量每公升汽油可跑里程數（公里）得如下資料：

$$15.5 \quad 14.7 \quad 16.8 \quad 17.4 \quad 17.2 \quad 16.5 \quad 15.6 \quad 17.1 \quad 16.2 \quad 15.3$$

設此款休旅車每公升汽油可跑里程數為常態分配，試在 5% 顯著水準下，檢定該車商的宣稱並計算此檢定的 p 值。

9. 有甲、乙兩所小學，甲小學在市區裡，乙小學則在郊區；市教育局懷疑甲小學學生受空氣汙染程度較乙小學學生為嚴重，為證實此懷疑，教育局隨機選十個上學的日子，分別在此兩個小學區域內測量空氣中 PM2.5 的濃度 (μg/m³)，檢測結果如下：

| | 平均數 | 標準差 |
|---|---|---|
| 甲小學 | 25 | 3 |
| 乙小學 | 20 | 4 |

(1) 假設兩所小學區域內測量空氣中 PM2.5 的濃度為常態分配且標準差相等，試在 5% 顯著水準下，檢定此兩所小學區域內空氣中 PM2.5 的濃度平均數相等，並計算此檢定的 p 值。

(2) 若兩所小學區域內測量空氣中 PM2.5 的濃度為常態分配，但標準差不相等，試在 5% 顯著水準下，檢定此兩所小學區域內空氣中 PM2.5 的濃度平均數相等，並計算此檢定的 p 值。

10. 為比較兩個不同的磅秤測量重量的差異，隨機找六樣物品放在此兩磅秤上，秤得其重量如下：

| 物品 | 1 | 2 | 3 | 4 | 5 | 6 |
|---|---|---|---|---|---|---|
| 磅秤 1 | 15.2 | 14.6 | 15.5 | 17.8 | 17.5 | 17.4 |
| 磅秤 2 | 17.5 | 13.2 | 14.5 | 16.8 | 18.9 | 18.8 |

假設物品重量分配為常態，試在 5% 顯著水準下，檢定兩磅秤秤出物品重量是否相等，並計算此檢定的 p 值。

11. 為比較淡水河上下游汙染程度差異，在淡水河上游隨機取 10 公升的水，測量每公升水含重金屬的重量，為平均數 15 公克、標準差 2 公克；在淡水河下游隨機取 15 公升的水，測量每公升水含重金屬的重量，為平均數 25 公克、標準差 4 公克。假設每公升重金屬含量的分配為常態且標準差相等，試在 10% 顯著水準下，檢定淡水河上下游汙染程度差 8 公克。若淡水河上下游汙染物分配的標準差不相同，試在 10% 顯著水準下，檢定淡水河上下游汙染程度不大於 8 公克，並計算此檢定的 p 值。

12. 某大學為比較男女學生近視的比例，隨機調查 400 位男學生與 500 位女學生，分別有 250 位與 300 位近視，試在 10% 顯著水準下，檢定男女學生近視的比例不相等，並計算此檢定的 p 值。

13. 某工廠生產螺絲釘，隨機選了 7 個來測量其直徑（毫米），量得的數據如下：

$$10.3 \quad 10.5 \quad 9.9 \quad 9.7 \quad 10.3 \quad 10.2 \quad 10.1$$

試在 1% 顯著水準下，檢定該工廠生產螺絲釘直徑標準差大於 0.25 毫米，並計算此檢定的 p 值。假設螺絲釘直徑分配為常態。

14. （續前題）該工廠又建一新的生產線生產相同的螺絲釘，在其生產的螺絲釘中隨機選了 6 個來測量其直徑（毫米），量得的數據如下：

$$10.2 \quad 10.2 \quad 10.4 \quad 9.7 \quad 9.9 \quad 10.1$$

試在 1% 顯著水準下，檢定該工廠兩生產螺絲釘之生產線所生產螺絲釘直徑標準差相等，並計算此檢定的 p 值。設生產線生產的螺絲釘直徑分配為常態。

# 第 11 章

# 變異數分析：多個母體平均數比較

本章將兩母體平均數的比較推廣到多個母體平均數的比較。方法上是以分析樣本資料中各平均數與總平均數平方差的大小來檢定多個母體平均數是否相等，稱之為變異數分析（analysis of variance, ANOVA）。本章的學習目標為：

1. 認識單因子多個母體平均數比較問題的結構與檢定。
2. 認識二因子多個母體平均數比較問題的結構與檢定。
3. 學習多重比較法。

## 11.1　單因子變異數分析（one-way ANOVA）

單因子變異數分析是獨立樣本兩個母體平均數相等檢定的直接推廣。令 $X_{ij}$, $i = 1, 2, ..., k$; $j = 1, 2, ..., n_i$，為分別抽自：

1. $k$ 個常態母體 $N(\mu_i, \sigma^2)$ 中抽出的獨立隨機樣本，$n_i$ 表示第 $i$ 個隨機樣本之樣本數。
2. 每個母體的變異數都相等。

在前兩個假設下，每個隨機變數可表示為：

(11.1) $$X_{ij} = \mu_i + \varepsilon_{ij}$$

其中 $\varepsilon_{ij} \sim N(0, \sigma^2)$, $i = 1, 2, ..., k; j = 1, 2, ..., n_i$; $\varepsilon_{ij}$ 表示隨機誤差，上式的表示法強調樣本中每個隨機變數的誤差都符合平均數為 0、變異數為 $\sigma^2$ 之常態分配，唯一不同的是此樣本出自於哪個母體？來自不同母體的樣本其平均數有可能不同，**變異數分析**即以這些樣本平均數檢定母體平均數是否全等。

單因子變異數分析問題的虛擬假說與對立假說分別為：

$H_0 : \mu_1 = \mu_2 = ... = \mu_k$ vs $H_a :$ 此 $k$ 個母體平均數不全等

令 $n = \sum_{i=1}^{k} n_i$ = 總樣本數，$\overline{X} = \dfrac{\sum_{i=1}^{k}\sum_{j=1}^{n_i} X_{ij}}{n}$ = 總平均數，$\overline{X}_i = \dfrac{\sum_{j=1}^{n_i} X_{ij}}{n_i}$ = 第 $i$ 個隨機樣本的平均數。令

總平方和 = SST = $\sum_{i=1}^{k}\sum_{j=1}^{n_i} \left(X_{ij} - \overline{X}\right)^2$ = 所有樣本資料的誤差平方和

處理平方和 = SSTr = $\sum_{i=1}^{k} n_i (\overline{X}_i - \overline{X})^2$ = $k$ 個樣本平均數與總平均數誤差平方和

誤差平方和 = SSE = $\sum_{i=1}^{k}\sum_{j=1}^{n_i} \left(X_{ij} - \overline{X}_i\right)^2$ = $k$ 個樣本總變異之和

又：

(11.2)
$$\sum_{i=1}^{k}\sum_{j=1}^{n_i} \left(X_{ij} - \overline{X}\right)^2 = \sum_{i=1}^{k} n_i (\overline{X}_i - \overline{X})^2 + \sum_{i=1}^{k}\sum_{j=1}^{n_i} \left(X_{ij} - \overline{X}_i\right)^2$$

即 　　　　SST 　　= 　　SSTr 　　+ 　　SSE
或 　　　總平方和 　= 　處理平方和 　+ 　誤差平方和

樣本平均數是母體平均數很好的估計值，若 $H_0 : \mu_1 = \mu_2 = ... = \mu_k$ 為真，總平均數與每個樣本平均數都是估計相同的母體平均數，因此，每個樣本平均數與總平均數的值應該會很接近，它們的差應該都是抽樣所產生的誤差，此 SSTr 為處理平方和除以適當的自由度 $(k-1)$，即 SSTr/$(k-1)$ 應該會是母體變異數很好的估計量。

又若 $H_0 : \mu_1 = \mu_2 = ... = \mu_k$ 為真，誤差平方和 (SSE) 除以自由度 $(n-k)$ 也應該會是母體變異數很好的估計量，由此可證：

(11.3)
$$\frac{SSTr/(k-1)}{SSE/(n-k)} \sim F(k-1,\ n-k)$$

變異數分析檢定過程會涉及許多計算，而且許多數字都又有關聯性；為使有系統地觀察計算的結果，通常都以如下變異數分析表（ANOVA table）呈現：

### ▽ 變異數分析表

| 變異來源 | 自由度 | 平方和 | 均方 | F 值 | p 值 |
|---|---|---|---|---|---|
| 處理 | $k-1$ | SSTr | MSTr | F = MSTr/MSE | P(F > f) |
| 抽樣 | $n-k$ | SSE | MSE | | |
| 總和 | $n-1$ | SST | | | |

MSTr、MSE 與 MST 計算公式如下：

$$(11.4) \quad \text{SSTr} = \sum_{i=1}^{k} n_i (\overline{X}_i - \overline{X})^2 = \sum_{i=1}^{k} \left( \sum_{j=1}^{n_i} X_{ij} \right)^2 \Bigg/ n_i - \left( \sum_{i=1}^{k} \sum_{j=1}^{n_i} X_{ij} \right)^2 \Bigg/ n$$

$$(11.5) \quad \text{SSE} = \sum_{i=1}^{k} \sum_{j=1}^{n_i} \left( X_{ij} - \overline{X}_i \right)^2 = \sum_{i=1}^{k} (n_i - 1) S_i^2 = \sum_{i=1}^{k} \sum_{j=1}^{n_i} X_{ij}^2 - \sum \left( \sum_{j=1}^{n_i} X_{ij} \right)^2 \Bigg/ n_i$$

$$(11.6) \quad \text{SST} = \sum_{i=1}^{k} \sum_{j=1}^{n_i} \left( X_{ij} - \overline{X} \right)^2 = \sum_{i=1}^{k} \sum_{j=1}^{n_i} X_{ij}^2 - \left( \sum_{i=1}^{k} \sum_{j=1}^{n_i} X_{ij} \right)^2 \Bigg/ n$$

### 例 11.1

設 2022 年臺北、臺中與高雄家庭年所得的分配都是常態，標準差都相等。由此三市中分別隨機抽出獨立的樣本如下：

| 臺北市 | 214 | 158 | 160 | 267 | 326 | 202 |
|---|---|---|---|---|---|---|
| 臺中市 | 123 | 235 | 178 | 212 | 218 | |
| 高雄市 | 147 | 256 | 138 | 188 | 198 | |

試以顯著水準 0.05，檢定 2022 年此三市家庭年所得是否相等？

☞ 解

設 $\mu_i$, $i = 1, 2, 3$ 分別表示臺北、臺中與高雄家庭所得的平均數，$n_1 = 6$, $n_2 = 5$, $n_3 = 5$ 分別為臺北、臺中與高雄樣本數，$\overline{x}_i$, $s_i^2$, $i = 1, 2, 3$ 分別表示臺北、臺中與高雄家庭所得的樣本平均數與變異數。在顯著水準 95% 下，檢定 $H_0 : \mu_1 = \mu_2 = \mu_3$ vs $H_a :$ $\mu_i$, $i = 1, 2, 3$ 不全等，計算統計值如下：

$\overline{x}_1 = 221.17$, $s_1^2 = 4248.432$; $\overline{x}_2 = 193.2$, $s_2^2 = 1968.7$; $\overline{x}_3 = 185.4$, $s_3^2 = 2217.8$;

$\bar{x} = 201.25$

$\text{SSTr} = n_1(\bar{x}_1 - \bar{x})^2 + n_2(\bar{x}_2 - \bar{x})^2 + n_3(\bar{x}_3 - \bar{x})^2 = 6 \times (221.17 - 201.25)^2 + 5 \times (193.2 - 201.25)^2 + 5 \times (185.4 - 201.25)^2 = 3960.167$

$\text{SSE} = (n_1 - 1)s_1^2 + (n_2 - 1)s_2^2 + (n_3 - 1)s_3^2 = 5 \times 4248.432 + 4 \times 1968.7 + 4 \times 2217.8 = 37986.83$

$$\text{F} = \frac{\text{MSTr}}{\text{MSE}} = \frac{\text{SSTr}/(k-1)}{\text{SSE}/(n-k)} = \frac{3960.167/(3-1)}{37986.83/(16-3)} = 0.687$$

p 值 $= P(\text{F}(2, 13) > 0.687) = 0.52 > 0.05$，故不棄卻 $\text{H}_0$。

∨ **變異數分析表**

| 變異來源 | 自由度 | 平方和 | 均方 | F 值 | p 值 |
|---|---|---|---|---|---|
| 都市 | 2 | 3960.16 | 1980.09 | 0.687 | 0.52 |
| 抽樣 | 13 | 37986.8 | 2922.06 | | |
| 總和 | 15 | 41946.9 | | | |

```
> A=c(214,158,160,267,326,202)
> B=c(123,235,178,212,218)
> C=c(147,256,138,188,198)
> xbar=mean(c(A,B,C))                    # 計算總平均數
> xbar
[1] 201.25
> mean(A);sd(A);var(A);mean(B);sd(B);var(B);mean(C);sd(C);var
(C);
[1] 221.1667
[1] 65.17796
[1] 4248.167
[1] 193.2
[1] 44.37003
[1] 1968.7
[1] 185.4
[1] 47.09352
[1] 2217.8
```

```
> SSTr=6*(mean(A)-xbar)^2+5*(mean(B)-xbar)^2+5*(mean(C)-
xbar)^2
> SSTr
```
[1] 3960.167
```
> SSE=(6-1)*var(A)+(5-1)*var(B)+(5-1)*var(C)
> SSE
```
[1] 37986.83
```
> f=(3960.17/2)/(37986.83/13)
> f
```
[1] 0.6776324
```
> pf(0.687,2,13,lower.tail=F)
```
[1] 0.5204477

**以 R 的 `oneway.test` 檢定之**

```
> d = stack(list(A=A,B=B,C=C)) # 將資料 A,B,C 合併成一個向量定義變數
名稱
> d
```

| | values | ind |
|---|---|---|
| 1 | 214 | A |
| 2 | 158 | A |
| 3 | 160 | A |
| 4 | 267 | A |
| 5 | 326 | A |
| 6 | 202 | A |
| 7 | 123 | B |
| 8 | 235 | B |
| 9 | 178 | B |
| 10 | 212 | B |
| 11 | 218 | B |
| 12 | 147 | C |
| 13 | 256 | C |
| 14 | 138 | C |
| 15 | 188 | C |

```
16   198   C
> names(d)                    # 定義變數名稱
```

`[1] "values" "ind"`

```
> oneway.test(values ~ ind, data=d, var.equal=TRUE)
```

One-way analysis of means

data: values and ind

F = 0.67763, num df = 2, denom df = 13, p-value = 0.5249

**以 R 之 avo 函數檢定，給 ANOVA 表**

```
> d = stack(list(A=A,B=B,C)) # 定義變數名稱
> res = aov(values ~ ind, data = d)
> summary(res)
```

|           | Df | Sum Sq | Mean Sq | F value | Pr(>F) |
|-----------|----|--------|---------|---------|--------|
| ind       | 2  | 3960   | 1980    | 0.678   | 0.525  |
| Residuals | 13 | 37987  | 2922    |         |        |

**以 R 之 lm 與 ANOVA 函數檢定，給 ANOVA 表**

```
> d = stack(list(A=A,B=B,C)) # 定義變數名稱
> AI <- lm(values ~ ind, data = d)
> anova(AI)
```

Analysis of Variance Table

Response: values

|           | Df | Sum Sq | Mean Sq | F value | Pr(>F) |
|-----------|----|--------|---------|---------|--------|
| ind       | 2  | 3960   | 1980.1  | 0.6776  | 0.5249 |
| Residuals | 13 | 37987  | 2922.1  |         |        |

## 11.2 單因子變異數分析多重比較（multiple comparisons）

ANOVA 分析檢定統計量是 F，檢定結果若不棄卻 $H_0$，表示檢定的各母體平均數沒顯著的差異。若棄卻 $H_0$，表示各母體平均數不全等，接下來就得執行多重比較（multiple comparisons），或稱事後比較（post hoc comparisons or posteriori test），以分辨出各母體平均數的差異。

多重比較的方法很多，以下介紹兩種常用的方法：

### 1. Scheffe 法

用 Scheffe 法做多重比較，各樣本大小可以不同。當 $H_0$ 被棄卻時，比較各對樣本平均數之差 $|\bar{X}_i - \bar{X}_j|$ 的標準為：

$$(11.7) \qquad cv = \sqrt{(k-1)f_{\alpha_0, k-1, n-k} \, \text{MSE}\left(\frac{1}{n_i} + \frac{1}{n_j}\right)}$$

即，若 $|\bar{X}_i - \bar{X}_j| > cv = \sqrt{(k-1)f_{\alpha_0, k-1, n-k} \, \text{MSE}\left(\frac{1}{n_i} + \frac{1}{n_j}\right)}$，則判定 $\mu_i$ 與 $\mu_j$ 有明顯差異；否則判定 $\mu_i$ 與 $\mu_j$ 無明顯差異。

### 2. Bonferroni 法

該法對所有可能的樣本平均數差做 T 分配檢定。為維持總顯著水準不變，因此每次兩兩比較時的顯著水準就得減少；若是總顯著水準為 $\alpha$，比較次數為 $C_2^k = k(k-1)/2$，則每次比較的顯著水準就得取 $\alpha' = \alpha/C_2^k$，該法的缺點也就是當 $k$ 大時，每次比較 $\alpha'$ 很小，t 值變大，使得計算臨界值變大而無法判定出差異來。

例 11.2

某大學二年級統計學由 3 位統計學授課老師 A、B 與 C 授課，在他們授課班級隨機抽出學生期末成績如下：

| A | 56 | 78 | 67 | 82 | 77 | |
| B | 65 | 55 | 72 | 80 | 75 | |
| C | 45 | 55 | 62 | 61 | 50 | 61 |

設三班級學生成績分配爲常態且標準差相同，試以顯著水準 0.05 檢定此 3 位老師授課班級成績平均數是否有差異？若有，請分辨成績的高低。

☞ 解

設 $\mu_i$, $i = 1,2,3$ 分別表示 A、B 與 C 3 位老師班級成績平均數，$n_1 = 5$, $n_2 = 5$, $n_3 = 6$ 分別爲臺北、臺中與高雄樣本數，$\bar{x}_i$, $s_i^2$, $i = 1, 2, 3$ 分別表示三個班級的樣本平均數與變異數。在顯著水準 0.05 下，檢定 $H_0 : \mu_1 = \mu_2 = \mu_3$ vs $H_a : \mu_i$, $i = 1, 2, 3$ 不全等。

計算統計值如下：

```
> mean(A); sd(A); var(A); mean(B); sd(B); var(B); mean(C); sd(C);
var(C);
[1] 72
[1] 10.5119
[1] 110.5
[1] 69.4
[1] 9.710819
[1] 94.3
[1] 55.66667
[1] 6.97615
[1] 48.66667
```

$\bar{x}_1 = 72$, $s_1^2 = 110.5$; $\bar{x}_2 = 69.4$, $s_2^2 = 94.3$; $\bar{x}_3 = 55.67$, $s_3^2 = 48.67$; $\bar{x} = 65.06$

$\text{SSTr} = n_1(\bar{x}_1 - \bar{x})^2 + n_2(\bar{x}_2 - \bar{x})^2 + n_3(\bar{x}_3 - \bar{x})^2 = 5 \times (72 - 65.06)^2 + 5 \times (69.4 - 65.06)^2 + 6 \times (55.67 - 65.06)^2 = 864.4$

$\text{SSE} = (n_1 - 1)s_1^2 + (n_2 - 1)s_2^2 + (n_3 - 1)s_3^2 = 4 \times 110.5 + 4 \times 94.3 + 5 \times 48.67 = 1062.53$

$$F = \frac{\text{MSTr}}{\text{MSE}} = \frac{\text{SSTr}/(k-1)}{\text{SSE}/(n-k)} = \frac{864.4/(3-1)}{1062.53/(16-3)} = 5.29$$

p 值 $= P(F(2, 13) > 5.29) = 0.02$

∨ 變異數分析表

| 變異來源 | 自由度 | 平方和 | 均方 | F 值 | p 值 |
|---|---|---|---|---|---|
| 班別 | 2 | 864.4 | 432.2 | 5.29 | 0.02 |
| 抽樣 | 13 | 1062.53 | 81.73 | | |
| 總和 | 15 | 1926.93 | | | |

因 p 值 = 0.02 < 0.05，故棄卻 $H_0$。

多重比較：

1. Scheffe 法

比較 $\mu_1$ 與 $\mu_2$，臨界值

$$cv = \sqrt{(k-1)f_{\alpha_0, k-1, n-k}MSE\left(\frac{1}{n_i} + \frac{1}{n_j}\right)} = \sqrt{2 \times 3.81 \times 81.73 \times \left(\frac{1}{5} + \frac{1}{5}\right)} = 15.78 ,$$

$|\bar{x}_1 - \bar{x}_2| = |72 - 69.4| = 2.6 < 15.78$，判定 $\mu_1 = \mu_2$。

比較 $\mu_1$ 與 $\mu_3$ 及比較 $\mu_2$ 與 $\mu_3$，臨界值皆為

$$cv = \sqrt{(k-1)f_{\alpha_0, k-1, n-k}MSE\left(\frac{1}{n_i} + \frac{1}{n_j}\right)} = \sqrt{2 \times 3.81 \times 81.73 \times \left(\frac{1}{5} + \frac{1}{6}\right)} = 15.11 ,$$

$|\bar{x}_1 - \bar{x}_3| = |72 - 55.67| = 16.33 < 15.11$，判定 $\mu_1 > \mu_3$，

$|\bar{x}_2 - \bar{x}_3| = |69.4 - 55.67| = 13.73 < 15.11$，判定 $\mu_1 = \mu_3$。

比較結果呈現於圖 11.1，注意：$\mu_1 - \mu_3$ 的信賴區間不包含 0。

2. Bonferroni 法

因 $C_2^3 = 3(3-1)/2 = 3$，故每次比較顯著水準取 $\alpha' = 0.05/3 = 0.017$：

$|\bar{x}_1 - \bar{x}_2| = 2.6 < t_{0.017/2, n_1+n_2-2}\sqrt{MSE\left(\frac{1}{n_1} + \frac{1}{n_2}\right)} = 3.002 \times \sqrt{81.73 \times \left(\frac{1}{5} + \frac{1}{5}\right)} = 17.16$，判定 $\mu_1 = \mu_2$。

$|\bar{x}_1 - \bar{x}_3| = 16.33 > t_{0.017/2, n_1+n_3-2}\sqrt{MSE\left(\frac{1}{n_1} + \frac{1}{n_3}\right)} = 2.92 \times \sqrt{81.73 \times \left(\frac{1}{5} + \frac{1}{6}\right)} = 15.98$，判定 $\mu_1 > \mu_3$。

$|\bar{x}_2 - \bar{x}_3| = 13.73 < t_{0.017/2, n_2+n_3-2}\sqrt{MSE\left(\frac{1}{n_2} + \frac{1}{n_3}\right)} = 2.92 \times \sqrt{81.73 \times \left(\frac{1}{5} + \frac{1}{6}\right)} = 15.98$，判定 $\mu_1 = \mu_3$。

**以 R 做計算器計算**

```
> A=c(56,78,67,82,77)
> B=c(65,55,72,80,75)
> C=c(45,55,62,61,50,61)
> xbar=mean(c(A,B,C)) # 計算總平均數
```

```
> xbar
[1] 65.0625
> mean(A);sd(A);var(A);mean(B);sd(B);var(B);mean(C);sd(C);var
(C);
[1] 72
[1] 10.5119
[1] 110.5
[1] 69.4
[1] 9.710819
[1] 94.3
[1] 55.66667
[1] 6.97615
[1] 48.66667
> SSTr=5*(mean(A)-xbar)^2+5*(mean(B)-xbar)^2+6*(mean(C)-
xbar)^2
> SSTr
[1] 864.4042
> SSE=(5-1)*var(A)+(5-1)*var(B)+(6-1)*var(C)
> SSE
[1] 1062.533
> f=(864.4/2)/(1062.53/13)
> f
[1] 5.287945
> pf(5.29,2,13,lower.tail=F)
[1] 0.02084957
```

以 R 之 Scheffe 法做多重比較

```
> A=c(56,78,67,82,77)
> B=c(65,55,72,80,75)
> C=c(45,55,62,61,50,61)
> xbar=mean(c(A,B,C)) #計算總平均數
> xbar
[1] 65.0625
```

```
> mean(A);sd(A);var(A);mean(B);sd(B);var(B);mean(C);sd(C);var
(C);
[1] 72
[1] 10.5119
[1] 110.5
[1] 69.4
[1] 9.710819
[1] 94.3
[1] 55.66667
[1] 6.97615
[1] 48.66667
> SSTr=5*(mean(A)-xbar)^2+5*(mean(B)-xbar)^2+6*(mean(C)-
xbar)^2
> SSTr
[1] 864.4042
> SSE=(5-1)*var(A)+(5-1)*var(B)+(6-1)*var(C)
> SSE
[1] 1062.533
> f=(864.4/2)/(1062.53/13)
> f
[1] 5.287945
> pf(5.29,2,13,lower.tail=F)
[1] 0.02084957
> qf(0.95,2,13)
[1] 3.805565
> sqrt(2*3.81*81.73*0.4)
[1] 15.78332
> 0.05/3
[1] 0.01666667
> qt(1-(0.017/2),8)
[1] 3.002761
> 3.002*sqrt(81.73*0.4)
```

[1] 17.16451

```
> qt(1-(0.017/2),9)
```

[1] 2.921149

```
> 2.92*sqrt(81.73*(0.2+1/6))
```

[1] 15.98488

以程式套件 agricolae 檢定

```
> library(agricolae)
> d= data.frame(d)              # 將資料以 data.frame 儲存
> oneway<-aov(values~ind, data=d)
> scheffe.test(oneway, trt="ind", group=FALSE, console=TRUE)
```

Study: oneway ~ "ind"

Scheffe Test for values

Mean Square Error : 81.73333

ind, means

|   | values | std | r | Min | Max |
|---|--------|-----|---|-----|-----|
| A | 72.00000 | 10.511898 | 5 | 56 | 82 |
| B | 69.40000 | 9.710819 | 5 | 55 | 80 |
| C | 55.66667 | 6.976150 | 6 | 45 | 62 |

Alpha: 0.05 ; DF Error: 13

Critical Value of F: 3.805565

Comparison between treatments means

|       | Difference | pvalue | sig | LCL | UCL |    |
|-------|------------|--------|-----|-----|-----|----|
| A - B | 2.60000 | 0.9025 |   | -13.174449 | 18.37445 | |
| A - C | 16.33333 | 0.0337 | * | 1.230449 | 31.43622 | # 有顯著差異 |
| B - C | 13.73333 | 0.0768 | . | -1.369551 | 28.83622 | |

以 R 執行 Bonferroni 法

```
> d = stack(list(A=A,B=B,C=C))
> pairwise.t.test(d$values, d$ind, p.adj = "bonf")
```

Pairwise comparisons using t tests with pooled SD

data: d$values and d$ind

```
     A     B
B  1.000  -              # 矩陣中的值等於兩兩比較的 p 值
C  0.032  0.078
```

P value adjustment method: bonferroni

**以程式套件 DescTools 做 ScheffeTest**

```
> d= data.frame(d)          # 將資料以 data.frame 儲存
> oneway<-aov(values~ind, data=d)
> plot(ScheffeTest(oneway))
```

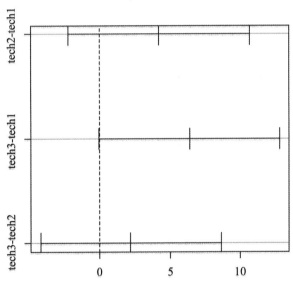

**圖 11.1** 以 Scheffe 檢定做多重比較圖

## 11.3 雙因子變異數分析：含交互作用（two-way ANOVA）

若模式之反應變數受兩因子（類別變數）的影響，分析各因子對反應變數影響的模式，稱之爲雙因子變異數分析。

設有 $A$ 與 $B$ 兩因子，令 $X_{ijk}$, $i = 1, 2, ..., I$; $j = 1, 2, ..., J$; $k = 1, 2, ..., K$ 爲抽自因子 $A$ 水準 $i$ 與因子 $B$ 水準 $j$ 之母體的隨機樣本之第 $k$ 個隨機變數。設：

$$(11.8) \qquad X_{ijk} = \mu_{ij} + \varepsilon_{ijk}$$

其中 $i.i.d.$ $\varepsilon_{ijk} \sim N(\mu_{ij}, \sigma^2)$，即假設：

1. $\varepsilon_{ijk}$ 爲平均數爲 0 且變異數相等的常態隨機變數。
2. $\varepsilon_{ijk}$ 相互獨立。
3. 平均數爲：

$$(11.9) \qquad \mu_{ij} = \mu + \alpha_i + \beta_j + \gamma_{ij}$$

其中，

$$(11.10) \qquad \sum_{i=1}^{I} \gamma_{ij} = 0 \quad \forall\, j = 1, 2, ..., J$$

$$(11.11) \qquad \sum_{j=1}^{J} \gamma_{ij} = 0 \quad \forall\, i = 1, 2, ..., I$$

$$(11.12) \qquad \sum_{i=1}^{I} \alpha_i = 0 = \sum_{j=1}^{J} \beta_j$$

由上三式得：

$$(11.13) \qquad \mu = \frac{\sum_{i=1}^{I}\sum_{j=1}^{J} \mu_{ij}}{I \times J} = \frac{\sum_{i=1}^{I}\sum_{j=1}^{J}\left(\mu + \alpha_i + \beta_j + \gamma_{ij}\right)}{I \times J}$$

爲母體總平均，

$$(11.14) \qquad \frac{\sum_{j=1}^{J} \mu_{ij}}{J} - \mu = \frac{\sum_{j=1}^{J}\left(\mu + \alpha_i + \beta_j + \gamma_{ij}\right)}{J} - \mu = \mu + \alpha_i - \mu = \alpha_i$$

爲因子 $A$ 水準 $i$ 之效果，

(11.15)
$$\frac{\sum_{i=1}^{I}\mu_{ij}}{I} - \mu = \frac{\sum_{i=1}^{I}\left(\mu + \alpha_i + \beta_j + \gamma_{ij}\right)}{I} - \mu = \mu + \beta_j - \mu = \beta_j$$

為因子 $B$ 水準 $j$ 之效果。

雙因子變異數分析的問題，包括檢定因子 $A$ 與因子 $B$ 交互作用（interaction effect），即

$$H_0^{AB} : \gamma_{ij} = 0, \ \forall \ i = 1, 2, \ldots, I \ ; \ j = 1, 2, \ldots, J$$

vs

$$H_a^{AB} : not \ all \ \gamma_{ij} = 0, \ \forall \ i = 1, 2, \ldots, I \ ; \ j = 1, 2, \ldots, J$$

若檢定結果棄卻 $H_0^{AB}$，結論是因子 $A$ 不同的水準配上不同水準的因子 $B$ 就會有不同的效果，因此，不需要再檢定因子 $A$ 個別水準的效果是否相同，或因子 $B$ 個別水準的效果是否相同。否則繼續分別做下面兩個檢定：

(1) 檢定因子 $A$ 各水準的效果是否相同，即

$$H_0^A : \alpha_i = 0, \ \forall \ i = 1, 2, \ldots, I \quad vs \quad H_a^A : not \ all \ \alpha_i = 0, \ \forall \ i = 1, 2, \ldots, I$$

(2) 檢定因子 $B$ 各水準的效果是否相同，即

$$H_0^B : \beta_j = 0, \ \forall \ j = 1, 2, \ldots, J \quad vs \quad H_a^B : not \ all \ \beta_j = 0, \ \forall \ j = 1, 2, \ldots, J$$

**例 11.3**

設 $I = 2, J = 3$，$\mu_{ij}$ 值如下表：

| $\mu_{ij}$ | $j = 1$ | $j = 2$ | $j = 3$ |
|:---:|:---:|:---:|:---:|
| $i = 1$ | 5 | 4 | 3 |
| $i = 2$ | 7 | 5 | 3 |

試解 $\mu_{ij} = \mu + \alpha_i + \beta_j + \gamma_{ij}$，其中 $\sum_{i=1}^{2}\gamma_{ij} = 0 \ \ \forall \ j = 1, 2$，且 $\sum_{j=1}^{3}\gamma_{ij} = 0 \ \ \forall \ i = 1, 2, 3$ 與 $\sum_{i=1}^{I}\alpha_i = 0 = \sum_{j=1}^{J}\beta_j$ 之 $\mu$、$\alpha_i$、$\beta_j$ 與 $\gamma_{ij}$，$i = 1, 2; j = 1, 2, 3$。

☞ 解

求解於下表：

| $\mu_{ij}$ | $j = 1$ | $j = 2$ | $j = 3$ | $\displaystyle\sum_{j=1}^{3}\mu_{ij}/3$ |
|---|---|---|---|---|
| $i = 1$ | 5 | 4 | 3 | 12/3 = 4 |
| $i = 2$ | 7 | 5 | 3 | 15/3 = 5 |
| $\displaystyle\sum_{i=1}^{2}\mu_{ij}/2$ | (5 + 7)/2 = 6 | (4 + 5)/2 = 4.5 | (3 + 3)/2 = 3 | $\displaystyle\sum_{i=1}^{2}\sum_{j=1}^{3}\mu_{ij}/6 = 27/6 = 4.5$ |

故 $\mu = \dfrac{\displaystyle\sum_{i=1}^{2}\sum_{j=1}^{3}\mu_{ij}}{2\times3} = \dfrac{27}{6} = 4.5$，$\alpha_1 = \dfrac{\displaystyle\sum_{j=1}^{3}\mu_{ij}}{3} - \mu = 4 - 4.5 = -0.5$，

$\alpha_2 = \dfrac{\displaystyle\sum_{j=1}^{3}\mu_{ij}}{3} - \mu = 5 - 4.5 = 0.5$，$\beta_1 = \dfrac{\displaystyle\sum_{i=1}^{2}\mu_{ij}}{2} - \mu = 6 - 4.5 = 1.5$，

$\beta_2 = \dfrac{\displaystyle\sum_{i=1}^{2}\mu_{ij}}{2} - \mu = 4.5 - 4.5 = 0$，$\beta_3 = \dfrac{\displaystyle\sum_{i=1}^{2}\mu_{ij}}{2} - \mu = 3 - 4.5 = -1.5$

$\gamma_{ij} = \mu_{ij} - (\mu + \alpha_i + \beta_j)$ 計算結果列於下表：

| $\gamma_{ij} = \mu_{ij} - (\mu + \alpha_i + \beta_j)$ | $j = 1$ | $j = 2$ | $j = 3$ |
|---|---|---|---|
| $i = 1$ | –0.5 | 0 | 0.5 |
| $i = 2$ | 0.5 | 0 | –0.5 |

設 $X_{ijk} = \mu_{ij} + \varepsilon_{ijk}$，其中 $i.i.d.$ $\varepsilon_{ijk} \sim N(\mu_{ij}, \sigma^2)$。令 $X_{ijk}$, $i = 1, 2, ..., I$; $j = 1, 2, ..., J$; $k = 1, 2, ..., K$ 為抽自因子 $A$ 水準 $i$ 與因子 $B$ 水準 $j$ 之母體的隨機樣本之第 $k$ 個隨機變數。令 $n_G = I \times J \times K$，$n_A = J \times K$，$n_B = I \times K$：

$$(11.16) \qquad 樣本總平均數 = \overline{X}_G = \frac{\displaystyle\sum_{i=1}^{I}\sum_{j=1}^{J}\sum_{k=1}^{K}X_{ijk}}{n_G}$$

$$(11.17) \qquad 因子 A 水準 i 之樣本平均數 = \overline{X}_{i.} = \frac{\displaystyle\sum_{j=1}^{J}\sum_{k=1}^{K}X_{ijk}}{n_A}, \; i = 1, 2, ..., I$$

$$(11.18) \qquad 因子 B 水準 j 之樣本平均數 = \overline{X}_{.j} = \frac{\displaystyle\sum_{i=1}^{I}\sum_{k=1}^{K}X_{ijk}}{n_B}, \; j = 1, 2, ..., J$$

(11.19)　　因子 $A$ 水準 $i$ 與因子 $B$ 水準 $j$ 之樣本平均數 $\overline{X}_{ij} = \dfrac{\sum\limits_{k=1}^{K} X_{ijk}}{K}$，$i = 1, 2, ..., I$；

$j = 1, 2, ..., J$

則總平方和 SST 可分解爲：

(11.20)
$$\begin{aligned}
\text{SST} &= \sum_{i=1}^{I}\sum_{j=1}^{J}\sum_{k=1}^{K}\left(X_{ijk} - \overline{X}_G\right)^2 \\
&= JK\sum_{i=1}^{I}\left(\overline{X}_{i.} - \overline{X}_G\right)^2 + IK\sum_{j=1}^{J}\left(\overline{X}_{j} - \overline{X}_G\right)^2 \\
&\quad + K\sum_{i=1}^{I}\sum_{j=1}^{J}\left(\overline{X}_{ij} - \overline{X}_{i.} - \overline{X}_{j} + \overline{X}_G\right)^2 + \sum\sum\sum\left(X_{ijk} - \overline{X}_{ij}\right)^2 \\
&= \quad \text{SSA} \quad + \quad \text{SSB} \quad + \quad \text{SS(AB)} \quad + \quad \text{SSE}
\end{aligned}$$

在顯著水準 $\alpha = \alpha_0$ 下，

檢定因子 $A$ 與因子 $B$ 交互作用（interaction effect）之假說爲

$$\text{H}_0^{AB} : \gamma_{ij} = 0,\ \forall\ i = 1, 2, ..., I\ ;\ j = 1, 2, ..., J$$
$$\text{vs}$$
$$\text{H}_a^{AB} : not\ all\ \gamma_{ij} = 0, \forall\ i = 1, 2, ..., I\ ;\ j = 1, 2, ..., J$$

檢定統計量爲：

(11.21)
$$\text{F} = \frac{\text{SS(AB)}/(I-1)(J-1)}{\text{SSE}/\left(n_G - I \times J\right)} \sim \text{F}\left[(I-1)(J-1), n_G - I \times J\right]$$

檢定因子 $A$ 各水準的效果是否相同之假說爲

$$\text{H}_0^{A} : \alpha_i = 0,\ \forall\ i = 1, 2, ..., I \quad \text{vs} \quad \text{H}_a^{A} : not\ all\ \alpha_i = 0, \forall\ i = 1, 2, ..., I$$

檢定統計量爲：

(11.22)
$$\text{F} = \frac{\text{SSA}/(I-1)}{\text{SSE}/\left(n_G - I \times J\right)} \sim \text{F}\left[I-1, n_G - I \times J\right]$$

檢定因子 $B$ 各水準的效果是否相同之假說爲

$$\text{H}_0^{B} : \beta_j = 0,\ \forall\ j = 1, 2, ..., J \quad \text{vs} \quad \text{H}_a^{B} : not\ all\ \beta_j = 0, \forall\ j = 1, 2, ..., J$$

檢定統計量爲：

(11.23)
$$F = \frac{\text{SSB}/(J-1)}{\text{SS}E/(n_G - I \times J)} \sim F[J-1, n_G - I \times J]$$

將以上資訊列於變異數分析表如下：

| 變異來源 | 自由度 | 平方和 | 均方 | F | p 值 |
|---|---|---|---|---|---|
| 因子 $A$ | $I-1$ | SSA | MSA = SSA/$(I-1)$ | MSA/MSE ~F$[(I-1)(J-1), n_G - I \times J]$ | |
| 因子 $B$ | $J-1$ | SSB | MSB = SSB/$(J-1)$ | MSB/MSE ~F$[I-1, n_G - I \times J]$ | |
| 交互作用 | $(I-1) \times (J-1)$ | SS(AB) | MS(AB) = SS(AB)/$[(I-1)(J-1)]$ | MS(AB)/MSE ~F$[J-1, n_G - I \times J]$ | |
| 抽樣 | $n_G - I \times J$ | SSE | MSE = SS(AB)/$(n_G - I \times J)$ | | |
| 總和 | $n_G - 1$ | SST | | | |

### 例 11.4

　　爲研究三種肥料對三種不同品種稻米生產量的影響，將每種肥料與稻米的組合，分別獨立的種植在兩塊相同大小的土地上，將每塊土地收成稻米的數量紀錄於下表；試以顯著水準 0.05，檢定不同的肥料搭配不同稻米的品種對稻米產量是否會有交互作用？三種不同品種稻米的產量是否相同？三種不同肥料對稻米產量是否有不同的影響？設各種肥料與稻米的組合種植在相同大小土地上產量分配爲常態且有相同的標準差。

| | 肥料 1 號 | | 肥料 2 號 | | 肥料 3 號 | |
|---|---|---|---|---|---|---|
| 稻米 1 號 | 154 | 172 | 178 | 184 | 212 | 196 |
| 稻米 2 號 | 128 | 148 | 157 | 167 | 185 | 206 |
| 稻米 3 號 | 164 | 159 | 189 | 174 | 190 | 194 |

☞ 解

　　檢定：

1. $H_0^{AB}$：不同的肥料搭配不同稻米的品種對稻米產量不會有交互作用 vs $H_a^{AB}$：不同的肥料搭配不同稻米的品種對稻米產量有交互作用。

2. $H_0^A$：三種不同品種稻米的產量全相同 vs $H_a^A$：三種不同品種稻米的產量不全相同。
3. $H_0^B$：三種不同肥料對稻米產量沒有不同的影響 vs $H_a^B$：三種不同肥料對稻米產量有不同的影響。

首先把各樣本平均數與變異數計算結果列於下表：

| $\bar{x}_{ij}, s_{ij}^2$ | 肥料 1 號 | 肥料 2 號 | 肥料 3 號 | $\bar{x}_{i.}, s_i^2$ |
|---|---|---|---|---|
| 稻米 1 號 | 163<br>162.05 | 181<br>17.98 | 204<br>128 | 182.67<br>399.47 |
| 稻米 2 號 | 138<br>200 | 165<br>50 | 195.5<br>220.5 | 165.17<br>761.37 |
| 稻米 3 號 | 161.5<br>12.5 | 181.5<br>112.5 | 192<br>8.0 | 178.33<br>218.67 |
| $\bar{x}_{.j}, s_j^2$ | 154.17<br>232.17 | 174.83<br>134.97 | 197.17<br>101.77 | $\bar{x}_G = 175.39$<br>$s_G^2 = 464.37$ |

$$\text{SSA} = 6 \times [(182.67 - 175.39)^2 + (165.17 - 175.39)^2 + (178.33 - 175.39)^2] = 996.54$$

$$\text{SSB} = 6 \times [(154.17 - 175.39)^2 + (174.83 - 175.39)^2 + (197.17 - 175.39)^2] = 5549.82$$

$$\text{SSE} = \sum_{i=1}^{3} \sum_{j=1}^{3} s_{ij}^2 = 162.05 + 17.98 + 128 + 200 + 50 + 220.5 + 12.5 + 112.5 + 8 = 911.53$$

$$\text{SST} = (n_G - 1)s_G^2 = 17 \times 464.37 = 7894.29$$

$$\text{SS(AB)} = \text{SST} - \text{SSA} - \text{SSB} - \text{SSE} = 7894.29 - 996.54 - 5549.82 - 911.53 = 436.4$$

將計算所得帶入 ANOVA 表：

| 變異來源 | 自由度 | 平方和 | 均方 | F | p 值 |
|---|---|---|---|---|---|
| 因子 $A$ | $I - 1 = 2$ | SSA = 996.54 | MSA = SSA/($I$ − 1) = 996.54/2 = 498.27 | MSA/MSE = 498.27/101.28 = 4.92 | 0.036* |
| 因子 $B$ | $J - 1 = 2$ | SSB = 5549.82 | MSB = SSB/($J$ − 1) = 5549.82/2 = 2774.91 | MSB/MSE = 2774.91/101.28 = 27.399 | 0.0002 *** |
| 交互作用 | $(I-1) \times (J-1) = 4$ | SS(AB) = 436.4 | MS(AB) = SS(AB)/[($I$−1)($J$−1)] = 436.4/4 = 109.1 | MS(AB)/MSE = 109.1/101.28 = 1.077 | 0.422 |
| 抽樣 | $n_G - I \times J = 9$ | SSE = 911.53 | MSE = SS(AB)/($n_G - I \times J$) = 101.28 | | |
| 總和 | $n_G - 1$ | SST = 7894.29 | | | |

註：* 顯著水準 0.05；** 顯著水準 0.01；*** 準顯著水準 0.001。

檢定結果：

1. 不棄卻 $H_0^{AB}$：不同品種的肥料搭配不同稻米的品種對稻米產量不會有交互作用，因 p 值 = 0.422，請參考圖 11.2，圖中的三條線沒有相交。

2. 棄卻 $H_0^{A}$：三種不同品種稻米的產量不全相同，因 p 值 = 0.036。

3. 棄卻 $H_0^{B}$：三種不同肥料對稻米產量有不同的影響，因 p 值 = 0.0002。

```
X=c(154, 172, 178, 184, 212, 196, 128, 148, 157, 167, 185, 206, 164,
159, 189, 174, 190, 194)
Y=c(1,1,1,1,1,1,2,2,2,2,2,2,3,3,3,3,3,3)
Z=c(1,1, 2,2,3,3,1,1,2,2,3,3,1,1,2,2,3,3)
> a1=c(154,172,178,184,212,196)
> a2=c(128,148,157,167,185,206)
> a3=c(164,159,189,174,190,194)
> mean(a1);sd(a1);mean(a2);sd(a2);mean(a3);sd(a3)
[1] 182.6667
[1] 19.98666
[1] 165.1667
[1] 27.59287
[1] 178.3333
[1] 14.78738
> b1=c(154,172,128,148,164,159)
> b2=c(178,184,157,167,189,174)
> b3=c(212,196,185,206,190,194)
> mean(b1);sd(b1);mean(b2);sd(b2);mean(b3);sd(b3)
[1] 154.1667
[1] 15.23702
[1] 174.8333
[1] 11.61752
[1] 197.1667
[1] 10.08795
> a11=c(154,172)
> mean(a11);sd(a11)
```

```
[1] 163
[1] 12.72792
>ssa=6*((182.67-175.39)^2+(165.17-175.39)^2+(178.33-
175.39)^2)
[1] 996.54
>ssb=6*((154.17-175.39)^2+(174.83-175.39)^2+(197.17-
175.39)^2)
[1] 5549.82
>sst=17*464.37
[1] 7894.29
> X=c(154, 172, 178, 184, 212, 196,  128, 148, 157, 167, 185, 206,
164, 159, 189, 174, 190, 194)
> a=X*X
> a
 [1] 23716 29584 31684 33856 44944 38416 16384 21904 24649 27889
34225 42436
[13] 26896 25281 35721 30276 36100 37636
> sum(a)
[1] 561597
> sum(X)
[1] 3157
> 3157*3157/18
[1] 553702.7
> 561597-553702.7
[1] 7894.3
> a1=c(154,172,178,184,212,196)
> sum(a1)^2/6
[1] 200202.7
> a2=c(128,148,157,167,185,206)
> sum(a2)^2/6
[1] 163680.2
> a3=c(164,159,189,174,190,194)
```

```
> sum(a3)^2/6
[1] 190816.7
> 200202.7+163680.2+190816.7
[1] 554699.6
> 554699.6-553702.7
[1] 996.9
> b1=c(154,172,128,148,164,159)
> sum(b1)^2/6
[1] 142604.2
> b2=c(178,184,157,167,189,174)
> sum(b2)^2/6
[1] 183400.2
> b3=c(212,196,185,206,190,194)
> sum(b3)^2/6
[1] 233248.2
> 142604.2+183400.2+233248.2
[1] 559252.6
> 559252.6-553702.7
[1] 5549.9
> (154+172)^2/2
[1] 53138
> (178+ 184)^2/2
[1] 65522
> (212+ 196)^2/2
[1] 83232
> (128+148)^2/2
[1] 38088
> (157+ 167)^2/2
[1] 52488
> (185+ 206)^2/2
[1] 76440.5
> (164+ 159)^2/2
```

[1] 52164.5

> (189+ 174)^2/2

[1] 65884.5

> (190+ 194)^2/2

[1] 73728

> 73728+65884.5+52164.5+76440.5+52488+38088+83232+65522+53138

[1] 560685.5

> 561597-560685.5

[1] 911.5

> 7894.3-996.9-5549.9-911.5

[1] 436

>

以 aov 指令分析

> X=c(154, 172, 178, 184, 212, 196, 128, 148, 157, 167, 185, 206, 164, 159, 189, 174, 190, 194)

> Y=c( 1, 1, 1, 1, 1, 1, 2, 2, 2, 2, 2, 2, 3, 3, 3, 3, 3, 3)

> Z=c( 1, 1, 2, 2, 3, 3, 1, 1, 2, 2, 3, 3, 1, 1, 2, 2, 3, 3 )

> d=data.frame(X=X, Y=Y, Z=Z)

> d$Y=as.factor(d$Y)

> d$Z=as.factor(d$Z)

> anova=aov(X~Y*Z,data=d)　　　　　# 兩因子交互作用檢定

> summary(anova)

|  | Df | Sum Sq | Mean Sq | F value | Pr(>F) |
|---|---|---|---|---|---|
| Y | 2 | 997 | 498.4 | 4.921 | 0.035976 * |
| Z | 2 | 5550 | 2774.9 | 27.399 | 0.000149 *** |
| Y:Z | 4 | 436 | 109.1 | 1.077 | 0.422694 |
| Residuals | 9 | 911 | 101.3 |  |  |

---

Signif. codes: 0 '***' 0.001 '**' 0.01 '*' 0.05 '.' 0.1 ' ' 1

```
> interaction.plot(Y,Z,X, xlab="Y
+ 圖 11.2 變異數分析之無交互作用 "
```

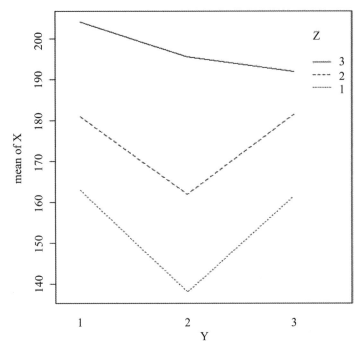

**△ 圖 11.2** 變異數分析之無交互作用

## 11.4　雙因子變異數分析多重比較（**multiple comparisons**）

檢定結果若棄卻任一 $H_0$，接下來就得執行多重比較（multiple comparisons），以分辨出各種不同效果的差異。

1. Scheffe 法

(1) 當 $H_0^{AB}$ 被棄卻時，比較各個處理間之差異：若

$$(11.24) \qquad |\bar{X}_{ij} - \bar{X}_{hk}| > \sqrt{(I-1) \times (J-1) f_{\alpha_0,\,(I-1) \times (J-1),\, n_G - I \times J} MSE(\frac{1}{K} + \frac{1}{K})}$$

則判定 $\mu_{ij}$ 與 $\mu_{hk}$，$i, h = 1, 2, ..., I; j, k, = 1, 2, ..., J$ 有明顯差異；否則判定 $\mu_{ij}$ 與 $\mu_{hk}$ 無明顯差異。

(2) 不棄卻 $H_0^{AB}$，但棄卻 $H_0^A$ 時，比較 A 因子各水準間之差異：若

$$(11.25) \qquad |\overline{X}_i - \overline{X}_{i'}| > \sqrt{(I-1)f_{\alpha_0,\,(I-1)n_G - I \times J} MSE(\frac{1}{JK} + \frac{1}{JK})}$$

則判定 $\mu_i$ 與 $\mu_{i'}$，$i, i' = 1, 2, ..., I$ 有明顯差異；否則判定 $\mu_i$ 與 $\mu_{i'}$ 無明顯差異。

(3) 不棄卻 $H_0^{AB}$，但棄卻 $H_0^B$ 時，比較 B 因子各水準間之差異：若

$$(11.26) \qquad |\overline{X}_j - \overline{X}_{j'}| > \sqrt{(J-1)f_{\alpha_0,\,(J-1),\,n_G - I \times J} MSE(\frac{1}{IK} + \frac{1}{IK})}$$

則判定 $\mu_j$ 與 $\mu_{j'}$，$j, j' = 1, 2, ..., J$ 有明顯差異；否則判定 $\mu_j$ 與 $\mu_{j'}$ 無明顯差異。

### 2. Bonferroni 法

該法對以下三種情況所有可能的兩樣本平均數差都做 T 分配檢定：(1) 當 $H_0^{AB}$ 被棄卻時，或(2)當不棄卻 $H_0^{AB}$，但棄卻 $H_0^A$ 時，或(3)當不棄卻 $H_0^{AB}$，但棄卻 $H_0^B$ 時。為維持總顯著水準不變，每次兩兩比較的顯著水準就得減少；若總顯著水準為 $\alpha$，比較次數為 $m$ 次，則每次比較的顯著水準就得取 $\alpha' = \alpha/m$，該法的缺點也就是當 $m$ 大時，每次比較 $\alpha'$ 可能很小，t 值變大，使得計算臨界值變大而無法判定出差異來。

**例 11.5**（續例 11.4）

請以 Scheffe 法分別比較三種不同品種稻米產量與三種不同肥料對稻米產量之差異。

☞ 解

因 $\overline{x}_{1.} = 182.67$; $\overline{x}_{2.} = 165.17$, $\overline{x}_{3.} = 178.33$；$K = 2$，$J = 3$，MSE $= 101.28$，$f_{0.05,2,9} = 4.26$，且三種不同品種稻米產量多重比較的臨界值為

$$\text{cv} = \sqrt{(I-1)f_{\alpha_0,\,I-1,\,n_G - I \times J} MSE\left(\frac{1}{JK} + \frac{1}{JK}\right)} = \sqrt{2 \times 4.26 \times 101.28 \times \left(\frac{1}{2} + \frac{1}{2}\right)} = 29.38，故：$$

$|\overline{x}_{1.} - \overline{x}_{2.}| = 17.5 < 29.38$，故不棄卻 $\mu_{1.} = \mu_{2.}$。

$|\overline{x}_{1.} - \overline{x}_{3.}| = 4.34 < 29.38$，故不棄卻 $\mu_{1.} = \mu_{3.}$。

$|\overline{x}_{2.} - \overline{x}_{3.}| = 13.16 < 29.38$，故不棄卻 $\mu_{2.} = \mu_{3.}$。

注意：檢定結果棄卻 $H_0^A$：三種不同品種稻米的產量不全相同，但因 p 值 $= 0.036$ 不是太小，又 MSE 相對大，使用 Scheffe 法做多重比較，無法分別三種不同品種稻米產量之差異，這是用 Scheffe 法做多重比較可能產生的問題。

又 $\overline{x}_{.1} = 154.17$, $\overline{x}_{.2} = 174.83$, $\overline{x}_{.3} = 197.17$，三種不同肥料對種植稻米產量差異之多重比較的臨界值為 29.38，故：

$|\bar{x}_{.1} - \bar{x}_{.2}| = 20.66 < 29.38$，故不棄卻 $\mu_{.1} = \mu_{.2}$。

$|\bar{x}_{.1} - \bar{x}_{.3}| = 43 > 29.38$，故不棄卻 $\mu_{.1} = \mu_{.3}$*。

$|\bar{x}_{.2} - \bar{x}_{.3}| = 22.34 < 29.38$，故不棄卻 $\mu_{.2} = \mu_{.3}$。

請見圖 11.4。

```
> library(DescTools)
> X=c(154, 172, 178, 184, 212, 196,  128, 148, 157, 167, 185, 206,
164, 159, 189, 174, 190, 194)
> Y=c(1,1,1,1,1,1,2,2,2,2,2,2,3,3,3,3,3,3)
> Z=c(1,1, 2,2,3,3,1,1,2,2,3,3,1,1,2,2,3,3)
> d=data.frame(X=X, Y=Y, Z=Z)
> d$Y=as.factor(d$Y)
> d$Z=as.factor(d$Z)
> anova=aov(X~Y,data=d)
> summary(anova)
           Df Sum Sq  Mean Sq    F   value Pr(>F)
Y           2   997    498.4   1.084  0.363
Residuals  15  6897    459.8
> ScheffeTest(anova)
 Posthoc multiple comparisons of means: Scheffe Test
   95% family-wise confidence level
$Y
      diff   lwr.ci   upr.ci  pval
2-1 -17.500000 -51.09815 16.09815 0.3915
3-1  -4.333333 -37.93148 29.26482 0.9408
3-2 13.166667 -20.43148 46.76482 0.5797
> plot(ScheffeTest(anova), sub="
+ 圖 11.3 稻米產量 Scheffe Test 多重比較 ")
```

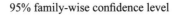

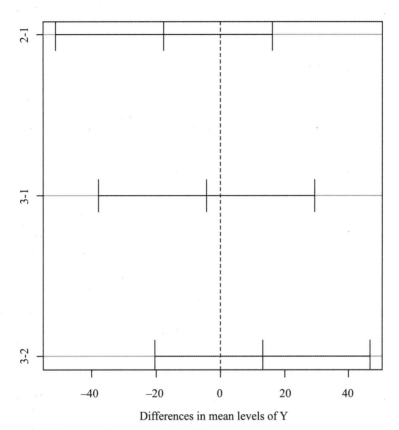

95% family-wise confidence level

Differences in mean levels of Y

⋏ **圖 11.3**  稻米產量 Scheffe Test 多重比較

檢定三種不同肥料對種稻米產量差異

```
> anova=aov(X~Z,data=d)
> summary(anova)
     Df Sum Sq Mean Sq F value  Pr(>F)
Z     2  5550  2774.9   17.75 0.000111 ***
Residuals  15  2344   156.3
---
Signif. codes: 0 '***' 0.001 '**' 0.01 '*' 0.05 '.' 0.1 ' ' 1
> plot(ScheffeTest(anova), sub="
+ 圖 11.4 肥料對稻米產量 Scheffe Test 多重比較 ")
```

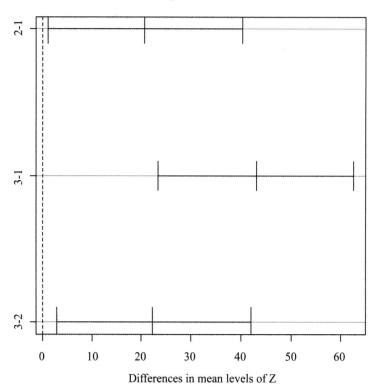

95% family-wise confidence level

Differences in mean levels of Z

**▲ 圖 11.4** 肥料對稻米產量 Scheffe Test 多重比較

---

**例 11.6**（續例 11.4、11.5）

　　若每塊土地收成稻米的數量改為下表資料，試以顯著水準 0.05 檢定不同肥料搭配不同稻米的品種對稻米產量是否會有交互作用？三種不同品種稻米的產量是否相同？三種不同肥料對稻米產量是否有不同的影響？設各種肥料與稻米的組合種植在相同大小土地上產量分配為常態且有相同的標準差。

| | 肥料 1 號 | | 肥料 2 號 | | 肥料 3 號 | |
|---|---|---|---|---|---|---|
| 稻米 1 號 | 154 | 172 | 178 | 184 | 212 | 196 |
| 稻米 2 號 | 128 | 148 | 157 | 167 | 185 | 206 |
| 稻米 3 號 | 164 | 159 | 229 | 234 | 190 | 194 |

☞ 解

　　檢定結果，不同肥料搭配不同稻米的品種對稻米產量有交互作用，如圖 11.5 所示，圖中有相交的線，有交互作用；由圖 11.6 也可看出許多信賴區間不包含 0，表示在顯著水準 0.05 下，棄卻比較的兩母體平均數相等的虛擬假說。

```
> W=c(154,172,178,184,212,196,128,148,157,167,185,206,164,159,
229,234,190,194)
> Y=c( 1,   1,   1,   1,   1,   1,   2,   2,   2,   2,   2,   2, 3, 3,
3,  3,  3,  3)
> Z=c( 1,  1,    2,   2,    3,    3,    1, 1, 2, 2, 3, 3, 1, 1, 2,
2, 3, 3 )
> d=data.frame(W=W, Y=Y, Z=Z)
> d$Z=as.factor(d$Z)
> d$Y=as.factor(d$Y)
> anova=aov(W~Y*Z,data=d)
> summary(anova)
      Df Sum Sq Mean Sq F value Pr(>F)
Y      2  2697   1348  14.954 0.00138 **
Z      2  6550   3275  36.320 4.9e-05 ***
Y:Z    4  3403    851   9.435 0.00280 **
Residuals  9  811    90
---
Signif. codes: 0 '***' 0.001 '**' 0.01 '*' 0.05 '.' 0.1 ' ' 1
> interaction.plot(Y,Z,W, xlab="Y
+ 圖 11.5 變異數分析之有交互作用圖 )
```

又

```
> library(DescTools)
> ScheffeTest(anova)
$`Y:Z`
    diff   lwr.ci   upr.ci  pval
2:1-1:1 -25.0 -73.265988 23.265988 0.57477
```

```
3:1-1:1 -1.5 -49.765988 46.765988 1.00000
1:2-1:1 18.0 -30.265988 66.265988 0.86323
2:2-1:1 -1.0 -49.265988 47.265988 1.00000
3:2-1:1 68.5 20.234012 116.765988 0.00553 **
1:3-1:1 41.0 -7.265988 89.265988 0.11469
2:3-1:1 32.5 -15.765988 80.765988 0.29013
3:3-1:1 29.0 -19.265988 77.265988 0.40874
3:1-2:1 23.5 -24.765988 71.765988 0.64142
1:2-2:1 43.0 -5.265988 91.265988 0.09133 .
2:2-2:1 24.0 -24.265988 72.265988 0.61915
3:2-2:1 93.5 45.234012 141.765988 0.00055 ***
1:3-2:1 66.0 17.734012 114.265988 0.00715 **
2:3-2:1 57.5  9.234012 105.765988 0.01773 *
3:3-2:1 54.0  5.734012 102.265988 0.02613 *
1:2-3:1 19.5 -28.765988 67.765988 0.81013
2:2-3:1  0.5 -47.765988 48.765988 1.00000
3:2-3:1 70.0 21.734012 118.265988 0.00475 **
1:3-3:1 42.5 -5.765988 90.765988 0.09669 .
2:3-3:1 34.0 -14.265988 82.265988 0.24820
3:3-3:1 30.5 -17.765988 78.765988 0.35438
2:2-1:2 -19.0 -67.265988 29.265988 0.82870
3:2-1:2 50.5  2.234012 98.765988 0.03877 *
1:3-1:2 23.0 -25.265988 71.265988 0.66363
2:3-1:2 14.5 -33.765988 62.765988 0.95162
3:3-1:2 11.0 -37.265988 59.265988 0.99026
3:2-2:2 69.5 21.234012 117.765988 0.00499 **
1:3-2:2 42.0 -6.265988 90.265988 0.10236
2:3-2:2 33.5 -14.765988 81.765988 0.26159
3:3-2:2 30.0 -18.265988 78.265988 0.37193
1:3-3:2 -27.5 -75.765988 20.765988 0.46792
2:3-3:2 -36.0 -84.265988 12.265988 0.20028
3:3-3:2 -39.5 -87.765988  8.765988 0.13587
```

2:3-1:3 -8.5 -56.765988 39.765988 0.99823

3:3-1:3 -12.0 -60.265988 36.265988 0.98340

3:3-2:3 -3.5 -51.765988 44.765988 1.00000


---

Signif. codes: 0 '***' 0.001 '**' 0.01 '*' 0.05 '.' 0.1 ' ' 1

> plot(ScheffeTest(anova), sub="

+ 圖 11.6 稻米種類與肥料種類對稻米產量影響 Scheffe Test 多重比較圖 ")

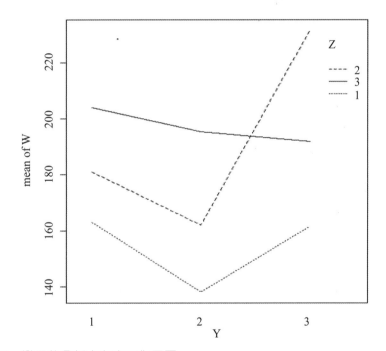

∧ **圖 11.5** 變異數分析之有交互作用圖

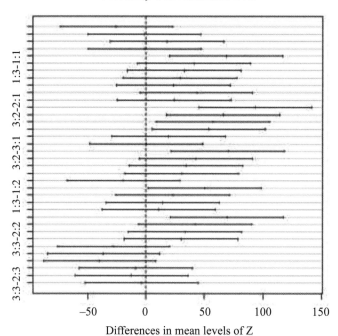

95% family-wise confidence level

Differences in mean levels of Z

**▲ 圖 11.6** 稻米種類與肥料種類對稻米產量影響 Scheffe Test 多重比較圖

---

## 11.5 雙因子變異數分析：不含交互作用（two-way ANOVA without interaction effect）

不含交互作用的雙因子變異數分析有時又稱完全隨機設計（completely randomized design），可視為配對樣本問題的推廣。統計學家主要檢視某種因子不同水準間母體平均數的差異，但受測對象（或稱區集，block）之間存在有不同的差異，可能會影響因子不同水準間差異，故先將受測對象隨機分配在因子的不同水準裡，期望實驗結果能從反應變數的數據中分析出因子不同水準間母體平均數的差異或不同區集間平均數的差異來。由於每個受測對象在不同水準間只接受一次實驗，故從外觀上看，就像雙因子變異數分析中每個處理（因子與區集的組合）只有一個觀測值，故又稱為沒有重複觀測值的雙因子變異數分析（two-factor ANOVA without replication）。由於每個不同水準與區集配對只有一個觀測值，也就無法做交互作用的檢定。

若將兩因子模式之反應變數受兩因子（類別變數）的影響看成一類因子有若干個不同的水準，並將另一類看成為區集，且每個不同水準與區集配對只有一個觀測值，則 11.3 節雙因子變異數分析模式可簡化如下：

令 $X_{ij}$, $i = 1, 2, ..., I$; $j = 1, 2, ..., J$ 為抽自因子第 $i$ 個水準與區集 $j$ 之隨機變數。設：

$$(11.27) \qquad X_{ij} = \mu_{ij} + \varepsilon_{ij}$$

其中 $i.i.d.$ $\varepsilon_{ij} \sim N(\mu_{ij}, \sigma^2)$，即假設：

1. $\varepsilon_{ij}$ 為平均數為 0 且變異數相等的常態隨機變數。
2. $\varepsilon_{ij}$ 相互獨立。
3. 平均數為：

$$(11.28) \qquad \mu_{ij} = \mu + \alpha_i + \beta_j$$

其中，

$$(11.29) \qquad \sum_{i=1}^{I} \alpha_i = 0 = \sum_{j=1}^{J} \beta_j$$

由上兩式得：

$$(11.30) \qquad \mu = \frac{\sum_{i=1}^{I}\sum_{j=1}^{J} \mu_{ij}}{I \times J} = \frac{\sum_{i=1}^{I}\sum_{j=1}^{J}\left(\mu + \alpha_i + \beta_j\right)}{I \times J} = 母體總平均$$

$$(11.31) \qquad \frac{\sum_{j=1}^{J} \mu_{ij}}{J} - \mu = \frac{\sum_{j=1}^{J}\left(\mu + \alpha_i + \beta_j\right)}{J} - \mu = \mu + \alpha_i - \mu = \alpha_i$$

為第 $i$ 個水準之效果，

$$(11.32) \qquad \frac{\sum_{i=1}^{I} \mu_{ij}}{I} - \mu = \frac{\sum_{i=1}^{I}\left(\mu + \alpha_i + \beta_j\right)}{I} - \mu = \mu + \beta_j - \mu = \beta_j$$

為第 $j$ 個區集之效果。

檢定問題包括：

1. 檢定因子中各水準的效果是否相同，即

$H_0^A : \alpha_i = 0$, $\forall\, i = 1, 2, ..., I$ vs $H_a^A : H_0^A$ 非真。

2. 檢定各區集的效果是否相同，即

$H_0^B : \beta_j = 0$, $\forall\, j = 1, 2, ..., J$ vs $H_a^B : H_0^B$ 非真。

令 $n_G = I \times J$

$$(11.33) \qquad 樣本總平均數 = \overline{X}_G = \frac{\sum\limits_{i=1}^{I}\sum\limits_{j=1}^{J} X_{ij}}{n_G}$$

$$(11.34) \qquad 因子水準 \ i \ 之樣本平均數 = \overline{X}_{i.} = \frac{\sum\limits_{j=1}^{J} X_{ij}}{J} \ , \ i = 1, 2, ..., I$$

$$(11.35) \qquad 區集 \ j \ 之樣本平均數 = \overline{X}_{.j} = \frac{\sum\limits_{i=1}^{I} X_{ij}}{I} \ , \ j = 1, 2, ..., J$$

則總平方和 SST 可分解為：

$$(11.36) \qquad \mathrm{SST} = \sum_{i=1}^{I}\sum_{j=1}^{J}(X_{ij} - \overline{X}_G)^2$$

$$= J\sum_{i=1}^{I}\left(\overline{X}_{i.} - \overline{X}_G\right)^2 + I\sum_{j=1}^{J}\left(\overline{X}_{.j} - \overline{X}_G\right)^2 + \sum_{i=1}^{I}\sum_{j=1}^{J}\left(X_{ij} - \overline{X}_{i.} - \overline{X}_{.j} + \overline{X}_G\right)^2$$

$$= \qquad \mathrm{SSA} \qquad + \qquad \mathrm{SSB} \qquad + \qquad \mathrm{SSE}$$

請比較式 (11.36) 與式 (11.20) 的差異，由於每個處理裡只有一個觀測值，在式 (11.36) 裡少了式 (11.20) 的最後一項。

檢定因子各水準間的效果是否相同，即

$H_0^A : \alpha_i = 0, \forall \ i = 1, 2, ..., I$ vs $H_a^A : H_0^A$ 非真，檢定統計量為：

$$(11.37) \qquad F = \frac{\mathrm{SSA}/(I-1)}{\mathrm{SSE}/(I-1)\times(J-1)} \sim F\left[I-1, (I-1)\times(J-1)\right]$$

檢定各區集的效果是否相同，即

$H_0^B : \beta_j = 0, \forall \ j = 1, 2, ..., J$ vs $H_a^B : H_0^B$ 非真，檢定統計量為：

$$(11.38) \qquad F = \frac{\mathrm{SSB}/(J-1)}{\mathrm{SSE}/(I-1)\times(J-1)} \sim F\left[J-1, (I-1)\times(J-1)\right]$$

將以上資訊列於變異數分析表如下：

| 變異來源 | 自由度 | 平方和 | | 均方 | F | p 值 |
|---|---|---|---|---|---|---|
| 因子 | $I-1$ | SSA | | $\text{MSA} = \text{SSA}/(I-1)$ | MSA/MSE $\sim F[I-1, (I-1)\times(J-1)]$ | |
| 區集 | $J-1$ | SSB | | $\text{MSB} = \text{SSB}/(J-1)$ | MSB/MSE $\sim F[J-1, (I-1)\times(J-1)]$ | |
| 抽樣 | $(I-1)\times(J-1)$ | SSE | | $\text{MSE} = \text{SS(AB)}/[(I-1)(J-1)]$ | | |
| 總和 | $n_G-1$ | SST | | | | |

**例 11.7**

　　若將上例中每塊土地收成稻米的數量改爲下表資料，試以顯著水準 0.05 檢定三種不同品種稻米的產量是否相同？三種不同肥料對稻米產量是否有不同的影響？設各種肥料與稻米的組合種植在相同大小土地上產量分配爲常態且有相同的標準差。

| | 肥料 1 號 | 肥料 2 號 | 肥料 3 號 |
|---|---|---|---|
| 稻米 1 號 | 154 | 178 | 212 |
| 稻米 2 號 | 128 | 157 | 185 |
| 稻米 3 號 | 164 | 229 | 190 |

☞ 解

　　此例與上例的差異就在於每個處理只有一觀測值，故無法檢定交互作用。檢定結果因子與區集效果檢定的 p 值分別爲 0.1839 與 0.0911，在顯著水準 0.05 下，不棄卻三種不同品種稻米的產量相同與三種不同肥料對稻米產量沒有不同的影響的假說，請參見圖 11.7。圖 11.8 亦顯示，檢驗三種不同品種稻米的產量是否相同的信賴區間都包含 0，故不棄卻三種不同品種稻米的產量相同的假說，亦不棄卻三種不同肥料對稻米產量沒有不同影響的假說。

```
>W=c(154,178,212,128,157,185,164,229,190)
>Y=c( 1,  1,  1,  2,  2,  2,  3,  3,  3)
>Z=c( 1,  2,  3,  1,  2,  3,  1,  2,  3)
>d=data.frame(W=W, Y=Y, Z=Z)
>d=data.frame(W=W, Y=Y, Z=Z)
```

```
> d$Y=as.factor(d$Y)
> d$Z=as.factor(d$Z)
> chooseCRANmirror()
> library(DescTools)
> anova=aov(W~Y+Z,data=d)    # 注意，無交互作用，此時適用 Y+Z，而非
Y*Z
> summary(anova)
      Df Sum Sq Mean Sq F value Pr(>F)
Y      2   2196  1098.1   2.664 0.1839
Z      2   3815  1907.4   4.627 0.0911 .
Residuals  4   1649   412.3
---
Signif. codes: 0 '***' 0.001 '**' 0.01 '*' 0.05 '.' 0.1 ' ' 1
> interaction.plot(Z,Y,W, xlab="Y
+ 圖 11.7 完全隨機區集設計變異數分析 ")
```

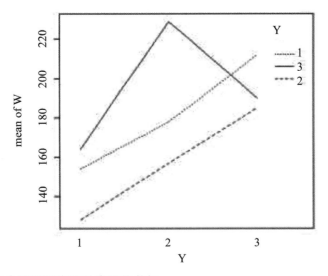

⋏ **圖 11.7** 完全隨機區集設計變異數分析

```
> plot(ScheffeTest(anova), sub="
+ 圖 11.8 完全隨機區集設計變異數分析 ")
```

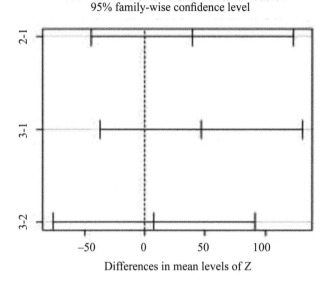

**△ 圖 11.8** 完全隨機區集設計變異數分析

## 11.6　習題

1. R 系統中資料檔 morley 中，有邁克生－莫雷（Michelson and Morley）五個實驗的資料，用來比較光速的差異，請在顯著水準 5% 下，檢驗五種實驗下的光速是否有差異。設各種實驗下光速分配為常態且有相同的標準差。若有差異，請做多重比較五種實驗下的光速平均數的差異。

2. R 系統中程式套件 UsingR 資料檔 female.inc 中，有三種人種 15 歲以上女性薪資的資料，請在顯著水準 5% 下，檢驗三種人種 15 歲以上女性薪資平均數是否有差異。若有差異，請做多重比較三種人種 15 歲以上女性薪資之差異。

3. 某化學公司在生產某種化學原料前，選四家工廠，各生產 5 個批次的此種化學原料，產量（噸）數據如下表，請在顯著水準 1% 下，檢驗四家工廠產量的差異。若有差異，請做多重比較四家工廠產量平均數的差異。設各工廠產量分配為常態且有相同的標準差。

| 工廠 1 | 41 | 46 | 39 | 44 | 38 |
| --- | --- | --- | --- | --- | --- |
| 工廠 2 | 42 | 48 | 49 | 42 | 41 |
| 工廠 3 | 32 | 34 | 38 | 35 | 39 |
| 工廠 4 | 41 | 40 | 32 | 37 | 38 |

4. 請以公式計算例題 11.6 的數字與結果。

5. 請以公式計算例題 11.7 的數字與結果。

6. 某汽車公司為了比較四型汽車每公升使用的汽油量，選用兩位駕駛員，各駕駛一輛此四型汽車，行駛里程（公里）記錄於下表。請在顯著水準 5% 下，檢定四型汽車每公升使用的汽油量平均數是否相等？兩位駕駛員是否會影響汽車每公升使用的汽油量？若會，請比較其差異。假設每位駕駛員駕駛各型汽車每公升行駛里程數分配為常態且標準差相等。

| 駕駛員1 | | | | 駕駛員2 | | | |
|---|---|---|---|---|---|---|---|
| 型1 | 型2 | 型3 | 型4 | 型1 | 型2 | 型3 | 型4 |
| 14.3 | 15.3 | 13.2 | 16.5 | 14.3 | 15.7 | 17.2 | 18.7 |

7. 某汽車公司為了比較四型汽車每公升使用的汽油量，選用兩位駕駛員各駕駛三輛此四型汽車，行駛里程（公里）記錄於下表。請在顯著水準 5% 下，檢驗駕駛員是否會影響四型汽車每公升使用的汽油量之交互作用？檢驗四型汽車每公升使用的汽油量平均數差異？檢驗兩位駕駛員是否會影響汽車每公升使用的汽油量平均數差異？若會，請比較其差異。假設每位駕駛員駕駛各型汽車每公升行駛里程數分配為常態且標準差相等。

| 駕駛員1 | | | | 駕駛員2 | | | |
|---|---|---|---|---|---|---|---|
| 型1 | 型2 | 型3 | 型4 | 型1 | 型2 | 型3 | 型4 |
| 14.3 | 15.3 | 13.2 | 16.5 | 14.3 | 15.3 | 13.2 | 16.7 |
| 14.6 | 15.9 | 13.5 | 17.5 | 14.7 | 15.2 | 13.5 | 17.4 |
| 14.8 | 16.1 | 14.1 | 17.1 | 14.5 | 15.4 | 13.9 | 17.5 |

8. 某電影院業主為比較戲院的椅子舒適性與戲院提供爆米花是否會影響觀眾在戲院裡感受的好壞，以分數 0 到 100 來表示，分數越高表示感受越好，隨機選擇 20 位觀眾調查，分數記錄於下表。請在顯著水準 5% 下，檢驗戲院的椅子舒適性與戲院提供爆米花影響觀眾在戲院裡感受的交互作用。戲院的椅子舒適性是否會影響觀眾在戲院裡感受的好壞？戲院提供爆米花是否會影響觀眾在戲院裡感受的好壞？若會，請比較其差異。假設每種椅子與是否提供爆米花的觀眾在戲院裡的感受分配為常態且標準差相等。

| | | | 椅子舒適性 | |
|---|---|---|---|---|
| | | | 較舒適 | 較不舒適 |
| 提供爆米花 | 有 | | 86  75  64  54  67 | 56  65  45  44  32 |
| | 無 | | 84  78  56  54  53 | 65  44  34  38  45 |

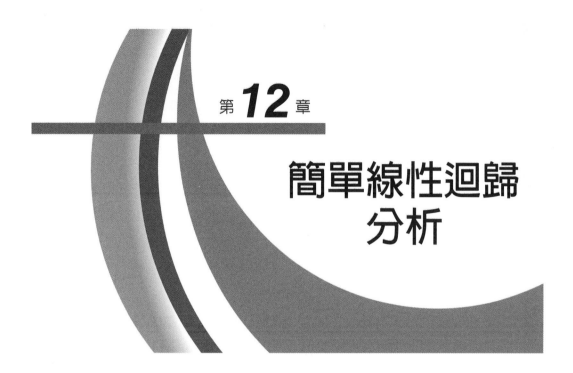

第**12**章

# 簡單線性迴歸分析

討論過有限個母體平均數差異的檢定之後，本章將討論如何推論一個隨機變數平均數受另外一個變數值影響的簡單線性迴歸分析（simple linear regression analysis, SLR）問題。本章目的：

1. 說明簡單線性迴歸模式的結構與假設。
2. 估計與檢定模式參數以及預測（prediction）。
3. 殘差分析。

## 12.1　模式意義與假設

實務上每個問題中都涉及許多不同的變數，這些變數間都存在著或多或少的關係，例如：一家公司每年的銷售額受經濟景氣情況、公司廣告費與競爭公司推廣費用的影響；一位成年人的體重受其身高、性別與生活狀況等因素的影響。令 $Y$ 表示成年男人體重的隨機變數，$x$ 表示此人的身高，英文小寫 $x$ 表示非隨機變數，為一個可控制的實數，若相信成年男人體重受其身高的影響，則可觀察 $n$ 個成年男人的身高與體重 $(x_i, Y_i)$，$i = 1, 2, ..., n$，即可看出此兩變數的關係；若觀察到一定的關係，並將此關係找到，也就可利用身高來預測體重。在此問題中的假設是：成年男人的身高 $x$ 是一個可控制的實數，可精準的測量，但縱使兩位成年男人有相同的身高，體重卻不一定會相同；故 $Y$ 為一隨機變數，即當身高為 $x$ 時，$Y$ 有一個機率分配，其平均數 $E(Y)$ 與變異數 $\mathrm{var}(Y)$ 可能受 $x$ 值的影響，即：

$$Y \mid x \sim (E(Y \mid x) = \mu_x, \mathrm{var}(Y \mid x) = \sigma_x^2)$$

或表示為：

(12.1)
$$Y \mid x = \mu_x + \varepsilon_x$$

其中 $\mu_x$ 為一常數，$\varepsilon_x$ 為平均數 0，變異數 $\sigma_x^2$ 之隨機變數。

令 $(x_1, Y_1), (x_2, Y_2), ..., (x_n, Y_n)$ 為一組樣本，樣本數為 $n$。若滿足：

(12.2)
$$Y_i = \beta_0 + \beta_1 x + \varepsilon_i, i = 1, 2, ..., n$$

(12.3)
$$\mu_x = \beta_0 + \beta_1 x，其中 \beta_0 與 \beta_1 為常數$$

(12.4)
$$\varepsilon_i \sim (0, \sigma^2), i = 1, 2, ..., n$$

(12.5)
$$\varepsilon_i, i = 1, 2, ..., n，彼此獨立$$

則稱模式 (12.2) 為一簡單線性迴歸模式。簡單指的是模式只有一個自變數 $x$（independent variable）；線性是指平均數 $\mu_x = \beta_0 + \beta_1 x$ 為 $\beta_0$ 與 $\beta_1$ 線性函數，同時假設模式誤差彼此無關，$\varepsilon_i$ 的分配為平均數 0，且有不受 $x$ 影響的共同變異數。

### 例 12.1

圖 12.1 有 40 個小圓圈，代表模式 $Y_i = 1 + 2x + \varepsilon_i, i = 1, 2, \cdots, 40$，其中 $\varepsilon_i$ 的分配為平均數為 0，標準差為 3 的隨機變數，將此 40 個觀測值畫在一平面座標上，就得到用來觀察 $Y$ 與 $x$ 關係的散布圖，如圖 12.1；並以此 40 個樣本資料將估計所得之直線方程式畫在平面座標上。

☞ 解

估計的方程式為 $y = 0.85 + 2.1x$，請參考圖 12.1。

```
> x = rep(1:10,4)          # x 的值由 1 到 10 重複 4 次
> y = rnorm(40, 1 + 2*x,3)     # 由平均數 1 + 2*x 標準差等於 3 的常態分
配中隨機抽出 40 個觀測值
> plot(y~x, sub=" 圖 12.1 散布圖與迴歸線 ")
```

```
> abline(lm(y~x))  #lm=linear model
> coef(lm(y~x))
(Intercept)      x
 0.8522366  2.1022606
```

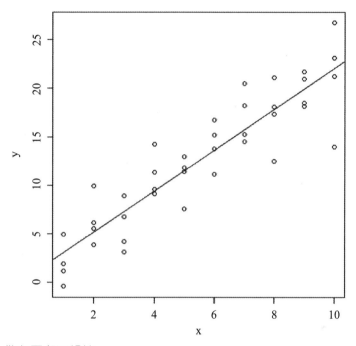

∧ 圖 **12.1** 散布圖與迴歸線

　　上面之方程式是如何估計的？是最好的估計方程式，或稱最好的估計樣本迴歸線（sample regression line or estimated regression line）嗎？估計的結果有顯著性嗎？可用於預測嗎？這些都是以下所要探討的問題。

## 12.2 迴歸係數最佳估計量之分配（point estimates of the regression line）

### 定理 12.1（高斯與馬可夫定理）

　　令 $(x_1, Y_1), (x_2, Y_2), ..., (x_n, Y_n)$ 為一組樣本數為 $n$ 之隨機樣本。以最小平方法（least squares method）估計滿足 (12.3) 至 (12.5) 假設之簡單線性迴歸模式：$Y_i = \beta_0 + \beta_1 x +$

$\varepsilon_i$, $i = 1, 2, ..., n$ 的係數,得:

$$(12.6) \qquad \overline{B}_1 = \frac{\sum_{i=1}^{n}(Y_i - \overline{Y})(x_i - \overline{x})}{\sum(x_i - \overline{x})^2} = \frac{\sum x_i Y_i - n\overline{x}\overline{Y}}{\sum_{i=1}^{n} x_i^2 - n\overline{x}}$$

$$(12.7) \qquad \overline{B}_0 = \overline{Y} - \overline{B}_1\overline{x}$$

$\overline{B}_0$ 與 $\overline{B}_1$ 分別為 $\beta_0$ 與 $\beta_1$ 的最小平方估計量(least squares estimators),$\bar{\beta}_0$ 與 $\bar{\beta}_1$ 分別為 $\overline{B}_0$ 與 $\overline{B}_1$ 的觀測值。高斯與馬可夫證明:在前述的三個假設下,此兩估計量為反應變數 $Y_i$ 的線性函數,且具不偏性與在所有 $Y_i$ 的線性函數估計量中變異數最小的性質,稱為迴歸係數的最佳線性不偏估計量(best linear unbiased estimator, BLUE)。

樣本迴歸線(sample regression line or estimated regression line)定義為:

$$(12.8) \qquad \overline{Y}_{xi} = \overline{B}_0 + \overline{B}_1 x_i, \, i = 1, 2, ..., n$$

第 $i$ 項殘差(residual):用來估計模式中無法觀察到的第 $i$ 項誤差 $\varepsilon_i$ 之統計量,定義為:

$$(12.9) \qquad E_i = Y_i - \overline{Y}_{xi} = Y_i - (\overline{B}_0 + \overline{B}_1 x_i)$$

$E_i$ 用來估計無法觀察的 $\varepsilon_i$,則共同變異數 $\sigma^2$ 的估計量為:

$$(12.10) \qquad S^2 = \frac{\sum_{i=1}^{n} E_i^2}{n-2} = \frac{\sum_{i=1}^{n}[Y_i - (\overline{B}_0 + \overline{B}_1 x_i)]^2}{n-2} = \frac{\sum_{i=1}^{n}(Y_i - \overline{Y})^2 - \overline{B}_1^2 \sum_{i=1}^{n}(x_i - \overline{x})^2}{n-2}$$

**例 12.2**

某醫院從 20 歲至 60 歲,每隔 5 歲隨機選 3 名健康成年人做受測者,測試受測者運動後的最佳心律如下:

| 年齡 | 20 | 25 | 30 | 35 | 40 | 45 | 50 | 55 | 60 |
|------|-----|-----|-----|-----|-----|-----|-----|-----|-----|
| 最佳心律 | 193 | 192 | 182 | 184 | 183 | 182 | 181 | 176 | 165 |
| | 197 | 186 | 186 | 184 | 184 | 172 | 174 | 174 | 168 |
| | 198 | 191 | 185 | 185 | 177 | 184 | 174 | 173 | 167 |

試以此組資料做一迴歸線，並預測年齡 39 歲成年人運動後的最佳心律。

☞ 解

因 $\sum_{i=1}^{27} x_i = 1080, \sum_{i=1}^{27} y_i = 4895, \bar{x} = 40, \bar{y} = 181.37, \sum_{i=1}^{27} x_i^2 = 47700, \sum_{i=1}^{27} x_i y_i = 193115$，

係數的估計值計算如下：

$$\bar{\beta}_1 = \frac{\sum_{i=1}^{n} (y_i - \bar{y})(x_i - \bar{x})}{\sum (x_i - \bar{x})^2} = \frac{\sum x_i y_i - n\bar{x}\bar{y}}{\sum_{i=1}^{n} x_i^2 - n\bar{x}} = \frac{193115 - 27 \times 40 \times 181.37}{47700 - 27 \times 40 \times 40} = -0.614$$

$$\bar{\beta}_0 = \bar{y} - \bar{\beta}_1 \bar{x} = 181.37 - (-0.614 \times 40) = 205.93$$

估計得此樣本迴歸線為 $\bar{y}_{xi} = 205.93 - 0.614 x_i, i = 1, 2, ..., 27$。

估計得樣本迴歸線後，就可用此迴歸線來預測年齡 39 歲成年人運動後最佳心律為 $\bar{y}_{x=39} = 205.93 - 0.614 \times 39 = 181.98$，請參考圖 12.2。

```
> y=c(193,197,198,192,186,191,186,182,185,184,184,185,
+ 183,184,177,182,172,184,181,174,174,176,174,173,165,168,167)
> x=c(20,20,20,25,25,25,30,30,30,35,35,35,
+ 40,40,40,45,45,45,50,50,50,55,55,55,60,60,60)
> mean(x);mean(y)
[1] 40
[1] 181.3704
> sum(x);sum(y);sum(x*x);sum(x*y)
[1] 1080
[1] 4897
[1] 47700
[1] 193115

> coef(lm(y~x))
(Intercept)        x
205.9481481  -0.6144444
```

或

```
> res=lm(y~x)
> summary(res)

Call:
lm(formula = y ~ x)

Residuals:
   Min    1Q Median    3Q    Max
-6.2981 -1.7981 -0.4426 2.2380 5.7741
```

Coefficients:

|  | Estimate | Std. | Error t value | Pr(>\|t\|) |
|---|---|---|---|---|
| (Intercept) | **205.94815** | 2.11688 | 97.29 | < 2e-16 *** |
| x | **-0.61444** | 0.05036 | -12.20 | 5.03e-12 *** |

```
---
Signif. codes: 0 '***' 0.001 '**' 0.01 '*' 0.05 '.' 0.1 ' ' 1
```

Residual standard error: 3.379 on 25 degrees of freedom

Multiple R-squared: 0.8562,   Adjusted R-squared: 0.8504

F-statistic: 148.8 on 1 and 25 DF, p-value: 5.035e-12

將此組資料與樣本迴歸線畫於散布圖上，如下

```
> res=lm(y~x)
> plot(y ~ x, main="Age versus maximum heart rate", sub=" 圖
12.2 最佳心律迴歸模式 ")
> abline(res)
```

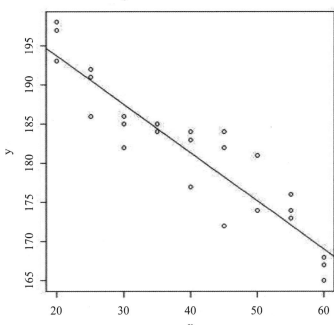

**︿圖 12.2**　最佳心律迴歸模式

## 定理 12.2

　　假設 1. 誤差為獨立；2. $\varepsilon_i$ 的分配平均數為 0；3. 共同變異數為 $\sigma^2$；4. $\varepsilon_i$, $i = 1, 2,$ ..., $n$ 為常態分配，則簡單線性迴歸模式：

$Y_i = \beta_0 + \beta_1 x + \varepsilon_i$, $i = 1, 2, ..., n$ 係數之最小平方估計量分配分別為：

$$(12.11) \qquad \overline{B}_1 \sim N\left(\beta_1, \frac{\sigma^2}{\sum_{i=1}^{n}(x_i - \overline{x})^2}\right)$$

與

$$(12.12) \qquad \overline{B}_0 \sim N\left(\beta_0, \sigma^2\left(\frac{1}{n} + \frac{\overline{x}^2}{\sum_{i=1}^{n}(x_i - \overline{x})^2}\right)\right)$$

與

(12.13)
$$\frac{(n-2)S^2}{\sigma^2} \sim \chi^2(n-2)$$

且

(12.14)
$$\frac{\overline{B}_1 - \beta_1}{S / \sqrt{\sum_{i=1}^{n}(x_i - \bar{x})^2}} \sim T(n-2)$$

與

(12.15)
$$\frac{\overline{B}_0 - \beta_0}{S \sqrt{\frac{1}{n} + \frac{\bar{x}^2}{\sum_{i=1}^{n}(x_i - \bar{x})^2}}} \sim T(n-2)$$

當檢定虛擬假說為 $H_0 : \beta_1 = 0$ 或 $H_0 : \beta_0 = 0$，稱之為邊際 $t$- 檢定（marginal t-test），是檢定模式是否需要這些參數。又因

$$\sum_{i=1}^{n}(Y_i - \overline{Y})^2 = \sum_{i=1}^{n}\left[(Y_i - \overline{Y}_{xi}) + (\overline{Y}_{xi} - \overline{Y})\right]^2$$

$$= \sum_{i=1}^{n}(Y_i - \overline{Y}_{xi})^2 + \sum_{i=1}^{n}(\overline{Y}_{xi} - \overline{Y})^2 = \sum_{i=1}^{n}E_i^2 - \overline{B}_1^2 \sum_{i=1}^{n}(x_i - \bar{x})^2$$

令 $SST = \sum_{i=1}^{n}(Y_i - \overline{Y})^2$，$SSR = \overline{B}_1 \sum_{i=1}^{n}(x_i - \bar{x})^2$，$SSE = \sum_{i=1}^{n}E_i^2$，則：

(12.16)
$$S^2 = \frac{\sum_{i=1}^{n}E_i^2}{n-2} = \frac{SSE}{n-2} = \frac{SST - SSR}{n-2}$$

在 $H_0 : \beta_1 = 0$，

(12.17)
$$\frac{SSR}{SSE/(n-2)} \sim F(1, n-2)$$

式 (12.17) 與變異數分析的檢定統計量相似，此檢定也可以以變異數分析之 ANOVA 表的形式表示。

**例 12.3**（續上例）

1970 年間 Sam Fox 及 William Haskell 兩人提出，健康的成年人運動後最佳心律與年齡的關係為 220 減年齡，試以顯著水準 $\alpha = 0.05$ 檢定上例資料是否支持 Sam Fox 及 William Haskell 兩人提出之簡單線性迴歸模式的斜率 $\beta_1 = -1$ 之說法？

☞ 解

$H_0 : \beta_1 = -1$ vs $H_a : \beta_1 \neq -1$, $\alpha = 0.05$，棄卻域為

$$C = \left\{ \left| \frac{\overline{B}_1 - (-1)}{S \left/ \sqrt{\sum_{i=1}^{40}(x_i - \overline{x})^2} \right.} \right| > t_{0.05/2, 25} = 2.059 \right\}$$

因 $\sum_{i=1}^{27} x_i = 1080$，$\sum_{i=1}^{27} y_i = 4895$，$\overline{x} = 40, \overline{y} = 181.37$，$\sum_{i=1}^{27} x_i^2 = 47700$

$\sum_{i=1}^{27} x_i y_i = 193115$，$s^2 = \dfrac{\text{SSE}}{n-2} = \dfrac{285.36}{25} = 11.41$，$s = 3.379$

$\sum_{i=1}^{27}(x_i - \overline{x})^2 = \sum_{i=1}^{27} x_i^2 - n\overline{x}^2 = 47700 - 27 \times 40 \times 40 = 4500$

檢定統計值為 $\dfrac{\overline{B}_1 - (-1)}{\sqrt{S^2 \left/ \sum_{i=1}^{27}(x_i - \overline{x})^2 \right.}} = \dfrac{-0.614 + 1}{\sqrt{11.41 / 4500}} = 7.67 > 2.059$，故棄卻 $H_0$。

```
> res=lm(y~x)
> summary(res)
Call:
lm(formula = y ~ x)
Residuals:
   Min      1Q    Median      3Q      Max
-6.2981  -1.7981  -0.4426  2.2380  5.7741
Coefficients:
            Estimate    Std.    Error t value    Pr(>|t|)
(Intercept)  205.94815  2.11688   97.29        < 2e-16 ***
# 檢定 β₀ = 0 的 p 值
```

```
x           -0.61444    0.05036    -12.20        5.03e-12 *** # 檢
```
定 $\beta_1 = 0$ 的 p 值
```
---
Signif. codes: 0 '***' 0.001 '**' 0.01 '*' 0.05 '.' 0.1 ' ' 1
Residual standard error: 3.379 on 25 degrees of freedom
Multiple R-squared: 0.8562,   Adjusted R-squared: 0.8504
F-statistic: 148.8 on 1 and 25 DF, p-value: 5.035e-12*
```

同樣的，可以做檢定 $\beta_0$ 的工作。但因有時 $\beta_0$ 的值在理論上沒有特別的意義，所以實務上很少檢定 $\beta_0$ 的值，除非理論上有其必要。

### 例 12.4

血液中酒精含量與飲酒的數量有關，請依下表資料建構以喝啤酒瓶數為自變數，做血液中酒精濃度的線性迴歸方程式，並以 10% 顯著水準檢定此方程式的截距為 0。

| 啤酒瓶數 | 5 | 2 | 9 | 8 | 3 | 7 | 3 | 5 | 1 | 0 |
|---|---|---|---|---|---|---|---|---|---|---|
| 酒精濃度 | 0.10 | 0.03 | 0.19 | 0.12 | 0.04 | 0.095 | 0.07 | 0.06 | 0.02 | 0.03 |

☞ 解

$\bar{x} = 4.3$, $\bar{y} = 0.0755$, $\sum_{i=1}^{10} x_i = 43$, $\sum_{i=1}^{10} y_i = 0.775$, $\sum_{i=1}^{10} x_i^2 = 267$, $\sum_{i=1}^{10} y_i^2 = 0.081825$,

$\sum_{i=1}^{10} x_i y_i = 4.545$,

$\bar{\beta_1} = \dfrac{4.545 - 10 \times 4.3 \times 0.0755}{267 - 10 \times 4.3 \times 4.3} = \dfrac{1.2985}{82.1} = 0.0158$,

$\bar{\beta_0} = \bar{y} - \bar{\beta_1}\bar{x} = 0.0755 - (0.0158 \times 4.3) = 0.00756$

故樣本迴歸線為 $\bar{y}_x = 0.00756 + 0.0158x$。

檢定 $H_0 : \beta_0 = 0$ vs $H_a : \beta_0 \neq 0$, $\alpha = 0.1$，棄卻域為

$$C = \left\{ \left| \dfrac{\bar{B}_0}{S\sqrt{\dfrac{1}{n} + \dfrac{\bar{x}^2}{\sum_{i=1}^{n}(x_i - \bar{x})^2}}} \right| > t_{0.05,8} = 1.86 \right\}，計算檢定統計值為$$

$$\frac{0.00075}{0.023 \times \sqrt{\dfrac{1}{10} + \dfrac{4.3^2}{267 - 10 \times 4.3^2}}} = 0.572 < 1.86，故不棄卻 H_0 : \beta_0 = 0。$$

```
> x=c(5,2,9,8,3,7,3,5,1,0)
> y=c(0.10,0.03,0.19,0.12,0.04,0.095,0.07,0.06,0.02,0.03)
> mean(x);mean(y);sum(x);sum(y);sum(x*x);sum(y*y);sum(x*y)
[1] 4.3
[1] 0.0755
[1] 43
[1] 0.755
[1] 267
[1] 0.081825
[1] 4.545
> res=lm(y~x)
> summary(res)
Call:
lm(formula = y ~ x)

Residuals:
    Min        1Q     Median        3Q       Max
-0.026571  -0.014709  -0.006215  0.014653  0.040164

Coefficients:
             Estimate    Std. Error    t value    Pr(>|t|)
(Intercept)  0.007491    0.013199      0.568      0.585913
x            0.015816    0.002554      6.192      0.000262
***
---
Signif. codes:  0 '***' 0.001 '**' 0.01 '*' 0.05 '.' 0.1 ' ' 1

Residual standard error: 0.02314 on 8 degrees of freedom
```

Multiple R-squared: 0.8274,   Adjusted R-squared: 0.8058
F-statistic: 38.34 on 1 and 8 DF,  p-value: 0.0002617

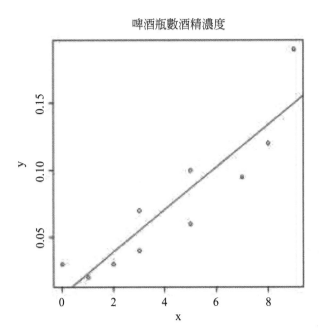

∧ 圖 **12.3** 啤酒瓶數酒精濃度迴歸模式

```
> plot(x,y,main=" 啤酒瓶數酒精濃度 ",sub=" 圖 12.3 啤酒瓶數酒精濃度
迴歸模式 " )
> abline(res)
```

 **12.3** 直線迴歸線的區間估計與預測
（**interval estimates of the regression line and prediction**）

### 定理 12.3

假設 1. 誤差爲獨立；2. $\varepsilon_i$ 的分配平均數爲 0；3. 共同變異數爲 $\sigma^2$；4. $\varepsilon_i, i = 1, 2,$ $\cdots, n$ 爲常態分配，則：

(12.18)
$$\overline{Y}\big|x = x_0 \sim N\left(\beta_0 + \beta_1 x_0, \ \sigma^2 \sqrt{\frac{1}{n} + \frac{(x_0 - \overline{x})^2}{\sum\limits_{i=1}^{n}(x_i - \overline{x})^2}}\right)$$

故 $\mu(x_0) = \beta_0 + \beta_1 x_0$ 的信賴度 $100(1 - \alpha)\%$ 之信賴區間為：

(12.19)
$$\overline{B}_0 + \overline{B}_1 x_0 \pm t_{\alpha/2, n-2} S \sqrt{\frac{1}{n} + \frac{(x_0 - \overline{x})^2}{\sum\limits_{i=1}^{n}(x_i - \overline{x})^2}}$$

令 $Y_{new, x=x_0}$ 表示預測 $x = x_0$ 時，在 $Y_{x=x_0}$ 分配上的一個新的可能值。若 $Y_{new, x=x_0}$ 與以前所觀察的觀測值都獨立，則 $Y_{new, x=x_0}$ 的分配為：

(12.20)
$$Y_{new, x=x_0} \sim N\left(\beta_0 + \beta_1 x_0, \ \sigma^2 \sqrt{1 + \frac{1}{n} + \frac{(x_0 - \overline{x})^2}{\sum\limits_{i=1}^{n}(x_i - \overline{x})^2}}\right)$$

$Y_{new, x=x_0}$ 信賴度 $100(1 - \alpha)\%$ 之預測區間（prediction interval, PI）為：

(12.21)
$$\overline{B}_0 + \overline{B}_1 x_0 \pm t_{\alpha/2, n-2} S \sqrt{1 + \frac{1}{n} + \frac{(x_0 - \overline{x})^2}{\sum\limits_{i=1}^{n}(x_i - \overline{x})^2}}$$

注意：1. 這兩個區間的邊際誤差與 $x$ 的位置有關，當 $x = \overline{x}$ 時，邊際誤差最小，$x$ 離平均數越遠，邊際誤差越大；2. 在同一 $x$ 上，$Y_{new, x=x_0}$ 之預測區間邊際誤差比在相同位置 $Y_{x=x_0}$ 之信賴區間邊際誤差為大。

**例 12.5** （續前例）

　　由某醫院從 20 歲至 60 歲，每隔 5 歲隨機選 3 名健康的成年人，做運動後最佳心律與年齡的關係試驗，估得樣本迴歸線為 $\overline{y}_x = 205.93 - 0.614x$。請估計年齡 40 歲健康成年人運動後最佳心律的平均數，並做信賴度 95% 的信賴區間。若有位新受測試者年齡 55 歲，請預測此人運動後最佳心律並做信賴度 95% 的預測區間。並以此組資料做迴歸方程式信賴度 95% 之預測區間曲線，同時比較信賴度 95% 預測區間曲線與信賴區間曲線的差異。

☞ 解

依例中資料計算得 $\sum_{i=1}^{27} x_i = 1080, \sum_{i=1}^{27} y_i = 4895, \bar{x} = 40, \bar{y} = 181.37, \sum_{i=1}^{27} x_i^2 = 47700,$
$\sum_{i=1}^{27} x_i y_i = 193115, s^2 = 11.41, t_{1-0.05/2,25} = 2.06$

估計年齡 40 歲健康成年人運動後最佳心律平均數為 $\bar{y}_{x=40} = 205.93 - 0.614 \times 40$
$= 181.37$。

年齡 40 歲健康成年人運動後，最佳心律平均數之信賴度 95% 的信賴區間為

$$\bar{B}_0 + \bar{B}_1 \times 40 \pm t_{\alpha/2,n-2} S \sqrt{\frac{1}{n} + \frac{(40-\bar{x})^2}{\sum_{i=1}^{n}(x_i - \bar{x})^2}}$$

$$\Leftrightarrow 205.93 - 0.614 \times 40 \pm 2.06 \times \sqrt{11.41} \sqrt{\frac{1}{25} + \frac{(40-40)^2}{47700 - 27 \times 40 \times 40}}$$

$$\Leftrightarrow 181.37 \pm 1.39$$

$$\Leftrightarrow \left( 179.98, \ 182.76 \right)$$

預測 55 歲新受測試者運動後的最佳心律為 $\bar{y}_{x=55} = 205.93 - 0.614 \times 55 = 172.16$。

信賴度 95% 的預測區間為 $\bar{B}_0 + \bar{B}_1 \times 55 \pm t_{\alpha/2,n-2} S \sqrt{1 + \frac{1}{n} + \frac{(55-\bar{x})^2}{\sum_{i=1}^{n}(x_i - \bar{x})^2}}$

$$\Leftrightarrow 205.93 - 0.614 \times 55 \pm 2.06 \times \sqrt{11.41} \sqrt{1 + \frac{1}{25} + \frac{(55-40)^2}{47700 - 27 \times 40 \times 40}}$$

$$\Leftrightarrow 172.16 \pm 7.26$$

$$\Leftrightarrow \left( 164.9, \ 179.42 \right)$$

預測區間曲線作於圖 12.4，預測區間曲線與信賴區間曲線比較作於圖 12.5。

```
> new <- data.frame(x = c(40))
> predict(res, newdata = new, interval = "confidence", level=0.95)
# 信賴區間
        fit         lwr         upr
1    181.3704    180.0313    182.7095
> new=data.frame(x=55)
> predict(res, newdata = new, interval = "prediction", level=0.95)
# 預測區間
      fit     lwr     upr
1 172.1537 164.8991 179.4084   # 注意：此區間長度大於上列的信賴區間長
度
> new=data.frame(x=sort(unique(x)))    # 只用單一 x 值，20-60，必須
是 data.frame
> pred.res = predict(res, newdata = new,int="pred")
> pred.res
        fit         lwr         upr
1   193.659     186.276     201.042
2   190.587     183.332     197.841
3   187.514     180.353     194.676
4   184.442     177.337     191.547
5   181.370     174.284     188.456
6   178.298     171.193     185.402
7   175.225     168.064     182.387
8   172.153     164.899     179.408
9   169.081     161.698     176.464
> plot(y ~ x); abline(res) # 將上面預測的 9 個值連線，如圖 12.4
> lines(x=sort(unique(x)),pred.res[,2] , lty=2)              # lower
curve
> lines(x=sort(unique(x)),pred.res[,3], lty=2)              # upper
curve
```

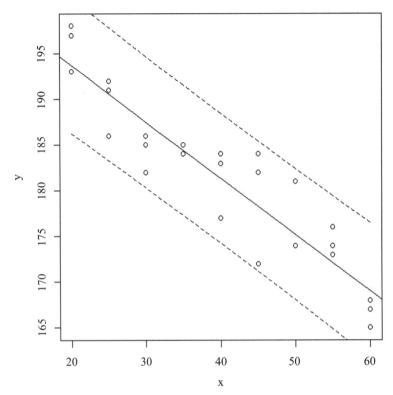

**▲ 圖 12.4**　迴歸模式之預測區間

　　使用 R 中 library(HH) 之 ci.plot 函數，看出：1. 這兩個區間的邊際誤差與 $x$ 的位置有關，當 $x = \bar{x}$ 時，邊際誤差最小，$x$ 離平均數越遠，邊際誤差越大，請見圖 12.4；2. 在同一 $x$ 上，$Y_{new, x=x_0}$ 之預測區間邊際誤差比在相同位置 $Y_{x=x_0}$ 之信賴區間邊際誤差為大，請見圖 12.5。

```
> library(HH)
> ci.plot(res, sub=" 圖 12.5 迴歸模式之信賴區間與預測區間 ")
```

95% confidence and prediction intervals for res

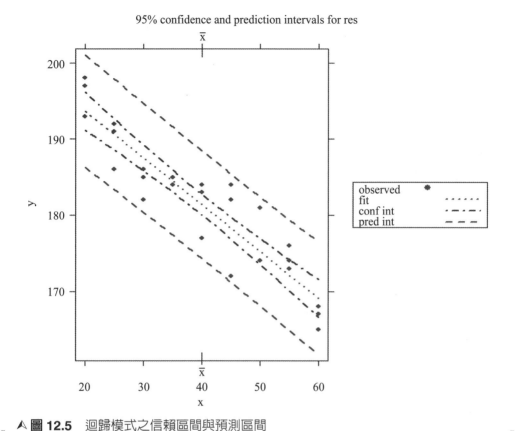

▲ 圖 **12.5** 迴歸模式之信賴區間與預測區間

## 12.4 判定係數與相關係數 （coeffcient of determination and correlation coefficient）

簡單線性迴歸分析是以 $Y$ 爲反應變數，$x$ 爲自變數，建立一個線性迴歸模式，企圖以自變數的變異解釋反應變數的變異，故以自變數的變異解釋反應變數變異的比例大小應該是判定建構模式良窳的標準。令 $\overline{Y}_{xi} = \overline{B}_0 + \overline{B}_1 x_i$, $i = 1, 2, ..., n$，是以 $(x_1, Y_1), (x_2, Y_2), ..., (x_n, Y_n)$ 爲一組樣本數爲 $n$ 之隨機樣本，以最小平方法估計滿足：1. 誤差爲獨立；2. $\varepsilon_i$ 的分配爲平均數爲 0，$i = 1, 2, ..., n$ 之樣本迴歸線；3. 共同變異數爲 $\sigma^2$，則反應變數總變異 SST 可分爲殘差平方和（residual sum of squares）SSE 與可由自變數變異解釋的部分 SSR，即：

(12.22) $$\text{SST} = \sum_{i=1}^{n}\left(Y_i - \overline{Y}\right)^2 = \sum_{i=1}^{n}\left(Y_i - \overline{Y}_{xi}\right)^2 + \sum_{i=1}^{n}\left(\overline{Y}_{xi} - \overline{Y}\right)^2 = \text{SSE} + \text{SSR}$$

將上式兩邊都除以 SST，得：

(12.23) $$1 = \frac{\text{SSE}}{\text{SST}} + \frac{\text{SSR}}{\text{SST}}$$

判定係數（coefficient of determination）：簡單線性迴歸模式之判定係數（coefficient of determination）定義為：

(12.24) $$R^2 = \frac{\text{SSR}}{\text{SST}} = 1 - \frac{\text{SSE}}{\text{SST}} = \frac{\overline{B}_1^2 \times \left(\sum_{i=1}^{n} x_i^2 - n \times \overline{x}^2\right)}{\sum_{i=1}^{n} Y_i^2 - n \times \overline{Y}^2}$$

由定義可知，$R^2$ 是反應變數總變異中可由自變數變異解釋的比例。$R^2$ 介於 0 到 1 之間，越接近於 1 表示自變數變異解釋應變數變異的比例越大，模式的解釋力越強，所建立的模式越好。

### 例 12.6

求例 12.2 中測試受測者運動後的最佳心律資料所建立模式 $\overline{y}_x = 205.93 - 0.614x$ 的判定係數。

☞ 解

依如下資料：

$$\overline{\beta}_1 = 0.614, \sum_{i=1}^{27} x_i^2 = 47700, \sum_{i=1}^{27} y_i^2 = 890155, \overline{x} = 40, \overline{y} = 181.37，得$$

$$R^2 = \frac{\overline{B}_1^2 \times \left(\sum_{i=1}^{n} x_i^2 - n \times \overline{x}^2\right)}{\sum_{i=1}^{n} Y_i^2 - n \times \overline{Y}^2} = \frac{0.614^2 \times \left(47700 - 27 \times 40^2\right)}{890155 - 27 \times 181.37^2} = 0.85$$

```
> summary(res)

Call:
lm(formula = y ~ x)
```

```
Residuals:
   Min    1Q Median    3Q    Max
-6.2981 -1.7981 -0.4426 2.2380 5.7741


Coefficients:
          Estimate Std. Error t value Pr(>|t|)
(Intercept) 205.94815   2.11688   97.29 < 2e-16 ***
x         -0.61444   0.05036 -12.20 5.03e-12 ***
---
Signif. codes: 0 '***' 0.001 '**' 0.01 '*' 0.05 '.' 0.1 ' ' 1


Residual standard error: 3.379 on 25 degrees of freedom
Multiple R-squared: 0.8562,   Adjusted R-squared: 0.8504
F-statistic: 148.8 on 1 and 25 DF, p-value: 5.035e-12
summary(res)$r.squared
[1] 0.8561921
```

---

**例 12.7**

　　由例 12.4 血液中酒精含量與飲啤酒的數量資料中，求簡單線性迴歸模式之判定係數。

☞ 解

$$\bar{x} = 4.3, \quad \bar{y} = 0.0755, \quad \sum_{i=1}^{10} x_i = 43, \quad \sum_{i=1}^{10} y_i = 0.775, \quad \sum_{i=1}^{10} x_i^2 = 267,$$

$$\sum_{i=1}^{10} y_i^2 = 0.081825, \quad \sum_{i=1}^{10} x_i y_i = 4.545,$$

$$R^2 = \frac{\bar{B}_1^2 \times \left(\sum_{i=1}^{2} x_i^2 - n \times \bar{x}^2\right)}{\sum_{i=1}^{n} Y_i^2 - n \times \bar{Y}^2} = \frac{0.0158^2 \times (267 - 10 \times 4.3^2)}{0.081825 - 10 \times 0.0775^2} = 0.83$$

```
> summary(res)$r.squared
[1] 0.8273614
```

在統計學中，皮爾森積動差相關係數（Pearson product-moment correlation coefficient）用於度量兩個隨機變數 $X$ 和 $Y$ 之間的線性相關程度。令母體 $(X, Y)$ 的平均數、變異數與相關係數分別爲 $(\mu_X, \mu_Y, \sigma_X^2, \sigma_Y^2, \rho)$，其中母體相關係數（population correlation coefficient）定義爲：

$$(12.25) \qquad \rho = \frac{E\big[(X - \mu_X)(Y - \mu_Y)\big]}{\sigma_X \sigma_Y}$$

## 定理 12.4

$-1 \le \rho \le 1$。若 $\rho = -1$，稱隨機變數 $X$ 與 $Y$ 具完全負相關；若 $\rho = 1$，稱隨機變數 $X$ 與 $Y$ 具完全正相關；若 $\rho = 0$，稱隨機變數 $X$ 與 $Y$ 無線性關係或無關（請參考第三章之樣本相關係數內容）。

令 $(X_i, Y_i)$, $i = 1, 2, ..., n$ 爲抽自母體 $(X, Y)$ 的隨機樣本，樣本相關係數定義爲：

$$(12.26) \qquad R_{XY} = \frac{\sum_{i=1}^{n} (X_i - \overline{X})(Y_i - \overline{Y})}{\sqrt{\sum_{i=1}^{n}(X_i - \overline{X})^2}\sqrt{\sum_{i=1}^{n}(Y_i - \overline{Y})^2}} = \frac{\sum_{i=1}^{n} X_i Y_i - n\overline{XY}}{\sqrt{\sum_{i=1}^{n} X_i^2 - n\overline{X}^2}\sqrt{\sum_{i=1}^{n} Y_i^2 - n\overline{Y}^2}}$$

其統計值以 $r_{XY}$ 表之。

### 例 12.8

若血液中酒精含量與飲啤酒的數量爲兩隨機變數，請依下表資料計算其相關係數。

| 啤酒瓶數 | 5 | 2 | 9 | 8 | 3 | 7 | 3 | 5 | 1 | 0 |
|---|---|---|---|---|---|---|---|---|---|---|
| 酒精濃度 | 0.10 | 0.03 | 0.19 | 0.12 | 0.04 | 0.095 | 0.07 | 0.06 | 0.02 | 0.03 |

☞ 解

因 $\overline{x} = 4.3$, $\overline{y} = 0.0755$, $\sum_{i=1}^{10} x_i = 43$, $\sum_{i=1}^{10} y_i = 0.775$,

$\sum_{i=1}^{10} x_i^2 = 267$, $\sum_{i=1}^{10} y_i^2 = 0.081825$, $\sum_{i=1}^{10} x_i y_i = 4.545$,

$$r_{XY} = \frac{\displaystyle\sum_{i=1}^{n} x_i y_i - n\overline{xy}}{\sqrt{\displaystyle\sum_{i=1}^{n} x_i^2 - n\overline{x}^2}\sqrt{\displaystyle\sum_{i=1}^{n} y_i^2 - n\overline{y}^2}}$$

$$= \frac{4.545 - 10 \times 4.3 \times 0.0755}{\sqrt{267 - 10 \times 4.3^2}\sqrt{0.0818 - 10 \times 0.0755^2}} = 0.91$$

```
> x=c(5, 2, 9, 8, 3, 7, 3, 5, 1, 0)
> y=c(0.10, 0.03, 0.19, 0.12, 0.04, 0.095, 0.07, 0.06, 0.02, 0.03)
> cor(x,y)
[1] 0.9095941
```

在討論兩變數相關問題時，是將此兩變數視為隨機的，計算所得的相關係數值平方，即是將 $X$ 之值當作可控的實數（自變數）所做簡單線性迴歸模式的判定係數，即：

(12.27)
$$(R_{XY})^2 = R^2$$

若除 $X$ 與 $Y$ 外，沒有其他的隨機變數存在，則將省略樣本相關係數下標之 $XY$。

### 例 12.9

以例 12.4 的資料，以血液中酒精含量為應變數與飲用啤酒的數量為自變數做簡單線性迴歸模式 $\overline{y}_x = 0.00756 + 0.0158x$，請以此兩變數之相關係數求該模式的判定係數。

☞ 解

因為相關係數 $r = 0.91$，故判定係數為 $r^2 = 0.91^2 = 0.83$。將迴歸線與相關係數呈現於下圖中：

```
> x=c(5,2,9,8,3,7,3,5,1,0)
> y=c(0.10,0.03,0.19,0.12,0.04,0.095,0.07,0.06,0.02,0.03)
> res=lm(y~x)
> cor(x,y)^2                     # 相關係數的平方
```

[1] 0.8273614

```
> plot(x,y,main=" 啤酒瓶數與酒精濃度 ",sub =" 圖 12.6 啤酒瓶數與酒精
濃度相關係數 ")
> abline(lm(y~x),col="red")
> legend("topleft", legend = c("r-square = 0.83", "p-value
=0.0002"))
```

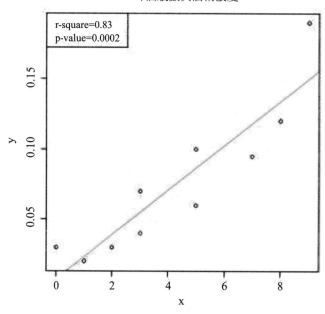

**圖 12.6** 啤酒瓶數與酒精濃度相關係數

$$\text{又 } R^2 = \overline{B}_1^2 \frac{\sum_{i=1}^{n}(x_i - \bar{x})^2}{\sum_{i=1}^{n}(y_i - \bar{y})^2} \Leftrightarrow |R| = \left|\sqrt{R^2}\right| = \left|\overline{B}_1^2\right| \sqrt{\frac{\sum_{i=1}^{n}(x_i - \bar{x})^2}{\sum_{i=1}^{n}(y_i - \bar{y})^2}}$$

因 $\dfrac{\sum_{i=1}^{n}(x_i - \bar{x})^2}{\sum_{i=1}^{n}(y_i - \bar{y})^2} > 0$，故以簡單直線迴歸模式資料計算時，相關係數的正負號

取決於 $\overline{B}_1$ 的正負號。

**例 12.10**

　　由某醫院從 20 歲至 60 歲，每隔 5 歲隨機選 3 名健康的成年人做運動後最佳心律與年齡的關係試驗的資料中，估得樣本迴歸線為 $\bar{y}_x = 205.93 - 0.614x$，其判定係數為 0.85，求健康的成年人做運動後最佳心律與年齡的相關係數。

☞ **解**

　　因模式中斜率為負，故相關係數應為 $-\sqrt{0.85} = -0.922$。

## 定理 12.5

　　令 $(X_i, Y_i)$, $i = 1, 2, ..., n$ 為抽自平均數、變異數與相關係數分別為 $(\mu_X, \mu_Y, \sigma_X^2, \sigma_Y^2, \rho)$ 之常態母體 $(X, Y)$ 的隨機樣本，若 $\rho = 0$，則：

$$(12.28) \qquad \frac{R}{\sqrt{\dfrac{1-R^2}{n-2}}} \sim T(n-2)$$

其中樣本相關係數 $R \neq \pm 1$。

　　因 $T = \dfrac{R}{\sqrt{\dfrac{1-R^2}{n-2}}} \Leftrightarrow R = \dfrac{T}{\sqrt{n-2+T^2}}$，為了獲得 $\rho$ 的信賴區間，首先計算

$T = \dfrac{R}{\sqrt{\dfrac{1-R^2}{n-2}}}$ 的信賴度 $100(1-\alpha)\%$ 信賴區間為 $[t_l = T - t_{\alpha/2, n-2}, t_u = T + t_{\alpha/2, n-2}]$，再將

其轉換為 $\rho$ 的信賴度 $100(1-\alpha)\%$，信賴區間為：

$$(12.29) \qquad \left[ \frac{t_l}{\sqrt{n-2+t_l^2}}, \ \frac{t_u}{\sqrt{n-2+t_u^2}} \right]$$

若 $\rho \neq 0$ 或 $\rho \neq 1$，則：

$$(12.30) \qquad \frac{1}{2}\ln\left(\frac{1+R}{1-R}\right) \sim N\left(\frac{1}{2}\ln\left(\frac{1+\rho}{1-\rho}\right), \ \frac{1}{n-3}\right)$$

其中 $R \neq 1$。又因為

$$(12.31) \qquad \frac{1}{2}\ln\left(\frac{1+R}{1-R}\right) = \text{arctanh}(R)$$

為了獲得 $\rho$ 的信賴區間，首先我們計算 $\text{arctanh}(\rho)$ 的信賴度 $100(1-\alpha)\%$，信賴區間為：

$$(12.32) \qquad \left[\text{arctanh}(R) - z_{\alpha/2}\frac{1}{\sqrt{n-3}}, \quad \text{arctanh}(R) + z_{\alpha/2}\frac{1}{\sqrt{n-3}}\right]$$

再將其轉換為 $\rho$ 的信賴度 $100(1-\alpha)\%$ 信賴區間為：

$$(12.33) \qquad \left[\tanh(\text{arctanh}(R) - z_{\alpha/2}\frac{1}{\sqrt{n-3}}), \quad \tanh(\text{arctanh}(R) + z_{\alpha/2}\frac{1}{\sqrt{n-3}})\right]$$

**例 12.11**（續前例）

根據下表資料，檢定健康的成年人做運動後最佳心律與年齡的相關係數等於 $-0.9$，$\alpha = 0.05$，並做信賴度 0.95 的信賴區間。

| 年齡 | 20 | 25 | 30 | 35 | 40 | 45 | 50 | 55 | 60 |
|------|-----|-----|-----|-----|-----|-----|-----|-----|-----|
| 最佳心律 | 193 | 192 | 182 | 184 | 183 | 182 | 181 | 176 | 165 |
|  | 197 | 186 | 186 | 184 | 184 | 172 | 174 | 174 | 168 |
|  | 198 | 191 | 185 | 185 | 177 | 184 | 174 | 173 | 167 |

☞ 解

$H_0 : \rho = -0.9$ vs $H_a : \rho \neq -0.9$，在 $\alpha = 0.05$ 下，

$\frac{1}{2}\ln\left(\frac{1+R}{1-R}\right) \sim N\left(\frac{1}{2}\ln\left(\frac{1-0.9}{1+0.9}\right), \ \frac{1}{27-3}\right)$，故檢定的棄卻域為

$$C = \left\{ \left| \frac{\frac{1}{2}\ln\left(\frac{1+R}{1-R}\right) - \frac{1}{2}\ln\left(\frac{1+0.9}{1-0.9}\right)}{1/\sqrt{27-3}} \right| > z_{0.025} = 1.96 \right\}。$$

因 $r = -0.92$，計算檢定統計值為

$$\frac{\frac{1}{2}\ln\left(\frac{1-0.92}{1+0.92}\right) - \frac{1}{2}\ln\left(\frac{1-0.9}{1+0.9}\right)}{1/\sqrt{27-3}} = -0.572，不在棄卻域裡，故不棄卻 H_0 : \rho = -0.9。$$

$\rho$ 信賴度 0.95 的信賴區間，可由 $\dfrac{1}{2}\ln\left(\dfrac{1+\rho}{1-\rho}\right)$ 信賴度 0.95 的信賴區間

$$\left[\frac{1}{2}\ln\left(\frac{1+r}{1-r}\right)-z_{0.025}\frac{1}{\sqrt{n-3}},\;\;\frac{1}{2}\ln\left(\frac{1+r}{1-r}\right)+z_{0.025}\frac{1}{\sqrt{n-3}}\right]$$

$$=\left[\frac{1}{2}\ln\left(\frac{1-0.92}{1+0.92}\right)-1.96\times\frac{1}{\sqrt{27-3}},\;\;\frac{1}{2}\ln\left(\frac{1-0.92}{1+0.92}\right)+1.96\times\frac{1}{\sqrt{27-3}}\right]$$

$$=\left[-1.59-0.4,\;\;-1.59+0.4\right]$$

$$=\left[-1.99,\;\;-1.19\right]$$

轉換得 $\left[\tanh(-1.99),\;\;\tanh(-1.19)\right]=\left[-0.96,\;\;-0.83\right]$。

## 12.5　殘差分析（residuals analysis）：檢視模式假設

　　建立的迴歸模式是否值得信賴，取決於資料是否能符合模式的四個基本假設：1. 誤差 $\varepsilon_i$ 為獨立；2. $\varepsilon_i$ 的分配平均數為 0；3. 共同變異數為 $\sigma^2$；4. $\varepsilon_i$ 為常態分配，$i=1$, 2, ..., $n$。殘差分析即是以估計模式的殘差為對象，檢視模式假設是否成立。以上四項假設，除了 2. $\varepsilon_i$ 的分配平均數為 0 不用檢測，因為最小平方法求迴歸係數估計量的過程中，就已保證殘差平均數為 0，其他三項假設分別檢測如下：

### 1. 獨立性假設

　　有時資料的取得過程會使得誤差累積，而有了某種程度的相關性，因此檢定前後項殘差值是否有關聯，有時就可看出殘差是否獨立。

> 例 12.12

　　請以例 12.4 血液中酒精含量與飲啤酒的數量關係模式之殘差值做散布圖，並判斷模式是否滿足誤差獨立假設。

☞ 解

　　以 R 做例 12.4 血液中酒精含量與飲啤酒的數量關係模式殘差圖，將殘差的前項當橫座標，後項當縱座標，標出位置，就可得一個 9(= $n$ – 1) 個點的散布圖，如圖 12.7。圖中 9 個點沒有呈現出任何趨勢，顯示誤差獨立假設應該會成立。

```
> res=lm(y~x)
> tmp = resid(res)                # 建立殘差樣本資料檔
> n = length(tmp)
> tmp[-n],tmp[-1])        # {tmp[-n]}= 去掉殘差最後一項，{tmp[-1]}=
去掉殘差最前一項
> plot(tmp[-n],tmp[-1], main=" 殘差散布圖 ", sub=" 圖 12.7 殘差獨立
性檢定圖 ")
```

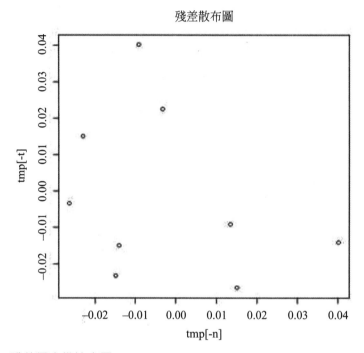

**△ 圖 12.7** 殘差獨立性檢定圖

Durbin-Watson 檢定：最常被用來檢定獨立性假設的統計量，定義爲：

$$(12.34) \qquad D = \frac{\sum_{i=2}^{n}(E_i - E_{i-1})^2}{\sum_{j=1}^{n} E_j}$$

其中 $E_i$, $i = 1, 2, ..., n$ 爲迴歸模式的殘差。檢定獨立性假設的虛擬假說與對立假說爲 $H_0 : \varepsilon_i$, $i = 1, 2, ..., n$；無自我相關 vs $H_a : \varepsilon_i$, $i = 1, 2, ..., n$；無自我相關；檢定自我

相關是否在顯著水準 $\alpha$ 下為正，則將檢定統計量 $D$ 的觀測值 $d$ 與臨界點（$d_{l,a}$ 和 $d_{u,a}$）相比較：

(1) 如果 $d \le d_{l,a}$，誤差項自我相關為正。

(2) 如果 $d \ge d_{u,a}$，不拒絕，無自我相關。

(3) 如果 $d_{l,a} < d < d_{u,a}$，則檢定結果無法確認。

　　檢定自我相關是否在顯著水準 $\alpha$ 下為負，則將檢定統計量 $(4 - d)$ 與臨界點相比較：

(1) 如果 $(4 - d) \le d_{l,a}$，誤差項自我相關為負。

(2) 如果 $(4 - d) \ge d_{u,a}$，不拒絕，無自我相關。

(3) 如果 $d_{l,a} < (4 - d) < d_{u,a}$，則檢定結果無法確認。

　　臨界點 $d_{l,a}$ 和 $d_{u,a}$ 隨著顯著水準 $\alpha$ 以及樣本數目的變化而變化。$D$ 值的臨界點，得查一些統計表，以 R 系統檢定可取得相當精確的 p 值。

**例 12.13**

　　在顯著水準 0.05 下，以 Durbin-Watson 統計量檢定例 12.4 血液中酒精含量與飲啤酒數量迴歸模式誤差之獨立性。

☞ 解

　　$\alpha = 0.05$，檢定 $H_0$：血液中酒精含量與飲啤酒數量迴歸模式之誤差為獨立 vs $H_a$：血液中酒精含量與飲啤酒數量迴歸模式之誤差不為獨立。由此模式殘差值計算得 $D = 2.41$，p 值 = 0.49 > 0.05，故不棄卻 $H_0$：血液中酒精含量與飲啤酒數量迴歸模式之誤差為獨立。

```
> library(lmtest)
> x=c(5,2,9,8,3,7,3,5,1,0)
> y=c(0.10,0.03,0.19,0.12,0.04,0.095,0.07,0.06,0.02,0.03)
> res=lm(y~x)
> dwtest(res, alt="two.sided")

    Durbin-Watson test

data: res
DW = 2.4147, p-value = 0.4943
alternative hypothesis: true autocorrelation is not 0
```

### 2. 共同變異數假設

除殘差分配爲常態外，另一個假設是：誤差具有共同變異數，即變異數齊一性（homogeneity of variance）。以模式殘差與模式估計的反應變數值（$\bar{y}_i$）做散布圖能提供有關此假設的訊息，若殘差值的分散程度不隨模式估計的反應變數值不同而有大小，應該不會懷疑共同變異數假設。

**例 12.14**

以例 12.4 血液中酒精含量與飲啤酒數量迴歸模式之殘差與模式估計的反應變數值 $\bar{y}_i$ 做散布圖，判斷模式是否滿足共同變異數假設？

☞ 解

血液中酒精含量與飲啤酒數量迴歸模式之殘差與模式估計的反應變數值 $\bar{y}_i$ 做的散布圖，如圖 12.8，圖中的散布點的分散程度似不隨模式估計的應變數值不同而有差異，故應該不會懷疑共同變異數假設。

```
> plot(fitted(res),resid(res),main=" 變異數齊一性 ", sub=" 圖 12.8
檢定變異數齊一性散布圖 ")
```

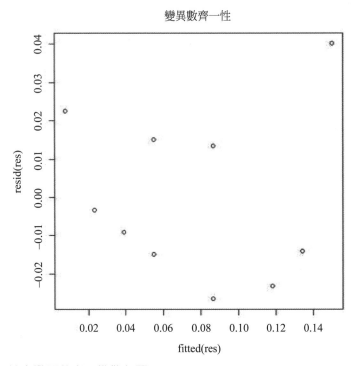

**▲ 圖 12.8** 檢定變異數齊一性散布圖

**例 12.15**

　　以自變數是重複 1 至 10 四次的 40 個資料，反應變數是模擬自以 $Y = 1 + 2x$ 爲平均數，以 sd = 自變數 /10 爲標準差的常態分配模擬值爲樣本資料，以此組樣本資料估計簡單線性迴歸模式，並以模式估計之反應變數與其相對應之殘差值做散布圖，判斷此模式是否滿足共同變異數假設？

☞ 解

　　以此 40 個樣本資料估計所得之直線方程式爲 $\bar{y}_i = 0.996 + 0.524x_i$，圖 12.9 是以模式估計之反應變數值 $\bar{y}_i$ 與其相對應之殘差值所做的散布圖，散布圖上的點呈現喇叭型，即估計之反應變數越大，殘差值分散程度也越大，反映出 sd = 自變數 /10 效果，顯示共同變異數假設應該會有問題。

```
> x = rep(1:10,4)
> y = rnorm(40, mean = 1 + 1/2*x, sd = x/10)
> res = lm(y ~ x)
> plot(fitted(res),resid(res), main=" 變異數非齊一性 ",
+ sub=" 圖 12.9 變異數非齊一性散布圖 ")
>
```

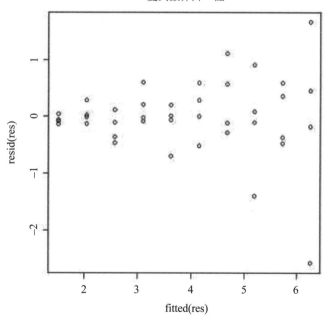

▲ **圖 12.9** 變異數非齊一性散布圖

**Breusch-Pagan(BP) 檢定**：是用來檢定共同變異數假設或稱異質性檢定（heteroskedasticity test），是以原估計模式殘差平方做反應變數，迴歸於原來的自變數上，做一新的迴歸模式，以此新模式的判定係數乘上樣本數作為檢定統計量，檢定共同變異數假設，檢定統計量分配為：

(12.35) $$nR_N^2 \sim \chi^2(1)$$

其中 $n$ = 樣本數，$R_N^2$ 為模式 $E_i^2 = a + bx + \varepsilon_i$, $i = 1, 2, ..., n$ 之判定係數。

檢定的虛擬假說與對立假說為 $H_0 : var(\varepsilon_i) = \sigma^2$, $i = 1, 2, ..., n$ vs $H_a : H_0$ 為假。

**例 12.16**

以顯著水準 0.05 檢定血液中酒精含量與飲啤酒數量迴歸模式的共同變異數之假設。

☞ 解

$\alpha = 0.05$，檢定 $H_0$：血液中酒精含量與飲啤酒數量迴歸模式具共同變異數性質 vs $H_a$：血液中酒精含量與飲啤酒數量迴歸模式不具共同變異數性質，以 R 指令計算得 Breusch-Pagan 檢定統計值為 3.3438，p 值 = 0.06746 > 0.05，故不棄卻 $H_0$：血液中酒精含量與飲啤酒數量迴歸模式具共同變異數性質。

---

**1. 以程式套件 lmtest 檢定**

```
> library(lmtest)
> x=c(5,2,9,8,3,7,3,5,1,0)
> y=c(0.10,0.03,0.19,0.12,0.04,0.095,0.07,0.06,0.02,0.03)
> res=lm(y~x)
> bptest(res)                                    # BP 檢定

    studentized Breusch-Pagan test
data: mod1
BP = 3.3438, df = 1, p-value = 0.06746
```

**2. 或以程式套件 broom 檢定**

```
> ressq=resid(res)^2
> resmod=lm(ressq~x)      # 殘差平方與自變數迴歸模式
> library(broom)
```

```
> gmod=glance(resmod)                          # resmod 模式簡單彙總
> gmod
# A tibble: 1 × 12
  r.squared adj.r.squared  sigma statistic p.value  df logLik  AIC  BIC
      <dbl>         <dbl>  <dbl>     <dbl>   <dbl> <dbl>  <dbl> <dbl> <dbl>
1     0.334         0.251 0.000407    4.02  0.0799   1   65.0 -124. -123.
# … with 3 more variables: deviance <dbl>, df.residual <int>, nobs
<int>
> n=nobs(resmod)
> R2=gmod$r.squared
> R2
[1] 0.3343803
> chi=n*R2                                     # BP 檢定統計值
> chi
[1] 3.343803
> pval <- 1-pchisq(chi,1)
> pval
[1] 0.06745853
```

3. 常態分配檢定（assessing normality of the residuals）

　　雖然目視殘差直方圖可以判斷殘差分配常態假設是否可信，常態分位數圖（quantile-normal plot）提供一個比目視法更好的判斷法。常態分位數圖是在常態假設下，以標準化殘差值（standardized residuals）的理論分位數為橫軸，以實際殘差值為縱軸做的散布圖；若常態假設不假，則散布圖上的點應該會聚集在一條斜率為 +1 直線的左右，否則殘差分配就不應是常態。

### 例 12.17

　　以顯著水準 0.05 檢定例 12.4 血液中酒精含量與飲啤酒數量迴歸模式的誤差符合常態分配之假設。

☞ 解

　　以下是血液中酒精含量與飲啤酒數量迴歸模式殘差直方圖（圖 12.10）與常態分位數圖（圖 12.11），此兩圖都顯示殘差分配似乎不太符合常態。

```
> hist(resid(res),main=" 殘差直方圖 ",sub=" 圖 12.10 殘差直方圖 ")
> qqnorm(resid(res), main=" 常態分位數圖 ",sub=" 圖 12.11 殘差常態分
位數圖 ")
> qqline(resid(res))
```

**Shapiro-Wilk 檢定**：是常用且檢定力很好的檢定模式誤差是否符合常態分配的方法，檢定統計量為：

(12.36)
$$W = \frac{\left( \sum_{i=1}^{n} a_i E_{(i)} \right)^2}{\sum_{j=1}^{n} E_j^2}$$

其中 $E_{(i)}$ 為殘差的順序統計量，$a_i$ 為常態係數 $i = 1, 2, ..., n$，其值需查統計表。本書則以 R 系統檢定之。

檢定的虛擬假說與對立假說為 $H_0 : \varepsilon_i \sim N(0, \sigma^2)$, $i = 1, 2, ..., n$ vs $H_a$：為假。

**例 12.18**

以顯著水準 0.05 檢定血液中酒精含量與飲啤酒數量迴歸模式的殘差是否為常態分配。

☞ 解

$\alpha = 0.05$，$H_0$：血液中酒精含量與飲啤酒數量迴歸模式的殘差為常態分配 vs $H_a$：血液中酒精含量與飲啤酒數量迴歸模式的殘差非常態分配，以 R 系統計算得 W 值為 0.937，p 值為 0.518 > 0.05，故不棄卻 $H_0$：血液中酒精含量與飲啤酒數量迴歸模式的殘差為常態分配。

```
> shapiro.test(resid(res))
    Shapiro-Wilk normality test
data: resid(res)
W = 0.93678, p-value = 0.5178
```

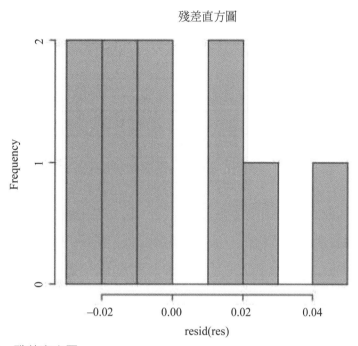

▲ 圖 **12.10**　殘差直方圖

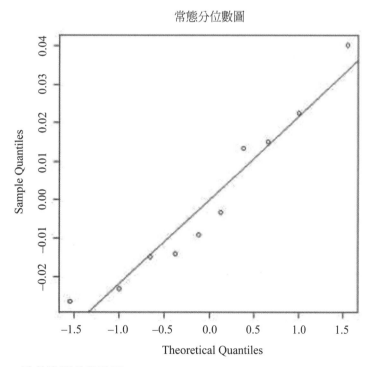

▲ 圖 **12.11**　殘差常態分位數圖

## 12.6 習題

1. 請根據下表一組 7 對資料：

| $x$ | 1 | 2 | 3 | 4 | 5 | 6 | 7 |
|---|---|---|---|---|---|---|---|
| $y$ | 5.5 | 4.3 | 4.6 | 3.7 | 3.2 | 2.8 | 2.2 |

(1) 做散布圖。

(2) 求樣本迴歸線，並在顯著水準 $\alpha = 0.05$ 下，檢定斜率是否等於 0。

(3) 根據所求樣本迴歸線，做 $x = 4.5$ 時 $y$ 的期望值，並做信賴度 95% 的信賴區間。

(4) 預測 $x = 8$ 時 $y$ 的可能值，並做信賴度 95% 的預測區間。

2. 一般人認為成年人身高是其 2 歲時身高的兩倍，為檢視此說法是否可信，隨機調查 10 名成年人與他們 2 歲時身高列於下表（單位：公分）：

| 2 歲時身高 | 82 | 91 | 87 | 85 | 96 | 88 | 80 | 83 | 79 | 83 |
|---|---|---|---|---|---|---|---|---|---|---|
| 成年時身高 | 159 | 178 | 176 | 172 | 182 | 175 | 157 | 167 | 159 | 169 |

(1) 求以成年時身高為反應變數，以其 2 歲時身高為自變數之樣本迴歸線，並在顯著水準 $\alpha = 0.05$ 下，檢定斜率是否等於 2？

(2) 根據所求樣本迴歸線，估計 2 歲時身高為 85 公分成年後身高的期望值，並做信賴度 95% 的信賴區間。

(3) 預測某個身高 90 公分的 2 歲小孩成年後的身高，並做信賴度 95% 的預測區間。

3. 為研究子女身高是否會受父母身高的影響，Francis Galton 在 1885 年收集了 928 對父子，記錄其身高存於 R 系統程式套件 UsingR 的 Galton 資料檔裡，請根據此資料，在顯著水準 $\alpha = 0.01$ 下，檢定子女身高會受父母身高的影響。

4. 下表資料為調查臺灣某鄉村房子中，房間數與房子售價（單位：萬元）的結果，請根據此筆資料，在顯著水準 $\alpha = 0.05$ 下，檢驗該鄉村房子每增加一個房間售價增加 60 萬元的假說。請做 4 個房間數房子價格信賴度 95% 之信賴區間。若有一間有 5 個房間的房子，請預測此房子的價格，並做信賴度 95% 的預測區間。請在顯著水準 $\alpha = 0.05$ 下，檢驗此組資料是否滿足迴歸模式的假設。

| 價格 | 295 | 268 | 387 | 390 | 520 | 346 | 412 | 476 | 394 | 430 | 375 | 488 |
|---|---|---|---|---|---|---|---|---|---|---|---|---|
| 房間數 | 3 | 3 | 4 | 4 | 5 | 3 | 4 | 5 | 4 | 4 | 3 | 4 |

5. 調查 1952 到 1962 年海豹群體的數量如下表，請以此資料做一線性迴歸模式，並做 1963 年海豹群體的數量信賴度 95% 的預測區間。此模式是否適合用來估計 2024 年海豹群體的數量？

| 年 | 1952 | 1953 | 1954 | 1955 | 1956 | 1957 | 1958 | 1959 | 1960 | 1961 | 1962 |
|---|---|---|---|---|---|---|---|---|---|---|---|
| 海豹數量 | 724 | 176 | 920 | 1,392 | 1,392 | 1,448 | 1,212 | 1,672 | 2,068 | 1,980 | 2,116 |

6. 請在顯著水準 $\alpha = 0.05$ 下，檢定在 R 系統 UsingR 程式套件 alaska.pipeline 資料檔中，以 lab.defect 為自變數與以 field.defect 為反應變數所做的迴歸模式是否符合齊一性變異數的假設？若將兩個變數各取對數後所做的線性迴歸模式是否符合齊一性變異數的假設？

7. 在第十二章的內容中介紹如何獨立的估計簡單線性迴歸模式的截距與斜率，也可利用 R 系統程式套件 ellipse，做截距與斜率聯合信賴區間（joint confidence intervals），此信賴區間為一橢圓形。試以習題 6 中變數 lab.defect 與變數 field.defect 各取對數後做的線性迴歸模式為例，做信賴度 95% 截距與斜率之聯合信賴區間與橢圓形圖。

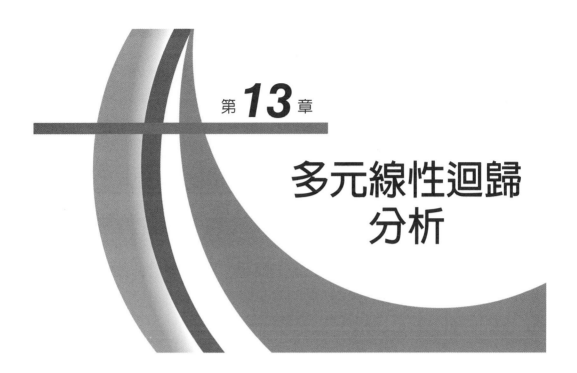

第 **13** 章

# 多元線性迴歸分析

線性迴歸模式中若有兩個或兩個以上的解釋變數，就稱為多元線性迴歸模式；雖然加入了較多的解釋變數會使得模式的估計與檢定變得比較複雜，然而基本的理論與簡單線性迴歸無異。本章的目的包括：

1. 推廣簡單線性迴歸模式至多元線性迴歸模式。
2. 多元線性迴歸模式係數的估計與檢定。
3. 自變數交互作用檢定、聯合假說檢定與虛擬變數。
4. 最適模式的選擇。

## 13.1 多元線性迴歸模式（the multiple linear regression model）

延續前章簡單線性迴歸的例子，令 $Y$ 表示公司年銷售額的隨機變數，用該公司年行銷費用，解釋公司年銷售額；可再考慮一個新的解釋變數，如競爭者年行銷費用來解釋 $Y$ 的變異。令 $x_1$ 表示公司年行銷費用，$x_2$ 表示競爭者年行銷費用，則可觀察資料 $(x_{1i}, x_{2i}, Y_i)$, $i = 1, 2, ..., n$，了解公司年銷售額與公司年行銷費用及競爭者年行銷費用的關係；依此類推，對一個隨機變數 $Y$ 的變異是可以用 $p$ 個自變數予以解釋。

令 $(x_{1i}, x_{2i}, ..., x_{pi}, Y_i)$, $i = 1, 2, ..., n$; 為一組樣本數為 $n$ 之隨機樣本，多元線性迴

歸模式可表示為：

$$Y_1 = \beta_0 + \beta_1 x_{11} + \beta_2 x_{21} + \cdots + \beta_p x_{p1} + \varepsilon_1$$
$$Y_2 = \beta_0 + \beta_1 x_{12} + \beta_2 x_{22} + \cdots + \beta_p x_{p2} + \varepsilon_2$$
$$\vdots$$
$$Y_n = \beta_0 + \beta_1 x_{1n} + \beta_2 x_{2n} + \cdots + \beta_p x_{pn} + \varepsilon_n$$

(13.1)

令

$$\mathbf{Y}_{n\times1} = \begin{bmatrix} Y_1 \\ Y_2 \\ \vdots \\ Y_n \end{bmatrix}, \mathbf{X}_{n\times(p+1)} = \begin{bmatrix} 1 & x_{11} & x_{21} & \cdots & x_{p1} \\ 1 & x_{12} & x_{22} & \cdots & x_{p2} \\ \vdots & \vdots & \vdots & \ddots & \vdots \\ 1 & x_{1n} & x_{2n} & \cdots & x_{pn} \end{bmatrix}, \boldsymbol{\beta}_{(p+1)\times1} = \begin{bmatrix} \beta_0 \\ \beta_1 \\ \vdots \\ \beta_p \end{bmatrix}, \boldsymbol{\varepsilon}_{n\times1} = \begin{bmatrix} \varepsilon_1 \\ \varepsilon_2 \\ \vdots \\ \varepsilon_n \end{bmatrix}$$，多元線性迴

歸模式可表示為：

(13.2) $$\mathbf{Y} = \mathbf{X}\boldsymbol{\beta} + \boldsymbol{\varepsilon}$$

其中稱 $\boldsymbol{\beta}$ 為參數向量（parameter vector）。多元迴歸模式包含三個或三個以上的自變數，計算統計值會需要很多的繁複計算，所以本章以下都用 R 系統處理之。

### 例 13.1

下表有某一產業九家公司年銷售額 y、公司年行銷費用 $x_1$，以及競爭者年行銷費用 $x_2$ 的資料，請做此三個變數之散布圖（單位：百萬元）。

| y | 100 | 156 | 178 | 145 | 149 | 174 | 162 | 172 | 136 |
|---|-----|-----|-----|-----|-----|-----|-----|-----|-----|
| $x_1$ | 10 | 20 | 30 | 26 | 30 | 35 | 30 | 34 | 14 |
| $x_2$ | 33 | 22 | 24 | 34 | 34 | 27 | 26 | 25 | 42 |

☞ 解

以散布圖矩陣（scatterplot matrix）觀察變數之間的關係。

```
> data=data.frame(y=c(100,156,178,145,149,174,162,172,136),
+ x1=c(10,20,30,26,30,35,30,34,14),
+ x2=c(33,22,24,34,34,27,26,25,42))
> library(lattice)
```

> splom(data, main=" 散布圖矩陣 ",sub=" 圖 13.1 年行銷費用、競爭者年
行銷費用與公司年銷售額散布圖 ")

散布圖矩陣

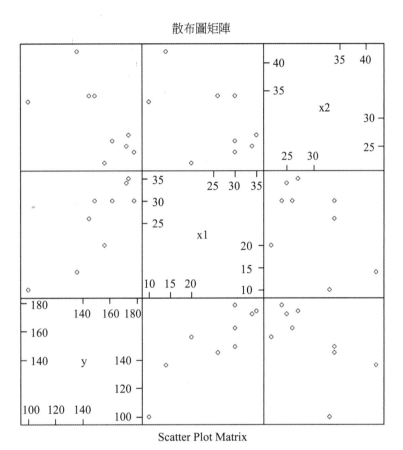

Scatter Plot Matrix

∧ **圖 13.1**　年行銷費用、競爭者年行銷費用與公司年銷售額散布圖

　　左下角方塊的軸上顯示出變數 y 的數值，左邊第二個方塊裡的散布點顯示出
變數 y 與變數 $x_1$ 有相當明顯的正向關係，左邊第一個方塊內的散布點顯示出變數 y
與變數 $x_2$ 的負相關也相當明顯，中間第一個方塊中的散布點顯示出變數 $x_1$ 與 $x_2$ 似
乎也呈現出一些負相關的趨勢。這些訊息顯示反應變數 $Y$ 與自變數 $x_1$ 與 $x_2$ 的關係
應該可表示為：

(13.3)　　　　　　　　　　$Y = \beta_0 + \beta_1 x_1 + \beta_2 x_2 + \varepsilon$

其中 $\varepsilon$ 為一隨機變數，若 $\varepsilon$ 的平均數為 0，則 $\mu(x_1, x_2) = \beta_0 + \beta_1 x_1 + \beta_2 x_2$ 為點 $(x_1, x_2)$
時變數 $Y$ 的期望值；$\beta_0$ 為此方程式的截距，即當 $x_1$ 與 $x_2$ 的值都為 0 時，$\mu(x_1, x_2)$ 的

值等於 $\beta_0$；$\beta_i$ 為變數 $x_i$ 的斜率，表示當其他自變數的值固定時，增加一單位之 $x_i$，$\mu(x_1, x_2)$ 的增加量。

簡單線性迴歸模式畫在平面上是一條直線；當有兩個自變數時，迴歸函數就是在三度空間的一個超平面（hyperplane），若用 R 語言，以例 13.1 之資料做一兩個自變數迴歸方程式之超平面，如圖 13.2 所示，此兩個自變數的迴歸方程式是三度空間的一個超平面。在此圖中可以進一步地確認反應變數與自變數之間的關係，若有 $p$ 個自變數，其迴歸方程式是在 $p$ 度空間裡的一個超平面，當 $p > 3$ 時，就無法以圖形呈現出 $p$ 個自變數迴歸方程式了。

```
> library(scatterplot3d)
> fit <- lm(y ~ x1 + x2, data = data)
> s3d <- with(data, scatterplot3d(x1, x2, y, pch = 16,
+ highlight.3d = TRUE, angle = 60, sub=" 圖 13.2 二元迴歸方程式之三度
空間超平面 "))
> s3d$plane3d(fit)
```

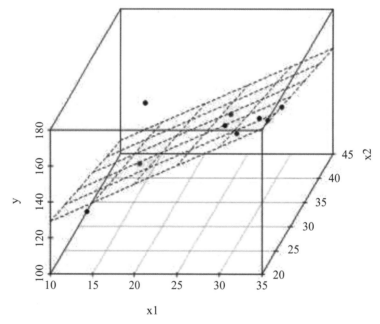

**∧ 圖 13.2**　二元迴歸方程式之三度空間超平面

## 13.2　多元線性迴歸係數估計（**parameter estimates**）

### 定理 13.1（高斯與馬可夫定理，Gauss-Markov Theorem）

令 $(x_{1i}, x_{2i}, ..., x_{pi}, Y_i)$, $i = 1, 2, ..., n$; 為一組樣本數為 $n$ 之隨機樣本，多元線性迴歸模式：

$$(13.4) \qquad \mathbf{Y} = \mathbf{X}\boldsymbol{\beta} + \boldsymbol{\varepsilon}$$

在假設 1. 誤差 $\varepsilon_i (i = 1, 2, ..., n)$ 彼此獨立；2. $\varepsilon_i$ 的平均數為 0；3. 共同變異數為 $\sigma^2$，以最小平方法（least squares method）估計參數向量 $\boldsymbol{\beta}$，其最佳線性不偏估計量為：

$$(13.5) \qquad \overline{\mathbf{B}} = \begin{bmatrix} \overline{B}_0 \\ \overline{B}_1 \\ \vdots \\ \overline{B}_p \end{bmatrix} = \left(\mathbf{X}^{\mathrm{T}}\mathbf{X}\right)^{-1}\mathbf{X}^{\mathrm{T}}\mathbf{Y}$$

其中 $\mathbf{X}^T = \mathbf{X}$ 的轉置矩陣（transpose matrix），估計的樣本迴歸方程式表示為 $\overline{\mathbf{y}}_\mathbf{x} = \mathbf{X}\overline{\boldsymbol{\beta}}$，其中 $\overline{\boldsymbol{\beta}}^{\mathrm{T}} = (\overline{\beta}_0, \overline{\beta}_1, ..., \overline{\beta}_p)$ 為 $\overline{\mathbf{B}}$ 的觀測值向量。

### 例 13.2

試以最小平方法估計簡單線性迴歸模式 $Y_i = \beta_0 + \beta_1 x_i + \varepsilon_i$, $i = 1, 2, ..., n$ 之係數。

☞ 解

該模式為：

$$Y_1 = \beta_0 + \beta_1 x_{11} + \varepsilon_1$$
$$Y_2 = \beta_0 + \beta_1 x_{12} + \varepsilon_2$$
$$\vdots$$
$$Y_n = \beta_0 + \beta_1 x_{1n} + \varepsilon_n$$

則 $\mathbf{Y}_{n \times 1} = \begin{bmatrix} Y_1 \\ Y_2 \\ \vdots \\ Y_n \end{bmatrix}$, $\mathbf{X}_{n \times (p+1)} = \begin{bmatrix} 1 & x_1 \\ 1 & x_2 \\ \vdots & \vdots \\ 1 & x_n \end{bmatrix}$, $\boldsymbol{\beta}_{(p+1) \times 1} = \begin{bmatrix} \beta_0 \\ \beta_{1p} \end{bmatrix}$, $\boldsymbol{\varepsilon}_{n \times 1} = \begin{bmatrix} \varepsilon_1 \\ \varepsilon_2 \\ \vdots \\ \varepsilon_n \end{bmatrix}$

因此 $\mathbf{X}^\mathrm{T}\mathbf{X} = \begin{bmatrix} 1 & 1 & \cdots & 1 \\ x_1 & x_2 & \cdots & x_n \end{bmatrix} \begin{bmatrix} 1 & x_1 \\ 1 & x_2 \\ \vdots & \vdots \\ 1 & x_n \end{bmatrix} = \begin{bmatrix} n & \sum\limits_{i=1}^{n} x_i \\ \sum\limits_{i=1}^{n} x_i & \sum\limits_{i=1}^{n} x_i^2 \end{bmatrix}$,

$$(\mathbf{X}^\mathrm{T}\mathbf{X})^{-1} = \begin{bmatrix} n & \sum\limits_{i=1}^{n} x_i \\ \sum\limits_{i=1}^{n} x_i & \sum\limits_{i=1}^{n} x_i^2 \end{bmatrix}^{-1} = \frac{1}{n\sum\limits_{i=1}^{n} x_i^2 - \left(\sum\limits_{i=1}^{n} x_i\right)^2} \begin{bmatrix} \sum\limits_{i=1}^{n} x_i^2 & -\sum\limits_{i=1}^{n} x_i \\ -\sum\limits_{i=1}^{n} x_i & n \end{bmatrix},$$

$$\mathbf{X}^\mathrm{T}\mathbf{Y} = \begin{bmatrix} 1 & 1 & \cdots & 1 \\ x_1 & x_2 & \cdots & x_n \end{bmatrix} \begin{bmatrix} Y_1 \\ Y_2 \\ \vdots \\ Y_n \end{bmatrix} = \begin{bmatrix} \sum\limits_{i=1}^{n} Y_i \\ \sum\limits_{i=1}^{n} x_i Y_i \end{bmatrix}$$

$$\overline{\mathbf{B}} = \left(\mathbf{X}^\mathrm{T}\mathbf{Y}\right)^{-1}\mathbf{X}^\mathrm{T}\mathbf{Y} = \frac{1}{n\sum\limits_{i=1}^{n} x_i^2 - \left(\sum\limits_{i=1}^{n} x_i\right)^2} \begin{bmatrix} \sum\limits_{i=1}^{n} x_i^2 & -\sum\limits_{i=1}^{n} x_i \\ -\sum\limits_{i=1}^{n} x_i & n \end{bmatrix} \begin{bmatrix} \sum\limits_{i=1}^{n} Y_i \\ \sum\limits_{i=1}^{2} x_i Y_i \end{bmatrix}$$

$$= \begin{bmatrix} \overline{Y} - \dfrac{\sum\limits_{i=1}^{n}(x_i - \overline{x})(Y_i - \overline{Y})}{\sum\limits_{i=1}^{n}(x_i - \overline{x})^2} \overline{x} \\ \dfrac{\sum\limits_{i=1}^{n}(x_i - \overline{x})(Y_i - \overline{Y})}{\sum\limits_{i=1}^{n}(x_i - \overline{x})^2} \end{bmatrix} = \begin{bmatrix} \overline{Y} - \dfrac{\sum\limits_{i=1}^{n}(x_i - \overline{x})(Y_i - \overline{Y})}{\sum\limits_{i=1}^{n}(x_i - \overline{x})^2} \overline{x} \\ \dfrac{\sum\limits_{i=1}^{n}(x_i - \overline{x})(Y_i - \overline{Y})}{\sum\limits_{i=1}^{n}(x_i - \overline{x})^2} \end{bmatrix} = \begin{bmatrix} \overline{Y} - \overline{\mathrm{B}}_1 \overline{x} \\ \overline{\mathrm{B}}_1 \end{bmatrix}$$

所得結果與第十二章裡的公式完全相同。

**例 13.3**

根據下列資料估計拋物線（parabola）模式之係數，並畫出此估計的拋物線圖。

$$Y = \beta_0 + \beta_1 x + \beta_2 x^2 + \varepsilon$$

| $Y$ | 15 | 3 | 2 | 9 | 23 |
|---|---|---|---|---|---|
| $x$ | −4 | −2 | 0 | 2 | 4 |

☞ 解

因 $\mathbf{X} = \begin{bmatrix} 1 & -4 & 16 \\ 1 & -2 & 4 \\ 1 & 0 & 0 \\ 1 & 2 & 4 \\ 1 & 4 & 16 \end{bmatrix}$，

$$\mathbf{X^T X} = \begin{bmatrix} 1 & 1 & 1 & 1 & 1 \\ -4 & -2 & 0 & 2 & 4 \\ 16 & -4 & 0 & 4 & 16 \end{bmatrix} \begin{bmatrix} 1 & -4 & 16 \\ 1 & -2 & 4 \\ 1 & 0 & 0 \\ 1 & 2 & 4 \\ 1 & 4 & 16 \end{bmatrix} = \begin{bmatrix} 5 & 0 & 40 \\ 0 & 40 & 0 \\ 40 & 0 & 544 \end{bmatrix},$$

$$(\mathbf{X^T X})^{-1} = \begin{bmatrix} 0.486 & 0 & -0.036 \\ 0 & 0.025 & 0 \\ -0.036 & 0 & 0.004 \end{bmatrix},$$

$$\mathbf{y}^T = [15 \ 3 \ 2 \ 9 \ 23],$$

$$\mathbf{X^T y} = \begin{bmatrix} 1 & 1 & 1 & 1 & 1 \\ -4 & -2 & 0 & 2 & 4 \\ 16 & 4 & 0 & 4 & 16 \end{bmatrix} \begin{bmatrix} 15 \\ 3 \\ 2 \\ 9 \\ 23 \end{bmatrix} = \begin{bmatrix} 52 \\ 44 \\ 656 \end{bmatrix},$$

$$\left(\mathbf{X^T X}\right)^{-1} \mathbf{X^T y} = \begin{bmatrix} 0.486 & 0 & -0.036 \\ 0 & 0.025 & 0 \\ -0.036 & 0 & 0.004 \end{bmatrix} \begin{bmatrix} 52 \\ 44 \\ 656 \end{bmatrix} = \begin{bmatrix} 1.83 \\ 1.10 \\ 1.07 \end{bmatrix}。$$

故估計的樣本迴歸方程式為 $\bar{y}_x = 1.83 + 1.1x + 1.07x^2$，此拋物線畫於圖 13.3。

```
> x=matrix(c(1,-4,16,
+       1,-2,4,
+       1, 0, 0,
+       1, 2, 4,
+       1, 4,16),nrow=5,byrow=T)
> t(x)                          # 轉置矩陣
     [,1] [,2] [,3] [,4] [,5]
[1,]   1    1    1    1    1
[2,]  -4   -2    0    2    4
[3,]  16    4    0    4   16
>A= t(x)%*%x                    # XᵀX
     [,1] [,2] [,3]
[1,]   5    0   40
[2,]   0   40    0
[3,]  40    0  544
> inv(A)                        # 逆矩陣
        [,1]  [,2]       [,3]
[1,]  0.48571429 0.000 -0.03571429
[2,]  0.00000000 0.025  0.00000000
[3,] -0.03571429 0.000  0.00446429
> y=c(15,3,2,9,23)
> t(x)%*%y                      # XᵀY
     [,1]
[1,]  52
[2,]  44
[3,] 656
> inv(A)%*%(t(x)%*%y)           #(XᵀX)⁻¹XᵀY
     [,1]
[1,] 1.828569
[2,] 1.100000
[3,] 1.071431
```

以 R 套件計算

```
> y=c(15,3,2,9,23)
> x=c(-4, -2, 0, 2, 4)
> x2=x*x
> mod=lm(y~x+x2)
> summary(mod)
Call:
lm(formula = Y ~ x + x2)


Residuals:
    1        2        3        4        5
0.428   -0.914   0.171    0.685   -0.371


Coefficients:
            Estimate Std. Error t value Pr(>|t|)
(Intercept)  1.82857   0.63439    2.882   0.10224
x            1.10000   0.14392    7.643   0.01669 *
x2           1.07143   0.06082   17.617   0.00321 **
---
Signif. codes: 0 '***' 0.001 '**' 0.01 '*' 0.05 '.' 0.1 ' ' 1


Residual standard error: 0.9103 on 2 degrees of freedom
Multiple R-squared: 0.9946,   Adjusted R-squared: 0.9892
F-statistic: 184.4 on 2 and 2 DF, p-value: 0.005394


> mod=lm(y ~ x + I(x^2))              # {I(x^2)}=x²
> plot(y~x, main=" 拋物線模式 ",
+ sub=" 圖 13.3 y=1.82 + 1.10*x1 + 1.07*x2 之迴歸模式 ")
> lines(fitted(mod) ~ x)
```

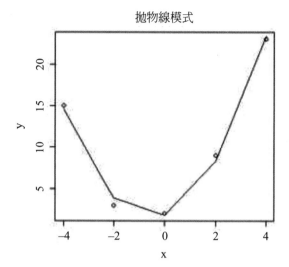

拋物線模式

### 例 13.4

　　下表為某一產業九家公司年銷售額、公司年行銷費用以及競爭者年行銷費用的資料，試估計以公司年銷售額為反應變數，以公司年行銷費用及競爭者年行銷費用為自變數之迴歸方程式，並預測某公司年行銷費用及競爭者年行銷費用分別為 (15, 20)、(25, 30) 與 (40, 40) 時，該公司預期年銷售額（單位：百萬元）。

| $y$ | 100 | 156 | 178 | 145 | 149 | 174 | 162 | 172 | 136 |
|---|---|---|---|---|---|---|---|---|---|
| $x_1$ | 10 | 20 | 30 | 26 | 30 | 35 | 30 | 34 | 14 |
| $x_2$ | 33 | 22 | 24 | 34 | 34 | 27 | 26 | 25 | 42 |

☞ 解

$$\overline{\beta} = \left(\mathbf{X}^{\mathbf{T}}\mathbf{X}\right)^{-1}\mathbf{X}^{\mathbf{T}}\mathbf{y}$$

$$= \left( \begin{bmatrix} 1 & 1 & 1 & 1 & 1 & 1 & 1 & 1 & 1 \\ 10 & 20 & 30 & 26 & 30 & 35 & 30 & 34 & 14 \\ 33 & 22 & 24 & 34 & 34 & 27 & 26 & 25 & 42 \end{bmatrix} \begin{bmatrix} 1 & 10 & 33 \\ 1 & 20 & 22 \\ 1 & 30 & 24 \\ 1 & 26 & 34 \\ 1 & 30 & 34 \\ 1 & 35 & 27 \\ 1 & 30 & 26 \\ 1 & 34 & 25 \\ 1 & 14 & 42 \end{bmatrix} \right)^{-1} \begin{bmatrix} 1 & 1 & 1 & 1 & 1 & 1 & 1 & 1 & 1 \\ 10 & 20 & 30 & 26 & 30 & 35 & 30 & 34 & 14 \\ 33 & 22 & 24 & 34 & 34 & 27 & 26 & 25 & 42 \end{bmatrix} \cdot \begin{bmatrix} 100 \\ 156 \\ 178 \\ 145 \\ 149 \\ 174 \\ 162 \\ 172 \\ 136 \end{bmatrix}$$

$$= \begin{bmatrix} 9 & 229 & 267 \\ 229 & 6453 & 6557 \\ 267 & 6557 & 8255 \end{bmatrix}^{-1} \begin{bmatrix} 1372 \\ 36402 \\ 39922 \end{bmatrix} = \begin{bmatrix} 7.454 & -0.101 & -0.160 \\ -0.101 & 0.002 & 0.002 \\ -0.160 & 0.002 & 0.004 \end{bmatrix} \begin{bmatrix} 1372 \\ 36402 \\ 39922 \end{bmatrix} = \begin{bmatrix} 126.62 \\ 2.05 \\ -0.88 \end{bmatrix}$$

故估計的樣本迴歸方程式為 $\bar{y}_x = 126.62 + 2.05x_1 - 0.88x_2$，其中 $\bar{y}_x$ = 公司年銷售額估計值、$x_1$ = 公司年行銷費用以及 $x_2$ = 競爭者年行銷費用。若某公司年行銷費用及競爭者年行銷費用分別為 (15, 20)、(25, 30) 與 (40, 40) 時，該公司預期年銷售額分別為（單位：百萬元）：

| $x_1$ | 15 | 25 | 40 |
|---|---|---|---|
| $x_2$ | 20 | 30 | 40 |
| $\bar{y}$ | 139.62 | 151.23 | 162.85 |

```
> data=data.frame(y=c(100,156,178,145,149,174,162,172,136),
+ x1=c(10,20,30,26,30,35,30,34,14),
+ x2=c(33,22,24,34,34,27,26,25,42))
> mod=lm(y~x1+x2, data=data)
> summary(mod)


Call:
lm(formula = y ~ x1 + x2, data = data)


Residuals:
  Min     1Q   Median   3Q     Max
-17.860 -4.742 -2.102  7.912  17.923


Coefficients:
      Estimate Std. Error t value Pr(>|t|)
(Intercept) 126.6235   34.2544   3.697   0.0101 *
x1            2.0480    0.5859   3.496   0.0129 *
x2           -0.8862    0.8022  -1.105   0.3117
```

```
---
Signif. codes: 0 '***' 0.001 '**' 0.01 '*' 0.05 '.' 0.1 ' ' 1

Residual standard error: 12.55 on 6 degrees of freedom
Multiple R-squared: 0.7987,   Adjusted R-squared: 0.7316
F-statistic: 11.91 on 2 and 6 DF,  p-value: 0.008153
> new <- data.frame(x1 = c(15, 25, 35), x2 = c(20, 30, 40)) # 新自變數
> new
 x1 x2
1 15 20
2 25 30
3 35 40
> predict(mod, newdata = new)                    # 預測值
    1         2         3
139.620   151.238   162.857
```

## 13.3 多元迴歸係數之估計與檢定（estimation and test of the regression coefficients）

令：

(13.6)
$$\mathbf{E} = \mathbf{Y} - \mathbf{X}\overline{\mathbf{B}} = \mathbf{Y} - \mathbf{X}(\mathbf{X}^T\mathbf{X})^{-1}\mathbf{X}^T\mathbf{Y} = \left[\mathbf{I} - \mathbf{X}(\mathbf{X}^T\mathbf{X})^{-1}\mathbf{X}^T\right]\mathbf{Y}$$

為殘差向量，則以最小平方法估計之未知母體變異數 $\sigma^2$ 的估計量為：

(13.7)
$$\begin{aligned} S^2 &= \text{SSE}/(n-p-1) \\ &= \mathbf{E}^T\mathbf{E}/(n-p-1) \\ &= \mathbf{Y}^T(\mathbf{I} - \mathbf{X}(\mathbf{X}^T\mathbf{X})^{-1}\mathbf{X}^T)\mathbf{Y}/(n-p-1) \end{aligned}$$

## 定理 13.2

令 $(x_{1i}, x_{2i}, ..., x_{pi}, Y_i)$, $i = 1, 2, ..., n$ 為一組樣本數為 $n$ 之隨機樣本，$\overline{\mathbf{B}}$ 為以最小平方方法估計滿足：1. 誤差 $\varepsilon_i$ 彼此獨立；2. $\varepsilon_i$ 的平均數為 $0$；3. 共同變異數為 $\sigma^2$ 與 4. $\varepsilon_i$ 的分配為常態之多元線性迴歸模式 $\mathbf{Y} = \mathbf{X\beta} + \mathbf{\varepsilon}$ 之估計的迴歸係數向量，則：

$$(13.8) \qquad \overline{\mathbf{B}} = \begin{bmatrix} \overline{\mathrm{B}}_0 \\ \overline{\mathrm{B}}_1 \\ \vdots \\ \overline{\mathrm{B}}_p \end{bmatrix} \sim \mathbf{N}\left( \mathbf{\beta} = \begin{bmatrix} \beta_0 \\ \beta_1 \\ \vdots \\ \beta_p \end{bmatrix}, \sigma^2 (\mathbf{X}^\mathrm{T}\mathbf{X})^{-1} \right)$$

$\mathbf{N}(\cdot, \cdot)$ 表示多元常態分配，且：

$$(13.9) \qquad \frac{\overline{\mathrm{B}}_i - \beta_i}{S_{\overline{\mathrm{B}}_i}} \sim \mathrm{T}(n - p - 1), \; i = 0, 1, 2, ..., p$$

其中 $S_{\overline{\mathrm{B}}_i} = \sqrt{S_{\overline{\mathrm{B}}_i}^2} = \sqrt{S^2 \left(\mathbf{X}^\mathrm{T}\mathbf{X}\right)_{ii}^{-1}}$，$\left(\mathbf{X}^\mathrm{T}\mathbf{X}\right)_{ii}^{-1}$ 為矩陣 $\left(\mathbf{X}^\mathrm{T}\mathbf{X}\right)^{-1}$ 第 $(i + 1)$ 列與第 $(i + 1)$ 行對角線上的值。

### 例 13.5 （續例 13.4）

估計以公司年行銷費用及競爭者年行銷費用為自變數之迴歸方程式為 $\overline{y}_x = 126.62 + 2.05x_1 - 0.88x_2$，試計算公司年行銷費用係數信賴度 95% 之信賴區間，並以顯著水準 5%，檢定競爭者年行銷費用對公司年銷售額是否有影響？

☞ 解

1. 因 $\mathbf{e} = \mathbf{y} - \mathbf{X}\overline{\mathbf{\beta}} = \mathbf{y} - \mathbf{X}(\mathbf{X}^\mathrm{T}\mathbf{X})^{-1}\mathbf{X}^\mathrm{T}\mathbf{y} = \left[\mathbf{I} - \mathbf{X}(\mathbf{X}^\mathrm{T}\mathbf{X})^{-1}\mathbf{X}^\mathrm{T}\right]\mathbf{y} = \begin{bmatrix} -17.86 \\ 7.90 \\ 11.19 \\ -4.74 \\ -8.94 \\ -0.38 \\ -3.02 \\ -2.10 \\ 17.91 \end{bmatrix}$

得 $\mathbf{e}^\mathrm{T}\mathbf{e} = 944.34$，$S^2 = \mathbf{e}^\mathrm{T}\mathbf{e}/(9 - 2 - 1) = 157.39$

又因 $\left(\mathbf{X}^\mathbf{T}\mathbf{X}\right)^{-1}=\begin{bmatrix} 7.454 & -0.101 & -0.160 \\ -0.101 & 0.002 & 0.002 \\ -0.160 & 0.002 & 0.004 \end{bmatrix}$，得 $\left(\mathbf{X}^\mathbf{T}\mathbf{X}\right)^{-1}_{11}=0.002$

故 $\beta_1$ 信賴度 95% 之信賴區間為

$$\left[\overline{\beta}_1 - t_{0.025,6}\sqrt{S^2\left(\mathbf{X}^\mathbf{T}\mathbf{X}\right)^{-1}_{11}},\ \overline{\beta}_1 + t_{0.025,6}\sqrt{S^2\left(\mathbf{X}^\mathbf{T}\mathbf{X}\right)^{-1}_{11}}\right]$$

$$=\left[2.05 - 2.447 \times \sqrt{157.39 \times 0.002},\ 2.05 + 2.447 \times \sqrt{157.39 \times 0.002}\right]$$

$$=\left[0.677,\ 3.422\right]$$

2. 檢定 $H_0 : \beta_2 = 0$ vs $H_a : \beta_2 \neq 0$, $\alpha = 0.05$，棄卻域為

$$C = \left\{ \left| \frac{\overline{B}_2}{\sqrt{S^2\left(\mathbf{X}^\mathbf{T}\mathbf{X}\right)^{-1}_{22}}} \right| > t_{0.025,6} = 2.447 \right\}，又 \left(\mathbf{X}^\mathbf{T}\mathbf{X}\right)^{-1}_{22} = 0.004，檢定統計值為$$

$$\frac{-0.88}{\sqrt{157.39 \times 0.004}} = 1.11 < 2.447，故不棄卻 H_0 : \beta_2 = 0 \text{。}$$

## 13.4 迴歸方程式之信賴區間與預測區間（confidence and prediction intervals）

### 定理 13.3

令 $(x_{1i}, x_{2i}, ..., x_{pi}, Y_i)$, $i = 1, 2, ..., n$; 為一組樣本數為 $n$ 之隨機樣本，$\overline{\mathbf{B}}$ 為以最小平方法估計滿足：1. 誤差為獨立；2. $\varepsilon_i$ 的平均數為 0；3. 共同變異數為 $\sigma^2$ 與 4. $\varepsilon_i$ 的分配為常態之多元線性迴歸模式 $\mathbf{Y} = \mathbf{X}\boldsymbol{\beta} + \boldsymbol{\varepsilon}$ 的估計迴歸係數向量。當 $x = x_0$ 時，迴歸方程式的分配為：

(13.10) $$\overline{Y}_{x=x_0} = \mathbf{x}_0^\mathbf{T}\overline{\mathbf{B}} \sim \mathrm{N}\left(\mathbf{x}_0^\mathbf{T}\boldsymbol{\beta}, \sigma^2\mathbf{x}_0^\mathbf{T}\left(\mathbf{X}^\mathbf{T}\mathbf{X}\right)^{-1}\mathbf{x}_0\right)$$

且：

(13.11) $$\frac{\mathbf{x}_0^\mathbf{T}\overline{\mathbf{B}} - \mathbf{x}_0^\mathbf{T}\boldsymbol{\beta}}{\sqrt{S^2\mathbf{x}_0^\mathbf{T}\left(\mathbf{X}^\mathbf{T}\mathbf{X}\right)^{-1}\mathbf{x}_0}} \sim \mathrm{T}(n - p - 1)$$

當 x = $x_{new}$ 時，新的反應變數分配為：

(13.12)
$$\overline{Y}_{x=x_{new}} = \mathbf{x}_{new}^{T}\overline{\mathbf{B}} \sim N(\mathbf{x}_{new}^{T}\boldsymbol{\beta}, \sigma^2[1 + \mathbf{x}_{new}^{T}(\mathbf{X}^{T}\mathbf{X})^{-1}\mathbf{x}_{new}])$$

且：

(13.13)
$$\frac{\mathbf{x}_{new}^{T}\overline{\mathbf{B}} - \mathbf{x}_{new}^{T}\boldsymbol{\beta}}{\sqrt{S^2[1 + \mathbf{x}_{new}^{T}(\mathbf{X}^{T}\mathbf{X})^{-1}\mathbf{x}_{new}]}} \sim T(n - p - 1)$$

**例 13.6**（續例 13.4、13.5）

　　估計以公司年行銷費用及競爭者年行銷費用為自變數對公司年銷售額之迴歸方程式為 $\bar{y}_x = 126.62 + 2.05x_1 - 0.88x_2$，試計算在公司年行銷費用及競爭者年行銷費用皆為 40 百萬元下，公司年銷售額信賴度 95% 之信賴區間；又若明年公司年行銷費用及競爭者年行銷費用分別仍皆為 40 百萬元，請預測公司明年銷售額信賴度 95% 之預測區間。

☞ 解

因 $\overline{\mathbf{B}} = \begin{bmatrix} 126.62 \\ 2.05 \\ -0.88 \end{bmatrix}$, $\mathbf{x}_0 = \begin{bmatrix} 1 \\ 40 \\ 40 \end{bmatrix}$, $\mathbf{x}_0^{T}\overline{\mathbf{B}} = 173.42$

$$(\mathbf{X}^{T}\mathbf{X})^{-1} = \begin{bmatrix} 7.454 & -0.101 & -0.160 \\ -0.101 & 0.002 & 0.002 \\ -0.160 & 0.002 & 0.004 \end{bmatrix}, \; \mathbf{x}_0^{T}(\mathbf{X}^{T}\mathbf{X})^{-1}\mathbf{x}_0 = 1.475$$

$S^2 = \mathbf{e}^{T}\mathbf{e}/(9 - 2 - 1) = 157.39$，$t_{0.025,6} = 2.447$

故在公司年行銷費用及競爭者年行銷費用皆為 40 百萬元下，公司年銷售額信賴度 95% 之信賴區間為：

$$\left[ \mathbf{x}_0^{T}\overline{\mathbf{B}} - t_{0.025,6}\sqrt{S^2}\sqrt{\mathbf{x}_0^{T}(\mathbf{X}^{T}\mathbf{X})^{-1}\mathbf{x}_0}, \; \mathbf{x}_0^{T}\overline{\mathbf{B}} + t_{0.025,6}\sqrt{S^2}\sqrt{\mathbf{x}_0^{T}(\mathbf{X}^{T}\mathbf{X})^{-1}\mathbf{x}_0} \right]$$

$$= \left[ 173.42 - 2.447 \times \sqrt{157.39} \times \sqrt{1.475}, \; 173.42 + 2.447 \times \sqrt{157.39} \times \sqrt{1.475} \right]$$

$$= [136.14, \; 210.70]$$

公司明年行銷費用及競爭者年行銷費用仍皆為 40 百萬元下，公司明年銷售額信賴度 95% 之預測區間為：

$$\left[\mathbf{x_0^T\overline{B}} - t_{0.025,6}\sqrt{S^2}\sqrt{1+\mathbf{x_0^T}\left(\mathbf{X^TX}\right)^{-1}\mathbf{x_0}}, \ \ \mathbf{x_0^T\overline{B}} + t_{0.025,6}\sqrt{S^2}\sqrt{1+\mathbf{x_0^T}\left(\mathbf{X^TX}\right)^{-1}\mathbf{x_0}}\right]$$

$$= \left[173.42 - 2.447\times\sqrt{157.39}\times\sqrt{1+1.475},\ 173.42 + 2.447\times\sqrt{157.39}\times\sqrt{1+1.475}\right]$$

$$= \left[125.12,\ 221.72\right]$$

```
> data=data.frame(y=c(100,156,178,145,149,174,162,172,136),
      x1=c(10,20,30,26,30,35,30,34,14),
      x2=c(33,22,24,34,34,27,26,25,42))
> mod=lm(y~x1+x2, data=data)
> new <- data.frame(x1 = 40, x2=40)
> predict(mod, newdata = new, interval = "confidence")
       fit        lwr        upr
1  173.0972   135.8187   210.3757
> predict(mod, newdata = new, interval = "prediction")
       fit        lwr        upr
1  173.0972   124.8057   221.3888
```

## 13.5 多元判定係數（multiple coefficient of determination）

由於 $\mathrm{SST} = \sum_{i=1}^{n}\left(Y_{\mathbf{x}i}-\overline{Y}\right)^2 = \sum_{i=1}^{n}\left(Y_{\mathbf{x}i}-\overline{Y}_{\mathbf{x}i}\right)^2 + \sum_{i=1}^{n}\left(\overline{Y}_{\mathbf{x}i}-\overline{Y}\right)^2$

$$= \quad \mathrm{SSE} \quad + \quad \mathrm{SSR}$$

其中 $Y_{\mathbf{x}i}$ 為當自變數向量為 $\mathbf{x}_i$ 時反應變數之值，$\overline{Y}_{\mathbf{x}i}$ 為其樣本估計值。

多元判定係數定義為：

(13.14)
$$R^2 = 1 - \frac{\mathrm{SSE}}{\mathrm{SST}} = \frac{\mathrm{SSR}}{\mathrm{SST}}$$

$R^2$ 表示多元迴歸模式由自變數變異解釋反應變數總變異的比例，模式每增加一個自變數，$R^2$ 自然就增加，但增加的 $R^2$ 可能不是來自增加的自變數解釋反應變數總變異的能力，而是來自統計誤差，因此不表示模式解釋能力的真正增加，為解決這問題，可以顯示平均自變數解釋能力的調整後判定係數（adjusted $R^2$）代替之。

調整後判定係數，定義為：

(13.15)
$$\overline{R}^2 = 1 - \frac{\text{SSE}/(n-p-1)}{\text{SST}/(n-1)} = \left(R^2 - \frac{p}{n-1}\right)\left(\frac{n-1}{n-p-1}\right)$$

**例 13.7**（續例 13.4〜13.6）

以公司年行銷費用及競爭者年行銷費用為自變數對公司年銷售額之估計迴歸方程式為 $\overline{y}_x = 126.62 + 2.05x_1 - 0.88x_2$，請計算此模式之判定係數與調整後判定係數。

☞ 解

因 $\text{SST} = \sum_{i=1}^{9}(y_i - \overline{y})^2 = 4692.22$，$\text{SSE} = \mathbf{e}^{\mathsf{T}}\mathbf{e} = 944.34$，故

$$R^2 = 1 - \frac{\text{SSE}}{\text{SST}} = 1 - \frac{944.34}{4692.22} = 0.8$$

$$\overline{R}^2 = 1 - \frac{\text{SSE}/(n-p-1)}{\text{SST}/(n-1)} = 1 - \frac{944.34/6}{4692.22/8} = 1 - 0.27 = 0.73$$

```
> summary(mod)$r.squared
[1] 0.7987371
> summary(mod)$adj.r.squared
[1] 0.7316495
```

## 13.6　全模式檢定（overall F test）

由於多元迴歸模式有 $p(>1)$ 個自變數，若要檢定整個模式顯著性，即檢定模式裡所有自變數的變異是否有解釋應變數變異的能力，就得同時檢定所有自變數的係數是否同時為 0，其虛擬假說與對立假說分別為 $H_0 : \beta_1 = \beta_2 = ... = \beta_p = 0$ vs $H_a :$ 至少有一 $\beta_j \neq 0$，$j = 1, 2, ..., p$。

### 定理 13.4

令 $(x_{1i}, x_{2i}, ..., x_{pi}, Y_i)$, $i = 1, 2, ..., n$ 為一組樣本數為 $n$ 之隨機樣本，模式 $\mathbf{Y} = \mathbf{X\beta} + \mathbf{\epsilon}$ 滿足：1. 誤差為獨立；2. $\epsilon_i$ 的平均數為 0；3. 共同變異數為 $\sigma^2$ 與 4. $\epsilon_i$ 的

分配為常態。$\overline{\mathbf{B}}$ 為以最小平方法求得之迴歸係數向量。

在 $H_0 : \beta_1 = \beta_2 = ... = \beta_p = 0$ 之下，檢定統計量為：

$$(13.16) \qquad F = \frac{SSR / p}{SSE / (n - p - 1)} \sim F(p, \, n - p - 1)$$

**例 13.8**（續例 13.4～13.7）

以公司年行銷費用及競爭者年行銷費用為自變數之估計迴歸方程式為 $\overline{y}_x = 126.62 + 2.05x_1 - 0.88x_2$，請以顯著水準 1%，檢定此模式顯著與否？

☞ 解

由上例的計算得 SSR = SST – SSE = 4692.22 – 944.34 = 3747.88。

檢定 $H_0 : \beta_1 = \beta_2 = 0$ vs $H_a :$ 至少有一 $\beta_j \neq 0$，$j = 1, 2$，在顯著水準 1% 下，棄卻域

為 $C = \left\{ \dfrac{SSR / 2}{SSE / 6} > f_{0.01;2,6} = 10.92 \right\}$，檢定統計值為 $\dfrac{SSR/2}{SSE/6} = \dfrac{3747.88 / 2}{944.34 / 6} = 11.91 > 10.92$，

故棄卻 $H_0 : \beta_1 = \beta_2 = 0$。

```
> data=data.frame(y=c(100,156,178,145,149,174,162,172,136),
      x1=c(10,20,30,26,30,35,30,34,14),
      x2=c(33,22,24,34,34,27,26,25,42))
> mod=lm(y~x1+x2, data=data)
> summary(mod)$fstatistic
  value  numdf  dendf
11.90588 2.00000 6.00000
```

## 13.7 交互作用檢定（test of interaction effect）

多元迴歸模式包含兩個或兩個以上的自變數，因此就有機會檢視自變數與自變數對反應變數的交互作用是否存在，如在以公司年行銷費用及競爭者年行銷費用為自變數對公司年銷售額迴歸模式裡，就可以檢視公司年行銷費用 $x_1$ 與競爭者年行銷費用 $x_2$ 對公司年銷售額交互作用是否存在。令 $x_3 = x_1 x_2$ 表示公司年行銷費用與競爭者年行銷費用交互作用變數，增加此變數後，模式為 $Y_i = \beta_0 + \beta_1 x_{1i} + \beta_2 x_{2i} + \beta_3 x_{3i} + \varepsilon_i$，$i = 1, 2, ..., n$。

交互作用存在影響模式斜率的差異；若無交互作用，變數 $x_1$ 值的改變不會影響期望值函數：

(13.17) $$\mu(x_1, x_2) = (\beta_0 + \beta_1 x_1) + \beta_2 x_2$$

中變數 $x_2$ 之斜率；若有交互作用，期望值函數為：

(13.18) $$\mu(x_1, x_2) = (\beta_0 + \beta_1 x_1) + (\beta_2 + \beta_3 x_1) x_2$$

則變數 $x_1$ 值的改變，就會導致變數 $x_2$ 斜率的改變。

**例 13.9**（續例 13.4～13.8）

估計以公司年行銷費用及競爭者年行銷費用為自變數對公司年銷售額之有交互作用之迴歸方程式，並在顯著水準 5% 下，檢定公司年行銷費用與競爭者年行銷費用交互作用是否顯著。

☞ 解

令公司年行銷費用及競爭者年行銷費用交互作用變數為 $x_3 = x_1 x_2$，檢定之虛擬假設與對立假設為 $H_0 : \beta_3 = 0$ vs $H_a : \beta_3 \neq 0$，此問題的觀測值為：

| $y$ | 100 | 156 | 178 | 145 | 149 | 174 | 162 | 172 | 136 |
|---|---|---|---|---|---|---|---|---|---|
| $x_1$ | 10 | 20 | 30 | 26 | 30 | 35 | 30 | 34 | 14 |
| $x_2$ | 33 | 22 | 24 | 34 | 34 | 27 | 26 | 25 | 42 |
| $x_1 x_2$ | 330 | 440 | 720 | 884 | 1,020 | 945 | 780 | 850 | 588 |

估計得方程式為 $\bar{y}_x = 44.72 + 5.79 x_1 + 1.69 x_2 - 0.12 x_3$。交互作用變數的 p 值為 0.3（請見以下 R 程式套件計算的結果），故不棄卻交互作用變數係數等於 0 的假說。

```
> data=data.frame(y=c(100,156,178,145,149,174,162,172,136),
+       x1=c(10,20,30,26,30,35,30,34,14),
+       x2=c(33,22,24,34,34,27,26,25,42))
> mod=lm(y~x1+x2+x1:x2, data=data)  # 交互作用變數 x1:x2
> summary(mod)
Call:
lm(formula = y ~ x1 + x2 + x1:x2, data = data)
```

```
Residuals:
     1       2      3      4       5      6       7       8      9
-17.81  12.46  7.71   1.18  -1.20  -2.56  -4.27  -7.10  11.60
```

```
Coefficients:
              Estimate   Std. Error   t value   Pr(>|t|)
(Intercept)    44.7172     78.3257      0.571     0.593
x1              5.7922      3.2898      1.761     0.139
x2              1.6940      2.3653      0.716     0.506
x1:x2          -0.1234      0.1068     -1.156     0.300
```

```
Residual standard error: 12.21 on 5 degrees of freedom
Multiple R-squared: 0.8412,   Adjusted R-squared: 0.7459
F-statistic: 8.826 on 3 and 5 DF, p-value: 0.01928
```

## 13.8 聯合假說檢定 (joint hypotheses test)

在建立多元迴歸模式時，通常會檢定已加入模式中的部分自變數是否對反應變數的解釋有貢獻。設完整模式 (full model) 為：

(13.19)
$$Y = \beta_0 + \beta_1 x_1 + \ldots + \beta_g x_g + \beta_{g+1} x_{g+1} + \ldots \beta_p x_p + \varepsilon$$

若 $\beta_{g+1} = \ldots = \beta_p = 0$，則簡約模式 (reduced model) 為：

(13.20)
$$Y = \beta_0 + \beta_1 x_1 + \ldots + \beta_g x_g + \varepsilon$$

為檢定 $H_0 : \beta_{g+1} = \ldots = \beta_p = 0$ vs $H_a : \beta_j$ 不全為 $0$，$j = g, g+1, \ldots, p$，令 $SSE_F = $ 以最小平方法估計完整模式 (full model) 之 $SSE$，$SSE_R = $ 以最小平方法估計簡約模式 (reduced model) 之 $SSE$。

### 定理 13.5

令 $(x_{1i}, x_{2i}, \ldots, x_{pi}, Y_i)$, $i = 1, 2, \ldots, n$；為一組樣本數為 $n$ 之隨機樣本，多元線性迴

歸完整模式為 $Y = \beta_0 + \beta_1 x_1 + ... + \beta_g x_g + \beta_{g+1} x_{g+1} + ... \beta_p x_p + \varepsilon$，滿足：1. 誤差為獨立；2. $\varepsilon_i$ 的平均數為 0；3. 共同變異數為 $\sigma^2$ 與 4. $\varepsilon_i$ 的分配為常態，在 $H_0 : \beta_{g+1} = ... = \beta_p = 0$ 之下，檢定統計量為：

(13.21)
$$\frac{(SSE_R - SSE_F)/(p-g)}{SSE_F/(n-p-1)} \sim F(p-g, n-p-1)$$

**例 13.10**（續例 13.4～13.9）

以公司年行銷費用及競爭者年行銷費用為自變數對公司年銷售額之有交互作用之迴歸方程式為完整模式，以顯著水準 5%，檢定競爭者年行銷費用，及公司年行銷費用與競爭者年行銷費用交互作用項對公司年銷售額是否有影響？

☞ 解

令 $x_1$ 為公司年行銷費用，$x_2$ 為競爭者年行銷費用，$x_3 = x_1 x_2$ 為公司年行銷費用 $x_1$ 與競爭者年行銷費用 $x_2$ 交互作用變數，則完整模式為 $Y = \beta_0 + \beta_1 x_{1i} + \beta_2 x_{2i} + \beta_3 x_{3i} + \varepsilon_i$，$i = 1, 2, ..., n$。

以顯著水準 5% 檢定 $H_0 : \beta_2 = \beta_3 = 0$ vs $H_a : \beta_j$ 不全為 0，$j = 2, 3$，棄卻域為

$$C = \left\{ \frac{(SSE_R - SSE_F)/2}{SSE_F/5} > f_{0.05;2,5} = 5.786 \right\}$$

因 $SSE_F = 149.1$，$SSE_R = 162.3$，故 $\dfrac{(162.3 - 149.1)/2}{149.1/5} = 0.22 < 5.786$，不棄卻 $H_0 : \beta_2 = \beta_3 = 0$。

```
> data=data.frame(y=c(100,156,178,145,149,174,162,172,136),
+       x1=c(10,20,30,26,30,35,30,34,14),
+       x2=c(33,22,24,34,34,27,26,25,42))
> model1=lm(y~x1, data=data)
> anova(model1)
Analysis of Variance Table

Response: y
     Df Sum Sq Mean Sq F value  Pr(>F)
x1    1 3555.8  3555.8 21.903 0.002261 **
Residuals 7 1136.4   162.3
```

```
---
Signif. codes: 0 '***' 0.001 '**' 0.01 '*' 0.05 '.' 0.1 ' ' 1
> model2=lm(y~x1+x2+x1:x2,data=data)
> anova(model2)
Analysis of Variance Table

Response: y
     Df Sum Sq Mean Sq F value  Pr(>F)
x1    1 3555.8 3555.8 23.8545 0.004537 **
x2    1 192.0  192.0  1.2883 0.307819
x1:x2 1 199.1  199.1  1.3354 0.300063
Residuals 5 745.3  149.1
---
Signif. codes: 0 '***' 0.001 '**' 0.01 '*' 0.05 '.' 0.1 ' ' 1
```

## 13.9 虛擬自變數（dummy variables or qualitative explanatory variables）

在建立迴歸模式時，經常會考慮虛擬（質性）自變數（qualitative explanatory variables），或稱之為因子（factor）。若某個質性變數有 $k$ 個水準，可將其化為 $k - 1$ 個虛擬變數加入模式；如在以公司年行銷費用及競爭者年行銷費用為自變數對公司年銷售額之迴歸模式中，將競爭者年行銷費用轉化以平均數 29.6 百萬元為中心，劃分成兩個水準的質性自變數，並以一個虛擬變數 dataA = 0，若競爭者年行銷費用 < 29.6，否則 = 1 表示之，則以公司年行銷費用及競爭者年行銷費用為自變數對公司年銷售額之迴歸模式可表示為：

(13.22) $$Y = \beta_0 + \beta_1 x_1 + \beta_2 \text{dataA} + \varepsilon$$

因此，若 dataA = 0，則模式為：

(13.23) $$Y = \beta_0 + \beta_1 x_1 + \varepsilon$$

若 dataA = 1，則模式為：

$$(13.24) \qquad Y = (\beta_0 + \beta_2) + \beta_1 x_1 + \varepsilon$$

若 $\beta_2 \neq 0$，兩模式差一個截距 $\beta_2$。

**例 13.11**（續例 13.4～13.10）

　　若競爭者年行銷費用低於平均數 29.6 百萬元時，定義競爭者年行銷費用為低水準；否則定義競爭者年行銷費用為高水準，並做以公司年行銷費用及競爭者年行銷費用高低水準為自變數對公司年銷售額之迴歸模式，請以顯著水準 10%，檢定競爭者年行銷費用水準對公司年銷售額變異之影響。

☞ 解

　　以顯著水準 5% 檢定模式 $Y = \beta_0 + \beta_1 x_1 + \beta_2 dataA + \varepsilon$，虛擬假說與對立假說分別為 $H_0 : \beta_2 = 0$ vs $H_a : \beta_2 \neq 0$。以最小平方法估計得 $\overline{\beta}_2 = -19.03$，$s_{\overline{B}_2} = 8.3$，t = $-19.03/8.3 = -2.29$，p 值 = 0.06 < 0.1，故棄卻 $H_0 : \beta_2 = 0$。

```
> data=data.frame(y=c(100,156,178,145,149,174,162,172,136),
+       x1=c(10,20,30,26,30,35,30,34,14),
+       x2=c(33,22,24,34,34,27,26,25,42))
> data$A=cut(x2,breaks=c(0,29.6,60), labels=c("no", "yes"))
# 增加了一個新變數 A
> data
   y x1 x2  A
1 100 10 33 yes   # yes 表 dataA=1
2 156 20 22 no    # no 表 dataA=0
3 178 30 24 no
4 145 26 34 yes
5 149 30 34 yes
6 174 35 27 no
7 162 30 26 no
8 172 34 25 no
9 136 14 42 yes
> data$A
```

```
[1] yes no  no  yes yes no  no  no  yes
Levels: no yes
> class(data$A)
[1] "factor"
> dataA <- split(data, data$A)
> mod=lm(y~x1+A,data=data)
> summary(mod)

Call:
lm(formula = y ~ x1 + A, data = data)

Residuals:
    Min      1Q   Median      3Q      Max
-15.2907  -3.6279  -0.7093  4.4651  13.8256

Coefficients:
             Estimate   Std. Error   t value   Pr(>|t|)
(Intercept)   117.116     15.405       7.602    0.00027 ***
x1              1.720      0.494        3.480    0.01314 *
Ayes          -19.034      8.301       -2.293    0.06169
---
Signif. codes: 0 '***' 0.001 '**' 0.01 '*' 0.05 '.' 0.1 ' ' 1
Residual standard error: 10.05 on 6 degrees of freedom
Multiple R-squared: 0.8709,  Adjusted R-squared: 0.8279
F-statistic: 20.24 on 2 and 6 DF, p-value: 0.00215
```

**例 13.12** (續 13.4～13.11)

請以圖形說明上例中，競爭者年行銷費用爲低水準與競爭者年行銷費用爲高水準模式之差異。

☞ 解

請見圖 13.4，圖中顯示競爭者年行銷費用爲低水準時，公司年銷售額之迴歸方程式直線較競爭者年行銷費用為高水準時之公司年銷售額之迴歸方程式直線為高。

```
> y=c(100,156,178,145,149,174,162,172,136)
> x1=c(10,20,30,26,30,35,30,34,14)
> x2=c(33,22,24,34,34,27,26,25,42)
> data$A=cut(x2,breaks=c(0,29.6,60), labels=c("no", "yes"))
> class(data$A)
[1] "factor"
> dataA <- split(data, data$A)
> mod=lm(y~x1+A,data=data)
> summary(mod)
> dataA[["yes"]]$Fit <- predict(mod, dataA[["yes"]])
> dataA[["no"]]$Fit <- predict(mod, dataA[["no"]])
> dataA
$no
  y x1 x2 A    Fit
2 156 20 22 no 151.5349
3 178 30 24 no 168.7442
6 174 35 27 no 177.3488
7 162 30 26 no 168.7442
8 172 34 25 no 175.6279


$yes
  y x1 x2 A    Fit
1 100 10 33 yes 115.2907
4 145 26 34 yes 142.8256
5 149 30 34 yes 149.7093
9 136 14 42 yes 122.1744


> plot(y~x1, data = data, type = "n", sub=" 圖 13.4 競爭者年行銷費用
為高與低水準模式之差 ")
> points(y~x1, data = dataA[["yes"]], pch = 1)  # pch = 1 以圓形表之
```

```
> points(y ~x1, data = dataA[["no"]], pch = 2)   # pch = 2 以三角形表之
> lines(Fit ~ x1, data = dataA[["yes"]])
> lines(Fit ~ x1, data = dataA[["no"]])
```

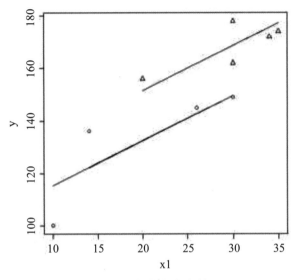

▲ 圖 **13.4**　競爭者年行銷費用為高與低水準模式之差

<br>

## 13.10　適當模式選擇（model selection）

　　一個多元迴歸模式應包含幾個自變數較為適當？調整後判定係數可作為選擇適當模式的一個準則。

### 例 13.13

　　根據下表資料：

| $y$ | 0 | 0 | 1 | 1 | 3 |
|---|---|---|---|---|---|
| $x$ | −2 | −1 | 0 | 1 | 2 |

　　請計算簡單線性迴歸與拋物線模式之判定係數 $R^2$ 與調整後判定係數 $\overline{R}^2$。

☞ 解

計算簡單線性迴歸與拋物線模式之判定係數 $R^2$ 與調整後判定係數 $\overline{R}^2$ 如下：

| 模式 | $R^2$ | $\overline{R}^2$ |
|---|---|---|
| $Y = \beta_0 + \beta_1 x + \varepsilon$ | 0.8167 | 0.7556 |
| $Y = \beta_0 + \beta_1 x + \beta_2 x^2 + \varepsilon$ | 0.9238 | 0.8476 |

在上例中，拋物線模式的判定係數 $R^2$ 與調整後判定係數 $\overline{R}^2$ 都比簡單線性模式的判定係數 $R^2$ 與調整後判定係數 $\overline{R}^2$ 爲大。因此，以判定係數 $R^2$ 或調整後判定係數 $\overline{R}^2$ 選擇的較適當模式都應是拋物線模式。

### 例 13.14

以公司年行銷費用及競爭者年行銷費用爲自變數之公司年銷售額迴歸模式爲例，請計算前幾個例子中估計過該問題的四個模式之判定係數 $R^2$ 與調整後判定係數 $\overline{R}^2$，並選擇較適當的模式。

☞ 解

計算前幾個例子中，估計的模式之判定係數 $R^2$ 與調整後判定係數 $\overline{R}^2$ 如下：

| 模式 | $R^2$ | $\overline{R}^2$ | 自變數 |
|---|---|---|---|
| 1. $Y = \beta_0 + \beta_1 x_1 + \varepsilon$<br>$\overline{y}_x = 91.81 + 2.38x_1$ | 0.757 | 0.723 | $x_1$ |
| 2. $Y = \beta_0 + \beta_1 x_1 + \beta_2 x_2 + \varepsilon$<br>$\overline{y}_x = 126.62 + 2.05x_1 - 0.88x_2$ | 0.798 | 0.731 | $x_1$ |
| 3. $Y = \beta_0 + \beta_1 x_1 + \beta_2 x_2 + \beta_3 x_3 + \varepsilon$<br>$\overline{y}_x = 44.72 + 7.79x_1 + 1.69x_2 - 0.12x_3$ | 0.841 | 0.745 | $x_1$ |
| 4. $Y = \beta_0 + \beta_1 x_1 + \beta_2 \text{dataA} + \varepsilon$<br>$\overline{y}_x = 117.11 + 1.72x_1 - 19.03A$ | 0.870 | 0.827 | $x_1$, data$A$ |

模式 2 與模式 3 的判定係數 $R^2$ 都比模式 1 大，但調整後判定係數 $\overline{R}^2$ 卻增加的很少，而且顯著的自變數並沒增加；故相較之下，模式 1 不比模式 2 與模式 3 差。模式 4 則是將競爭者年行銷費用轉化爲虛擬變數，模式 4 的判定係數 $R^2$ 比模式 1、模式 2 與模式 3 都大，且調整後判定係數 $\overline{R}^2$ 也比前三個模式有明顯的增加，變數 $x_1$ 與 data$A$ 也都顯著，故模式 4 是最佳模式。

總之，模式的選擇，除考量一些統計準則外，決策者經驗判斷也很重要。

## 13.11 習題

1. 在 R 系統程式套件 UsingR 裡，資料檔 stud.recs 中有 160 位高中畢業生大學入學第一次數學測驗成績（num.grade）與五項高中考試 seq.1、seq.2、seq.3、sat.v、sat.m 的成績，請以此五項考試成績做對大學入學第一次數學測驗成績的線性迴歸模式，並以顯著水準 5%，檢測有哪些項考試成績能預測大學入學第一次數學測驗成績，並檢定該模式是否符合線性迴歸模式之假設。

2. 在 R 系統程式套件 UsingR 裡，資料檔 MLBattend 中有大聯盟棒球隊比賽時看球人數（attendance）與年分（year）、得分數（runs scored）、贏球場數（wins）與勝場差數（games behind），請以此四個變數預測看球人數的線性迴歸模式，並檢定該模式是否符合線性迴歸模式之假設，顯著水準 5%。

3. 在 R 系統程式套件 UsingR 裡，資料檔 fat 存有與身體脂肪比例（body.fat）有關的變數，請用變數 age、weight、height、BMI、neck、chest、abdomen、hip、thigh、knee、ankle、bicep、forearm 與 wrist 建構一個解釋身體脂肪比例最適模式，並計算模式之修正後判定係數，顯著水準 5%。

4. 在 R 系統程式套件 UsingR 裡，資料檔 babies 中記錄新生兒出生的重量（wt）與可能影響新生兒出生的重量的變數，包含：gestation、age、htwt1、dage、dht、dwt。注意：在此資料檔中每個變數都包含有許多無效資料，請以指令 babies.a = subset(babies, subset= gestation < 350 & age < 99 & ht < 99 & wt1 < 999 & dage < 99 & dht < 99 & dwt < 999) 選取這些變數的有效資料，以建立預測新生兒出生的重量與這些變數的線性迴歸模式，並以顯著水準 5%，檢測這些變數的顯著性以及檢定該模式是否符合線性迴歸模式之假設。

5. 請根據下列資料建立以 $y$ 為反應變數，以 $x$ 為自變數的一次式、二次式與三次式迴歸模式，以顯著水準 5% 選擇其中的最佳模式以及該模式之調整後判定係數。

| $x$ | 600 | 700 | 800 | 950 | 1,100 | 1,300 | 1,500 |
|---|---|---|---|---|---|---|---|
| $y$ | 253 | 337 | 395 | 451 | 495 | 534 | 573 |

6. 在 R 系統程式套件 UsingR 資料檔 kid.weights 中，記錄小孩體重（weight）與可能影響小孩體重的變數，包含：年齡〔age（月）〕、身高（height）與性別（gender），以顯著水準 5%，檢測年齡與性別的交互作用是否顯著，以及檢定該模式是否符合線性迴歸模式之假設。

第 **14** 章

# 適合度檢定： 類別資料分析

本章將討論類別變數相關的檢定問題，同時還藉此檢定母體的分配。本章目標為：

1. 多項分配檢定、適合度檢定與獨立性檢定。
2. 檢定類別變數間獨立與否的卡方統計量。
3. 連續機率分配檢定。
4. 辛普森悖論。

## 14.1 多項分配（the multinomial distribution）

二項分配是在成功與失敗兩類中選擇，這可以推廣至在 $k$ 類中選擇的模式，例如：選舉中有 $k$ 個候選人參選，競爭一個名額，每個選舉人只能在此 $k$ 個候選人中選一位；又如消費者可在 $k$ 種品牌咖啡中選擇一種品嚐等問題。

設：

1. 進行 $n$ 次獨立的試驗。
2. 每次試驗的結果是在 $k$ 種可能結果中的一種。
3. 每次試驗出現 $k$ 中之第 $j$ 種結果的機率都相同，為 $p_j, j = 1, 2, ..., k; p_1 + p_2 + ... + p_k = 1, 0 < p_j < 1$。

令隨機向量 $\mathbf{X} = (X_1, X_2, ..., X_k)$，其中 $X_j, j = 1, 2, ..., k$ 表示在 $n$ 次獨立的試驗中，結果 $j$ 出現的次數，則 $\mathbf{X} = (X_1, X_2, ..., X_k)$ 的機率分配為：

(14.1)
$$f(x_1, x_2, ..., x_k) = P(X_1 = x_1, X_2 = x_2, ..., X_k = x_k)$$
$$= \frac{n!}{x_1! ... x_k!} p_1^{x_1} p_2^{x_2} \cdots p_k^{x_k}$$

其中 $\sum_{j=1}^{k} x_j = n, x_j \geq 0, j = 1, 2, ..., k$；稱隨機向量 $\mathbf{X}$ 的機率分配為多項分配（multinomial distribution），記之為 $\mathbf{X} \sim multinom(n; p_1, p_2, ..., p_k)$。

## 定理 14.1

若 $\mathbf{X} \sim multinom(n; p_1, p_2, ..., p_k)$，則：

(14.2)
$$E(X_j) = np_j$$

(14.3)
$$Var(X_j) = np_j(1 - p_j), j = 1, 2, ..., k$$

## 例 14.1

設某次選舉，某大選區有 A、B 與 C 3 位候選人，得票率分別為 20%、40% 與 40%，請問隨機選取 6 名選舉人中有 1 位投 A、2 位投 B、3 位投 C 的機率？

☞ 解

本題原為多項超幾何分配的問題，但因是大選區，以多項分配近似機率為

$P(A = 1, B = 2, C = 3) = \frac{6!}{1!2!3!}(0.2)^1(0.4)^2(0.4)^3 = 0.12288$。

```
> choose(6,1)*choose(5,2)*(0.2)*(0.4^2)*(0.4^3)
[1] 0.12288
```

**14.2** 皮爾生卡方統計量（**Pearson's chi-square statistic**）與適合度檢定（**goodness of fit test**）

若 $\mathbf{X} = (X_1, X_2, ..., X_k) \sim multinom(n; p_1, p_2, ..., p_k)$，則皮爾生卡方統計量定義爲：

$$(14.4) \qquad \chi^2 = \sum_{j=1}^{k} \frac{\left(X_j - np_j\right)^2}{np_j}$$

其中 $np_j = E(X_j) \geq 5$，$j = 1, 2, ..., k$。

若在顯著水準 $\alpha = \alpha_0$ 下，檢定 $H_0 : p_1 = p_{1,0}, p_2 = p_{2,0}, ..., p_k = p_{k,0}$ vs $H_a$：至少有一 $p_j \neq p_{j,0}$，$j \in \{1, 2, ..., k\}$，皮爾生卡方統計量 $\chi^2$ 符合自由度爲 k-1 的卡方分配，其棄卻域爲：

$$(14.5) \qquad C = \left\{ \sum_{j=1}^{k} \frac{\left(X_j - np_{j,0}\right)^2}{np_{j,0}} > \chi^2_{\alpha_0}(k-1) \right\}$$

**例 14.2**

某次選舉隨機抽出 500 名合格選民調查發現，分別有 120 名選民宣稱會投 A 候選人、170 名選民宣稱會投 B 候選人與 210 名選民宣稱會投 C 候選人，試以顯著水準 5%，檢定調查結果是否符合 A、B 與 C 3 位候選人得票率分別爲 20%、40% 與 40% 之假說。

☞ 解

令 $p_A, p_B, p_C$ 分別表示候選人 A、B 與 C 的得票率，檢定 $H_0 : p_A = 0.2, p_B = 0.4, p_C = 0.4$ vs $H_a : H_0$ 非眞，顯著水準 5%，檢定統計量的棄卻域爲

$$C = \left\{ \sum_{j=1}^{3} \frac{\left(X_j - np_{j,0}\right)^2}{np_{j,0}} > \chi^2_{0.05}(2) = 5.991 \right\}，計算檢定統計值爲$$

$$\chi^2 = \frac{(120 - 500 \times 0.2)^2}{500 \times 0.2} + \frac{(170 - 500 \times 0.4)^2}{500 \times 0.4} + \frac{(210 - 500 \times 0.4)^2}{500 \times 0.4} = 4 + 4.5 + 0.5 = 9 > 5.991，$$

故棄卻 $H_0$。

```
> y=c(120,170,210)
> p=c(0.2,0.4,0.4)
> chisq.test(y, p=p)

    Chi-squared test for given probabilities
data: y
X-squared = 9, df = 2, p-value = 0.01111
```

**例 14.3**

為檢定某顆骰子是否公平，以相同方式擲此骰子 200 次，各數字出現的次數如下表，試以顯著水準 0.05 檢定之。

| 點數 | 1 | 2 | 3 | 4 | 5 | 6 | 合計 |
|------|-----|-----|-----|-----|-----|-----|------|
| 次數 | 35 | 42 | 28 | 37 | 26 | 32 | 200 |

☞ 解

令 $p_j$ = 點數 $j$ 出現的機率，$j$ = 1, 2, ..., 6，則在顯著水準 0.05 下，檢定 $H_0 : p_j = 1/6, j = 1, 2, ..., 6$ vs $H_a$：至少有一 $p_j \neq 1/6$，$j$ = 1, 2, ..., 6，若 $H_0$ 為真，則擲此骰子 200 次，每個點出現的期望次數為 $np_j = 200 \times \dfrac{1}{6} = 33.33$ 次，$j$ = 1, 2, ..., 6，故檢定的棄卻域為 $C = \left\{ \sum_{j=1}^{6} \dfrac{(X_j - 33.33)^2}{33.33} > \chi^2_{0.05,5} = 11.64 \right\}$，計算檢定統計值為 5.21 < 11.64，故不棄卻 $H_0$。

```
> y=c(35,42,28,37,26,32)
> C=c(1/6,1/6,1/6,1/6,1/6,1/6)
> chisq(y,p=C)
> chisq.test(y,p=C)

    Chi-squared test for given probabilities
data: y
X-squared = 5.21, df = 5, p-value = 0.385
```

　　若問題只要比較 $k$ 個類別中的某 $g$ 個特定類別的機率是否相同，就得先估計其餘 $k-g$ 個類別機率後，在「若這 $g$ 個特定類別的機率相同」的假說下，再估計這 $g$ 個特定類別的機率，然後算出各類別的期望次數與觀測次數，之後計算式 (14.4) 的值，統計量的分配仍為卡方，但自由度則為 $g-1$。

### 例 14.4

　　若某次選舉於某大選區隨機抽出 500 名合格選民調查發現，分別有 120 名選民宣稱會投 A 候選人、70 名選民宣稱會投 B 候選人、170 名選民宣稱會投 C 候選人，剩餘 140 名選民宣稱會投 D 候選人，試以顯著水準 5%，檢定 C 與 D 候選人得票率相同之假說。

☞ 解

　　令 $p_A, p_B, p_C, p_D$，分別表示候選人 A、B、C 與 D 的得票率，顯著水準 5% 下，檢定 $H_0 : p_C = p_D$ vs $H_a : p_C \neq p_D$。

1. 先估計 A、B 兩位候選人的得票率

$\overline{p}_A = 120/500 = 0.24, \overline{p}_B = 70/500 = 0.14$。

2. 根據 $H_0$，估計 C 與 D 候選人的得票率為

$$\overline{p}_C = \overline{p}_D = \frac{(500-120-70)/2}{500} = 0.31 \text{。}$$

3. 計算 C 與 D 候選人的期望得票數

$E(X_C) = n\overline{p}_C = 500 \times 0.31 = 155 = n\overline{p}_D = E(X_D)$。

4. $\chi^2 = \dfrac{(170-155)^2}{155} + \dfrac{(140-155)^2}{155} = 2.90 < \chi^2_{0.05,1} = 3.84$，故不棄卻 $H_0$。

```
> C=c(0.24,0.14,0.31,0.31)
> chisq.test(y,p=C)


        Chi-squared test for given probabilities

data: y
X-squared = 2.9032, df = 3, p-value = 0.4068
```

## 14.3 連續型機率分配檢定（test of continuous distributions by chi-square statistic）

設 $X \sim f(x)$, $a < x < b$，$a$ 與 $b$ 可為正負無限大。將 $X$ 的空間分割成 $k$ 個相鄰區間，設其分割點為 $a < x_{(1)} < x_{(2)} < ... < x_{(k-2)} < x_{(k-1)} < b$，且 $p_j = P(x_{(j-1)} < X < x_{(j)})$, $j = 1, 2, ..., k$, $x_{(0)} \equiv a$; $x_{(k)} \equiv b$。

令 $x_1, x_2, ..., x_n$ 為抽自母體 $X$ 之一組樣本數為 $n$ 的隨機樣本之觀測值，$o_j = $ 觀測值 $x_1, x_2, ..., x_n$ 落在區間 $(x_{(j-1)}, x_{(j)})$ 之個數，$e_j = n \times p_j$ 為樣本在區間 $(x_{(j-1)}, x_{(j)})$ 之期望觀測值個數，$j = 1, 2, ..., k$；當 $e_j \geq 5$, $j = 1, 2, ..., k$，則：

$$(14.6) \qquad \chi^2 = \sum_{j=1}^{k} \frac{(o_j - e_j)^2}{e_j} \sim \chi^2(k - r - 1)$$

其中 $r$ 表示估計的參數個數。

### 例 14.5

記錄 2022 年臺北市 5 月分 25 天的每日最高溫度如下，請以顯著水準 5%，檢驗 2022 年 5 月分每日最高溫度的分配是否為常態。

| | | | | |
|---|---|---|---|---|
| 18.8 | 20.0 | 24.4 | 24.4 | 17.8 |
| 25.0 | 16.8 | 17.1 | 20.6 | 24.0 |
| 32.5 | 18.3 | 30.5 | 20.0 | 19.3 |
| 18.8 | 21.9 | 24.6 | 24.4 | 26.1 |
| 30.3 | 26.7 | 25.0 | 31.1 | 18.3 |

☞ 解

$H_0$：2022 年 5 月分每日最高溫分配為常態 vs $H_a$：2022 年 5 月分每日最高溫分配不為常態，$\alpha = 0.05$。

1. 先計算樣本平均數與樣本標準差，用以估計母體平均數與母體標準差，得樣本平均數 $\bar{x} = 23.068$ 與樣本標準差為 $s = 4.675$。現假設母體為平均數 $\mu = 23.068$ 與標準差為 $\sigma = 4.675$ 的常態分配，將母體可能值以四個 20 分位數 (19.133, 21.883, 24.252, 27.002) 分割成五等分，則每個區間內的期望觀測值個數均為 5(= 0.2×25) 個。

2. 將觀測值分別分入五個區間內，計算每個區間的觀測值個數與期望觀測值個數如下表：

| 組界 | ~19.133 | 19.133~21.883 | 21.883~24.252 | 24.252~27.002 | 27.002~ | $n$ |
|---|---|---|---|---|---|---|
| 觀測值 | 18.8　17.8<br>16.8　17.1<br>18.3　18.8<br>18.3 | 20.0　20.6<br>20.0　19.3 | 24　21.9 | 24.4　24.4<br>25.0　24.6<br>24.4　26.1<br>26.7　25.0 | 32.5　30.5<br>30.3　31.1 | |
| 觀測值個數 | 7 | 4 | 2 | 8 | 4 | 25 |
| 期望次數 | 5 | 5 | 5 | 5 | 5 | 25 |

　　因估計了母體平均數與標準差，故自由度為 $5 - 1 - 2 = 2$，計算檢定統計值為 $\chi^2 = (7 - 5)^2/5 + (4 - 5)^2/5 + (2 - 5)^2/5 + (8 - 5)^2/5 + (4 - 5)^2/5 = 4.8 <$ 臨界值 $\chi^2_{0.05,2} = 5.991$，故不棄卻 $H_0$：每日最高溫分配為常態。

```
> hist(x, breaks=seq(13, 33, length=6))
```

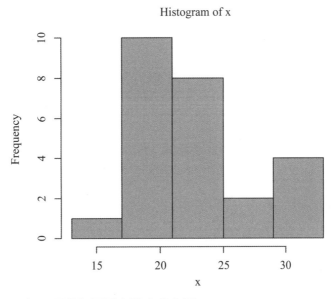

**∧ 圖 14.1**　2022 年 5 月分每日最高溫度直方圖

```
> y = c(7,4,2, 8, 4)
> C=c(5,5,5,5,5)
> p=C/sum(C)
> n=sum(C)
> chi2 = sum( (y - n*p)^2 / (n*p))
> chi2
```

```
[1] 4.8
> pchisq(chi2, df=5-2-1, lower.tail=F)
[1] 0.09071795
```

## 14.4　多項分配的比較

令 $p_{i,j}, j = 1, 2, ..., J$ 表示第 $i$ 個多項分配第 $j$ 類的機率，$i = 1, 2, ..., I$；多項分配相等檢定的虛擬假說與對立假說為：$H_0 : p_{1,j} = p_{2,j} = ... = p_{I,j}, j = 1, 2, ..., J$, vs $H_a : H_0$ 非眞。

令 $\mathbf{x}_i = (x_{i,1}, x_{i,2}, x_{i,J})$ 為由第 $i$ 個多項分配母體中抽出的觀測向量，$i = 1, 2, ..., I$，將觀測值排列如下表：

| | $j = 1$ | $j = 2$ | $\cdots$ | $j = J$ | 列合計 |
|---|---|---|---|---|---|
| $i = 1$ | $x_{1,1}$ | $x_{1,2}$ | $\cdots$ | $x_{1,J}$ | $\sum_{j=1}^{J} x_{1,j} = n_{1,\cdot}$ |
| $i = 2$ | $x_{2,1}$ | $x_{2,2}$ | $\cdots$ | $x_{2,J}$ | $\sum_{j=1}^{J} x_{2,j} = n_{2,\cdot}$ |
| $\vdots$ | $\vdots$ | $\vdots$ | $\vdots$ | $\vdots$ | $\vdots$ |
| $i = I$ | $x_{I,1}$ | $x_{I,2}$ | $\cdots$ | $x_{I,J}$ | $\sum_{i=1}^{I} x_{i,J} = n_{I,\cdot}$ |
| 行合計 | $\sum_{i=1}^{I} x_{i,1} = n_{\cdot,1}$ | $\sum_{i=1}^{I} x_{i,2} = n_{\cdot,2}$ | $\cdots$ | $\sum_{i=1}^{I} x_{i,J} = n_{\cdot,J}$ | $\sum_{i=1}^{I}\sum_{j=1}^{J} x_{i,j} = n_{\cdot,\cdot}$ |

若 $H_0 : p_{1,j} = p_{2,j} = ... = p_{I,j}, j = 1, 2, ..., J$ 為眞，則：

$$(14.7) \qquad \bar{p}_{1,j} = \bar{p}_{2,j} = ... = \bar{p}_{I,j} = \frac{n_{\cdot,j}}{n_{\cdot,\cdot}}, \; j = 1, 2, ..., J$$

為 $p_{i,j}$ 的最佳估計值，$i = 1, 2, ..., I$；而：

$$(14.8) \qquad e_{i,j} = n_{i,\cdot} \times \frac{n_{\cdot,j}}{n_{\cdot,\cdot}}$$

為 $E(X_{i,j})$ 的最佳估計值，$i = 1, 2, ..., I$，$j = 1, 2, ..., J$。

當 $e_{i,j}$ 小於 5 的格數小於總格 $I \times J$ 的 20% 時，則：

(14.9)
$$\chi^2 = \sum_{i=1}^{I} \sum_{j=1}^{J} \frac{(x_{i,j} - e_{i,j})^2}{e_{i,j}} \sim \chi^2\left[(I-1)(J-1)\right]$$

**例 14.6**

隨機在三種不同品牌咖啡愛用者中各選 100 名，詢問他們對某一新品牌咖啡的喜好程度列於下表，請以顯著水準 5%，檢定三種不同品牌咖啡愛用者對該新品牌咖啡的喜好程度是否相同。

|  | 很不喜歡 | 不喜歡 | 普通 | 喜歡 | 很喜歡 | 合計 |
|---|---|---|---|---|---|---|
| A 牌咖啡愛好者 | 15 | 27 | 30 | 15 | 13 | 100 |
| B 牌咖啡愛好者 | 8 | 22 | 33 | 25 | 12 | 100 |
| C 牌咖啡愛好者 | 7 | 15 | 28 | 35 | 15 | 100 |
| 合計 | 30 | 64 | 91 | 75 | 40 | 300 |

☞ 解

顯著水準 5%，檢定 $H_0$：不同品牌咖啡愛用者對新品牌咖啡的喜好程度相同 vs $H_a$：不同品牌咖啡愛用者對新品牌咖啡的喜好程度不同。

根據上表資料，將各格的期望次數計算於下表：

|  | 很不喜歡 | 不喜歡 | 普通 | 喜歡 | 很喜歡 | 合計 |
|---|---|---|---|---|---|---|
| A 牌咖啡愛好者 | $n_{1,\cdot} \times \frac{n_{\cdot,1}}{n_{\cdot,\cdot}}$ $=10$ | $n_{1,\cdot} \frac{n_{\cdot,2}}{n_{\cdot,\cdot}}$ $=22.33$ | $n_{1,\cdot} \frac{n_{\cdot,3}}{n_{\cdot,\cdot}}$ $=30.33$ | $n_{1,\cdot} \frac{n_{\cdot,4}}{n_{\cdot,\cdot}}$ $=25$ | $n_{1,\cdot} \frac{n_{\cdot,5}}{n_{\cdot,\cdot}}$ $=13.33$ | $100 = n_{1,\cdot}$ |
| B 牌咖啡愛好者 | $n_{2,\cdot} \frac{n_{\cdot,1}}{n_{\cdot,\cdot}}$ $=10$ | $n_{2,\cdot} \frac{n_{\cdot,2}}{n_{\cdot,\cdot}}$ $=30.33$ | $n_{2,\cdot} \frac{n_{\cdot,3}}{n_{\cdot,\cdot}}$ $=30.33$ | $n_{2,\cdot} \frac{n_{\cdot,4}}{n_{\cdot,\cdot}}$ $=25$ | $n_{2,\cdot} \frac{n_{\cdot,5}}{n_{\cdot,\cdot}}$ $=13.33$ | $100 = n_{2,\cdot}$ |
| C 牌咖啡愛好者 | $n_{3,\cdot} \frac{n_{\cdot,1}}{n_{\cdot,\cdot}}$ $=10$ | $n_{3,\cdot} \frac{n_{\cdot,2}}{n_{\cdot,\cdot}}$ $=22.33$ | $n_{3,\cdot} \frac{n_{\cdot,3}}{n_{\cdot,\cdot}}$ $=22.33$ | $n_{3,\cdot} \frac{n_{\cdot,4}}{n_{\cdot,\cdot}}$ $=25$ | $n_{3,\cdot} \frac{n_{\cdot,5}}{n_{\cdot,\cdot}}$ $=13.33$ | $100 = n_{3,\cdot}$ |
| 合計 | $30 = n_{\cdot,1}$ | $64 = n_{\cdot,2}$ | $91 = n_{\cdot,3}$ | $75 = n_{\cdot,4}$ | $40 = n_{\cdot,5}$ | $300 = n_{\cdot,\cdot}$ |

計算檢定統計值：

$\chi^2 = (15 - 10)^2/10 + (27 - 22.33)^2/22.33 + (30 - 30.33)^2/30.33 + (15 - 25)^2/25 + (13 - 13.33)^2/13.33 + (8 - 10)^2/10 + (22 - 22.33)^2/22.33 + (33 - 30.33)^2/30.33 + (25 - 25)^2/25 + (12 - 13.33)^2/13.33 + (7 - 10)^2/10 + (15 - 22.33)^2/22.33 + (28 - 30.33)^2/30.33 + (35 - 25)^2/25 + (15 - 13.33)^2/13.33 = 15.974 > \chi^2_{0.05,8} = 15.51$，故棄卻 $H_0$。

```
> cs = rbind(c(15,27,30,15,13),c(8,22,33,25,12)
,c(7,15,28,35,15))
> chisq.test(cs)

    Pearson's Chi-squared test

data: cs
X-squared = 15.974, df = 8, p-value = 0.04276
```

## 14.5 獨立性檢定（the chi-squared test of independence）

獨立性檢定旨在檢定兩個質性變數是否獨立，例如：薪資是否會受性別的影響？令：

$p_{ij}, j = 1, 2, ..., J$，$i = 1, 2, ..., I$ 為隨機向量 $(X, Y)$ 的聯合機率分配，

$p_i, i = 1, 2, ..., I$ 為隨機變數 $X$ 的邊際機率分配，

$p_j, j = 1, 2, ..., J$ 為隨機變數 $Y$ 的邊際機率分配，

若隨機變數 $X$ 與 $Y$ 為獨立，則 $p_{ij} = p_i \times p_j, i = 1, 2, ..., I; j = 1, 2, ..., J$。故檢定 $X$ 與 $Y$ 獨立與否的虛擬假說與對立假說為：$H_0 : p_{ij} = p_i \times p_j, i = 1, 2, ..., I; j = 1, 2, ..., J$, vs $H_a$ : $H_0$ 非眞。

設 $x_{ij}, i = 1, 2, ..., I; j = 1, 2, ..., J$ 為樣本中 $(X = i, Y = j)$ 的觀測次數，其中 $\sum_{i=1}^{I}\sum_{j=1}^{J} x_{ij} = n, \sum_{i=1}^{I} x_{ij} = n_{.j}, j = 1, 2, ..., J; \sum_{j=1}^{J} x_{ij} = n_{i.}, i = 1, 2, ..., I$。若 $H_0$ 為眞，則樣本中發生 $(X = i, Y = j)$ 的期望次數為 $e_{ij} = (n_{i.} \times n_{.j})/n, i = 1, 2, ..., I; j = 1, 2, ..., J$，且：

(14.10)
$$\chi^2 = \sum_{i=1}^{I}\sum_{j=1}^{J} \frac{\left(x_{ij} - e_{ij}\right)^2}{e_{ij}} \sim \chi^2\left[(I-1)(J-1)\right]$$

**例 14.7**

隨機在一公司職員中抽取 100 名員工，依其性別與每月薪資等級分類於下表，請以顯著水準 5%，檢定性別與薪資是否獨立。

| | 25,000 以下 | 25,001 ～ 50,000 | 50,001 ～ 75,000 | 75,000 以上 | 合計 |
|---|---|---|---|---|---|
| 男 | 13 | 17 | 20 | 7 | 56 |
| 女 | 12 | 14 | 13 | 4 | 43 |
| 合計 | 25 | 31 | 33 | 11 | 100 |

☞ 解

顯著水準 5%，檢定 $H_0$：性別與薪資高低獨立 vs $H_a$：性別與薪資高低不獨立，根據上表資料，計算各格的期望次數並列於觀測次數旁：

| $(e_{ij})$ | 25,000 以下 | 25,001 ～ 50,000 | 50,001 ～ 75,000 | 75,000 以上 | 合計 |
|---|---|---|---|---|---|
| 男 | 13 (14) | 17 (17.36) | 20 (18.48) | 7 (6.16) | 56 |
| 女 | 12 (11) | 14 (13.64) | 13 (14.52) | 4 (4.84) | 43 |
| 合計 | 25 | 31 | 33 | 11 | 100 |

計算

$$\chi^2 = \frac{(13-14)^2}{14} + \frac{(17-17.36)^2}{17.36} + \frac{(20-18.48)^2}{18.48} + \frac{(7-6.16)^2}{6.16}$$
$$+ \frac{(12-11)^2}{11} + \frac{(14-13.64)^2}{13.64} + \frac{(13-14.52)^2}{14.52} + \frac{(4-4.84)^2}{4.84}$$
$$= 0.686$$
$$< \chi^2_{0.05}(3) = 7.814，故不棄卻 H_0。$$

```
> cs = rbind(c(13,17,20,7),c(12,14,13,4))
> chisq.test(cs)


	Pearson's Chi-squared test

data: cs
X-squared = 0.68681, df = 3, p-value = 0.8763
```

警告訊息：

於 chisq.test(cs) Chi-squared 近似演算法有可能不準

## 14.6 辛普森悖論

在做類別資料獨立性分析時，經常要將資料彙整成表，就得小心可能發生辛普森悖論的可能。

### 例 14.8

職場上經常聽說有性別歧視的問題，為提出對女性在職場上升遷不公平的論述，某研究人員分別調查 50 位在職人員，依性別與是否當任經理人職務統計結果，如表 14.1 所示。表中最後一欄顯示：男性在職場上擔任經理人的比例（50%）較女性在職場上擔任經理人的比例（40%）為高。

▽ **表 14.1** 性別與職務列聯表

| 性別 | 職務 | | 經理人比例 |
|---|---|---|---|
| | 作業人員 | 經理人 | |
| 男 | 25 | 25 | 50% |
| 女 | 30 | 20 | 40% |

若進一步將受測人員依在職是否超過五年的年資分類後，再比較性別與職務的關係，得表 14.2 與表 14.3。表 14.2 為以五年以上資歷人員做性別與職務列聯表，此表最後一欄顯示：女性在職場上擔任經理人的比例（60%）較男性在職場上擔任經理人的比例（40%）為高；表 14.3 為以五年以下資歷人員做性別與職務列聯表，此表最後一欄顯示：男女性在職場上擔任經理人的比例都是（40%）。依此兩個表裡的資訊，顯示的性別與職務關係的結論與表 14.1 的結論不同，這就是所謂的辛普森悖論（Simpson's paradox）。

▽ **表 14.2** 以五年以上資歷做性別與職務列聯表

| 五年以上資歷 | 職務 | | 經理人比例 |
|---|---|---|---|
| | 作業人員 | 經理人 | |
| 男 | 15 | 10 | 40% |
| 女 | 10 | 15 | 60% |

▽ 表 14.3　以五年以下資歷做性別與職務列聯表

| 五年以下資歷 | 職務 | | 經理人比例 |
|:---:|:---:|:---:|:---:|
| | 作業人員 | 經理人 | |
| 男 | 15 | 10 | 40% |
| 女 | 15 | 10 | 40% |

　　辛普森悖論是在社會科學和醫學科學中經常遇到的現象，當資料被不恰當地分類時，就會產生辛普森悖論，只有當干擾變數（moderating variable）和因果關係在統計建模中得到適當處理時，辛普森悖論方能避免。

　　要避免辛普森悖論，在分析資料時，應要準確的掌握兩個變數之間確有直接的因果關係。如：在例 14.8 中，分析影響職場升遷的因素，不應該是性別，而是工作資歷。表 14.4 是以工作資歷與職務所做的列聯表，此表顯示具五年以上資歷的員工升遷至經理人職務的比例（50%）高於五年以下資歷的員工升遷至經理人職務的比例（40%），掌握變數正確的因果關係正是避免出現辛普森悖論的方法。

▽ 表 14.4　工作資歷與職務列聯表

| 工作資歷 | 職務 | | 經理人比例 |
|:---:|:---:|:---:|:---:|
| | 作業人員 | 經理人 | |
| 五年以上 | 25 | 25 | 50% |
| 五年以下 | 30 | 20 | 40% |

## 14.7　習題

1. R 系統程式套件 UsingR 中的資料檔 samhda 包含影響學齡小孩健康行為的資料，其中變數 amt.smoke 表示受測小孩上個月在各類抽菸頻率的人數，每天抽菸頻率以數字分辨，如：1 表示每天抽、7 表示完全沒抽、98 與 99 表示資料遺失。試以此資料檔中的資料，檢定各類抽菸頻率之人數的比例是否符合 $p_1 = .15$、$p_2 = .05$、$p_3 = .05$、$p_4 = .05$、$p_5 = .10$、$p_6 = .20$、$p_7 = .40$，顯著水準 0.05。

2. 2024 年臺灣總統大選前某次民意調查，從合格選民中隨機抽選 1,200 人，其中原住民、閩南人、客家人與外省人分別有 24、924、132、120 人，請問此樣本是否符合全臺族群之比例：1.4% 為原住民族、閩南人占 76.9%、客家人占 10.9%、外省人占 10.8%，請以顯著水準 0.05 檢定之。

3. R 系統程式套件 UsingR 中的資料檔 mandms 包含由各種不同類別糖果製作的 M&M 糖果顏色的比例,現抽出一包 M&M 糖果,其中包含 15 顆藍色、34 顆棕色、7 顆綠色、19 顆橘色、29 顆紅色以及 24 顆黃色,請以顯著水準 0.05,檢定此包 M&M 糖果是否由牛奶巧克力糖製作的?第一類中藍色、棕色、綠色、橘色、紅色以及黃色的比例,分別為 0.1、0.3、0.1、0.1、0.2、0.2。

4. 為了解臺北市每星期七天中每天酒駕的比例是否相同,統計 2023 年每天酒駕的人數,並依星期幾的日子統計如下表:

| 星期一 | 星期二 | 星期三 | 星期四 | 星期五 | 星期六 | 星期天 |
|---|---|---|---|---|---|---|
| 134 | 145 | 112 | 129 | 136 | 167 | 157 |

(1) 請以顯著水準 0.05,檢定臺北市一星期七天,每天酒駕發生的比例是否相同。

(2) 請以顯著水準 0.05,檢定臺北市工作日與假日(星期六與星期天)酒駕發生比例是否相同。

5. R 系統程式套件 UsingR 中的資料檔 samhda 包含影響學齡小孩健康行為的資料,其中變數 amt.smoke 表示受測小孩上個月在各類抽菸頻率的人數,每天抽菸頻率以數字分辨,如:1 表示每天抽、7 表示完全沒抽、98 與 99 表示資料遺失,變數 gender 表示性別。請以指令:

```
> tbl = xtabs( ~ gender + amt.smoke,
+ subset = amt.smoke < 98 & gender !=7,
+ data=samhda)
```

做抽菸頻率的人數與性別的列聯表,並以顯著水準 0.05,檢定抽菸頻率的人數分配與性別變數為獨立。

6. 為驗證某種新藥治療憂鬱症的效果,某教學醫院徵招 100 位憂鬱症患者,以雙盲方式隨機將此 100 位憂鬱症患者分配在實驗組(服用此新藥)與控制組(服用安慰劑),解盲後效果統計結果如下表:

| | 更差 | 較差 | 沒改善 | 稍有改善 | 改善許多 |
|---|---|---|---|---|---|
| 新藥 | 0 | 3 | 10 | 17 | 20 |
| 安慰劑 | 0 | 8 | 25 | 10 | 7 |

試以顯著水準 0.05,檢定此種新藥在實驗組與控制組治療效果沒有差異。

7. 以下為 2023 年中山高速公路車禍發生時所產生的傷害狀況與有無繫安全帶統計表：

| | 沒人受傷 | 有人受輕傷 | 有人受傷卻不嚴重 | 有人死亡 |
|---|---|---|---|---|
| 有繫安全帶 | 18 | 89 | 123 | 113 |
| 沒繫安全帶 | 6 | 67 | 194 | 177 |

試以顯著水準 0.05，檢定有無繫安全帶與傷害狀況是否有關。

8. 某公司在內部隨機抽 300 名員工做是否滿意公司福利的調查，依員工薪資高低將調查結果做分類表如下，試以顯著水準 0.01 檢定員工對公司福利滿意程度與薪資高低無關。

| 每月薪資（元） | 非常不滿意 | 不滿意 | 普通 | 滿意 | 非常滿意 | 合計 |
|---|---|---|---|---|---|---|
| ≤ 30,000 | 15 | 26 | 25 | 8 | 6 | 80 |
| 30,001 ～ 60,000 | 18 | 30 | 37 | 25 | 15 | 120 |
| 60,001 ～ 90,000 | 5 | 14 | 18 | 13 | 10 | 60 |
| ≥ 90,001 | 2 | 4 | 15 | 10 | 9 | 40 |

9. 2023 年基隆市立委選舉，某候選人在 7 個選區調查選民對他的喜好度，結果如下表所示：

| | 中正區 | 七堵區 | 暖暖區 | 仁愛區 | 中山區 | 安樂區 | 信義區 |
|---|---|---|---|---|---|---|---|
| 喜歡 | 21 | 18 | 15 | 22 | 25 | 43 | 32 |
| 沒意見 | 26 | 17 | 18 | 16 | 26 | 44 | 23 |
| 不喜歡 | 9 | 15 | 22 | 18 | 15 | 12 | 15 |

試以顯著水準 0.01，檢定基隆市 7 個選區選民對該候選人的喜好度不同的假說。

10. R 系統程式套件 UsingR 中的資料檔 stud.recs 內變數 sat.m 為 160 位學生參加美國大學入學測驗（Scholastic Aptitude Test, SAT）之數學測驗成績，試以顯著水準 0.05，檢定此筆資料是否符合常態分配。

11. R 系統程式套件 UsingR 中的資料檔 normtemp 內變數 temperature 包含 130 位健康成年人的體溫，試以顯著水準 0.05，檢定此筆資料是否符合常態分配。

# 第 15 章

# 無母數統計

前幾章已經討論過當母體分配爲常態或樣本數夠大，母體平均數與變異數的估計與檢定。本章討論的問題是：當母體分配非常態且樣本數不大時，如何推論連續母體的位置參數（location parameter）——中位數（median）。本章學習目標爲：

1. 符號檢定（the sign test）。
2. 威爾卡森符號排序檢定（the Wilcoxon signed-rank test）。
3. 威爾卡森排序和檢定（the Wilcoxon rank-sum test）。
4. Kruskal-Wallis 檢定（Kruskal-Wallis test）。
5. Friedman 檢定（Friedman test）。
6. Spearman 排序相關係數。

## 15.1 符號檢定（**the sign test**）

當樣本資料不大時，樣本常會出現較大或較小的離群值，樣本平均數不是好的母體集中趨勢代表值，樣本中位數卻仍能很好地顯示出母體中位數的相對位置。故當連續母體分配非常態且樣本數又不大時，可用符號檢定來檢定母體中位數。

符號檢定：用樣本觀測值與假說中設定的母體中位數差的正負號，來檢定母體中位數。

設連續型隨機變數 $X$ 之中位數為 $m$，即 $P(X > m) = P(X < m) = \frac{1}{2}$，表示由此母體中抽出一數字會大於（或小於）$m$ 的機率為 $1/2$，令 T 為由此母體中隨機抽出 $n$ 個數字中大於 $m$ 的個數，則 T$\sim$binom$(n, 1/2)$。若 T 值很大，表示母體中位數應該是大於 $m$；若 T 值很小，表示母體中位數應該是小於 $m$。因此，可以 T 值來檢定母體中位數。

## 定理 15.1

令 $X_1, X_2, ..., X_n$ 為抽自連續母體 $X$ 之一組樣本數為 $n$ 之隨機樣本，在顯著水準 $\alpha = \alpha_0$ 下：

檢定 $H_0 : m = m_0$ vs $H_a : m \neq m_0$，若有恰好等於 $m_0$ 的觀測值，將此資料從樣本中剔除；T 為在剔除恰好等於 $m_0$ 的觀測值後，剩餘的樣本觀測值大於 $m_0$ 的個數；設 T $= t$，則棄卻 $H_0$ 若 $2 \times P(T \geq \max\{t, n - t\}) < \alpha_0$。其中 $n$ 為剔除恰好等於 $m_0$ 的觀測值後之樣本數。

檢定 $H_0 : m \geq m_0$ vs $H_a : m < m_0$，若有恰好等於 $m_0$ 的觀測值，將此資料從樣本中剔除；T 為在剔除恰好等於 $m_0$ 的觀測值後，剩餘的樣本觀測值大於 $m_0$ 的個數；設 T $= t$，則棄卻 $H_0$ 若 $P(T \geq n - t) < \alpha_0$。

檢定 $H_0 : m \leq m_0$ vs $H_a : m > m_0$，若有恰好等於 $m_0$ 的觀測值，將此資料從樣本中剔除；T 為在剔除恰好等於 $m_0$ 的觀測值後，剩餘的樣本觀測值大於 $m_0$ 的個數；設 T $= t$，則棄卻 $H_0$ 若 $P(T \geq t) < \alpha_0$。

### 例 15.1

請在顯著水準 5% 下，根據下列電話通話時間，檢定通話時間中位數是否小於 5 分鐘。

$$2 \quad 1 \quad 3 \quad 3 \quad 3 \quad 3 \quad 1 \quad 3 \quad 16 \quad 2 \quad 2 \quad 12 \quad 20 \quad 31$$

☞ 解

令 $m$ 為通話時間之中位數，檢定 $H_0 : m \geq 5$ vs $H_a : m < 5$，$\alpha = 0.05$。若 $H_0 : m \geq 5$ 為真，則 T$\sim$binom$(14, 1/2)$。

|       | 1  | 2  | 3  | 4  | 5  | 6  | 7  | 8  | 9  | 10 | 11 | 12 | 13 | 14 |
|-------|----|----|----|----|----|----|----|----|----|----|----|----|----|----|
| $X$   | 2  | 1  | 3  | 3  | 3  | 3  | 1  | 3  | 16 | 2  | 2  | 12 | 20 | 31 |
| $X-5$ | $-3$ | $-4$ | $-2$ | $-2$ | $-2$ | $-2$ | $-4$ | $-2$ | 11 | $-3$ | $-3$ | 9  | 15 | 26 |

上表顯示在 14 個通話時間裡，有 4 個大於 5 分鐘，故 T = 4，若 $H_0$ 為真，則

$$P(\text{T} \geq 14 - 4) = P(\text{T} \geq 10) = \sum_{x=10}^{14} \binom{14}{x} \left(\frac{1}{2}\right)^{14} = 0.09 > 0.05，故不棄卻 H_0。$$

```
> calls = c(2,1,3,3,3,3,1,3,16,2,2,12,20,31)
> obs=sum(calls>5)
> 14-obs
[1] 10
> pbinom(9, 14, 0.5, lower.tail=F)
[1] 0.09
```

使用符號檢定時，母體所需的假設比以 t- 檢定的假設少，卻為何檢定對稱母體平均數時，經常用 t- 檢定，而不用符號檢定？原因在於符號檢定的檢定力較差，這由以下模擬結果可得知。以下模擬由常態母體 N(10, 2）隨機抽出 10 個資料 1,000 次，檢定 $H_0 : \mu = 9$ vs $H_a : \mu > 9$，然後比較以 t- 檢定棄卻 $H_0 : \mu = 9$ 的次數比例 [sum(res.t)/m] 與以符號檢定棄卻 $H_0 : \mu = 9$ 的次數比例 [sum(res.sign)/m]；模擬結果 sum(res.t)/m=0.441>sum(res.sign)/m=0.14。

以 t- 檢定棄卻 $H_0 : \mu = 9$ 的次數比例通常是會大於以符號檢定棄卻 $H_0 : \mu = 9$ 的次數，這充分顯示符號檢定的檢定力較差。

```
> m = 1000; n = 10
> res.t = rep(0,m);res.sign = rep(0,m)
> for (i in 1:m) {
+ x=rnorm(n, mean=10, sd=2)
+ if(t.test(x,mu=9,alt = "greater")$p.value < 0.05)
+ res.t[i]=1
+ T = sum(x>9)
+ if (1 - pbinom(T - 1,n,1/2) < .05)
+ res.sign[i]=1
+ }
> sum(res.t)/m  # 以 t- 檢定棄卻 H_0：μ=9 的次數
```

```
[1] 0.441
> sum(res.sign)/m  # 以符號檢定棄卻 H₀：μ=9 的次數
[1] 0.14
```

## 15.2 威爾卡森符號排序檢定（the Wilcoxon signed-rank test）

符號檢定只考慮每個觀測值與假說的中位數差的正負號，卻忽略了另一個重要的資訊——觀測值與中位數距離的大小，將此因素加進考慮，符號檢定可推廣為威爾卡森符號排序檢定。威爾卡森符號排序檢定除了保留符號檢定的正負號外，也將每個觀測值與中位數差之絕對值大小的排序（rank）加入計算統計量，因此檢定力（power）較符號檢定來得強。

用上個例子的資料說明符號檢定與威爾卡森符號排序檢定的差異。下表有兩部分，第一部分為以 $m = 5$ 所做的每個觀測值與中位數差的正負號與其絕對值排序；第二部分為以 $m = 8$ 所做的每個觀測值與中位數差的正負號與其絕對值排序。第一部分的第五列是將 $|X - 5|$ 由小到大排序，若絕對值相同時（tie），就以他們排序值的平均數作為共同的排序，例如：最小的前五個數是 2，這五個數的排序分別應為 1 到 5，因此用 1 到 5 的平均數 3 來作為這五個數的排序；第七列是將正的觀測值與中位數差的排序選出，加總其和，此即威爾卡森符號排序和，列於第七列的最右欄內。表第二部分的數值是以 $m = 8$ 用相同方法做出的。

由此表中可看出，第一部分與第二部分的 T 值都為 8，所以若以符號檢定，不論 H₀：$m = 5$ 或 H₀：$m = 8$，檢定結果都一樣。但第一部分以 $m = 5$ 所做之威爾卡森符號排序和為 50，有別於第二部分以 $m = 8$ 所做之威爾卡森符號排序和為 40，由此可見，若以威爾卡森符號排序和作為檢定統計量，檢定 $m = 5$ 與檢定 $m = 8$ 的結果可能就不同。

| | 1 | 2 | 3 | 4 | 5 | 6 | 7 | 8 | 9 | 10 | 11 | 12 | 13 | 14 | $\|X - 5\|$ 為正的排序和 |
|---|---|---|---|---|---|---|---|---|---|---|---|---|---|---|---|
| $X$ | 2 | 1 | 3 | 3 | 3 | 3 | 1 | 3 | 16 | 2 | 2 | 12 | 20 | 31 | |
| $m = 5$ | | | | | | | | | | | | | | | |
| $X - 5$ | −3 | −4 | −2 | −2 | −2 | −2 | −4 | −2 | 11 | −3 | −3 | 9 | 15 | 26 | |

| | | | | | | | | | | | | | | |
|---|---|---|---|---|---|---|---|---|---|---|---|---|---|---|
| $\lvert X-5\rvert$ | 3 | 4 | 2 | 2 | 2 | 2 | 4 | 2 | 11 | 3 | 3 | 9 | 15 | 26 | |
| $\lvert X-5\rvert$ 由小到大排序 | 7 | 9.5 | 3 | 3 | 3 | 3 | 9.5 | 3 | 12 | 7 | 7 | 11 | 13 | 14 | |
| $\lvert X-5\rvert$ 為正的排序 | | | | | | | | | 12 | | | 11 | 13 | 14 | 50 |
| $m=8$ | | | | | | | | | | | | | | | |
| $X-8$ | −6 | −7 | −5 | −5 | −5 | −5 | −7 | −5 | 8 | −6 | −6 | 4 | 12 | 23 | |
| $\lvert X-8\rvert$ | 6 | 7 | 5 | 5 | 5 | 5 | 7 | 5 | 8 | 6 | 6 | 4 | 12 | 23 | |
| $\lvert X-8\rvert$ 由小到大排序 | 8 | 10.5 | 4 | 4 | 4 | 4 | 10.5 | 4 | 12 | 8 | 8 | 1 | 13 | 14 | |
| $\lvert X-8\rvert$ 為正的排序 | | | | | | | | | 12 | | | 1 | 13 | 14 | 40 |

威爾卡森符號排序統計量定義為：

(15.1)
$$T^+ = \sum_{\{i\,\mid 1\le i\le n,(X_i-m)>0\}} R_i$$

其中 $R_i$ 為 $\lvert X_i - m\rvert$ 由小到大排序的值，$i = 1, 2, ..., n$。

## 定理 15.2

令 $X_1, X_2, ..., X_n$ 為抽自連續且對稱母體 $X$ 之一組樣本數為 $n$ 之隨機樣本，則當 $n$ 大時：

(15.2)
$$T^+ = \sum_{\{i\,\mid 1\le i\le n,(X_i-m)>0\}} R_i \sim N\left(\frac{n(n+1)}{4}, \frac{n(n+1)(2n+1)}{24}\right)$$

### 例 15.2

請以威爾卡森符號排序檢定下列電話通話時間中位數是否小於 5 分鐘，顯著水準 5%。假設電話通話時間為連續且對稱分配。

2　1　3　3　3　3　1　3　16　2　2　12　20　31

☞ 解

令 $m$ 為通話時間之中位數，檢定 $H_0 : m \ge 5$ vs $H_a : m < 5$，$\alpha = 0.05$，檢定統計量分配為 $T^+ \sim N(52.5, 253.75)$，棄卻域為

$$C = \left\{\frac{T^+ - 52.5}{\sqrt{253.75}} < -z_{0.05} = -1.645\right\}$$

由上表中計算得 $T^+$ 的觀測值為 50，因 $\dfrac{50-52.5}{\sqrt{253.75}}=-0.157>-1.645$，故不棄卻 $H_0$。

```
> calls = c(2,1,3,3,3,3,1,3,16,2,2,12,20,31)
> wilcox.test(calls, mu =5, alternative = "less")


    Wilcoxon signed rank test with continuity correction

data: calls
V = 50, p-value = 0.4497
alternative hypothesis: true location is less than 5
```

## 15.3 兩母體中位數差檢定
### （the Wilcoxon rank-sum test for equality of center 或 the Mann-Whitney U）

若 $X$ 與 $Y$ 為兩連續非常態母體，第十章介紹的 t- 檢定不適用於檢定兩母體平均數差時，可以威爾卡森排序和（Wilcoxon rank-sum test 或稱 Mann-Whitney U 檢定）檢定兩母體中位數之差。

令 $X_1, X_2, ..., X_{n_1}$ 與 $Y_1, Y_2, ..., Y_{n_2}$ 為分別獨立抽自母體 $X$ 與 $Y$ 之隨機樣本，樣本數分別為 $n_1$ 與 $n_2$；令 $R_1, R_2, ..., R_{n_1+n_2}$ 為將兩樣本合併後由小到大的排序值；令 $R_X =$ 隨機樣本 $X_1, X_2, ..., X_{n_1}$ 在 $R_1, R_2, ..., R_{n_1+n_2}$ 排序值之和，令：

(15.3)
$$U = R_X - \frac{n_1(n_1+1)}{2}$$

### 定理 15.3

令 $X_1, X_2, ..., X_{n_1}$ 與 $Y_1, Y_2, ..., Y_{n_2}$ 為分別獨立抽自兩連續且對稱母體 $X$ 與 $Y$ 之隨機樣本，樣本數分別為 $n_1$ 與 $n_2$；令 $m_1$ 與 $m_2$ 分別為母體 $X$ 與 $Y$ 之中位數，在 $H_0$: $m_1 = m_2$ 的假設下，當 $n_1$ 或 $n_2$ 大時（$n_1 > 10$ 或 $n_2 > 10$）：

(15.4)
$$U \sim N\left(\frac{n_1 n_2}{2}, \frac{n_1 n_2 (n_1 + n_2 + 1)}{12}\right)$$

**例 15.3**

下列數字分別為 A、B 兩校總機電話通話時間之樣本資料，請以顯著水準 5%，檢定 A、B 兩校總機電話通話時間中位數是否相等。假設兩校總機電話通話時間對稱。

| A校 | 2 | 1 | 3 | 3 | 3 | 3 | 1 | 3 | 16 | 2 | 2 | 12 | 20 | 31 |
|------|---|---|---|---|---|---|---|---|----|---|---|----|----|----|
| B校 | 3 | 2 | 4 | 4 | 15 | 19 | 2 | 1 | 2 | 4 | | | | |

☞ 解

令 $m_1$ 與 $m_2$ 分別為 A、B 兩校總機電話通話時間中位數，在顯著水準 5% 下，檢定 $H_0 : m_1 = m_2$ vs $H_a : m_1 \neq m_2$，$n_1$ 與 $n_2$ 分別表示 A 與 B 兩校總機電話通話樣本數，棄卻域為 $C = \left\{ \left| \dfrac{U - n_1 n_2 / 2}{\sqrt{n_1 n_2 (n_1 + n_2 + 1)/12}} \right| > z_{0.025} = 1.96 \right\}$。兩校總機電話通話時間排序列於下表：

| n | 1 | 2 | 3 | 4 | 5 | 6 | 7 | 8 | 9 | 10 | 11 | 12 | 13 | 14 | $R_A$ |
|---|---|---|---|---|---|---|---|---|---|----|----|----|----|----|-------|
| A校 | 2 | 1 | 3 | 3 | 3 | 3 | 1 | 3 | 16 | 2 | 2 | 12 | 20 | 31 | |
| $R_i$ | 6.5 | 2 | 12.5 | 12.5 | 12.5 | 12.5 | 2 | 12.5 | 21 | 6.5 | 6.5 | 19 | 23 | 24 | 173 |
| B校 | 3 | 2 | 4 | 4 | 15 | 19 | 2 | 1 | 2 | 4 | | | | | |
| $R_i$ | 12.5 | 6.5 | 17 | 17 | 20 | 22 | 6.5 | 2 | 6.5 | 17 | | | | | |

計算結果 $R_A = 173$，$U = R_A - \dfrac{n_1(n_1 + 1)}{2} = 173 - \dfrac{14 \times 15}{2} = 68$，檢定統計值為 $\dfrac{68 - 14 \times 10 / 2}{\sqrt{14 \times 10 \times (14 + 10 + 1)/12}} = -0.117$，不在棄卻域內，故不棄卻 $H_0 : m_1 = m_2$。

```
> x=c(2,1,3,3,3,3,1,3,16,2,2,12,20,31)
> y=c(3,2,4,4,15,19,2,1,2,4)
> wilcox.test(x,y)

        Wilcoxon rank sum test with continuity correction
```

```
data: x and y
W = 68, p-value = 0.9288
alternative hypothesis: true location shift is not equal to 0
```

## 15.4 單因子變異數分析：K-W 檢定（Kruskal-Wallis test）

若母體爲常態且變異數都相等，第十一章的單因子變異數分析即可檢定 $k$ 個常態母體分配平均數是否相等；若 $k$ 個連續的母體分配非爲常態，則可以 Kruskal-Wallis 檢定之。令 $X_{ij}, j = 1, 2, ..., n_i$ 爲抽自平均數爲 $\mu_i$ 母體的隨機樣本，$i = 1, 2, ..., k$，檢定 $H_0 : \mu_1 = \mu_2 = ... = \mu_k$ vs $H_a$：至少兩母體平均數不相等，令：

$R_{ij} = X_{ij}$ 在所有樣本資料的排序，$i = 1, 2, ..., k; j = 1, 2, ..., n_i$，$\overline{R}_i = \dfrac{\sum_{j=1}^{n_i} R_{ij}}{n_i} =$ 樣本

$i$ 的排序平均數，$i = 1, 2, ..., k$，其中 $n_i$ 爲第 $i$ 個樣本之樣本數，$\overline{R} = \dfrac{\sum_{i=1}^{k}\sum_{j=1}^{n_i} R_{ij}}{n} =$ 排序

總平均數，其中 $n = \sum_{i=1}^{k} n_i$。

### 定理 15.4

令 $X_{ij}, j = 1, 2, ..., n_i$ 爲抽自平均數 $\mu_i$ 的隨機樣本，$i = 1, 2, ..., k$。在顯著水準 $\alpha = \alpha_0$ 下，檢定 $H_0 : \mu_1 = \mu_2 = ... = \mu_k$ vs $H_a$：至少有兩母體平均數不相等，當 $n_i$ 大時（$n_i > 5$），$i = 1, 2, ..., k$，檢定統計量爲：

$$(15.5) \qquad \chi^2 = \frac{12}{n(n+1)} \sum_{i=1}^{k} n_i (\overline{R}_i - \overline{R})^2 \sim \chi^2(k-1)$$

棄卻域爲 $C = \left\{ \dfrac{12}{n(n+1)} \sum n_i (\overline{R}_i - \overline{R})^2 > \chi^2_{\alpha_0, k-1} \right\}$。

### 例 15.4

某大學爲統計學課程設計了三份不同的期末考題，爲檢定三種不同考題學生得分平均數是否相同，系裡在參加不同考題的學生中分別隨機抽出幾位學生，記錄他

們的考試成績如下，試以顯著水準 5% 檢定之。

| 考題一 | 64　69　85　94　46　77 |
|---|---|
| 考題二 | 45　65　75　70　64 |
| 考題三 | 56　76　63　85　88 |

☞ 解

　　設 $\mu_1$, $\mu_2$ 與 $\mu_3$ 分別表示參加三份不同考題學生統計學期末考成績的平均數，在顯著水準 5% 下，檢定 $H_0 : \mu_1 = \mu_2 = \mu_3$ vs $H_a$：至少有兩母體平均數不相等，因 $\overline{R}_A = 9.5$，$\overline{R}_B = 6.5$，$\overline{R}_C = 9.3$，$n = 16$，$\overline{R} = 8.5$，棄卻域為

$$C = \left\{ \frac{12}{n(n+1)} \sum n_i (\overline{R}_i - \overline{R})^2 > \chi^2_{0.05,2} = 5.991 \right\}$$，檢定統計值為 $\chi^2 = \dfrac{12}{16 \times 17} [6 \times (9.5$

$- 8.5)^2 + 5 \times (6.5 - 8.5)^2 + 5 \times (9.3 - 8.5)^2] = 1.29 < 5.991$，故不棄卻 $H_0 : \mu_1 = \mu_2 = \mu_3$。

```
> x=c(64,69,85,94,46,77)
> y=c(45,65,75,70,64)
> z=c(56,76,63,85,88)
> d = stack(list("test 1"=x,"test 2"=y,"test 3"=z))
> kruskal.test(values ~ ind, data=d)


    Kruskal-Wallis rank sum test


data: values by ind
Kruskal-Wallis chi-squared = 1.292, df = 2, p-value = 0.5241
```

## 15.5　雙因子變異數分析：Friedman 檢定

　　非常態連續母體分配雙因子變異數分析之完全區集設計試驗，可以 Friedman 檢定之。如：健康醫學檢驗運動是否能減少成年男子體內膽固醇的水準（連續尺度）？可隨機選一組成年男子爲研究對象，讓這些男子隨機依照設計好的三種運動計畫做運動，在三個月內，每個月做完一種運動後，測其膽固醇的水準，所測

量的資料就可用來比較做三種不同運動男子平均膽固醇水準是否有所差異以及受測男子平均膽固醇水準是否有所差異，在此例中可將每個受測男子視為一個區集（block），每個區集裡有三個觀測值，分別是該男子在三個月裡，每個月測得的膽固醇水準。令：

$X_{ij}$ 表示第 $i$ 個區集第 $j$ 個群體的隨機變數，$i = 1, 2, ..., I, j = 1, 2, ..., J$；

$R_{ij}$ 表示 $X_{ij}$ 在第 $i$ 個區集由小到大排序值，$i = 1, 2, ..., I, j = 1, 2, ..., J$。

(15.6)
$$\overline{R}_j = \frac{\sum_{i=1}^{I} R_{ij}}{I}$$

表示第 $j$ 個群體的排序平均數，$j = 1, 2, ..., J$。

Friedman 統計量定義為：

(15.7)
$$\chi^2 = \frac{12 \times I}{J(J+1)} \sum_{j=1}^{J} \left(\overline{R}_j - \frac{J+1}{2}\right)^2 = \frac{12}{IJ(J+1)} \sum_{j=1}^{J} \left(\sum_{i=1}^{I} R_{ij}\right) - 3 \times I \times (J+1)$$

檢定 $H_0$：$J$ 個群體母體平均數都相同 vs $H_a$：至少有兩個群體母體平均數不相同。

## 定理 15.5

在 $H_0$ 下，當 $I > 7$ 且 $J = 3$，或 $I > 4$ 且 $J = 4$，則：

(15.8)
$$\chi^2 = \frac{12 \times I}{J(J+1)} \sum_{j=1}^{J} \left(\overline{R}_j - \frac{J+1}{2}\right)^2 \sim \chi^2(J-1)$$

### 例 15.5

為比較消費者對 A、B 與 C 三種不同品牌咖啡的喜好程度，隨機選擇 8 人，讓每人都品嚐這三種不同品牌咖啡，並做出偏好的選擇：1 = 最好、2 = 次好、3 = 差。調查結果列於下表，請以顯著水準 5%，檢定消費者對三種不同品牌咖啡的喜好程度是否有所差異。

| $R_{ij}$ | A | B | C |
|---|---|---|---|
| 1 | 1 | 2 | 3 |
| 2 | 2 | 1 | 3 |
| 3 | 1 | 3 | 2 |
| 4 | 1 | 3 | 2 |

| | | | |
|---|---|---|---|
| 5 | 2 | 3 | 1 |
| 6 | 3 | 2 | 1 |
| 7 | 1 | 2 | 3 |
| 8 | 1 | 3 | 2 |
| $\sum_{i=1}^{8} R_{ij}$ | 12 | 19 | 17 |

☞ 解

顯著水準 5%，檢定 $H_0$：消費者對三種不同品牌咖啡的喜好程度相同 vs $H_a$：消費者對三種不同品牌咖啡的喜好程度不全相同，棄卻域為

$$C = \left\{ \left[ \frac{12}{8 \times 3 \times (3+1)} \sum_{j=1}^{3} \left( \sum_{i=1}^{8} R_{ij} \right)^2 - 3 \times 8 \times (3+1) \right] > \chi_{0.05,2}^2 = 5.991 \right\}。$$

計算檢定統計值，得 $\chi^2 = \dfrac{12}{8 \times 3 \times (3+1)} (12^2 + 19^2 + 17^2) - 3 \times 8 \times (3+1) = 3.25 <$ 5.991，故不棄卻 $H_0$：消費者對三種不同品牌咖啡的喜好程度相同。

```
> data <- data.frame(person = rep(1:8, each=3),
+ brand = rep(c(1, 2, 3), times=8),
+ score = c(1,2,3,2,1,3,1,3,2,1,3,2,2,3,1,3,2,1,1,2,3,1,3,2))
> friedman.test(y=data$score, groups=data$brand,
blocks=data$person)

    Friedman rank sum test
data:  data$score, data$brand and data$person
Friedman chi-squared = 3.25, df = 2, p-value = 0.1969
```

## 15.6 Spearman 排序相關係數

前幾節以觀測值的排序大小作為檢定不同母體中位數或平均數差異，本節介紹當母體分配未知，以觀測值的排序檢測兩個變數的相關性。

令 $(X_i, Y_i)$，i = 1, 2, ..., $n$，為抽自母體 $X$ 與 $Y$ 之隨機樣本，$R(X_i)$ 表示 $X_i$ 在 $n$ 個

$X$ 樣本資料中的排序，$R(Y_i)$ 表示 $Y_i$ 在 $n$ 個 $Y$ 樣本資料中的排序，則 Spearman 排序相關係數（Spearman's rank correlation coefficient）定義為：

$$(15.9) \qquad r_s = \frac{\sum_{i=1}^{n} \left( R(X_i) - \overline{R}(X_i) \right)\left( R(Y_i) - \overline{R}(Y_i) \right)}{\sqrt{\sum_{i=1}^{n} (R(X_i) - \overline{R}(X_i))^2} \sqrt{\sum_{i=1}^{n} (R(Y_i) - \overline{R}(Y_i))^2}}$$

其中 $\overline{R}(X_i)$ 為 $R(X_i)$，$i = 1, 2, \dots n$ 之平均數，$\overline{R}(Y_i)$ 為 $R(Y_i)$，$i = 1, 2, \dots n$ 之平均數。

若 $X$ 與 $Y$ 資料大小的排序值都不相等，則式 (15.9) 可簡化為：

$$(15.10) \qquad r_s = 1 - \frac{6 \sum_{i=1}^{n} d_i^2}{n(n^2 - 1)}$$

其中 $d_i = R(X_i) - R(Y_i)$, $i = 1, 2, \dots n$。

### 例 15.6

下表資料為上學期學期成績排名前 10 名的學生這學期統計學成績，請計算上學期學期成績排名與這學期統計學成績之 Spearman 排序相關係數。

| 上學期學期成績排名 | 1 | 2 | 3 | 4 | 5 | 6 | 7 | 8 | 9 | 10 |
|---|---|---|---|---|---|---|---|---|---|---|
| 這學期統計學成績 | 78 | 87 | 67 | 69 | 53 | 56 | 55 | 50 | 46 | 48 |

☞ 解

令 $R(X)$ 與 $R(Y)$ 分別表示上學期學期成績排名與這學期統計學成績排序，計算 Spearman 排序相關係數過程列於下表：

| $R(X)$ | 1 | 2 | 3 | 4 | 5 | 6 | 7 | 8 | 9 | 10 | |
|---|---|---|---|---|---|---|---|---|---|---|---|
| $Y$ | 78 | 87 | 67 | 69 | 53 | 56 | 55 | 50 | 46 | 48 | |
| $R(Y)$ | 2 | 1 | 4 | 3 | 7 | 5 | 6 | 8 | 10 | 9 | |
| $d = R(X) - R(Y)$ | −1 | 1 | −1 | 1 | −2 | 1 | 1 | 0 | −1 | 1 | |
| $d^2$ | 1 | 1 | 1 | 1 | 4 | 1 | 1 | 0 | 1 | 1 | $\sum d^2 = 12$ |

$$r_s = 1 - \frac{6\sum_{i=1}^{n} d_i^2}{n(n^2-1)} = 1 - \frac{6 \times 12}{10 \times (10^2-1)} = 1 - 0.073 = 0.927 \text{。}$$

```
> x=c(1,2,3,4,5,6,7,8,9,10)
> y=c(78,87,67,69,53,56,55,50,46,48)
> z=rank(-y)
> cor.test(x, z, method=c("spearman"))


    Spearman's rank correlation rho

data:  x and z
S = 12, p-value = 0.0001302
alternative hypothesis: true rho is not equal to 0
sample estimates:
  rho
0.9272727
```

　　Pearson 相關係數適用於呈現兩個比率尺度或區間尺度變數的線性關係，而 Spearman 排序相關係數不僅可適用於計算連續尺度的資料，亦可檢測順序尺度的資料。Spearman 排序相關係數呈現的是兩組資料的單調關係（monotonic relationship），若將上例中統計學成績平方再計算其與上學期學期成績排名的 Spearman 排序相關係數，結果也會是 0.927。Spearman 排序相關係數的值介於 −1 到 1 之間；若兩變數 Spearman 排序相關係數的值介於 −1 到 0 之間，表示此兩變數具單調遞減關係；若兩變數 Spearman 排序相關係數的值介於 0 到 1 之間，表示此兩變數具單調遞增關係；Spearman 排序相關係數的絕對值越接近 0，表示單調關係越弱；Spearman 排序相關係數的絕對值越接近 1，表示單調關係越強。

　　若 $X$（或 $Y$）有相等的資料，則將這幾個相等的資料依序給定排序值，再求這幾個排序值的平均數，然後以此平均排序值作為這幾個資料的排序。

**例 15.7**

下表資料為隨機抽選 8 位學生這學期統計學成績，以及他們每天花在玩電動遊戲時間的多寡，請依據此資料計算這 8 位學生這學期統計學成績與他們每天花在玩電動遊戲時間的 Spearman 排序相關係數。

| 每天花在玩電動遊戲時間（小時） | 0.5 | 0.5 | 1 | 1.5 | 1.5 | 2 | 2 | 2 |
|---|---|---|---|---|---|---|---|---|
| 這學期統計學成績 | 78 | 87 | 67 | 69 | 53 | 67 | 55 | 50 |

☞ 解

令 $R(X)$ 與 $R(Y)$ 分別表示學生花在玩電動遊戲時間與這學期統計學成績的排序，如下表所示：

| 每天花在玩電動遊戲時間（小時） | 0.5 | 0.5 | 1 | 1.5 | 1.5 | 2 | 2 | 2 |
|---|---|---|---|---|---|---|---|---|
| R(X) | 1.5 | 1.5 | 3 | 4.5 | 4.5 | 7 | 7 | 7 |
| 這學期統計學成績 | 78 | 87 | 67 | 69 | 53 | 67 | 55 | 50 |
| R(Y) | 2 | 1 | 4.5 | 3 | 6 | 4.5 | 7 | 8 |

$$\overline{R}(X_i) = \overline{R}(Y_i) = 4.5, \ \sum_{i=1}^{n}\left(R(X_i) \times R(Y_i)\right) = 195, \ \sum_{i=1}^{n} R(X_i)^2 = 201$$

$$\sum_{i=1}^{n} R(Y_i)^2 = 203.5$$

Spearman 排序相關係數計算如下：

$$
\begin{aligned}
r_s &= \frac{\sum_{i=1}^{n}\left(R(X_i) - \overline{R}(X_i)\right)\left(R(Y_i) - \overline{R}(Y_i)\right)}{\sqrt{\sum_{i=1}^{n}(R(X_i) - \overline{R}(X_i))^2}\sqrt{\sum_{i=1}^{n}(R(Y_i) - \overline{R}(Y_i))^2}} \\[2mm]
&= \frac{\sum_{i=1}^{n}\left(R(X_i) \times R(Y_i)\right) - n\overline{R}(X_i)\overline{R}(Y_i)}{\sqrt{\sum_{i=1}^{n} R(X_i)^2 - n\overline{R}(X_i)^2}\sqrt{\sum_{i=1}^{n} R(Y_i)^2 - n\overline{R}(Y_i)^2}} \\[2mm]
&= \frac{195 - 8 \times 4.5 \times 4.5}{\sqrt{201 - 8 \times 4.5^2}\sqrt{203.5 - 8 \times 4.5^2}} = 0.82
\end{aligned}
$$

```
> x=c(1.5,1.5,3,4.5,4.5,7,7,7)
> y=c(2,1,4.5,3,6,4.5,7,8)
> cor(x, y, method = c("spearman"))
[1] 0.8202714
```

　　為檢定所計算的 Spearman 排序相關係數是否顯著的不等於 0，即兩個變數的單調關係是否顯著，可查許多統計書籍收錄的 Spearman 排序相關係數臨界值統計表，根據資料的樣本數 $n$ 與所設定的顯著水準 $\alpha$，在 Spearman 排序相關係數臨界值統計表找出臨界值來決定是否棄卻兩變數間無單調關係的假說。本書以 R 系統中的程式套件 cor.test($x$, $y$, method = c("spearman")) 檢定兩變數間有無單調關係的假說。

### 例 15.8 （續例 15.7）

　　請在顯著水準 0.05 下，檢定學生這學期統計學成績與他們每天花在玩電動遊戲時間是否相關。

☞ 解

　　令 $H_0$：學生這學期統計學成績與他們每天花在玩電動遊戲時間無關 vs $H_a$：學生這學期統計學成績與他們每天花在玩電動遊戲時間有關，顯著水準 0.05，以 R 系統中的城市套件 cor.test($x$, $y$, method = c("spearman")) 檢定如下：

```
> x=c(1.5,1.5,3,4.5,4.5,7,7,7)
> y=c(2,1,4.5,3,6,4.5,7,8)
> cor.test(x, y, method = c("spearman"))

    Spearman's rank correlation rho

data: x and y
S = 15.097, p-value = 0.01263
alternative hypothesis: true rho is not equal to 0
sample estimates:
    rho
0.8202714
```

Spearman 相關係數為 0.82，由於 p 值 = 0.01263 < 0.05，故棄卻 $H_0$：學期統計學成績與他們每天花在玩電動遊戲時間無關的假說。

## 15.7 習題

1. R 系統程式套件 UsingR 資料檔 exec.pay 包含 199 家公司執行長的年薪，試以顯著水準 0.05，檢定該筆資料是否符合常態分配，又請以符號檢定該筆資料的中位數為 22（萬元）。

2. （續前題）請將資料檔 exec.pay 中資料，以 log 函數轉換後，用 Wilcoxon 符號排序檢定該筆資料的中位數為 log(22)（萬元），顯著水準 0.05。

3. R 系統程式套件 UsingR 資料檔 normtemp 包含 130 位成年人的體溫，將此資料依性別男 = 1、女 = 2，分割成兩部分，試在顯著水準 0.05 下，以威爾卡森排序和檢定此兩筆資料之中位數是否相等。

4. 統計學期末成績低於 60 分的學生須參加暑修，為檢測暑修後的成績是否會高於暑修前的成績，在參加暑修統計學的學生中隨機選 10 位同學，將其暑修前與暑修後的成績列於下表，請在顯著水準 0.05 下，以威爾卡森排序和檢定暑修後成績的中位數較暑修前成績的中位數為大。

|  | 1 | 2 | 3 | 4 | 5 | 6 | 7 | 8 | 9 | 10 |
|---|---|---|---|---|---|---|---|---|---|---|
| 暑修前成績 | 35 | 43 | 23 | 54 | 47 | 42 | 38 | 35 | 42 | 37 |
| 暑修後成績 | 51 | 43 | 32 | 63 | 76 | 56 | 39 | 54 | 66 | 75 |

5. 觀察製造相同產品的兩個機器 A 與 B 在十個月內每月停機次數，得資料列於下表，請在顯著水準 0.05 下，檢定兩機器的停機次數分配的中位數是否相同。

| 月 | 1 | 2 | 3 | 4 | 5 | 6 | 7 | 8 | 9 | 10 |
|---|---|---|---|---|---|---|---|---|---|---|
| 機器 A | 3 | 14 | 7 | 10 | 9 | 6 | 13 | 6 | 7 | 8 |
| 機器 B | 7 | 12 | 9 | 8 | 15 | 12 | 6 | 12 | 5 | 13 |

6. 為比較 A、B、C、D 四家不同超商每天的營業收入是否有所差異，隨機在四家不同超商選取若干日子，記錄其營業收入如下表，請在顯著水準 0.05 下，檢定此四家超商每天營業收入的中位數是否有所差異。

| | 每天營業收入（千元） | | | |
|---|---|---|---|---|
| 超商 A | 23 | 18 | 20 | 17 |
| 超商 B | 22 | 20 | 18 | |
| 超商 C | 19 | 23 | | |
| 超商 D | 17 | 20 | 18 | |

7. 下表呈現出 7 位學生學期末統計學成績的等級與其每星期研讀統計學的時間（小時），請計算此兩變數的 Spearman 排序相關係數，並在顯著水準 0.05 下，檢定學生每星期研讀統計學時間與學生學期末統計學成績是否有關。

| 統計學成績等級 | B | A | C | F | D | F | B |
|---|---|---|---|---|---|---|---|
| 研讀統計學時間 | 5 | 10 | 6 | 1 | 3 | 2 | 7 |

8. 為比較選民對 A、B 與 C 3 位市長的喜好程度。隨機選擇 10 位選民，讓他們依：1 = 最好、2 = 次好、3 = 差的方式，表達對此 3 位市長的喜好程度，調查結果列於下表，請以顯著水準 5%，檢定選民對 A、B 與 C 3 位市長的喜好程度是否有所差異。

| $R_{ij}$ | A | B | C |
|---|---|---|---|
| 1 | 1 | 2 | 3 |
| 2 | 2 | 1 | 3 |
| 3 | 1 | 3 | 2 |
| 4 | 1 | 3 | 2 |
| 5 | 2 | 3 | 1 |
| 6 | 3 | 2 | 1 |
| 7 | 1 | 2 | 3 |
| 8 | 1 | 3 | 2 |
| 9 | 1 | 2 | 3 |
| 10 | 2 | 2 | 3 |

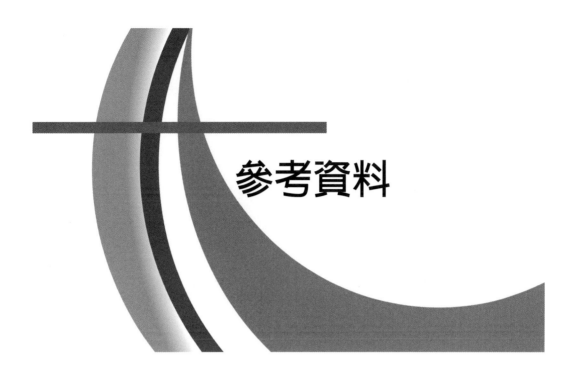

參考資料

1. 張紘炬（1986）。統計學：方法與應用。臺北市：華泰書局。

2. Douglas, A., Roos, D., Mancini, F., Couto, A., & Lusseau, D. (2024). *An Introduction to R*, Creative Commons Attribution-NonCommercial 4.0 International (CC BY-NC 4.0).

3. Mendenhall, W., Beaver, R. J., & Beaver, B. M. (2006). *Introduction to Probability and Statistics, 12th ed.*, US.: Thomson.

4. Walpole, R. E., Myers, R. H., Myers, S. L., & Ye, K. (2012). *Probability & statistics for engineers & scientists, 9th ed.*, U.S.: Pearson Education.

5. R Core Team (2021). *R: A language and environment for statical computing.* R Foundation for Statistical Computing, Vienna, Austria. URL //www.R-project.org/.

6. Verzani, J. (2005). *Using R for introductory statistics*, U.S.: Chapman & Hall/CRC Press.

7. Winston Chang, W. (2024). *R Graphics Cookbook: Practical Recipes for Visualizing Data, 2th ed.*, U.S.: O'Rilly Media, Inc.

國家圖書館出版品預行編目(CIP)資料

基礎統計與R語言／陳基國著. －－初版. －－
臺北市：五南圖書出版股份有限公司，
2024.10
面；　公分
ISBN 978-626-393-830-4(平裝)

1.CST: 統計學　2.CST: 統計分析　3.CST:
電腦程式語言

510                          113014827

1HAW

# 基礎統計與R語言

作　　者 — 陳基國

企劃主編 — 侯家嵐

責任編輯 — 吳瑀芳

文字校對 — 陳俐君

封面設計 — 封怡彤

出 版 者 — 五南圖書出版股份有限公司

發 行 人 — 楊榮川

總 經 理 — 楊士清

總 編 輯 — 楊秀麗

地　　址：106臺北市大安區和平東路二段339號4樓

電　　話：(02)2705-5066　　傳　　真：(02)2706-6100

網　　址：https://www.wunan.com.tw

電子郵件：wunan@wunan.com.tw

劃撥帳號：01068953

戶　　名：五南圖書出版股份有限公司

法律顧問：林勝安律師

出版日期：2024年10月初版一刷

定　　價：新臺幣580元